国家社会科学基金青年项目

地理大发现研究
15—17 世纪

张箭 著

商务印书馆
The Commercial Press
创于1897

图书在版编目(CIP)数据

地理大发现研究:15—17 世纪/张箭著.—北京:商务印书馆,2002(2025.8 重印)
ISBN 978－7－100－03361－9

Ⅰ.①地… Ⅱ.①张… Ⅲ.①历史地理—研究—世界—1400～1699 Ⅳ.①K916.324

中国版本图书馆 CIP 数据核字(2001)第 057967 号

权利保留,侵权必究。

DÌLǏ DÀ FĀXIÀN YÁNJIŪ
地 理 大 发 现 研 究
15—17 世纪
张箭 著

商 务 印 书 馆 出 版
(北京王府井大街36号 邮政编码100710)
商 务 印 书 馆 发 行
三河市春园印刷有限公司印刷
ISBN 978－7－100－03361－9

| 2002 年 2 月第 1 版 | 开本 850×1168 1/32 |
| 2025 年 8 月第 3 次印刷 | 印张 16⅜ |

定价:76.00 元

目　录

序　言 ··· 1

第一章　"地理大发现"概论 ································· 6
第一节　地理发现的概念 ································· 6
第二节　什么是地理大发现 ···························· 12
第三节　谁完成了地理大发现 ························ 15
一、关于新航路的开辟 ································ 15
二、关于新大陆的发现 ································ 18
第四节　地理大发现不可否认或替代 ················ 21
第五节　"殖民"一词的涵义 ························· 25

第二章　地理大发现的基础和背景 ······················· 30
第一节　引论 ·· 30
第二节　一般的和普遍的因素 ························ 33
一、政治因素 ··· 33
二、经济因素 ··· 35
三、宗教因素 ··· 39
第三节　欧洲独特的因素和条件 ······················ 40
一、地理条件和商路问题 ···························· 40
二、马可·波罗和众多旅行家的催化诱发 ········· 43

三、自然地理学基础 …………………………………… 47
　　四、文艺复兴和宗教改革运动的影响 ………………… 54
　第四节　其他的因素和条件 ………………………………… 57
　　一、觅友遏制土耳其和仙岛金地的传说 ……………… 57
　　二、造船术、航海仪器、天文学和制图术的发展 …… 62
　　三、信息术和热兵器的发展 …………………………… 69

第三章　葡萄牙人发现西非、南非海岸和开辟新航路 …… 77
　第一节　葡萄牙早期海上扩张的原因 ……………………… 77
　第二节　航海家亨利时期 …………………………………… 80
　第三节　阿丰索五世、若奥二世时期和迪亚士发现
　　　　　好望角 ……………………………………………… 88
　第四节　达·伽马最后打通新航路 ………………………… 96
　　一、达·伽马去印度的航行和探险 …………………… 96
　　二、葡萄牙人在印度的活动和返航 …………………… 100
　　三、新航路开辟的重大意义 …………………………… 104

第四章　哥伦布横渡大西洋发现西印度 …………………… 114
　第一节　哥伦布的经历和筹划西航 ………………………… 114
　第二节　西班牙支持探险和海外扩张的原因 ……………… 122
　第三节　在西班牙的奔走和圣塔菲协定 …………………… 126
　第四节　首次远航及其发现 ………………………………… 131
　　一、初次横渡大西洋 …………………………………… 131
　　二、在美洲的活动和返航 ……………………………… 134
　　三、首次航渡美洲的重大意义 ………………………… 140

第五章　中国人为什么没有参与地理大发现 ……… 150
- 第一节　软弱而短暂的远航动因 ……………… 151
- 第二节　狭隘的大地观 ………………………… 155
- 第三节　传统地图的缺陷 ……………………… 158
- 第四节　重陆轻海的观念和探险取向 ………… 163
- 第五节　地理条件和地缘政治的制约 ………… 169
- 第六节　优越的经济地理状况的负面作用 …… 171

第六章　15世纪末至16世纪上半叶的其他重要地理发现 …… 179
- 第一节　西、葡瓜分海上霸权和势力范围 …… 179
- 第二节　维斯普奇的发现与美洲名称的由来 … 182
  - 一、"美洲"一名随想录 ………………… 182
  - 二、维斯普奇的航海探险考察 …………… 184
  - 三、美洲地名的由来 ……………………… 187
  - 四、美洲地名的发展 ……………………… 189
- 第三节　葡萄牙人二航印度与巴西、马达加斯加的发现 …… 190
- 第四节　初探西北新航路和发现美洲东北沿海地区 … 196
  - 一、老卡博特领导的英国首次远航探险 … 196
  - 二、卡博特父子的第二次远航探险 ……… 200
  - 三、小卡博特的北美航行探险 …………… 203
  - 四、科特·利亚尔兄弟领导的葡萄牙北美探险与发现 …………… 204
- 第五节　哥伦布随后三次在美洲的探险、发现与殖民 … 206

一、第二次远航与征服……………………………… 206
　　二、第三、四次远航与统治……………………… 209
　第六节　西班牙竞争者对南美海岸的发现……………… 212
　第七节　巴尔波亚发现太平洋及他的命运……………… 214
　第八节　16世纪上半叶法国人探索西北新航路………… 218
　　一、维拉札诺探察北美东海岸…………………… 218
　　二、卡提耶尔在圣劳伦斯湾的首次探险与发现…… 223
　　三、卡提耶尔第二、三次探险：发现圣劳伦斯河流域
　　　………………………………………………… 224

第七章　首次环球航行及其发现……………………… 233
　第一节　麦哲伦的经历和计划…………………………… 233
　第二节　麦哲伦计划远航………………………………… 235
　第三节　为远航奔走和远航协定………………………… 240
　第四节　在大西洋、美洲的探险与活动………………… 245
　第五节　在太平洋、亚洲的探险与活动………………… 249
　第六节　维多利亚号的凯旋和特立尼达号的遭遇……… 256
　第七节　首次环球航行的重大意义……………………… 259

第八章　西欧对东北新航路的探寻和在北冰洋的发现…… 267
　第一节　探寻东北新航路的背景………………………… 267
　第二节　威洛比、钱瑟勒的首次探险…………………… 271
　第三节　英俄新航路的扩展和西欧对沿途地区的了解
　　………………………………………………………… 274
　第四节　荷兰人对东北航路的首次探险………………… 277

第五节　巴伦支的第二、三次探险 …………………… 280
　　第六节　西欧开辟东北新航路小结 …………………… 285
　　第七节　巴伦支第三次探险的航线和成就问题 ……… 289

第九章　澳洲和大洋洲主要岛屿的发现 …………………… 293
　第一节　地理发现前的澳洲、大洋洲各部族 …………… 293
　　一、澳大利亚各部族 …………………………………… 293
　　二、大洋洲各部族及复活节岛之谜 …………………… 295
　第二节　发现澳洲、大洋洲各岛的背景 ………………… 298
　　一、古代中世纪的南大陆猜想 ………………………… 298
　　二、探寻南大陆的动因和特点 ………………………… 300
　第三节　发现澳洲和大洋洲各岛 ………………………… 307
　　一、1642年以前在大洋洲、太平洋的探险和发现 … 307
　　二、塔斯曼的探险及在他以后的发现 ………………… 315

第十章　英法继续探寻西北通道和发现北美 ……………… 325
　第一节　德雷克环球航行 ………………………………… 325
　第二节　对加拿大北极群岛、戴维斯海峡和哈得孙湾的
　　　　　发现 …………………………………………… 332
　　一、弗罗比歇的三次探险和地理概念 ………………… 332
　　二、戴维斯的三次探险和发现 ………………………… 337
　　三、哈得孙的探险和遇害 ……………………………… 339
　第三节　完成对哈得孙湾、巴芬湾和格陵兰西海岸的
　　　　　发现 …………………………………………… 342
　　一、英国人继续探寻西北航路 ………………………… 342

5

二、发现西北通道小结……………………………… 346
第四节 17世纪上半叶法国人发现大湖区和北美腹地
……………………………………………………… 349
一、钱姆普林等的发现和殖民……………………… 349
二、发现大湖区的特点……………………………… 355

第十一章 俄罗斯在北亚、北冰洋的地理大发现 ……… 360
第一节 俄罗斯地理大发现辨析……………………… 360
一、俄罗斯的地理发现能否成立…………………… 360
二、元朝的疆域和明代的地理知识………………… 362
第二节 俄国的统一和早期的开拓…………………… 364
一、俄罗斯统一国家的形成和东进的原因………… 364
二、最初的开拓与在巴伦支海、喀拉海、鄂毕湾的
航行……………………………………………… 366
三、东北新航路的设想和早期的实践……………… 370
第三节 叶尔马克及其后继者征服失必儿（西伯利
亚）汗国………………………………………… 373
一、北亚地理概况和失必儿汗国的兴起…………… 373
二、叶尔马克远征的胜败和失必儿汗国的灭亡…… 375
第四节 16世纪末17世纪初的发现和殖民…………… 378
一、航海和西西伯利亚的移民城镇………………… 378
二、在叶尼塞河、泰梅尔半岛周围的航行………… 380
三、佩特林出使明朝、开辟俄华陆上通道………… 384
第五节 在中西伯利亚高原、东西伯利亚山地的探险和
在其沿海的航行………………………………… 387

第六节　探索东西伯利亚、远东、鄂霍次克海 ………… 394
　　　一、北冰洋河系与太平洋河系的沟通 ………………… 394
　　　二、探察、染指、入侵远东—黑龙江地区 …………… 398
　　第七节　迭日涅夫、波波夫从北冰洋到太平洋的航行与
　　　　　　发现 ……………………………………………… 401
　　第八节　在北亚、北冰洋探险发现和扩张的基本终结 … 406
　　　一、在南边的扩张、北边的航海和西伯利亚地图 …… 406
　　　二、完成对堪察加半岛的发现与合并 ………………… 409
　　第九节　俄罗斯地理大发现的成就及其意义 …………… 412

第十二章　地理大发现的重大作用和影响 ……………… 420
　第一节　促进了欧洲经济和资本主义发展 ……………… 420
　第二节　世界从分散孤立到集中统一 …………………… 425
　第三节　农作物的传播和农业发展 ……………………… 428
　　　一、粮食作物（玉米、马铃薯、甘薯） ……………… 429
　　　二、经济作物（烟草、橡胶、棉花） ………………… 433
　　　三、干果作物（花生、葵花、可可、咖啡） ………… 436
　　　四、蔬菜作物（番茄、辣椒） ………………………… 439
　第四节　世界人种分布的演变和新民族的形成 ………… 442
　　　一、人口大迁移与种族新分布 ………………………… 442
　　　二、民族大融合与形成新民族 ………………………… 445
　第五节　疾病传播与医学发展 …………………………… 446
　　　一、梅毒的传播与防治 ………………………………… 446
　　　二、金鸡纳与疟疾相克 ………………………………… 451
　　　三、天花肆虐与种痘 …………………………………… 454

四、坏血病与营养学……………………………… 457
　第六节　在自然地理学方面的意义……………………… 462
　　一、自然地理学的重大突破和制图学的发展……… 462
　　二、第二阶段的发现对地理知识的极大丰富……… 471
　第七节　地理大发现与天文大发现……………………… 473
　　一、南天天体的发现………………………………… 473
　　二、南天天文知识的传播…………………………… 481
　第八节　对社会科学的影响……………………………… 483
　结束语…………………………………………………… 486

附录：主要参考文献和书目……………………………… 494
修订版后记……………………………………………… 500

序　言

15世纪中后叶至17世纪末的地理大发现,是中世纪晚期至近代初期最重大的历史事件,对人类社会和世界历史产生了深远的影响。地理大发现在西方常称之为大发现、大探险,在前苏联常称之为伟大的地理发现,在日本又常称之为大航海时代,在中国则常称之为开辟新航路。总而言之,大航海大探险并取得大成果便构成地理大发现。

西方对地理大发现的研究已有悠久的历史。地理大发现时代的航海家、探险家、旅行家、殖民者、征服者曾写下了许多日记、游记、回忆录、报告等。同时代的史学家、著述家、地理学家也撰写了许多这方面的传记、编年史、新发现新到达地区的地理志、民族志、博物志等。此后西方学者对地理大发现的研究和资料整理便长盛不衰。迄今所积累的原始文献和研究文献已可谓汗牛充栋,浩如烟海,并涌现了当代的莫里逊(Samuel Eliot Morison)等大家。但西方学者的研究工作存在一些明显的缺陷,如受功利主义影响,忽视16世纪中叶至17世纪末的地理大发现;受狭隘民族主义的制约,忽视和贬低他国他民族的远航探险发现,忽视中国对地理大发现的潜在影响和刺激作用;受白人种族优越论的束缚,轻视或贬低新发现地区新到达地区的文明和文化;受英雄史观和唯心主义左右,夸大个人的作用;受沙文主义和基督教神学的局限,回避、开脱甚至为随地理大发现而来的殖民掠夺等罪恶行径辩护。参与了后半期的地理大发现并扮演了重要角色的俄国人也从16世纪以来就开始记录和收集他们从事的地理发现的资料,近代以来又进行著述研究。苏联学者继续开展这方面的工作,并开始进行全世界范围内的地理大发现研究。这方面最突出的代表是马吉多维奇（Иосиф Петрович Магидович）等。苏联的研究努力以马克思列宁主义为指导,从而避免了西方有关这方面著述的许多缺陷。但苏联学者对俄罗斯地理大发现的成就也有所抬高,对中俄早期接触和关系的论述也多少受到狭隘民族主义的影响,在思想理论方面也有教条主义的表现,对俄罗斯以外的地理大发现的研究在深度和广度上还不够。现代以来日本也在进行地理大发现的资料整理、翻译和著述研究工作。日本学者的成就主要表现在这么几个方面：日本在地理大发现中受到的影响和冲击；日本与西方的早期接触和交往；西力东渐下的东亚世界等。日本现当代最有成就的有增田义郎（そうだぎろう）等人。

对地理大发现的研究在我国才刚刚起步。虽然有关这方面的通俗性普及读物已有不少,但缺乏有分量的学术专著。有些著述虽然也带有研究性,但往往侧重揭露批判老殖民主义者的罪恶,而不是在论述地理大发现。现有的论文大多只涉及前期地理大发现的部分事件和人物,而未能全面系统地进行阐述。因此,研究并写出一批有深度、有新意、有价值的学术论文,撰写有中国特色的、高水平的、有时代精神的学术专著,是中国史学界的一项重要而迫切的任务。地理大发现是历史学和地理学相结合、互为交叉渗透的事件,因此要深入地进行研究应该说也有相当的难度。为了填补这一史学空白,推进史学研究,使中国的地理大发现研究上一个新台阶,本人选择并完成了这项课题的研究和撰写工作。

本书全面系统地叙述了15—17世纪地理大发现、航海大探险的历史,介绍文明人类征服大西洋、印度洋、太平洋、北冰洋的历程,梳理人类对大地是个圆球、海洋相通并包围陆地的认识历史,评说地理大发现方面风云人物的探险经历及是非功过;探讨和研究地理大发现发生的原因和它对人类历史产生的巨大而深远的影响。

本书着力表现中国在地理大发现中的地位和影响。中国虽没直接参与地理大发现,但中国的富裕、文明、发达却激起欧洲的探险家冒险远游的热情及开辟新航路的欲望,从而成为诱发地理大发现的直接动因之一。中国人如果能像半个世纪前的郑和时代那样仍然航行于和留驻在北印度洋,地理大发现的很大一部分进程和内容便会改变。可见中国的存在和不存在对地理大发现有多么大的潜在影响。

本书尽量反映和吸收国际学术界最新的成果和动态。本书的数百种参考文献既包括大量的原始资料,也包括20世纪70、80年代的英、俄、日学术专著和90年代的学术期刊。本书配有多幅带有文物性质的古地图、古画和笔者精心研制的新地图,以便阐明问题,加深印象,让事物形象直观。

本书追求从人类文明的发展、物质文明和精神文明的演进的高度,站在人类正义与尊严、世界进步与和谐最一般原则的立场上,对有关的事件、人物及其作用和影响,尽量做到评价公允,不抬高或压低某国的航海探险活动和发现成果。本书坚持以马克思列宁主义为指导思想,同时也不拘泥于经典作家的个别词句和论断。

航海大探险、地理大发现是与殖民大征服孪生的。本书主要是论述地理大发现,而对殖民征服和掠夺,只在与重大航海探险、发现交织时才加以论述。

本书因篇幅有限,致使已写就的篇章只好忍痛割爱。它们是"西、葡对美洲的进一步发现、征服和毁灭文明"、"地理大发现主要人物评价"、"西、葡开辟新航路与郑和下西洋比较"等章节。有的问题则需要进一步研究,如资本主义与地理发现、殖民掠夺的关系。有的问题还言犹未尽。有的领域还有待开辟,如地理大发现史学史,阿拉伯、印度、日本没参与地理大发现的原因,地理大发现对它们的冲击,等等。这些都有待我们进一步地研究和探讨。此外书中的舛误之处也难免,希望前辈、同侪、后学们赐教指正。

本书从1990年开始写作到1998年完稿,前后历时8年,个中艰辛,历历在目。本课题得以完成并成书出版,首先要感谢著名学者罗荣渠、刘家和、戚国淦、朱寰、马克垚、廖学盛、庞卓恒、杨耀坤等先生在各方面给予我的关心与提携。还要感谢商务印书馆著作编辑室常绍民先生和李杏贵女士为本书的出版提供了具体的支持和帮助。借此机会谨向他们和帮助过我的同志们致以由衷的谢忱。

15世纪末至16世纪上半叶分别由哥伦布和哥白尼拉开了地理大发现和天文大发现的帷幕。此后各种大发现接连不断。今天,美国研制的航天飞机有两架分别命名为哥伦比亚(即哥伦布的)号和发现号,这喻示着人类社会永远需要探索、发现和创新。在人类认识的地图上,最令人神往的标识永远是"未知领域"(terra incognita)。人类的探索发现事业将永不停息,对各类发现史包括地理大发现历史的研究也将永有源头活水。一百年前,大启蒙思想家梁启超在赴新大陆的途中写下了气势磅礴的《二十世纪太平洋歌》:"……咄哉世界之外复有新世界,/造化乃尔神秘藏!……/谈瀛海客多于鲫,/莽土倏变华严场。/揭来大洋文明时代始萌蘖,世界风潮至此忽大变,……/愈竞愈剧愈接愈厉卒使五洲同一堂。……/大风泱泱兮大潮滂滂!"我们深信,勤劳勇敢智慧的中国人民定能重现历史的辉煌,自立于探索发现的民族之林,与各国人民一道,在新的世纪里缔造新的各种大发现的时代!

张箭

1998年12月于四川大学历史系

第一章 "地理大发现"概论

15世纪中后叶至17世纪末叶,世界上发生了地理大发现这个持续了两个多世纪的重大历史事件。多年来,我国学术界流行一种否定"地理大发现"这一提法的观点和说法。认为地理大发现是欧洲人或西欧人的提法,是欧洲中心论或西欧中心论的表现,是白人优秀论、种族优越论的产物,应该予以否定和摒弃。在这种观点和说法的影响下,我国的各类历史著作在叙述这方面的历史时,不提或不敢提地理大发现;或者给发现、地理发现、地理大发现等词打上引号,如同本概论不得不先打上引号;或者以开辟新航路等提法来代之。[1]当然也有一些著作仍采用地理大发现这一提法,[2]但它们没有阐明这么做的理由。有鉴于此,本概论主要就什么是地理发现,什么是地理大发现,谁完成了地理大发现,以及为什么要采用地理大发现这一提法的缘由等发表自己的看法,并以此阐明本书的理论基础、研究方法和框架结构。

第一节 地理发现的概念

要弄清楚一个重大问题,就必须先明确这个问题所关联的基本概念,搞清其内涵外延,从而求得共同一致的讨论前提和出发点。

"发现"这个词英语为discover(y)，俄语为открыт(ь)(ие)，日语为"発見"。《现代汉语词典》的解释是："①经过研究、探索等，看到或找到前人没有看到的事物或规律。……"英语词典、俄语词典、日语词典对"发现"的解释也基本是这样。从科学认识的观点出发，发现即意味着找到了新的、为这门科学、为文明人类所不知道的成分、现象和过程，或者是明确它们之间的联系，或者是确定驾驭它们的规律。

根据以上我们对"发现"的理解，我们给"地理发现"下的定义是：任一文明民族的代表第一次到达了或最早了解了各文明民族均前所未知的地表的某一部分，或率先确定了地表已知各部分之间的空间联系。这里所说的文明民族，指有了文字，形成了阶级社会，从而迈进了文明时代的民族。

为了使这个定义更加明确、严密和完整，需要讨论一下这个定义的各个部分。

地理发现应被首先理解为到达了地球表面前所未知的某一部分。有时候也有这种情况，即地表上有一些谁也不曾到达过的部分被人们猜测到了，甚至被比较科学地论证了，而且这些猜测论证后来皆为地理探险所证实。例如16—18世纪的地理学家，根据古代学者的猜测和当时已掌握的地理知识，断定在南极周围有一个大陆，并给它取名为"南大陆"（拉丁文 Terra Australis）。16—17世纪的制图学家曾推测，在东北亚和西北美之间应有一条海峡把两块大陆隔开，并给它取名为"阿尼安海峡"（俄文 Анианский Пролив）。但南极大陆并不是16—18世纪的地理学家发现的，而是19世纪的俄国探险家别林斯高晋和拉札列夫、英国探险家罗斯、挪威探险家包尔赫格列文等逐步发现的。隔开新旧大陆的海峡也不是16至17世纪的制图学家发现的,而是俄国探险家迭日涅夫、俄籍丹麦探险家白令在17、18世纪先后发现的。

文明人类的代表第一次到达前所未知的地区也可能是不自觉的,带有一定的偶然性。例如,1492年哥伦布在向西驶向亚洲的途中,无意中驶抵和发现了美洲加勒比海地区的几个岛屿。接着,他又在以后十几年的三次远航中发现了加勒比海地区的全部主要岛屿和中美洲大陆的部分地区。又如,19世纪70年代奥地利探险家魏普雷希特和派尔在新地岛为浮冰所阻,被迫向北漂浮,不料却抵达和发现了法兰士·约瑟夫地(群岛)。尽管这样,他们的航行和探险仍属于地理发现。

地理发现首先是指文明人类的代表第一次到达了新的、前所未知的地区。这里说的文明人类包括一切文明民族,但不等于整个人类。"野人"或"蛮族"(未进入阶级社会的原始人)到达无人居住的陆地或在某些海域进行的首次航行有时也被称为"发现"。但笔者认为,这种第一次到达不能称作地理发现,而只能把它看作是处于社会发展最初阶段的原始人群、原始部族迁徙、移居的一种形式,习惯上称为蛮族迁移或迁徙。例如到达新西兰的毛利人,抵达马达加斯加的马来人,经东北亚过白令海峡(当时是陆桥)迁移到美洲去的印第安人,在太平洋上迁移的玻里尼西亚人,八、九世纪的诺曼人,到达澳大利亚的澳洲黑人,等等。因为"地理"概念本身便是人类文明发展到一定程度时对某类事物的一种理性认识,而原始人则不能整合、抽象出这种概念。有些西方学者认为地理发现仅指欧洲人第一次到达任何一个非欧洲地区。这是完全错误的,当然,持这种极偏狭观点的人越来越少了。

所以,地理发现不应包括各个不同的未开化的野蛮部族彼此的往来和联系,或到达无人地区,也不应包括各个不同的开化的文明民族彼此通常的往来和联系。例如郑和下西洋所经过的绝大部分地区和走过的大部分航线,便不属于地理发现的范畴。

文明民族的代表最早了解了前所未知的地表的某一部分也属于地理发现。例如,亚美利哥远不是到达美洲的第一个文明民族的代表,但他却首先了解了美洲,最早指出所谓的"西印度"不是亚洲的东部、在欧洲西方的印度,而是横亘在欧洲和亚洲之间的一块新大陆。所以,亚美利哥的工作也属于地理发现。再如,17世纪荷兰航海家塔斯曼初步发现了新西兰,为它命名如斯,并以为它是南大陆——澳洲的一部分。18世纪英国航海家库克弄清了新西兰是远离大陆的两个岛屿,即北岛和南岛,中间隔着一条海峡,即库克海峡。库克穿越了海峡并登上了岸,还把新西兰正确地画在了地图上。所以,库克完成了对新西兰的发现。此后,人们对新西兰的进一步了解和认识便不再属于发现新西兰的范畴,而是发现了新西兰的某条大河、某个湖泊、某座大山、某个附属岛屿而已。

不管是开辟新航路新通道,还是发现新陆地新水域,乃至率先了解和认识某个地区,到达后能否返回对地理发现来说都十分重要,否则即使单程成功也意义有限。因为不能返回便无法带回新发现的新获得的知识;而缺乏这种对于认识很重要的信息反馈(feedback),就不可能真正建立出发地和新发现地的交通联系,也就无法使两地居民相互影响受益。因而这种单程成功在历史上一般来说也就湮没无闻,远谈不上完成某项地理发现。

文明人类对某个地域的认识了解及其保存形式在地理发现的范畴内应有三个层次。一是有比较正确的叙说,保留在口头上和记忆中;二是用文字比较准确地记录下来,保留在图书文献中;三是用缩微的图画、几何图形比较准确地绘下来,保留在地图册和地球仪上。第一种形式是最粗糙的认识,最原始的保存,只能说是刚开始对该地域有所了解,刚开始的发现。第二种形式是中等层次的认识,发展中的保存,可以说是深化了对该地域的了解,是能得到普遍承认的发现。第三种形式是高层次的认识和精细的了解,是发达的保存。只有做到了这一步,才能说在地理发现的范畴内完成了对该地域的了解和认识,从而完成了对该地域的发现。

地球表面只有两种最基本的自然物质形式,即陆地和水域。陆地从高度看,有高山、丘陵、平原、盆地等;从地表覆盖物看,有沙漠、草原、森林、原野、冰雪原等自然形态和城市、村庄、农田等人文形态。水域则有咸水(海洋)、淡水(江、湖)、冰层(封冻的水域)三类。地理发现最基本、最主要的内容和任务便是查明和了解地球表面两种最基本的物质形式水陆的分界,即海岸线、大湖湖岸线和大河河道。

学术界把地理发现的途径往往只理解为航海,这是不全面的。地理发现的途径也包括陆上的跋涉和探险。如巴尔波亚发现"大南海",钱姆普林发现大湖区,俄国人发现北亚等。当然,由于地球表面71%是海洋,海洋包围着陆地并相通,海洋和陆地是地球表面的第一级分异,由于地理发现最基本的内容是查明水陆分界线,所以航海探险是地理发现的第一途径,陆上探险则是处于第二位的地理发现途径。学术界一般把发现的成果仅理解为大片陆地,这个认识也是片面的。地理发现的成果除了大片陆地外,还应包括大片水域,如发现北冰洋、太平洋、五大湖等。当然,由于人类是陆生动物,发现新陆地对人类便更显重要。

与航海探险发现新陆地相关的还有一种似可称为负发现(我

译为negative-discovery)的情况。航海家们在某块处女海域的首次航行探险考察有时似乎一无所获,但若它证实了传说中或猜想中或推测中的某些地理实体并不存在(如仙岛金地、大陆、海岛、海峡等),便也增进了人们对那一带的地理知识。所以负发现也与地理发现密切有关。库克便也是伟大的地理负发现家。

在古代和中世纪,各大陆主要的文化发祥地皆被未开化的原始部族所居住的广大地区、荒漠的无人地区和浩翰的海洋所隔开。地理发现的任务和内容之一,便是建立各文化发祥地、各文明中心在海上或陆上的直接联系。当然不能说达·伽马发现了印度。然而,即使他在著名的1498年的航行中只发现了从南非的大菲什河口(或大鱼河口)至今莫桑比克这一段不足2000公里的海岸线,甚至更少,这次航行仍然属于重大的地理发现。因为它建立了文明的欧洲与文明的印度之间直接而密切的海上联系。

对地表已知各部分之间的空间联系予以确定可以不止一次。地理发现也包括通过其他的、新的、有价值的道路来确立地表各部分之间新的空间联系,来建立各文化发祥地、各文明中心之间的直接联系。例如,在哥伦布、达·伽马、麦哲伦等人以后,欧洲人又开辟了从北欧向东,经过北冰洋穿过白令海峡,到达东亚和北美的北方新航路。

对某个地域的发现也可以不止一次。最先到达、发现某个地域的文明人类代表,如果没有把他(们)的发现通过各种方式(如文献、文物、口头叙说等)传下来(可能在返回前便遇难了;或者虽然一度流传下来但后来又被遗忘了),而后来的文明人类的新的代表在整个文明人类均不知晓的情况下,重新到达了这个地域,那么这次到达也属于地理发现。我们称之为重新发现或再次发现,而把以前的第一次到达称为最先发现或首次发现。例如,20世纪40年代苏联人重新发现了曾被17世纪的俄国人发现过的俄罗斯北冰洋沿岸泰梅尔半岛西姆斯湾的法德杰亚岛,因为在岛上发现了一些确凿的俄国17世纪初的文物。这种再次发现与我们前面下的地理发现的定义不矛盾,因为它确立了新发现地与文明世界的空间联系,开始或增加了文明人类对新发现地的了解和认识。当然,如果第二次到达某个地域的某个文明民族的代表,只是不知道在别的文明民族中已保存下来的对第一次到达的记忆和对这个地域的了解,这种情况下的第二次到达则不属于地理发现的范畴。

概而论之,文明人类的社会实践活动,只要是对反映地球表面基本地理概貌的科学的世界地图的形成和准确性起了促进作用,便可以说是地理发现。

第二节 什么是地理大发现

明确了地理发现的概念以后,我们便可以讨论什么是地理大发现了。学术界所说的地理大发现(Great Geographical Discoveries,Великие Географические Открытия,地理上の偉大発見),[3]我们给它作个界定和概括,便是指15世纪中后叶至17世纪末叶,在各种原因的推动和各种因素的作用下,欧洲人大规模地或扬帆远航,或长途跋涉,发现了全世界的文明民族均前所未知的大片陆地和水域,对这些陆地和水域乃至地球本身有了初步的了解和一定的认识,开辟了若干前所未有、前所未知的重要航路和通道,把地球上的各大洲(南极洲除外)、各大洋、各地区直接地紧密地联系起来,极大地充实和初步完善了反映地球表面基本地理概貌的地图册和地球仪。所以,历史学界和地理学界便用地理大发现这个提法或术语来概括这方面的历史发展。因为这段时期地理发现的成果、规模、意义和影响特别重大。

地理大发现应该分为两个阶段,即西、葡阶段和荷、俄、英、法阶段。前一阶段从15世纪中后叶到16世纪初中叶,是西班牙、葡萄牙充当急先锋的时期。这一时期西班牙人发现了美洲,横渡了大西洋、太平洋、印度洋,进行了环球航行,证实了地球的形状、大小和海陆分布;葡萄牙人发现了非洲南部,绕过非洲横渡印度洋到了印度,并进一步东进进入太平洋,和中国、日本等国发生了接触。后一阶段从16世纪中叶到17世纪末叶,是荷兰、俄国、英国、法国等扮演主角的时期。这一时期荷兰人发现了澳洲、新西兰,俄国人发现了整个亚洲北部、北冰洋,初步开辟了北方新航路,英国人、法国人和其他欧洲人发现了北美的许多地区、世界第一大岛格陵兰和其他地区。

多年来,学术界一般把地理大发现的时间界定在15世纪末至16世纪初,把其空间界定在发现美洲、征服大西洋、太平洋,把其代表人物界定在哥伦布、达·伽马、卡伯拉尔、麦哲伦等。这样做无论从历史学还是从地理学的角度看,都是不全面的。从16世纪中叶到17世纪末叶,文明人类新发现的陆地面积并不比15世纪中后叶至16世纪初中叶发现的小,成就同样十分重大。据西方学者的估算,欧洲知识界对地球表面的了解情况为:1500年为22%(25%陆地,20.9%水域);1600年为49%(40%陆地,52.5%水域);1700年为60.7%(50.6%陆地,64.7%水域)。[4]这一时期也涌现了一些并不比哥伦布等人逊色多少的航海家和探险家,如叶尔马克、迭日涅夫、哈得孙、巴伦支、塔斯曼等。这段时期的地理发现对人类历史发展的影响同样非常重大和深远:最后一块有人居住的大陆——澳洲被纳入了文明世界;荷兰在这一阶段的地理发现和殖民掠夺中崛起,成为第一个资产阶级共和国,世界的海上马车夫;如同北美的发现和拓殖造就了美国这个大国一样,北亚的发现和拓殖造就了俄国这个大国。所以,地理大发现的时间下限应界定在17世纪末叶,其内容和成就应包括发现澳洲、北亚、北美的一些地区,初步征服北冰洋,开辟北方新航路。马克思曾在《资本论》中谈到:"在16世纪和17世纪,由于地理上的发现,而在商业上发生的并迅速促进了商业资本发展的大革命,是促使封建生产方式向资本主义生产方式过渡的一个主要因素。"[5]可见,马克思也是赞成把地理大发现的时间下限定在17世纪。

另外,学术界也有把地理大发现的下限延长到19世纪中叶发现南极大陆的观点,这是不正确的。我们所说的地理大发现,既是地理学的也是历史学的提法和术语。只有在历史学和地理学两方面,在社会和自然两方面都具有重大意义和影响的事情,才属于地理大发现的范畴。而南极洲的发现虽然在地理学上有重大意义,但南极洲因气候太冷而无人居住和难以开发,所以至今南极洲的发现还未对人类历史发展产生任何重要影响。因此它只是地理发现,而不是地理大发现。当然我们并不否认,发现南极洲是地理学史和探险史上的一个重大事件,但它不在地理大发现的范围内。

明确了地理发现的概念,搞清了地理大发现的基本内容和成果,时间和空间,统一了对地理大发现这一提法的理解和认识,我们便可以讨论谁完成了地理大发现。

第三节　谁完成了地理大发现

学术界有一种疑问,即究竟有没有地理大发现,谁完成了地理大发现,地理大发现本身能否成立?并从这个角度出发,来否定地理大发现。

一、关于新航路的开辟

西欧人有组织有计划持续地探险与航海,寻找到东方的新航路,进行地理发现,肇始于1415年葡萄牙人攻占北非与西非交接点上的穆斯林的堡垒休达。经过几十年坚持不懈地向南探航,终于在1487年由迪亚士绕过了非洲最南端,在1498年由达·伽马最后完成了开辟从欧洲到东方的新航路。新航路的开辟是地理大发现第一阶段的最主要的内容之一。

但有的学者认为,达·伽马等葡萄牙人的成就,只有从欧洲的局部观点来看才能成立,而如果把这一观点引用于其他地方则是行不通的。因为在亚非人民看来,这条航路不能算新航路。[6]其具体理由如下:1. 公元前7—前6世纪之间,腓尼基人便环航了非洲,迪亚士、达·伽马等人只不过是在逆着他们的先行者的航向前进罢了。2. 阿拉伯人早已在南到莫桑比克、北至阿拉伯海、乃至印度的航路上航行。15世纪20年代,有位阿拉伯航海家沿非洲东岸南航,绕过非洲南端从印度洋进入了大西洋。而且达·伽马是借助于阿拉伯航海家的领航才航行成功抵达印度的。3. 从印度至红海、乃至非洲东岸索马里的航路,也早就由印度洋沿岸的各族人民开通了。4. 中印之间的海上交通和联系,在南北朝时期至迟在唐代便已开始了。郑和下西洋最远到了东非的索马里,甚至到了肯尼亚。郑和宝船队已横渡了阿拉伯海,也横渡了印度洋。[7]有鉴于此,这条航路不能说是新航路,也就谈不上什么"开辟"了。

就以上观点,笔者谈谈自己的看法:

(1)为了使讨论的问题能准确、明晰一些,我们先确定一下有关的概念。第一,航路、通道、航线等并不是客观存在,天然形成,而是靠人们的实践活动,主观努力去开辟、开通的。它们没有具体的固定的形态,是人工交通的产物,是人文地理的单元。而海洋、大陆、岛屿、海峡、高山、湖泊、大河等则是客观存在、天然形成,是靠人们的实践活动、主观努力去发现的。它们有具体的固定的形态,是大自然的产物,是自然地理的单元。第二,对于确定两地之间的空间联系这种工作,汉语一般不说发现,而是开辟。这种联系若经陆地,便说开辟了通道、通路;若经水域,便说开辟了航路;若经空中,便说开辟了航线。因此我们在讨论地理大发现时,只有采用开辟新航路这一提法才符合汉语的习惯和规范,也能体现出确立两地间的联系这一工作的意义。

(2)至于腓尼基人由埃及法老所派,用两年多时间环航非洲的故事,只是出自希罗多德记载下来的一个传说。但他本人并不相信这个传说。他说:埃及王涅科斯"派遣腓尼基人乘船出海,命令他们返航时,要经过赫克利斯柱驶入北海(指地中海)再返回埃及。腓尼基人于是从厄立特里亚海(红海)出发而驶入南方的海,到秋季来临的时候,他们不管航行到利比亚(指非洲)的什么地方都要上岸,并在那里耕种土地,等待收获,直到收获以后再继续从事航行。如是经过两年刚到第三年,他们便绕过了赫克利斯柱并回到了埃及。人们同时还讲述了在环绕利比亚航行时,太阳从右边出来的事情(指人面向太阳,太阳不是从左到右移动,而是从右到左移动。——作者)。[8]他还强调:"这我是不信的,有人也许会相信。"[9]前苏联学者认为,只能肯定腓尼基人从红海出发曾深入到赤道以南的南半球的印度洋水域,因为他们发现的出产物不可能产于北半球,也因为他们看到了太阳在天空的北面。"[10]并明确指出,"希罗多德非常详细地描述了这次环航,但他自己也怀疑被他引用的这段故事的可信性。"[11]现代埃及学者阿·费里克也承认,"希罗多德不相信这个故事。"[12]法国学者保·佩迪什则作出这样的论证和推测:有一事实给腓尼基人环航非洲的说法带来了难题:从塞内加尔到直布罗陀的航行当时是不可能的,因为那里盛行与海洋平行的不间断的东北风。然而人们可以设想,他们是经过陆路,沿着穿越撒哈拉沙漠的古车道,从塞内加尔返回南奥拉奈斯。[13]所以,腓尼基人曾环航非洲的说法不可信。

(3)关于15世纪初曾有位阿拉伯航海家绕过非洲南端进入大西洋,[14]即使属实的话,也不知所终,更没有到达欧洲和地中海。正如13世纪末的1291年,也有两位热那亚水手圭多和维奥蒂兄弟曾冲出地中海进入大西洋,去开辟绕过非洲到印度的新航路。[15]他们还重新发现了西北非沿岸大西洋中的加那利群岛,[16]但也不知所终,故都不足为凭。达·伽马到了肯尼亚后,是请了一位阿拉伯领航员伊本·马治德帮忙,但若没有他的帮助,达·伽马等仍完全能一举到达印度,因为全程3/4的、除葡萄牙人之外文明人类均陌生的路程已安然走过,那么剩下的航程已是文明人类熟悉的航程——最后横渡阿拉伯海、印度洋到印度自然是瓜熟蒂落,水到渠成的事了。从迪亚士到达的最远点大鱼河河口到莫桑比克港这一段近2000公里的航路,虽是全世界的文明人类均陌生的航路,达·伽马他们仍独立开辟成功,这也从一个侧面说明了问题。

（4）尽管郑和船队到过索马里、肯尼亚北部，阿拉伯人到了莫桑比克、印度，甚至退一万步说，腓尼基人环航过非洲。但在达·伽马以前，仍没有人航行完从西欧到印度的全程，仍没有人成功地开辟从西欧地中海到东方的航路，也没有人从印度航达西欧，而充其量只是各自航行了这条航路上的一段。原已开辟了的航路至多把莫桑比克以北的印度洋沿岸和东南亚、东亚联系起来，而没有把西方和东方、大西洋和印度洋联系起来。这就有一个量变到质变，局部与整体的关系问题。所以，说迪亚士、达·伽马等葡萄牙人开辟了从西欧到南亚的新航路并不过分。正是他们开辟了苏伊士运河凿通前370年间联系欧洲和东方的最重要、最近便的海上航路。

所以，对第一阶段的地理大发现中开辟新航路的否定是没有说服力的，是站不住脚的。

二、关于新大陆的发现

在葡萄牙人稳扎稳打地向非洲南部推进，开辟去东方的新航路已逐渐显露曙光的同时，西欧相信地球学说的地理学家和航海探险家也在酝酿开辟去东方的另一条新航路，即向西横渡大西洋到达亚洲的东部。意大利人哥伦布经过多年的奔波、筹备，终于在1492年率西班牙船队首次从热带亚热带地区横渡大西洋到达了美洲。尽管哥伦布一直以为他到达了亚洲的东端，但欧洲人很快意识到，他发现了一块横亘在欧洲和亚洲之间的新大陆——美洲。美洲的发现是地理大发现第一阶段的最重要的内容之一，哥伦布首次横渡大西洋航抵美洲则成为地理大发现开始的标志。

但有的学者认为，我国梁朝的慧深和尚、东晋的高僧法显，曾漂洋过海到过扶桑、耶婆提，扶桑、耶婆提即美洲的墨西哥。所以中国人在哥伦布之前一千年就已发现了美洲。怎么能说哥伦布或

15、16世纪的欧洲人发现了美洲呢,地理大发现又从何说起呢?[17]这便是争论不休的"扶桑之谜"、"耶婆提之谜"。

　　罗荣渠先生曾先后两次撰写长文,对慧深发现美洲说进行了有力的批评和透彻的否定。罗荣渠先生的第一篇论文依据大量史料,从地理位置、物产、风俗、考古学等方面批驳所谓扶桑即墨西哥说。罗先生认为《梁书》中关于扶桑国的一般史料显然来自外国僧人的传闻。如果说外国僧人果真到过中国以东某个扶桑国,估计这个国家北界不超过库页岛,东界不超过日本,西界不超过贝加尔湖这个范围。也可能这些外国游僧根本就没有到过扶桑国,甚至根本不存在什么扶桑国,而是他们编造出来的"海外奇谈"而已。扶桑即墨西哥说不仅没有价值,而且含有老殖民主义思想毒素,应该加以批判。[18]罗先生的第二篇论文在前文的基础上,具体辨析了《慧深年谱》的似是而非、《淡墨》对美洲扶桑国的虚构;指出《梁书》有关扶桑国的记载"疑点"甚多,其本身就"足以否定扶桑即墨西哥的假说"。认为扶桑国要么没有,要么在东北亚等地离倭国不太远之处。该文还阐释了人类历史上的文化传播这一敏感问题,主张不必"把一切活动都扯到人民友好的文化交流上来"。对此,笔者也曾撰文进行了阐述。[19]

　　还有学者转而去谈殷商末期中国人就已经发现了美洲,以此坚持对欧洲人于15、16世纪之交发现了美洲的否定,对地理大发现这一提法的否定。[20]笔者认为,虽然古代美洲的许多事物与古代中国相似,但它们并非源于中国,或为中国独有或由中国传去。美洲发现的一些中国文物,也无法判定是何时传去的;美洲西海岸文明发展得较早较快,是从白令海峡(陆峡)过去的印第安人先民沿西海岸南下散布的结果;墨西哥发现的所谓"带有明显商代文化特征"的事物是没有说服力的,诸如土墩、雕像、饕餮纹、祖石、虎神崇拜、建筑物、甲骨文等;殷人渡美既无史籍可征又无文物可证,70年代在美国西海岸捞起来的所谓石锚并非该说的新物证;在商代和商周之际中国还没有帆和桅、舵、锯和木板船、璇玑(一种原始星盘)。殷人根本不具备跨越太平洋的能力,没有航渡美洲的可能性;现代模拟漂流试验中的诸问题,包括参试者的素质、试验与历史在规模上的巨大差异、成败的概率和实例等,均可证明这一点。[21]

关于东晋高僧法显从印度航海回国途中,已跨洋航渡发现了美洲、他所到达的耶婆提即墨西哥阿卡普尔科一说,笔者认为在近10天("如是九、十日许",《佛国记》语)或19天里法显等不可能横渡太平洋;耶婆提在印度尼西亚的爪哇岛或苏门答腊,等等。[22]此外,还有越人航渡、发现美洲说,[23]还有认为中国和美洲自古以来就有密切交往的诸说,[24]这些不指明具体的人和事、时和地的古代中国航渡太平洋发现美洲诸说是不足为凭的。这些说法的根据就是把太平洋两岸时代相同或相近的、相似的文物和文化遗存找出来,然后分类排比,"鉴别"出相似之处,最后就认定是古代中国人传去的。其实,古代美洲灿烂的文明是印第安人独立创造和发展的。这正如马克思恩格斯在《德意志意识形态》一书中所总结出来的那样,"在历史发展的最初阶段,每天都在重新发明,而且在每个地方都是单独进行的。"恩格斯在《爱尔兰史——古代的爱尔兰》中也曾指出:"我们越是深入地追溯历史,同出一源的各个民族之间的差异之点,也就越来越消失。……同一个种族的一些分支距他们最初的根源越近,他们相互之间就越接近,共同之处就越多。"[25]印第安人和中国人都出自东亚的蒙古人种——黄种人,所以两大族群的原始文化和铜器时代文化即使有些相似相近也不足为奇。

综上所述,第一阶段的地理大发现本身可以成立,是否定不了的。且不说这一阶段中还有与哥伦布、达·伽马媲美争辉的麦哲伦环球航行,还有卡博特父子、卡伯拉尔、卡提耶尔在北大西洋、巴西、加拿大的探险与发现,等等。

第四节 地理大发现不可否认或替代

学术界还有一种从需不需要地理大发现、这个提法合不合理、公不公平的角度出发来否定地理大发现的观点。有的学者认为,美洲、黑非洲、澳洲、北亚,印第安人、澳大利亚人、黑人、亚洲北部的各民族本身就是客观存在,怎么能说发现呢?别人并不需要谁来发现自己,难道他们还自己发现自己的土地和人民吗?所以,地理大发现只是欧洲人的观点。[26]

笔者认为:(1)发现的前提便是客观存在。只有事物本身存在,才可能发现它,如同我们已发现了许多天体,发现了河外星系一样。如果事物本身不存在,便不可能发现它,而只能是发明的问题、创造的问题了,如同人类已发明创造了卫星,研制、发射了人造地球卫星、火星卫星、太阳卫星一样。

(2)"不需要"的论点和说法,是一种封闭僵化的理论。它贬低甚至完全否定世界各民族之间的往来和交流,否认历史是由部落史、民族史、逐步发展到国家史、地区史、最后到世界史的发展规律。若按此理论,各大洲、各地区、各民族都在自己居住的比较狭小的地区生息繁衍,自生自灭,又怎么能比较快地向前发展。

(3) 人类文明的发生和发展,是由低级到高级,由点到带、面、大洲这一过程。如最早的四大文明古国,到中、印、波斯、西亚、北非、爱琴海、亚平宁半岛这条狭长的文明带,再到大洲,并必然要扩展到全世界就说明了这一点。这里说的文明,首先是指进入了阶级社会,有了文字,也指人类的进步状态。它不是从欧亚大陆扩展到非、美、澳,就要从西半球扩展到东半球。既然大家都脱离了动物界,从类人猿进化到人,发展成了高级智慧生命;既然人都居住在同一个星球地球上,你不去发现他,他就要来发现你,这是不以人们意志为转移的客观规律。正如不是我们去发现外星人,就是外星人发现我们,如果宇宙间除人类之外还存在高级智慧生命的话。

(4) 地理大发现也是马克思列宁主义所赞成的提法。马克思恩格斯在《共产党宣言》中说,"美洲的发现,绕过非洲的航行,给新兴的资产阶级开辟了新的活动场所"。[27]马克思在《资本论》中给发现划定时段:"在16和17世纪,由于地理上的发现……"[28]恩格斯在《反杜林论》中明确地提出了地理大发现:"伟大的地理发现以及随之而来的殖民地的开拓使销售市场扩大了许多倍,并且加速了手工业向工场手工业的转化……到15世纪末,海上航路的伟大发现,为它(市民等级)开辟了一个新的更加广大的活动场所。"[29]

所以,地理大发现是恰当的提法。

有的学者虽不明确否定地理大发现这个提法,但用"开辟新航路"、"新航路的开辟"来取代地理大发现,这在史学著作撰写和教材编纂中是比较普遍的。我们认为,地理发现和开辟新航路是两个既有联系,又有区别的提法。地理发现包括三层意思:(一)

文明人类抵达了前所未知的陆地和水域;(二)文明人类开辟了到各地区、各海洋去的前所未知或虽已知但未能开通的新航路或新通道;(三)文明人类熟知了前所未知的陆地和水域。可见,开辟新航路只是地理发现三项内容中的一项,而且只是这项内容中的海上航路,而未包括陆上通道。所以,它不能涵盖地理发现的全部含义,不宜用它来替代地理大发现。

开辟新航路和发现新地区的关系,即地理发现的前两个内容和任务之间的关系,我们结合15—17世纪地理大发现的具体情况,可以说有三种。其一,有的人主观上想开辟新航路,客观上却发现了新的陆地和水域(如哥伦布),同时也附带开辟了从出发地到新发现土地的新航路。其二,有的人主观上想开辟新航路,客观上也达到了目的(如达·伽马、麦哲伦),同时也附带发现了一些陆地和水域。其三,有的人主观上并未想去开辟新航路,也未想去发现新地区,但客观上却既发现了新陆地,又开辟了去新发现土地的新航路。例如卡伯拉尔,他率船队去印度途中被风暴从西南非吹到南美的巴西。于是他既发现了巴西,又开辟了从西非到东南美洲的横渡大西洋最短的新航路。一言以蔽之,在发现新地区的同时,必然要开辟从出发地到新发现地的新航路;在开辟新航路的过程中,又难免要发现一些新地区,如岛屿、海岸线等。

20世纪90年代以来,国内外学术界中出现了"两个大陆的相遇"、"两个世界的汇合"、"两个文明的汇合"等类提法,并以此来取代"地理大发现"。[30]笔者认为,这是不科学的。

第一,新旧两块大陆不是自发地、无缘无故地相遇、汇合的,而是欧洲人到美洲后才相遇、汇合的。没有欧洲人的航海、探险,相遇、汇合就不会发生,就会挪后许多世纪。因此,相遇、汇合回避了主动去发现与被动地被发现的区别,抹杀了"发现"中的主观能动作用。第二,地理大发现的主要成果和内容并不仅是欧洲和美洲两个世界的相遇,基督教文明与印第安文明的汇合,而且还是欧、亚、非、美、澳五大洲的相遇,太平洋、大西洋、印度洋、北冰洋四大洋的汇合;同时也是基督教文明、欧洲文明与华夏文明、印度文明、波斯文明等许多文明的汇合,是全球统一世界的形成。第三,各大洲的相遇、各文明的汇合是地理大发现取得的重要成果之一,而不是地理大发现本身。不能把地理大发现这一重大历史事件本身与这一事件带来的结果混为一谈。因此,我们不赞成用"相遇"和"汇合"来取代地理大发现。当然,我们可以用"相遇"和"汇合"来充实和丰富地理大发现的意义、影响和作用,来体现印第安文明,其他各大洲各地区的文明,来突出这些文明对全人类的贡献。

有些学者认为,"地理大发现"是欧洲(或西欧)中心论的一个表现,所以总想否定或替代这个提法。其实历史的发展就不平衡,就有中心。我们应该承认一些国家、民族,在一定的时期和阶段,在某一方面和领域占主导地位的历史事实。欧洲人完成了地理大发现就是其中一例。

笔者认为,发现、发明是一码事,而发现、发明所产生的后果又是另一码事。发现、发明的事物可以被用于正义、福祉,也可以被用于邪恶、罪孽。哥伦布、达·伽马、麦哲伦、叶尔马克等人在地理学和探险上的发现也是这样,他们既是殖民海盗,又是有着重大发现的航海家、探险家、地理发现者。地理大发现正是主要由他们来完成的。因此,评价地理大发现对世界历史进程的影响和作用,其代表人物的是非功过同研究什么是地理发现,历史上有没有地理大发现,是谁完成了地理大发现等具体问题是两回事。所以,地理大发现不只是欧洲人的观点,而是全世界进入了文明社会的人类(自然也包括欧洲人)的共同观点,也是实事求是的科学结论。

第五节 "殖民"一词的涵义

有一个涉及全局性的术语问题也需要在此讨论和阐明,即与地理大发现孪生、交织在一起的殖民活动。先说与此有关的"移民"。在现代汉语中,作为动词的"移民"指居民由一地或一国迁移到另一地或另一国落户;作名词的"移民"指迁移到外地或外国去落户的人。它没有褒贬义。"殖民"一语在现代汉语中则原指强国向它所征服的地区移民;现指资本主义国家把经济政治势力扩张到不发达的国家和地区,掠夺奴役当地人民。[31]它带有贬义。但地理大发现时期也有另一种情况。即欧洲国家向无人的、少人的、无主的蛮荒地区移民,带有探险、冒险、试验、开荒、拓殖的性质。他们并不去征服、奴役、掠夺当地居民,或者当地没有什么人可供奴役。这个现象既非前面所说的"移民",也非现代汉语中的"殖民",缺乏一个适当的词汇来表述。于是只好借用已有的"殖民"一词,从而赋予此词一层新的意思。

"殖民"一词英语作 colonize,俄语作 колонизовать,日语作"植民"。英国学者霍恩比的解释是"创建殖民地;在殖民地定居"。而他对殖民地的解释则是:1. 由他国控制、管理和建设的国家或地区;2. 由来自母国的移民广泛定居的并一段时间由母国控制的国家和地区。[32]前苏联学者奥若戈夫的解释是,殖民指"占领别的国家,用强制手段把它变为殖民地;被移居者、殖民者住满"。而他对殖民地(колония)的解释则是:1. 被帝国主义国家(宗主国)强制占领、剥削,丧失了独立的国家;由另一个国家、地区来的移民组成的居住区。[33] 日本学者新村认为殖民指本国人到本国以外的地区定居、开拓、从事经济活动、建立殖民地等。[34] 由上可知,英美日人对此词的理解不同于我们的看法,基本上无褒贬义。上古时代希腊人在地中海、黑海沿岸的殖民活动也基本上无褒贬义,其中许多也是向无人区、无主区、蛮荒区垦殖、拓殖。法国学者佩迪什也指出:地理考察是从社会和经济现象开始的。人们称这类现象为"殖民活动"(colonisation)——一个被现代历史学用得很不确切的术语。最早的希腊历史学家曾用过"移民"(émigrations)和"定居"(fondations)之类的词汇,这里指的是大批移民的外流。他们从公元前8—前6世纪起在地中海和黑海周围的许多地点,建立了一些商站和城镇,并进而向内地移植和开发。[35]

鉴于以上理由和原因,本书中的"殖民"有时指欧洲人征服、掠夺、奴役当地人,有时又指垦殖、拓殖、移植。

以上便是笔者对地理大发现进行总体考察、宏观研究后得出的一些结论,这也是本书冠以《地理大发现研究》之名的原因所在。

注释:

1 周一良、吴于廑主编:《世界通史·中古部分》,第二十六章,人民出版社1972年版;朱寰主编:《世界中古史》,第七章第二节,吉林文史出版社1986年版。

2 郭圣铭:《地理大发现》,商务印书馆1963年版;郭守田主编:《世界通史资料选辑·中古部分》,商务印书馆1981年版第三部分;吴于廑等主编:《世界史·近代史编》上卷,高等教育出版社1992年版,第一章第一节;《中国大百科全书·外国历史卷》:"地理大发现"条目等。

3 这几个词组直译为"伟大的地理发现",中国学术界一般说"地理大发现"。另外,西方也常说"(地理)发现时代"(The Age of Discovery),如《剑桥近代史》(The Cambridge Modern History)第一卷第一章,《大英百科全书》(Encyclopedia Britannica)1974年版,《美国百科全书》(Encyclopedia Americana),1980年版"地理学"条;西方还常简称为"大发现"(the great discoveries),如《新编剑桥近代史》(The New Cambridge Modern History)第一卷第一章;前苏联则统统称地理大发现,如《苏联大百科全书》(《Большая Советская Энциклопедия》)50年代版和70年代版,《苏联历史百科全书》(《Советская Историческая Энциклопедия》)60年代版,前苏联《简明地理百科全书》(《Краткая Географическая Энциклопедия》)60年代版;日本更常说"大航海时代",如生田滋等《大航海時代》,福武書店昭和58年书;飯塚浩二等《大航海時代,概説、年表、索引》,岩波書店1979年版,等等。

4 施泰因:《人类文明编年纪事、科学和技术分册》,对外翻译出版公司1992年版,第63—64页。

5 《马克思恩格斯全集》,第25卷,第371—372页。

6,7 侯仁之:《在所谓"新航路的发现"以前中国与东非之间的海上交通》,载《科学通报》1964年11期,又载《历史地理学的理论与实践》,上海人民出版社1979年版;《所谓"新航路的发现"的真象》,载《人民日报》1965年3月12日,又载《郑和研究资料选编》,人民交通出版社1985年版。

8,9 希罗多德:《历史》,第四卷,第42段,第280页;第281页,商务印书馆1985年版。

10,11 杰缅季耶夫、安德留先科:《地理学史》,(В. А. Дементьев, Д. Н. Адрющенко:《История Географии》),明斯克1962年版,第27、28页。

12 阿·费里克:《埃及古代史》,第102页,科学出版社1956年版。

13 保·佩迪什:《古代希腊人的地理学》,第28页,商务印书馆1983年版。

14 前苏联科学院:《世界通史》,第4卷,第104页,三联书店1962年版。

15 彭罗斯:《文艺复兴时期的远行和地理发现》(Boies Penrose: Travel and Discovery in the Renaissance 1420—1620),纽约1975年版,第23页。

16 加斯帕、瓦勒角:《在加那利的教训,欧洲人与加那利人的最初接触》(A. T. Gasper、E. A. Vallejo: Lessons from the Canaries, the first contacts be-

tween Europeans and Canarians, Antiquity),载英国《上古时代》1992年1期。

17 朱谦之:《扶桑国考证》,商务印书馆1941年版;《哥伦布前一千年中国人发现美洲考》,载《北京大学学报》1962年4期;《谁最早发现美洲》,载《人民日报》1962年6月3日,等等。又见连云山:《谁先到达美洲——纪念东晋法显大师到达美洲1580周年》,中国社会科学出版社1992年版;以及他在《太平洋学报》和其他刊物发表的论文;并见《解放军报》1994年4月9日、《中国青年报》1994年5月22日对其学说的长篇报道。

18 罗荣渠:《论所谓中国人发现美洲的问题》,载《北京大学学报》1962年4期;《扶桑国猜想和美洲的发现》,载《历史研究》1983年2期,等等。

19 张箭:《否定"地理大发现"之否定》,第二部分,载《四川大学学报》1996年2期。

20 房仲甫:《中国人最先到达美洲的新物证》,《扬帆美洲三千年——殷人跨越太平洋初探》,分别载《人民日报》1979年8月19日,1981年12月5日;《殷人航渡美洲再探》,载《世界历史》1983年3期;《殷人渡美与黑潮暖流》,载《太平洋》1987年1期,等等。

21 张箭:《缺乏历史依据的推断——就殷人航渡美洲问题与房仲甫先生商榷》,载《拉丁美洲研究》1992年6期;《从石锚辨殷人航渡美洲》,载《文史杂志》1992年6期;《商代的造船航海能力与殷人航渡美洲》,载《大自然探索》1993年4期;《关于近年来殷人航渡美洲问题的研究述评》,载《中国史研究动态》1996年2期,等等。

22 张箭:《法显航渡美洲说批评》,载《中国历史地理论丛》1996年1期;《论所谓法显航渡美洲说》,载《世界历史》1997年2期;《评法显航渡美洲说的理论和方法》,载《史学理论研究》1997年2期;《法显乘船的国籍、数量、乘员和航经的海区》,载《中国史研究》1997年3期;《法显时代印尼爪哇流行的宗教》,载《宗教学研究》1997年3期,等等。

23 石钟键:《古代中国船只到达美洲的文物证据》,载《思想战线》1983年1期;《论悬棺葬的起源地和越人的海外迁徙》,载《贵州社会科学》1983年1期;梁庭望:《越人早于哥伦布到达美洲的物证》,载《中央民族学院学报》1992年5期,等等。

24 卫聚贤:《中国人发现美洲》,香港巨轮出版社1969年版;韶华宝忠双,欧阳如水明:《中华祖先拓荒美洲》,黑龙江人民出版社1992年版;冯翔等:《中国人发现美洲》,国际文化出版公司2000年版,等等;国际上的情况可参见芬格胡特编的总综述:《谁最先发现美洲》(E. R. Fingerhut:Who first Discovered America),加州克莱尔蒙特1984年版。

25　《马克思恩格斯全集》,第16卷,第570—571页。

26　严中平:《殖民主义海盗哥伦布》,《论麦哲伦》,分别载《历史研究》1977年1期,1982年3期;《关于哥伦布其人答朱寰同志》,载《世界历史》1979年4期;《老殖民主义史话选》,北京出版社1984年版。

27　《马克思恩格斯全集》,第1卷,第252页。

28　《马克思恩格斯全集》,第25卷,第371页。

29　《马克思恩格斯选集》,第3卷,第144、313页。

30　国内这方面的简况可参见李运明:《"纪念两个世界文明汇合"学术讨论会简况》,冯秀文:《建国以来我国学术界关于哥伦布"发现"美洲的研究》,分别载《世界史研究动态》1992年第2期,1992年11期;有关的国际情况可参见联合国教科文组织的《信使》月刊(The Unesco Courier)1992年5期,该期刊载费·梅厄的《重新发现着的1492年》(F. Mayor:Rediscovering 1492),约·奥·西布拉的《地理发现和自我发现》(J. A. Senbra:Discovery and self-discovery),李·泽阿的《文化的创造》(Leopoldo Zea:The invention of a culture),弗尔南德斯·肖的《从今往后的五百年》(F. Fernandez Shaw:Five hundred years from now on)。这几篇文章均主张或赞同用"相遇"(encounter)来取代地理大发现。另《美国历史评论》(The American Historical Review)1994年第2期刊载了奥尔特曼和巴特勒的长篇述评:《文化的接触:五百周年纪念的观点》(I. D. A. Altman and Reginald D. Butler:The Contact of Cultures:Perspectives on the Quincentury)。文中所列地理大发现的新书有4本书名中都有"相遇"。

31　参阅《现代汉语词典》,商务印书馆1996年修订版。

32　霍恩比:《牛津高级现代英语学习者词典》,伦敦1974年版(A. S. Hornby:Oxford Advanced Learner's Dictionary of Current English)。

33　奥若戈夫:《俄语词典》,莫斯科1975年版(С. И. Ожегов:《Словарь Русского Языка》)。

34　新村:《广辞苑》,岩波书店,昭和五十四年。

35　保罗·佩迪什:《古代希腊人的地理学》,商务印书馆1983年版,第5—6页。

第二章 地理大发现的基础和背景

第一节 引 论

自从有了文明人类,便有了地理发现。上古时代的地理发现是由各个文明点、文明中心的文明国家、文明民族共同完成的。由于地理发现、人口迁徙、古代殖民、经济开发、军事征服等产生的结果,逐渐形成了从东亚的中国、经南亚的印度、过中亚的波斯、接西亚的美索不达米亚、再到北非、地中海、西欧的宽广的文明地带。当然,在这巨大的文明带内,也有一些待发现的飞地、文明的绿野包围着的野蛮的沙洲。就人类文明而言,站在世界历史和全球地理的高度来看,当时人类已初步认识和了解了这横贯亚欧非三大洲的文明地带,听说了这一地带上的各个地段及其周围地区。例如,文明带西端的希腊人和罗马人就知道一点有关东端的中国的情况,并且通过丝绸之路与之有了一点联系。

进入中世纪后,地理发现仍在继续和发展,它也是由各文明中心的文明民族、文明国家共同完成的。其中既包括上古时期就有的各文明古国和文明民族,也包括在它们的影响下或独立发展起来的新的文明国家和文明民族。同样由于地理发现、人口迁徙、中古殖民、经济开发、军事征服和文化传播的结果,在15世纪中叶,人类的文明开化区域已扩大到蒙古高原(含蒙古高原)以南的整个亚洲,包括东亚、东南亚、南亚、中亚、小亚;几乎整个欧洲,包括西欧、东欧、南欧、中欧、绝大部分北欧(冰岛、新地岛、斯瓦尔巴群岛等除外);非洲的约一半,包括北非、西北非、莫桑比克北部以北的东非,中非的一部分;甚至还包括中美地峡尤卡坦半岛及其周围的玛雅人地区。同样就人类文明而言,站在世界历史和全球地理的高度来看,当时人类已听说了上述东半球的广阔的文明开化区域及其周围的边缘地区,并且通过各种陆路、海路有了一些直接或间接的联系。当然东半球文明区域内也有一些文明人类未达不详的蛮荒飞地。

这样,到了15世纪中叶,经过约5000年的地理发现,文明人类只到达和认识了地球表面陆地的约2/5。[1]非洲中南部、亚洲北部、南美洲、北美洲(中美洲尤卡坦半岛及其周围除外)、澳洲—大洋洲、北冰洋海域的岛屿、南极洲(还没有居民),文明人类还不知道这些地区,与它们没有联系。东半球的文明人类也不知道西半球的文明民族玛雅人,玛雅人更不知道东半球的文明人,彼此间没有联系。玛雅人甚至不知道不太远的印加人,与近在咫尺的阿兹特克人也没有多少往来。迄15世纪中叶,文明人类航行的海域也仅限于北大西洋东部、北太平洋西部、印度洋北部、地中海和尤卡坦半岛周围的海湾,航迹面积只占地球表面海域的1/10。而且,文明人类还没有证实、确定自己居住的星球究竟是什么形状,如果是球状,它又有多大;文明人类也不知道3/5以上的海洋和陆地是怎样相交接触的,3/5以上的大陆和大岛海岸线走向怎样,有多长,地球上是陆地包围水域还是水域包围陆地,海洋是否相通,等等。

可是,从15世纪下半叶到17世纪末,在短短的两百多年间,文明人类便到达了、初步认识了地球表面全部陆地的约9/10,并把被海洋隔开的各大陆,被沙漠、高山隔开的各文明国家紧密地联系起来。只有南极洲、美洲极北部、澳洲东南部的局部地区还在文明人类的视线、足迹、帆影之外。迄 17 世纪末叶,文明人类已航行了合恩角、好望角、东南角(澳洲塔斯马尼亚岛)、西南角(大洋洲新西兰南岛)以北的全部海洋,遍及地球表面海域的 9/10;并且解决了大地的形状、大小、地球上是水域包围陆地还是陆地包围水域、海洋是否相通等问题;基本上清楚了地球表面海陆接触相交的大部分情况,即地球上 9/10 的大陆海岸线和大岛海岸线的走向和长度。仅南极洲、澳洲东南部局部地区、北冰洋沿岸部分地区、加拿大北极群岛一部和格陵兰北部除外。在这 250 年中文明人类到达和认识的地区、地理发现的成就大于 5000 年来地理发现成就的总和,也大于此后 250 年的地理发现成就。因此,这个时段的地理发现称之为地理大发现;而在它以前的和以后的地理发现则只是一般的地理发现。所以人类历史上和世界地理上的地理大发现只有一个,它从 15 世纪下半叶持续到 17 世纪末叶。

地理大发现是由西班牙、葡萄牙、荷兰、俄国、英国、法国六个国家完成的,它们都是欧洲国家。意大利人、德国人或以私人身份,或以学术研究的方式,在其中起了一些作用。他们也都是欧洲人。这样,在地理发现的主角方面,与此前 5000 年来的地理发现不同,它不是由全世界各文明中心的文明民族、文明国家共同完成的;同样与此后 250 年的地理发现也有所不同,它除了有上述六国以外,没有挪威、瑞典、美国、加拿大、智利等国家参与。这样,在研究、讨论、撰写地理大发现史时,就应该弄清这样的问题:地理大发现为什么发生并完成于 15—17 世纪,而不在其他的时代;地理大发现的主角为什么都是欧洲人,而不是亚洲人、非洲人;在地理大发现的六大主角国中,有五个是西欧国家,它的原因何在。

以上问题,本书主要通过论述地理大发现的基础和背景予以解释和回答,即讨论15世纪以来欧洲的特别是西欧的经济、政治、文化、科技、社会生活、国际关系等方面的问题。

第二节 一般的和普遍的因素

一、政治因素

15世纪时,欧洲处于以领地制、分封制国家向中央集权统一的国家转变的时期。到15世纪末,葡萄牙、西班牙、英国、法国都由等级会议君主制国家发展到专制君主制或称绝对君主制国家。后起的俄国、荷兰也于16世纪中叶、下半叶完成了国家的统一或独立,形成了等级会议君主制国家或共和国。所以,正如恩格斯所说,在地理大发现时代的15—17世纪,"全欧洲只剩下两个国家,那里没有王权,也没有那时无王权便不可能出现的民族统一,或者说,它们只是名义上存在,这就是德意志和意大利"[2]。这也是德意两大国没能(以国家的名义和资格)参与地理大发现的原因之一。因为统一的中央集权的国家可以集中、调配强大的人力、物力和财力来进行探险,并有效地保卫新发现的地区,维护其获得的各种利益。

地理大发现时期的六个主角国家均打退了外族入侵,收复了失地,赢得了民族独立,推翻了异族统治。葡萄牙早在13世纪中叶就收复了失地,驱逐了摩尔人。所以葡萄牙能最早走上航海探险、地理发现、殖民扩张的道路。西班牙在1491年完成了收复失地运动,赶走了摩尔人。因此西班牙能成为地理发现成就最大的国家。英国自诺曼(底)征服以来就一直没有遭到外族入侵;又在

1485年结束了长达30年的红白玫瑰战争,实现了国内和平和国家统一,使英国能较早地参与地理大发现。法国在1453年驱逐了英国人,赢得了百年战争的胜利;15世纪末又完成了国家的统一,使法国能跻身于地理大发现主角国家的行列。但由于法国在16世纪60—90年代长期陷于国内激烈的宗教战争——长达32年的胡格诺战争,从而失去了地理发现的许多机遇,以致在六大主角中只能排在最末一位。荷兰在16世纪下半叶推翻了西班牙的异族统治,赢得了民族独立。这样使荷兰能在第二阶段的地理大发现中扮演主角。俄国在1480年摆脱了蒙古鞑靼的控制,恢复了民族独立;转而夺取蒙古鞑靼各汗国的遗产,继而进行了俄罗斯的地理大发现。

15—17世纪,在政治上保持和赢得了民族独立,实现了国家统一、中央集权的沿海的文明国家和民族远不止上述六国。从大处着眼,起码还有中国—明朝,日本—丰臣秀吉时代德川幕府,印度—莫卧儿帝国,伊朗—萨菲王朝,奥斯曼土耳其等五大国。此外还有亚欧非的一些小国。这些国家虽小但也不亚于葡萄牙、荷兰,甚至比它们还大。所以,民族独立、国家统一、中央集权只是参与地理大发现的条件和基础之一。

扩张势力、扩大版图、扩充臣民也是地理大发现的动因之一。欧洲国家纷纷在新发现地、新占领地划定疆域、划分势力范围。它们建立新西班牙、新英格兰、新法兰西、新荷兰(美洲的,澳洲的),葡属巴西、葡属东印度、占领、统治、开发"新土地",建立黄俄罗斯。捷足先登的葡西两国还三次瓜分世界,划分全球势力范围。不过在15—17世纪的地理大发现时代,东方的乃至西方的一些强国也在扩张和征服。例如,16世纪末叶日本的侵朝战争;16—17世纪莫卧儿帝国在南亚的扩张与征服;16—17世纪伊朗萨菲王朝的崛起与扩张;16—17世纪瑞典在北欧、东欧、中欧的扩张;15—17世纪奥斯曼土耳其在欧亚非三大洲的大规模征服与扩张。15世纪上半叶郑和下西洋,在某种意义上也是中国在东南亚和北印度洋的一种扩张。但上述国家并没有能参与地理大发现。由此可见扩张、征服、称霸只是促成地理大发现的众多因素之一。要促成和完成地理大发现还需具备其他条件。

二、经济因素

15—17世纪,欧洲的、西欧的生产力发展较快,为进行地理大发现奠定了物质基础。但在这个时代,欧洲的、西欧的生产力水平总体上并不比中、日、印、伊、阿等东方文明国家高,而是各有千秋、难分轩轾。15—16世纪时更是如此。西欧、欧洲的生产力是在18世纪工业革命开始时才有了飞跃,才全面超过东方,拉开了彼此的距离。就以直接服务于探险、地理发现的造船航海能力、交通运输能力来说,西欧在15—16世纪时也不比中、日、印、阿、土等东方国家强。郑和下西洋表明,15世纪时中国的造船航海能力比西欧要强一些。在16世纪末叶的朝鲜壬辰卫国战争中,历次大海战、铁甲炮舰龟船、日军十几万人大规模渡海登陆等情况也表明,中、日、朝等东亚国家的海战能力,海军实力同样不亚于当时的西欧。[3]但为什么东方国家没能参与地理大发现,反而是欧洲国家参与了地理大发现呢?

15世纪以来西欧商品经济发展较快,比较发达。农民普遍缴纳货币地租,或是自耕小农,或是领取货币工资的雇农。农奴越来越少。城市的手工作坊和手工工场普遍从事商品生产。在手工作坊做工的工匠、师傅、帮工和在手工工场作工的工人、师傅大多领取货币工资。城乡间、地区间、国家间、贸易区间、东西方间的商品流通、交换、物资交流都比较广泛、频繁,而且品种多、数量大、价值高。商品经济的发展和发达就需要比较多的充当一般等价物的特殊商品货币,以此作为价值尺度、流通手段、贮藏手段和支付手段等。由于金银有质地均匀,容易分割、体积大、价值大、经久不坏、便于携带等优点,为其他商品所不及。所以"金银天然不是货币,但货币天然是金银"[4]。这样,西欧和欧洲社会就需要比较多的金银来铸造货币。15世纪中叶,西欧货币由银本位制过渡到金本位制。其原因自然是白银短缺。与中国和一些东方国家不同,中世纪的西欧或欧洲不流行铜币,更没有纸币。其原因是,西欧产铜有限,而且铜作货币也有体积大、价值小、不方便等缺点。又由于西欧封建制度的特点,它的国家统一、中央集权、君主专制的程度远远不及中国,再加各种历史条件的制约(例如造纸术、印刷术等),所以西欧也没有纸币。当然这并不意味着它的商品经济发展程度不如东方,相反在中世纪晚期它比东方还要发达一些。譬如它的支票、期票、汇票、股票、彩票、发票、债券等有价证券在中世纪晚期就比东方国家发达。这样,西欧和欧洲就需要比较多的金银来铸造货币,满足经济发展的需要。但欧洲的贵金属开采发展缓慢。1493—1520年间,欧洲产银共4.5万公斤,[5]年均产量仅1600公斤,不敷社会所需。在同东方的贸易中欧洲又是入超逆差的。因此,金银货币是从欧洲流向亚洲的。商业的发展,使欧洲人感到贵金属的匮乏、紧缺。15世纪末至16世纪初,英国政府曾制定和重申的禁止金银外流的法令在十次以上,但仍不能解决问题。在这种情况下,西欧还形成了所谓重商主义经济理论和政策体系。15、16世纪时流行早期重商主义。它只着眼于货币,极力主张吸收外国货币,禁止金银输出。重商主义亦被称为重金主义,马克思称之为货币主义。其主要代表人物有英国的斯塔福德(1554—1612),法国的蒙古莱田(1575—1621)。

于是,当时的欧洲人,特别是西欧的商人和探险家醉心于到海外去冒险、掳掠金银珍宝。恩格斯曾说:"美洲的发现是在此以前就已驱使葡萄牙人到非洲去的那种黄金梦所促成的。"[6]恩格斯又说:"葡萄牙人在非洲海岸、印度和整个远东寻找的是黄金;黄金一词是驱使西班牙人横渡大西洋到美洲去的咒语;黄金是白人刚踏上一个新发现的海岸时所要的第一件东西。"[7]因此,"黄金梦"也是促成地理大发现的一个因素。

不过,笔者认为追求贵金属是前资本主义社会的一般现象。马克思曾指出:"自从有可能把商品当作交换价值来保持,或把交换价值当作商品保持以来,求金欲就产生了。"[8]例如明朝在中、朝沿海骚扰掳掠的倭寇;15—17世纪时中国商人到东南亚—南洋经商贩运定居;15—17世纪时印度商人在印度洋沿岸、南洋—东南亚一带的经商和殖民;中世纪中期以来,阿拉伯、伊朗商人在莫桑比克以北的东非海岸经商、贩运和殖民。当时就贵金属而言,明朝中叶(16世纪)中国因铜荒已形成了以银为主的货币制度,即过渡到银本位制,铜钱降为辅币,纸钞名存实亡。明朝后叶又因银荒,从东南亚、菲律宾输入西、葡控制的美洲白银,赚取硬通货外汇。但东方国家并没有能参与地理大发现。所以,欧洲的商品经济、金银荒、黄金欲、发财迷等因素是构成地理大发现的诸多因素之一,但并非是主要的或决定性的。

西欧是资本主义萌芽最早的地区。早在14世纪时,在意大利北部的一些城市中,便出现了最初的资本主义萌芽。马克思曾讲:"在14和15世纪,在地中海沿岸的某些城市中已经稀疏地出现了资本主义生产的最初萌芽。"[9]西欧又是资本主义发展最快的地区,而且西欧人又是完成地理大发现最重要的最早的主角。于是,人们通常把资本主义萌芽及其成长视为地理大发现最重要最根本的因素。

  我们认为,资本主义萌芽和成长,原始积累只是促成地理大发现的重要因素和背景之一,但并不是决定性的。可以说资本主义与地理大发现之间并不存在必然的联系。意大利是资本主义萌芽最早的国家和地区,也历来是地中海上的航海大国。但意大利并没能参加地理大发现。由于地理位置所限制,也由于国家四分五裂,没有统一,没有形成合力等,故意大利在航海探险发现殖民的宏大进程中出局。意大利人只能以个人身份参加其他国家的远航探险,做出了自己的很大贡献。比如哥伦布、卡博特、韦斯普奇、维拉扎诺、皮加费塔等。葡萄牙、西班牙是进行地理大发现最早、成就最大、掳掠最多的两个国家,但它们在15、16世纪时,国内并没有什么资本主义萌芽,掳掠之后也没有率先发展起资本主义来。它们在殖民地更没有推行资本主义制度,而是推行封建制度。俄国是第二阶段地理大发现的主角,但16、17世纪时俄国本土的封建农奴制还在强化,并最后确立。俄国更无资本主义萌芽,它在新发现地、新并入地推行的也是封建制度。荷兰、英国、法国是国内资本主义已有所发展后才参加地理大发现,进行殖民掠夺,随后国内资本主义便有了进一步的发展。其中法国在参与地理大发现的16、17世纪还基本属于封建国家。16、17世纪时,它们也都在殖民地推行半封建、半资本主义的制度。美国共产党领袖、著名的马克思列宁主义史学家福斯特曾指出:"差不多每一殖民母国都在美洲复活某些封建主义的遗迹——西班牙实行大授地制,葡萄牙采用封地制,荷兰实行大地主制,英国实行有产者领地制,法国采用贵族领地制。"[10]在15—17世纪,德国的资本主义也有相当的发展,并发生过恩格斯所说的第一次资产阶级革命——16世纪的宗教改革和农民战争。但德国也没能参与地理大发现。在地理大发现时代,西欧人所到达的亚洲(北亚除外)、东非(莫桑比克以北)已有了封建制度或其他前资本主义剥削制度;西欧人对新发现的西南非、澳洲—大洋洲也没有进行什么拓殖。所以谈不上15—17世纪时西欧人在这些地区推行什么社会制度。英国在16世纪还属半封建半资本主义国家,17世纪属资本主义国家。荷兰从16世纪下半叶起属资本主义国家。但荷英两国的地理发现成果要小于西葡俄法四国的地理发现成果。而且,16—17世纪的亚洲国家如中国、日本、印度也有资本主义萌芽,但它们都没有参与地理大发现。可见资本主义萌芽也非西欧所独有。所以,资本主义萌芽、原始积累只是促成地理大发现的重要因素之一,而并非是根本的、决定性的。

三、宗教因素

传播基督教,教化异教徒偶像崇拜者也是地理大发现的因素之一。基督教自认为是普世的宗教,上帝创造了天地万物人类,耶稣基督是上帝之子,是全人类的救世主。凡有人类的地方都应该有基督教,人都应该成为基督徒兄弟、教会的教民。教会应该成为大一统的世界教会,异教徒必须皈依基督,否则便应被基督徒奴役。基督教的理想是探险、发现、扩张的催化剂和助燃物。它使各种各样世俗的要求都罩上了神圣的光环,成为探险家和征服者的精神支柱之一。所以他们所到之处一般都要立十字架,给当地土著施洗。不过传教也不是地理大发现最重要的或决定性的因素。

在15—17世纪这个地理大发现时代,伊斯兰教也在继续传播和扩张。在欧洲,伊斯兰教势力虽被逐出了伊比利亚半岛,可又传入了巴尔干半岛、黑海西岸北岸和东地中海岛屿。在亚洲,伊斯兰教除了保持住原有的西亚、中亚、南亚部分地区以外,并深入印度、中国,还在中国形成了以伊斯兰教为纽带的回族等少数民族。特别是它传入东南亚—南洋,或扩大了在东南亚—南洋的影响,使那一带普遍伊斯兰化。只有菲律宾以后又因西班牙的统治而逐渐基督教(天主教)化。在非洲,除了原来的北非、东北非、东非以外,伊斯兰教还进一步传入西北非、东非和内陆腹地,加深了除南非以外的非洲大部分地区伊斯兰化。就传播的速度、扩张的势头、壮大的力量和宗教的狂热而言,伊斯兰教在当时并不逊于基督教。但伊斯兰国家并没有能参与地理大发现。所以宗教因素只是促成地理大发现的重要因素之一。

上述政治、经济和宗教因素都构成地理大发现的基础和背景,但哪一种都不是决定性的,也非西欧或欧洲所独有的。但为什么欧洲国家能完成地理大发现,而亚非文明国家却没有能参与地理大发现呢。因此,我们应该进一步探讨欧洲、特别是西欧独特的、亚非国家不具备的那些因素、条件和背景。

第三节 欧洲独特的因素和条件

一、地理条件和商路问题

欧洲具有从事地理发现得天独厚的地理条件、地缘优势。翻开世界地图或转动地球仪便会看到,西欧以南不远便是西非,以西北不很远便是格陵兰,再以西便是美洲;俄国欧洲部分以东不远便是北亚。那些地区都是文明人类未发现的蛮荒地区。这样他们在进行探险、完成地理大发现时并不是特别困难。中、日、印、伊等东方国家则没有这样的地缘优势。中国离北亚不远,地理条件不差,但地缘政治形势不好。北方西北有蒙古鞑靼的阻隔,东北有女真后金的威胁(详见本书第五章)。向西尽是文明之区,向南则横亘着东南亚—南亚,之后才是待发现的新几内亚、澳洲。向东则是世界上最大的太平洋。日本的地理条件地缘优势不错。它离北亚也不远,离巨大的萨哈林岛(库页岛)[11]、堪察加半岛等更是很近。可是日本选错了扩张的方向,去侵略朝鲜。如果被朝中军民彻底打败。印度、伊朗、土耳其的周围尽是文明开化地区,没有什么未知的地区可发现,只有征服和侵略。阿拉伯在15—16世纪则处于严重的分裂割据状态,小国林立。在没有完成民族统一的情况下无力从事地理大发现;后期(16—17世纪)则被土耳其征服。阿拉伯、伊朗的商人和航海家在15世纪时已推进到莫桑比克以北的东非海岸,与待发现的南部非洲已接壤了。可惜它们就此止步了。在亚非国家中,东南亚—南洋国家的地理条件比较有利。离它们不远便是待发现的澳洲和大洋洲的新几内亚大岛。但东南亚—南洋国家在15—16世纪时是比较落后的文明国家(处于封建制或奴隶制阶段),无力参与地理大发现。蒙古人、女真人也与待发现的北亚接壤。但它们的目光盯着温暖的富饶的中国汉族地区(包括朝鲜和新疆等少数民族地区);而不是寒冷、杳无人烟的北方,因而也未能参与地理大发现。新世界的希腊人玛雅人(在尤卡坦半岛及其周围)从事地理发现的地理条件是最好的,周围尽是待发现之地。但玛雅人尚处于早期青铜器和早期奴隶制阶段,无力进行较大的地理发现。玛雅人的独木舟、木竹筏更无力横渡大西洋、太平洋。而且15世纪时玛雅文明已衰落了。玛雅帝国已分裂成许多城邦,无力去发现和征服近在咫尺的阿兹特克"帝国"和不太远的印加"帝国"。

欧洲人不仅有地理大发现的有利的地理条件和地缘政治优势,而且选择了"正确的"扩张方向,"科学的"推进目标,从而开始了地理大发现。这是由当时欧洲的政治、经济、军事、文化形势所决定的。

自十字军东征以来,东西方的经济贸易联系就比较密切。蒙古西征后,东西方的物质文化交流更加频繁。15世纪时,东西方之间的贸易商路主要有四条。一条是西欧和东欧通过中亚和蒙古到达印度、中国的商路;另一条是沿东地中海,到小亚、叙利亚、两河流域、中亚,最后到东方的商路;再一条是经黑海南岸到里海南岸再到波斯湾和东方的商路;最后一条则是经东地中海、红海、波斯湾(在此与第三条商路汇合)、阿拉伯海、印度洋、孟加拉湾、南海的东西海上商路。[12]但15世纪中叶以来,欧亚商路和通道发生了重大变化。蒙古帝国的崩溃、汗国林立和政治混乱使第一条商路的队商贸易中断。拜占庭的灭亡、奥斯曼土耳其在西亚、小亚、巴尔干的征服和扩张封闭了第二条商路,控制了第三条商路。16世纪初伊朗萨菲王朝崛起后夺取了第三条商路。第四条是海上商路,也是最便利、覆盖面最广的商路。这条路只需经过苏伊士地峡150多公里的水陆联运,便可把西方的货物用船运到东非、西亚、南亚、东南亚、东亚;东方的货物也可被船运到地中海沿岸,还可穿过直布罗陀海峡北上到西欧、北欧、东欧。这条商路的水陆联运段15世纪时在埃及马木路克苏丹国辖境内。苏丹对过境货物征收相当于商品价值35%的高额关税,[13]严重影响了西欧商人的利益,抑制阻碍了东西方贸易和物资交流。西欧当时既需求东方的各种货物,如印度的胡椒、棉花、宝石、蔗糖、染料,锡兰的桂皮、宝石、象牙,南洋的芳香调料、樟脑,中国的丝绸、药材、香料、瓷器、生姜;东非的黄金、象牙,奴隶也是商路上流通的大宗货物。欧洲人既早已领略到东方商品的精美,欧洲商人也靠经营东西方商业大赚其钱。但现在西欧人的商业利益旁落,军事上又暂时不是奥斯曼土耳其和埃及苏丹的对手,无力完成400年前那样的胜利的十字军东征。欧洲人只好另辟到东方的新航路。于是葡萄牙人向南探航、西班牙人向西南探航,英国人向西探航,从而开始了地理大发现。以后荷兰人向东北探航,法国人向西北探航,俄国人向东探航和探险,从而推进了地理大发现。所以,绕过东地中海地区的穆斯林势力,开辟到印度、东南亚、中国、日本等东方国家的新航路,直接与它们通商做生意,是地理大发现最直接、最主要、最独特的因素,是亚非文明国家所不具备的。

二、马可·波罗和众多旅行家的催化诱发

欧洲、西欧不仅从早已存在并长足发展的东西方贸易中感受到东方的富裕、发达,而且从到过东方的那些西方人的游记、报道、著述中了解到东方的繁荣富庶。其中最激起人们对东方的向往和冒险远游热情的便是马可·波罗及其《游记》。

蒙古西征打通了东西方的联系通道。1245年,有教皇派遣的方济各会修士卡尔皮尼(Carpini)到达蒙古喀拉和林。1253年又有传教士鲁布鲁奎斯(Rubruquis)到达喀拉和林。但他们对自己在东方的见闻报道得不详,因此影响不大。西方对东方的真切认识和了解,是从马可·波罗开始的。马可·波罗是意大利威尼斯商人,元世祖时随父、叔来华,寓居中国17年。1295年回到威尼斯。他后来口授著成的《马可·波罗游记》(简称《游记》)一书,

详细叙述了中国、东方各国的风土人情、物产文物,盛赞中国和东方各国的富庶繁华。后来《游记》被译成各种文字,广为流传。马可·波罗遂成为东西文化交流的第一伟人,《游记》也成了详实介绍中国和东方各国的第一奇书。

马可·波罗对东方的文明和财富做了夸张的描写,刺激了欧洲人从各个方向冒险前来。学界在论及欧洲人前来东方探险时,一般只提中国、日本、印度,而不提东南亚。但东南亚从各方面看(政治、经济、地理、历史、民族、宗教、文化等)都是个独特的地区,并不附属于中、印、日。麦哲伦环球航行的直接的目标,便是要抢先到达、争夺香料群岛,印度尼西亚的摩鹿加—马鲁古群岛。让我们看看《游记》对东南亚—南洋财富的具体描写,并仅限于欧洲人最渴求的香料、黄金、珠宝、药材。

秦海(南海)中:"共有7459座岛,……亦有调味香料,种类甚多。例如胡椒,色白如雪,产额甚巨,即在此类岛屿也。由是其中一切富源,或为黄金宝石,或为一切种类香料,多至不可思议"。海南湾及诸川流(近陆及菲律宾):"岩边有金砂甚多,在诸川入海流拣之"。爪哇大岛(加里曼丹):"此岛甚富,出产黑胡椒、肉豆蔻、高良姜、生姜、丁香及其他种种香料。……黄金之多,无人能信"。桑都儿岛和昆都儿岛(马来半岛附近之岛屿):"此地饶有吾人所用之苏木(一种染料木)。黄金之多,出人想像之外"。朋丹岛(新加坡一带):"见一岛,……名麻里予儿,……有种种药材。"小爪哇岛(苏门答腊):"此岛香料甚多。南巫里国……多有樟脑及其他种种香料,亦有苏木甚多。……班卒儿国出产世界最良之樟脑,……质极细,其量值等黄金。……其地(小爪哇岛)饶有金银,一切香料,沉香、苏木、乌木等物。"[14]

此外,马可·波罗在侨居中国期间,还出使或游历了东南亚的缅甸、越南、老挝等国,对这一带丰富的黄金、白银、香料、药材等也做了记述。

地理大发现前一阶段的重要人物,几乎都读过《游记》;探险家们每到某个新地,总要找一阵《游记》中描绘的城市、地区或国家。例如亨利王子、迪亚士、托斯堪内里、马丁·倍海姆、哥伦布、卡博特父子、达·伽马、卡伯拉尔、麦哲伦等。对促动欧洲人前来东方探险起过一些作用的著述,如虚构人物的《曼德维尔游记》,皮内·德·艾里的《世界的面貌》、教皇庇护二世的《漫游天涯述略》,则广泛吸收和反映了《游记》的内容和提供的信息。另外,《游记》还初步揭示了开辟新航路的可能性。例如亚洲东部并非如托勒密认为的那样,被广袤的不可逾越的沼泽锁闭,而是海岸,可以航达。再如,马可·波罗一行乘船回国时,经过了赤道附近的南洋地区,又记述了人丁兴旺的亚洲和东非的一些赤道地区。这就对亚里士多德和托勒密的看法提出了挑战——他们认为赤道地区灼热得无法居住和逾越,在焚炙的阳光下只有沙漠。[15]马可·波罗的旅行有利于人们的思想有所解放,有利于欧洲人大胆远航,跨越赤道。《游记》还成了14—15世纪欧洲人绘制东方地图的主要参考书之一,例如著名的1375年的加泰隆地图和1459年的弗拉·毛罗地图,15世纪圣·丹尼斯编年史中的14世纪末的圆形世界地图,[16]1490年马提留斯的世界地图等。

《马可·波罗游记》和其他一些著作在欧洲传诵,激起欧洲人对于东方的向往和冒险远游的热情,这也是地理大发现较为重要、直接、独特的因素和背景,是东方各国所不具备的。就连在史学、著述、游记方面素称发达的中国,元初只有介绍新疆、中亚撒玛尔罕一带(今属哈萨克)情况的《西游录》(由耶律楚材所撰);邱处机的记录了蒙古、新疆、中亚哈萨克一带情况的《长春真人西游记》;14世纪时有周达观的介绍柬埔寨的《真腊风土记》,汪大渊的介绍东南亚、南亚、和东非桑给巴尔岛(今坦桑尼亚温古贾岛)的《岛夷志略》。明初成书的《元史》立有《外夷传》,其中只有高丽、日本、安南、缅(甸)、占城、暹(罗)、爪哇、琉球、马八儿[17]等亚洲国家的情况介绍。明前半期的马欢的《瀛涯胜览》、费信的《星槎胜览》、巩珍的《西洋番国志》,都只描写了郑和下西洋所经过的东南亚—南洋、南印度、伊朗、阿拉伯、东非北部沿海地区。

自马可·波罗以后,到东方来的西方人不再稀罕。其中较著名的有:13世纪末到14世纪30年代在伊朗、印度、中国北方居住游历了近40年的意大利教士蒙特哥维诺(Monte Corvino)。14世纪二三十年代在伊朗、印度、印尼、东南亚、中国、吐蕃游历了12年的意大利教士鄂多立克(Odoric)。他著的《东方素描》很受欢迎,是仅次于马可·波罗游记的读物,有70多种不同的手抄本流传下来。[18]14世纪四五十年代在中亚、中国、印度、伊朗游历了十几年的法国教士玛里瑙尔尼(Marignolli)。15世纪伊始到了中亚帖木儿帝国的西班牙(卡斯提尔)使者克拉维霍(Clavijo),他著有《大塔梅尔兰帝国史》。15世纪20—40年代在伊朗、印度、印度支那、南洋游历经商的威尼斯人尼科罗·康蒂,他口授著有《命运变迁四部曲》。[19]15世纪60年代在中亚、伊朗、印度游历了好几年的俄国商人阿凡那西·尼基丁(Никитин),他著有《三海行纪》(黑海、里海、阿拉伯海)。15世纪90年代在达·伽马开辟新航路前夕,又有热那亚商人斯蒂凡诺(Stephano)出红海经海路到了印度和东南亚的缅甸、苏门答腊(1493),回去后也著有游记,[20]等等。当然,这些人一般只是旅行家,而非探险家、航海家。但他们的游记、报道、信件、日记等弥补了《马可·波罗游记》的不足,提供了一些新资料,特别是关于印度、中国的情况。这些著述更加激起欧洲人东来的热情。

三、自然地理学基础

欧洲人特别是西欧人既渴望到东方来,那么走哪条通道便又是个问题。第一条由东欧去的道路已经中断;第二条经小亚、西亚、中亚去的道路;第三条经黑海、里海、波斯湾去的水陆联运路;第四条经苏伊士地峡、红海去的海路均被穆斯林控制和垄断。北非也是阿拉伯—伊斯兰地区,而且北非以南是世界上最大的沙漠撒哈拉大沙漠,极难逾越。因此只有驾船航海。要开辟一条新的航路,这便涉及到自然地理学的基本理论、知识和科学技术。欧洲具备了从事地理大发现所必需的基础和条件,即了解了大地的形状、大小、水域包围陆地抑或陆地包围水域、气候带等自然地理学的基本理论和知识。

在各文明古国中,古希腊学者最早跨出神话传说和臆想的范围,从理性、思辨和科学出发,提出了球形大地说。最早提出球形大地科学猜想的是公元前6世纪的毕达哥拉斯及其学派和帕尔门尼德。[21]他们认识到圆球具有许多独特的几何、力学、热学性质和优点。如球心到球面的任何一点距离相等;在相同表面积的情况下圆球的容积最大;圆球易滚动,摩擦系数小;圆球不易毁损,抗碰撞和腐蚀的能力强。他们还观察到,下落的水滴、油滴在空中呈球形,在蜡质物品(如荷叶等)上的水滴呈球形,受热蒸发后又冷凝的水滴也呈球形,等等。所以,他们的球形大地说是在哲学思想指导下有一定实践依据的推导。古希腊"最博学的人物"(恩格斯语)亚里士多德对球形大地说予以了科学证明。亚氏根据月食时地球投射到月球上的影子轮廓呈弧形;观测者地(海)面位置的移动引起恒星位置变化;物体都下坠,坠下的直线与通过坠下点的切线相交构成同一角度等观点,[22]精辟地证明了大地是球体。从此,球形大地说在希腊、希腊化世界得到确立和普遍承认。科学家、发明家阿基米德研制成用水力驱动的表示日心地动说的行星仪,还提出了一切液体的表面都是以地心为中心的球面这一著名的论断。[23]

在大地球形说的基础上,古希腊学者开始了科学测算地球大小的探索,并卓有建树。第一位是克利德的攸多克索,他测出地球的周长约合 6 万公里。[24]第二位是迪西亚库,他测出地球周长约合 5.2 万公里。[25]第三位便是公元前 3 世纪的埃拉托色尼,他巧妙地测出了地球的实际大小。埃氏首先选定尼罗河上阿斯旺附近的塞恩镇,它位于北回归线附近。镇上有一口深井,他在井旁安放好自己研制的圭表,即一

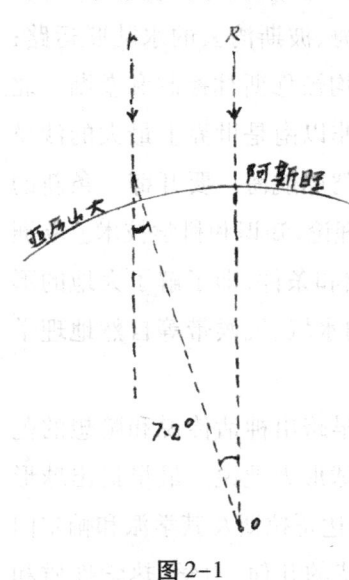

图 2-1

根直立的标杆,标杆上是空心半圆球刻度盘。另一观测点选在阿斯旺正北方的亚历山大城,两地基本上在同一条子午线上。城里有一座高塔,塔上也安放好圭表。观测时间选定在夏至日。是日正午,阳光直射塞恩的井底,标杆在刻度盘上没留下任何阴影。而亚历山大这边,阳光则在标杆下的刻度盘上留下了阴影,阳光束与标杆构成 7.2 度的夹角,刚好是圆周 360 度的 1/50(见图 2-1)。

埃拉托色尼推导,两地直立的标杆延长线无限向下延伸必定在地心相汇。两地标杆处的阳光射线是两束平行线。阿斯旺处的标杆延长线与阳光射线重合,而亚历山大处的标杆延长线则构成第三条直线。根据两条平行线与第三条直线相交,内错角相等的原理,两标杆的延长线构成的地球圆心角也必定是7.2度。因此,该圆心角所对应的弧,即两观测点之间的距离,自然是地球周长的1/50。[26]他又根据商队的行路日期、管理尼罗河航运的官员和皇家驿站所提供的测量资料,确定塞恩与亚历山大之间的直线距离为5000希腊里,于是计算出地球的周长为25万希腊里。[27]为了提高精度和能被一圆周除尽,他最后修正为25.2万希腊里。这个数字约合39 690公里,[28]与今天一般人接受的4万公里非常接近,精度达到了99%以上。当然,埃拉托色尼的高精度也部分地归之于偶然的因素和巧合。简言之,即各种正误差和负误差恰好抵消。

埃拉托色尼还创造了经纬网并绘制出当时已知世界的地图。他认为已知世界的周围是广阔的海洋,海洋大于陆地彼此相连并包围着陆地。因而他是古代"海洋论"的代表。后来的波昔多尼、斯特拉波、庞蓬尼·米拉等地理学家均坚持和发展了海洋优势论。[29]

地球学说的确立,地球大小的测出、海洋论的创立对后来的地理大发现至关重要。因为大地既然是球,在理论上便可以朝某个方向一直前进最后又回到原地;因为是海域包围陆地的水球,理论上便可以乘船到达各大陆、大洲、大岛;因为地球不太大,便可以在有限的时间内比较安全地到达。倘若地球过大,海洋过宽,而帆船的航速又很有限,便不可能横渡大洋。因为不论携带多少食物、淡水,时间一长便会变质腐烂,人员便会遭到饥饿、焦渴、坏血病的侵袭而死去。后来达·伽马在返航横渡印度洋时,麦哲伦在横渡太平洋时,都因此而死病枕藉。倘若地球按相似形再大两倍,大西洋再宽两倍,哥伦布的西航便必然失败。这样,地理大发现便只能推后到蒸汽轮船时代才会发生和完成。

埃拉托色尼以后,又有希腊学者试图更准确地测算地球的大小。其中波昔多尼测得的地球周长约合3.2万公里。[30]希帕库则接受了埃氏的测算结果。在测算原理和方法上,他们也有各自的创造。希帕库还认为,地球表面陆地封锁海洋是普遍性的。印度洋同地中海一样被陆地包围或锁闭;东岸从斯里兰卡起是另一个大陆的起点,那里可能住有与西方对蹠的人(东西对蹠)。所以希帕库是古代与"海洋论"相对立的"大陆论"的代表。后来的托勒密则继承和发展了大陆优势论。公元前2世纪的希腊学者马洛斯的克拉特斯还制作了世界上第一只地球仪。地球仪上绘制了两大交叉的条状洋,即赤道线上的洋和子午线上的洋。这样地球表面被分隔为四块大陆,而当时已知的欧洲、亚洲的大部和北非都放在一块大陆上。到了罗马时期,公元前后的斯特拉波和一世纪的大普林尼进一步完善了球形大地说。斯特拉波根据站得高看得远和物体愈升高就能被愈远的人看见这两条来论证海面、地面呈弧形。大普林尼则依据海洋表面既呈弧形又无边无缘被支撑着而不坠下这一点来论证大地大洋呈球形。[31]

希腊学者还从理性和科学出发,推测有别的大陆存在。亚里士多德认为,土地的比重比水重,因此地球各部分的陆地就必须彼此平衡。克拉特斯又提出世界对称原理,所以在他的地球仪上从南北半球看各有两个大陆,从东西半球看也各有两块大陆。公元前2世纪的希腊天文学家、地理学家希帕库则进一步推论,已知的大陆群极其广袤,且都在北半球。那么,为了保持平衡,南半球也应该存在着大陆群。否则,南半球至少在表面上就全是水,就比北半球轻,就无法维持平衡(地球其实无此平衡的需要)。以后的庞蓬尼·米拉、托勒密等均支持基于平衡、对称理论上的南大陆群说。米拉称其为"安提霍托勒"(俄文 Антихтоны),托勒密则名为提拉·澳大利亚(拉丁文 Terra Australis)。而地理学中的大陆优势论、陆地包围海洋说又与平衡、对称理论有些孪生、呼应的关系。后来对南大陆的寻找导致了17世纪发现澳洲、19世纪发现南极洲。

在球形大地说的基础上,古典学者还进一步研究与之匹配契合的制图投影问题,即把地球表面的经纬线网按照一定的数学法则转移到平面上。公元2世纪的推罗的马林发明了等角正圆柱投影法。后来16世纪的大制图家墨卡托重新启用和完善了这一投影法。[32]该方法至今仍用于编制海图。古典西方世界的最后一位大天文学家、大地理学家托勒密则创立了圆锥投影法和伪圆锥投影法。[33]前者至今仍常用于绘制中纬度沿东西方向延伸地区或小范围地图,后者至今仍常用于绘制小比例尺大范围地图、大洲图。马林、托勒密等人绘制了许多反映当时已知世界的世界地图。托勒密还搜集了八千多个地方的经纬度。但他们接受了波昔多尼的地球周长3.2万公里的偏小数字。[34]托勒密的著作和观点在中世纪被奉为圭臬,对后来哥伦布等人认为西航到东方的路程不太远有不小的影响。

同样根据球形大地说,第一个测算出地球大小的攸多克索还提出,地球各部分是由太阳根据地球地平线对地球球轴的倾斜度而照射加热的,倾斜度不同其热量温度也不同。于是他把地球按纬度圈划分为不同的五个气候带,即赤道两边的热带,极圈以内的两个寒带,热带与寒带之间的中纬度地区的两个温带。[35]亚里士多德也认为,因太阳光线投射于地球球面上不同点的投射角不同,发光发热也就不同,从而造成了气候带的不同。他进一步认为热带是生命的禁区,因为太阳的直射光线带来的炙热焚毁一切动植物。公元前2世纪的波里比阿则把地球表面分为两个在极圈内的寒带,两个在极圈与回归线之间的温带,两个在赤道与回归线之间的热带。但他认为热带更适宜人类居住,人烟更稠密。前一世纪的庞蓬尼·米拉则认为,寒带气候严寒,海洋会结冰封冻,人无法居住;热带则气候酷热,海洋烫得沸腾,人也无法居住;只有北温带和南温带有人居住,且它们的四季变化是相反的。波昔多尼除了把地球划分为对天文观测来说必不可少的5个地带以外,也划分为9个地带,甚至还划分为13个自然带。它们是,北半球的两个无人带(寒带和热带),4个有人带——西徐亚人—克尔特人带、中部带、干燥荒漠带、埃塞俄比亚人带;南半球也有与北半球类似的两个无人带和4个有人带;然后还有一个共同的有人的赤道带。斯特拉波则认为划分为5个气候带便够了,其中两个极地寒带无人,一个赤道热带也无人,而两个温带有人。[36]

尽管古典时代地动日心说和地心日动说都有,但学者们根据地球表面受太阳照射有直射斜射的不同;因受热不同,而划分为不同的气候带——则是一致的。只不过对气候带的多少和热带是否有人看法不同。

古代希腊罗马学者的地球学说,大小测定,海洋一体论,大陆划分和平衡对称说,气候带说,应用了投影原理、经纬网、比例尺,反映了极圈、赤道、回归线等自然因素的制图术,绘制的大范围小比例尺地图、地界地图,都为后来的地理大发现创造了条件和基础。即使是一些不利于地理大发现的观点,令探险者生畏的学说,诸如地球的偏大数值,陆地包围海洋说,赤道热带无法生存说,也不是神话和迷信,没有禁锢人们的思想。而且在一定的条件下,那些学说所体现的唯物立场、辩证方法和科学精神,并不妨碍人们去探险。而这些自然地理学的条件和基础正是东方各国所不具备的。古代东方有神话传说、臆想中的地球说,有从辩证的、哲学的角度提出的朦胧的球形大地观;中世纪的阿拉伯—伊斯兰世界有地球学说、地球大小测算、已知世界的世界地图。但东方一直没有系统完备的海洋一体说,大陆划分和平衡对称说,气候带说;也一直没有发展有投影法、经纬网,反映极圈、赤道、回归线等自然要素的世界地图。显然东方欠缺完成地理大发现的自然地理学基础。

进入中世纪后,在教会神学的摧残和蛮族入侵的打击下,古代自然地理学的成就渐被忘却。地平谬说和与之匹配契合的方形、圆形、椭圆形、T-O形地图居于统治地位,圣地耶路撒冷则画在地图的中央。但12世纪以来,随着城市的发展和自治,大学的创立和文化的发展,又有少数学者重提大地球形说。其中最著名的有13世纪的德国经院哲学家大阿尔伯特,13世纪的英国哲学家、科学家罗吉尔·培根,14世纪的意大利诗人但丁。大阿尔伯特还认为赤道灼热地带也是可居有人的,因为赤道附近的埃塞俄比亚、南部印度也有人。他还说"与我们对蹠的南半球的很大部分也是有人的,如果说他们没有到我们这儿来,那是因为彼此被巨大的海洋隔开"。[37]培根坚信亚里士多德的学说,并认为从西班牙横渡大西洋到东方去的路程不远,途中没有大陆。但丁在不朽长诗《神曲》中,以隐晦的语言阐明大地为球形。他设想北半球为陆半球,南半球为水半球(后来证明也是如此),净界和耶路撒冷在南北半球彼此对蹠。地球的周长为24万罗马里,这与埃拉托色尼的测算数字接近。[38]14世纪形成并流行的虚构人物的《曼德维尔游记》也认为大地是球形,因为北极星在南方看不见。[39]

14世纪以降,文艺复兴兴起,古典著作和古代文物被人们从废墟中发掘出来,从教堂、修道院、大学中清理出来,并从阿拉伯、拜占庭重新传入。亚里士多德的著作经阿拉伯人翻译保存又重新回译传到欧洲,托勒密的《地理学导言》也于1410年从阿拉伯语回译成拉丁语在西欧出版。在时代大潮的冲击下,一些开明的教士在基督教人文主义思想的影响下,也支持和参与文化遗产的整理和现实的文化学术活动。15世纪一二十年代,法国康布雷主教德·艾里写了《大地的面貌》一书,该书几乎是逐字逐句地引用罗·培根转述的亚里士多德的地理观点。[40]15世纪五六十年代在位的教皇庇护二世著有《漫游天涯述略》(或译《自然志》),该书基本上是摘编托勒密的著作,但也有所创新,作者认为环绕非洲的航行是可能的。[41]这些著作对地理大发现酝酿期和初期的探险家和支持远航的人士影响很大。15世纪70年代,意大利地理学家托斯堪内里已提出了西航的建议,并绘制了帮助西航的西半球地图。1492年,德国地理学家马丁·倍海姆已制作出中世纪以来欧洲的第一个地球仪……在此期间,地理发现演变为地理大发现。所以15世纪以来只有欧洲具备了地理大发现的自然地理学基础。

四、文艺复兴和宗教改革运动的影响

文艺复兴和宗教改革则是地理大发现的思想和精神因素。文艺复兴运动兴盛于14—16世纪,它从意大利开始,发展到西欧各国。由于资本主义萌芽的产生,市民资产阶级逐渐兴起和形成。他们为着生产的发展和自身的发展需要文化科学知识。而新文化的发展必须冲破教会宗教文化的桎梏。羽翼未丰、襁褓之中的市民资产阶级需要从具有现实主义精神和科学理性的古典文化中汲取养料、寻找武器。他们广泛搜集古代希腊罗马的社会科学、自然科学和文学艺术作品。一时间社会上迷古、嗜古、崇古、治古成风,似乎湮没千年的古典文化又复兴了。其实它不仅是古典文化的简单恢复,更主要的是市民的世俗的新文化的发展。

新文化的指导思想是人文主义。人文主义的思想核心是个人主义,其理论基础是人性论。人文主义者主张以"人"为中心,反对基督教以"神"为中心的世界观。他们强调和颂扬人的价值、人的尊严、人的高贵和人的力量的伟大。人文主义者提倡"人性"、反对"神性",强调人权反对神权,批判禁欲主义的宗教观。他们认为现世的幸福高于一切,人生的目的就是追求个人的自由和幸福,荣誉和财富,强调人的品德、才能、智慧、勇敢的重要作用。人文主义者提倡理性和科学,反对蒙昧主义和神秘主义;主张探索自然,研究科学,追求真理,用知识造福于人类;教育应发展人的个性,全面地发展人的性格。

文艺复兴和人文主义是欧洲史上过渡转型时期的新文化运动和思想解放运动。它在思想上、文化上和精神上哺育了地理大发现。不仅在于古代的地理学、天文学、制图学得到复兴,并直接作用于地理大发现。而且还在于:酝酿期和大发现时期的探险家、航海家、地理学家、商人等都受到文艺复兴和人文主义的影响。他们或去建功立业、或去淘金发财、或去征服掠夺、或去求知求真、或去传播"福者"、或去开疆拓土、或为留声传名——都是为了一个"人",而不是为了一个神;都是为了现实的人世而不是为了来世的天堂。

从 16 世纪初到 17 世纪末,即在地理大发现的中期和后期,欧洲又发生了宗教改革运动。运动从德国爆发,发展到西欧、中欧、北欧各国。由于资本主义的发展、市民资产阶级的成长,他们提出了政治上的要求。由于资本主义、资产阶级的发展与近代民族、民族国家的形成相融在一起,人们还进一步提出了民族统一、自决、独立的要求。宗教改革首先是一场政治运动和民族运动。政治上争取国家的独立、统一、主权,摒除罗马教廷干涉;经济上取消罗马教廷和天主教会的搜刮;民族方面建立民族教会,使用民族语言,翻译民族语文的圣经,奉行有民族特色的仪式。宗教改革还引起了反封建的农民战争、争取独立和反封建交织的民族解放战争。

宗教改革运动也是一种思想解放运动和新文化运动。路德的信仰得救论、惟信免罪说使人们从精神上摆脱了对教会、教士的依赖,对地狱的恐惧,对神的敬畏和匍匐。加尔文的预定论则鼓励人们在现实生活中拼搏、进取,从而证明自己是上帝的选民,而非时代的弃儿。加尔文教的共和主义和民主性质还推动了一些社会政治生活和国家政权的民主化,有利于决策的合理性,行动的集体性和活动的参与性。

宗教改革对地理大发现的推动和促进也是明显的。它在精神、意识、思想上进一步解放了人们的思想,松弛或解除了神对人的束缚,调动了人的积极性,发挥了人的能动性。此外,它还直接加速了地理大发现的进程。通过宗教改革、独立战争和资产阶级革命,荷兰赢得了独立,成为第一个资本主义国家。它迅即跻身于地理大发现,成为主角。新教和天主教在欧洲反复厮杀、斗争,迫使一部分新教徒到海外谋生拓殖,创建新教的世上千年王国。面对新教的挑战,天主教进行反宗教改革,并成立耶稣会等组织到海外传教,争取信徒,与新教争夺。而到海外求发展的新教徒和到新发现地去传教的天主教教士,则进一步推动了发现、探险、征服的运动。由于宗教改革增强了民族意识、民族情绪和民族感情,加快完成了近代民族和民族国家的形成,也使西方各列强更加紧了在探险、发现、殖民、掠夺方面的竞争,从而促进和加速完成了地理大发现。例如,麦哲伦、德雷克的环球航行,英、荷、法开辟西北航路的探险,英、荷对东北航路的探索,西方在太平洋、澳洲—大洋洲的许多发现,这些都有为了本民族、本国的利益而与既得利益者、企图垄断者,潜在的对手竞争和争夺的色彩。

综上所述,文艺复兴和宗教改革运动对地理大发现产生了深远的影响,构成欧洲、西欧进行和完成地理大发现的独特的因素和基础。

以上我们总结了地理大发现得以开始并由欧洲国家完成的一般的和普遍的历史背景,论述了欧洲特别是西欧国家所特有的基础条件。此外,欧洲得以进行和完成地理大发现还有一些其他因素和条件。

第四节 其他的因素和条件

一、觅友遏制土耳其和仙岛金地的传说

寻觅联络教友非教友盟国,反击土耳其和阿拉伯穆斯林也是地理大发现的一个因素。东非的文明古国信基督教的埃塞俄比亚—阿比西尼亚是西欧寻觅和联络的主要对象。

公元前几世纪,今埃塞俄比亚北部便形成了阿克苏姆奴隶制国家(首都阿克苏姆的遗址在今提格雷区)。前4世纪阿克苏姆人曾反抗过库斯王国的征服。公元初,阿克苏姆摆脱了努比亚的统治,成为独立国家。此后几百年,阿克苏姆的阿都里斯港成为

欧、亚、非三洲,印度洋和地中海地区的国际贸易中心。1世纪时,有个佚名的埃及商人用希腊文写有《厄立特里亚航行记》,记述了阿都里斯港及其集散的商品。4世纪埃札拉在位时,改奉基督教并定为国教。他与拜占庭结盟,并请拜占庭的教会派人来传教。埃札拉还实行文字改革,增加母音(元音)字母,拼写记录阿姆哈拉人(Amharic,不太黑的黑人或棕人)的阿姆哈拉语。5世纪时,埃及、埃塞俄比亚的一性论教派与拜占庭的正教会分裂,形成了科普特教派。7世纪阿拉伯—伊斯兰崛起后,埃塞俄比亚与基督教世界的联系被穆斯林割断,成了伊斯兰海洋包围中的一个十字架孤岛。13世纪起,埃塞俄比亚过渡到封建社会,定都于贡德尔(今西北部贡德尔区)。14世纪时塞约恩(1314—1344在位)成为埃塞俄比亚首任皇帝。塞约恩同周围的穆斯林小国不断斗争。15世纪末,其疆域已接近现在的版图。16世纪初,土耳其的威胁也逼近了埃塞俄比亚。土支持埃周围的穆斯林小国结盟进攻埃国,埃国遂向西方求援。

12世纪下半叶以来(1170年),欧洲流传开一封离奇的信,即普列斯特·约翰(Prester John,或译长老约翰)给拜占庭皇帝、罗马教皇、德国皇帝的信。信中吹嘘长老王国如何富裕强大、疆域辽阔,其版图包括埃及、埃塞俄比亚、巴比伦、印度;介绍其国王如何虔诚信仰基督教,甘心奉献。这封10页的信有各种手抄版本流传下来。13世纪以来,欧洲先后把普列斯特王同成吉思汗、中亚的聂斯托里派国王凯莱特(Kerait)联系起来。14世纪初意大利波代诺内的奥多立克把长老王国定位在中国以西50天的路程附近;1340年塞维拉斯的约旦(Jordan of Severac,此人也来过中国)首次明确地把它定位在埃塞俄比亚。此后,联络教友国长老约翰国反击穆斯林一直是西欧人的一个愿望。15世纪初以来,就不断有意大利传教团走地中海经陆路到达埃塞俄比亚。15世纪40年代,耶路撒冷的一个修道院派出了一个由埃塞俄比亚教士组成的传教团,于1441年到佛罗伦萨参加了宗教大会。从此,西欧对埃国的情况就比较清楚了,并反映在1459的弗拉·毛罗的圆形地图上。[42]1482年,一个方济各会传教团也走地中海、陆路和红海到了阿比西尼亚。新航路开辟后,葡萄牙人终于和埃塞俄比亚的教友取得了直接的联系。1541年,瓦斯科·达·伽马的儿子克里斯托弗终于奉葡王之命应邀率军走新航路进入埃塞俄比亚,与土耳其—阿拉伯穆斯林作战。西欧的这个愿望和构想算是实现了。

西欧不仅想与教友国结盟,而且想争取异教盟友打击对其威胁最大的土耳其人。威尼斯就曾从1471年到1477年,多次遣使潜入波斯,想联络它反击土耳其。土伊两国争雄也处于敌对战争状态。另外土耳其信伊斯兰教的逊尼派,伊朗信伊斯兰教的什叶派,它们在宗教上也有矛盾。此外,西欧也曾想联络中亚的帖木儿帝国,夹击土耳其。因为到14世纪末,土耳其已征服了多瑙河以南的巴尔干地区,严重威胁着欧洲。只不过1402年土耳其被帖木儿在安卡拉打败,拜占庭才得以又苟延残喘了半个世纪。15世纪的10年代,卡斯提尔国王恩里克三世就派出骑士克拉维霍(Clavijo)到达中亚撒马尔罕,联络已突厥化的蒙古帖木儿帝国,对付小亚、巴尔干的土耳其穆斯林和西亚北非的阿拉伯穆斯林。克拉维霍把帖木儿帝国称为塔梅尔兰(Tamerlaine)。此前几年,德国的斯奇尔特伯格也抱着那样的目的到了塔梅尔兰。

寻找各种传说中的大陆、岛屿、产金出宝之地也是欧洲、特别是西欧从事地理发现的因素背景之一。这类传说有的源于古代,有的出于圣经,有的来自穆斯林,也有的产生于中世纪。其中较著名较有影响的有圣经中的所罗门王采金运宝之地俄斐(Ophir),[43]它后来成为哥伦布在西印度,小卡博特在南美,葡萄牙人在东非寻找的目标。有中世纪出现的黄金河(Rio Doro)厄尔·多拉多(El Dorado)。最初它被认为在黑非洲某地,可能有点尼日尔河或塞内加尔河的影子,其河口大概在博哈多尔角以南。据说它流经富庶神奇的加纳。12世纪的阿拉伯地理学家,著名的圆形世界地图(上南下北)的绘制者伊德里塞(Edrisi)曾描述过加纳。也许是横穿大沙漠的阿拉伯骆驼商队带来了关于金河的传说,后来又传入欧洲,引起人们的兴趣和渴求。后来西欧人,特别是西班牙人在中、南美洲到处寻找厄尔·多拉多。在15世纪时,北非沿海城市与苏丹内地和热带非洲的一些部落也在进行贸易,向它们换取象牙、奴隶、黄金。这些东西和其他商品从西苏丹和几内亚沿岸由骆驼商队经撒哈拉大沙漠运到马格里布(北非),转入欧洲人之手。所以在现实生活中,非洲财富也激起西欧人走海路到达那些神秘富庶地区的愿望。此外,西欧还流传似乎在非洲内地的富庶的摩诺摩塔帕帝国(Monomotapa)的传说。[44]

在有关海外之地的传说中,最重要的是所谓大西洲神话。大西洲音译为亚特兰蒂斯(Atlantis),由柏拉图(公元前5—前4世纪)在《理想国》一书中提出。据说当改革家梭伦(公元前7—前6世纪)访问埃及时,一位埃及祭司告诉他:从前西方大洋中有个大洲,洲上有个统一的强国,它威胁着雅典和埃及。约九千年前(指距梭伦时代),一次大地震把雅典毁灭,也使那个大洲沉入大洋,留下大片大片的浅滩,使大西洋无法驾船驶过,不能前去探索。一说大西洋就得名于大西洲。至17世纪初,英国哲学家弗·培根还写有《新大西洲》一书。说大西洲的一部分现在被发现后就叫作美洲。距今3000年前(指距培根时代),洪水淹没了大西洲的大部分,当地残存的居民便逃到地势高的地区,是为今印第安人的先民。

在中世纪早期的基督教伊姆拉姆(Imram)和爱尔兰传奇中,有圣布雷顿大岛的传说。据说6世纪时爱尔兰的一个修道院长圣徒布雷顿(Saint Brandon),率17人乘一只皮筏小船,到过爱尔兰西北方的圣布雷顿大岛,历时7年。[45]这个传说后来对西欧,特别是英国率先探索西北通道有一定的影响。中世纪的西欧还流传七主教城的传说。据说8世纪时,有7位主教从摩尔人穆斯林占领下的西班牙逃出。他们大胆地向西驶入大西洋,发现了一个美丽的大岛。他们在岛上建了7座城,各自分别居住,后发展为城邦。

15世纪初以来,西欧又产生了神秘的安提利亚岛(Antillia)猜测。它最早出现在皮兹(Pizzi)1424年的航海图上。它被画成长方形,南北长东西窄,位于亚速尔群岛一带。在葡语中它意为在(葡萄牙)"对面的岛"。人们又认为安提利亚便是传说中的七主教城岛。[46]在地理大发现期间,安提利亚演变为安的列斯,成为西印度群岛中的地名(大、小安的列斯群岛,Antilles)。西欧还有对巴西岛的猜测。巴西岛最早出现在达尔凯特(Dulcert)1325年的地图上。它通常被画成一个圆形岛,中部有窄海峡横贯,成为两个紧靠在一起的半圆形岛。其位置在爱尔兰以西100英里处。[47]巴西岛(Brasil)在盖尔语(Gaelic,北苏格兰人语)中是"受祝福的岛"之意。[48]巴西岛与红色染料木巴西木(Brazil)本无关。在地理大发现中,巴西岛与巴西木混在一起成为今日巴西的地名。

上述各种传说和猜测都激起人们的好奇心、求知欲和淘金热,成为地理大发现的一个因素。而且传说中的大西洲、圣布雷顿岛、七主教城岛—安提利亚—安得列斯、巴西岛等皆在欧洲以西的大西洋中。这对后来西欧人向西深入大西洋探险有一定的影响。

二、造船术、航海仪器、天文学和制图术的发展

地球表面71%是海洋,海洋包围着陆地并彼此相通。而且,航海探险还具有前进速度快,花费少、载重大、相对安全等优点,所以航海探险是地理发现的首要途径。在地理大发现时代,除了俄国地理发现北亚是水陆并进的外,西欧各国的地理发现一般都先通过航海发现来探察大陆海岸线和大岛海岸线,然后再进行陆上探险。而且发现美洲、澳洲(南非、北亚除外)必须做远洋航行。因此要进行地理大发现必须要有相当高的造船能力和航海技艺。当然,这方面的能力当时的中、日、印、伊、阿等文明国家也具备了。但欧洲国家具备了我们前面已论述了的其他各种独特的因素,因而它们的造船术和航海术在地理大发现中被派上了用场。同时这些技术又因为地理大发现而得到了进一步的加强和提高。

欧洲三面被海包围,如同一个巨大的半岛。全洲面积仅约1000万平方公里,大陆海岸线却长达3.8万公里。[49]海岸陆地比的比值很大〔即大陆海岸线(公里)/陆地面积(平方公里)=比值〕,"里均"海岸线长。而且海岸曲折,海湾、半岛、岛屿、海峡众多。所以自古以来欧洲的航海业就比较发达。欧洲中世纪中期以来便形成了地中海商贸区和北海、波罗的海商贸区,两大商贸区又通过经直布罗陀海峡的海路(及陆路、内河)有密切的联系。在地理大发现以前,从黑海环航大半个欧洲到波罗的海或相反已是常事。

航海业的发达依赖造船术的进步。中世纪以来欧洲的造船术就一直在发展。6世纪中叶,马赛港就出现了一种大船。它装有三角帆,具有吃水较深的龙骨,可以戗风掉向。[50]诺曼人—维京人

从10世纪以来就使用带龙骨的帆船。以后龙骨帆船逐渐在欧洲流行,排挤了希腊罗马式的多层划桨船。在造船工序上,最迟在11世纪,西欧开始反古道而行之,先安龙骨,再装骨架、肋材,最后上外壳。这样大大降低了劳力资金的消耗,还增大了船的强度。这种方式至今仍是造船业的通用工序。14世纪时,西欧的船只一般为单桅。它比较适合内海或沿岸航行,不太适合深入大洋进行远航。15世纪起,西欧造船术有了新的突破。20年代,北欧造出了双桅船,50年代,意大利出现了三桅轻快船。也有许多史家认为15世纪初就有了三桅帆船。[51] 不管怎么说,15世纪中叶葡萄牙人在非洲西海岸航行时,借鉴了热那亚的三桅帆船技术,设计出适合远航的、快速轻便机动性好的新型帆船——卡拉维尔(Caravel)。这种船有三根桅杆,装有许多直帆、斜帆、三角帆,因此可以充分利用大洋中的海风,在斜风、侧风、逆风时也能前进(逆风时走Z字形)。卡拉维尔船舱容积大、所需船员少,装载的物品多。这种船一般载重在200吨以下,有船尾楼。船身长,船的长宽比约为3.5∶1。[52] 卡拉维尔的缺点是抗风浪性弱,载重小。于是西欧在15世纪末又发展起一种"牢"(nao)形船,与之相辅相成。牢型船有三桅、载重400吨以上。有较高的船尾楼和艏楼。前桅、主桅挂大方帆,后桅挂三角帆。[53] 地理大发现开始后,欧洲的造船术发展更为迅猛。葡萄牙在16世纪已造出有七层甲板,能载2000人的卡拉克船(Carrack,相当于载重2000吨)。[54] 欧洲的造船术逐渐领先于世界。另外,从1400年前后起,欧洲出现了船尾舵,[55] 取代了用桨橹把握方向。这大大提高了船舶的灵活性,很便于操纵。

在茫茫的大洋中做比较安全可靠的跨洋远航,除了需要一定水平的造船术外,还需有相当水平的航海术。其中最主要的技术

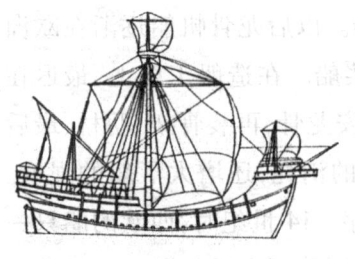

（1450年）

图2-2

（1530年）

图2-3

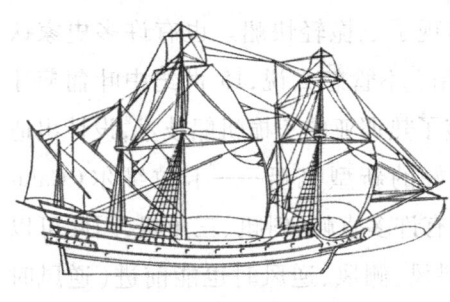

（1600年）

图2-4

资料来源：南斯(R. M. Nance)所绘1450年、1530年、1600年时期的西欧帆船。取自《航海史地图集》，第21页。

有三项，一是得有能确定航线、量算距离的海图；二是得有确定航向方位的罗盘；三是得有根据日月星辰量算纬度、确定船位的星盘、量具。这方面的技术欧洲已具备了，并逐渐领先于世界。

我们在前面已说过，欧洲从罗马时代起就发展了大范围、小比例、有经纬网，应用了投影原理的世界地图和大范围地图。14世纪以来，欧洲发展起一种珀托兰海图，它与中世纪的修道院地图形成鲜明的对比，是第一种近代化的科学的海图。最早的珀托兰海图出现于1300年前后。[56]1468年的罗塞利(Roselli)图是珀托兰海图的优秀代表。这种海图主要是供海员使用，因而图上的地名地物几乎全部限于海岸地区，即港口和码头。所以叫作珀托兰(Portolan)海图，其名源于"港口"(Port)一词。珀托兰海图上有许多交叉交错的罗盘线或称方向线，它们从有

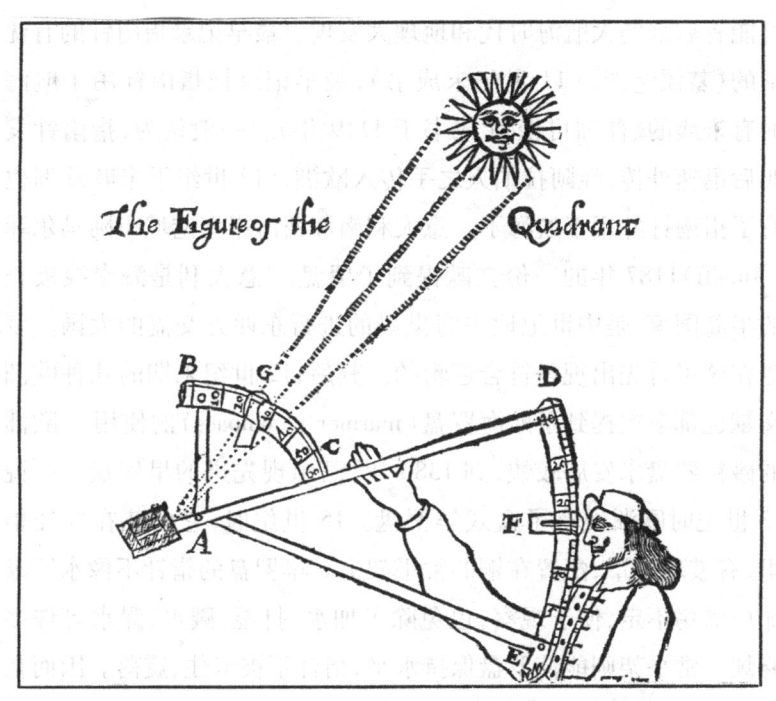

图 2-5

说明：用背测尺测太阳定纬度图。图为 16 世纪的背测尺（backstaff）和使用它的情景。图中下部可见托住仪器的左手。背测尺的原理与星盘或十字尺类似，但加装了一个反射器。这样人眼不再直接瞄准太阳，可避免眼被刺花。从而减轻了工作强度，提高了观测精度。它是中世纪的星盘、十字尺到近现代的象限仪、六分仪的过渡型仪器。后者的主要进步是加装了望远镜。望远镜于 1609 年发明。图中英文为"象限仪图"。

资料来源：17 世纪版画。取自 John R. Hale: Age of Exploration, New York, 1967, p. 78.

序分布的各个中心放射出来。那些中心通常被精心画成罗经卡或风向标。[57]地理大发现时期欧洲最流行两类图，一类是世界地图，另一类便是大范围、小比例的珀托兰海图。

磁针罗盘是远洋航行最重要的导航仪器。指南针诞生于中国,它被誉为中国古代的四大发明之一。有了这个伟大的发明才可能有后来的大航海时代和地理大发现。最早记录指南针的有沈括的《梦溪笔谈》(11 世纪末成书),最早记录把指南针用于航海的有朱彧的《萍洲可谈》(成书于 1119 年)。一般认为,指南针发明后迅速外传,经阿拉伯人之手传入欧洲。12 世纪下半叶欧洲也有了指南针并用于航海了。意大利南部西海岸海港城市阿马尔菲(Amalfi)1187 年的一份文献提到了罗盘。[58]意大利是海岸线极长的半岛国家,是中世纪地中海世界的进行东西方交流的大国。罗盘在这里首先出现是符合逻辑的。其后,12 世纪末期的几种欧洲文献也都多次提到了航海罗盘(mariner's compass)的使用。[59]欧洲的磁针罗盘术发展较快,到 1380 年,已出现先进的旱罗盘。一说 13 世纪时欧洲便有了盒式旱罗盘。15 世纪时,它已装在罗经柜里,有玻璃护罩,配置在铜的常平架上。旱罗盘的指针不像水罗盘那样漂荡不定,便于观察,也免除了加水、打湿、溅水、漏水等许多麻烦。常平架则能使罗盘保持水平,指针不被卡住、震落。因而在船舶摇晃颠簸厉害时也能正常工作。罗盘上的标准罗经卡这时通常稳定在 32 个方位点的精度上。[60]

通过观测固定的日月星辰来确定纬度和船位的仪器和观测术欧洲也已具备了。古希腊人便已能用一些简单的仪器和一些方法来确定纬度。中世纪时那些器术经阿拉伯人保存和传播而广泛流行于地中海世界。一种是星盘(astrolabe,日语译成测天仪[61])。这种星盘有一个圆环,直径约 30—60 厘米(见图 2-7)。环上标有刻度(一般标刻半个圆环共 180 度)。圆环中心固定一根可转动的星杆。把星杆对准日月星辰(星杆上若有瞄准孔的则视线通过两孔瞄准日、星),便可以观测到它们的高度、仰角。纬度便可以算出。在北半球,观测北极星计算纬度最为方便,因为其高度角(与地平线的仰角)与地理纬度同值。15世纪中叶,葡萄牙人跨过了赤道,进入了南半球,北极星消失了。葡萄牙人的学术委员会荣塔(Junta)便提出了观测太阳中天高度(中午时的高度角)来计算纬度的方法。西欧人后来也常观测南天的南十字星座来计算纬度。[62]另一种观测星辰确定纬度的仪器便是量天十字尺(Cross-staff,日语译成交差棒)。它在本质上是一种原始的四分仪(象限仪)。十字尺的两长臂有刻度。[63]用十字尺测量精度更高,并很适合在能见度不好太阳星辰朦胧模糊时使用。观测太阳的中天高度与观测北极星不同,需把高度角值换算成当地的纬度,还要考虑太阳高度角的变化(因地球斜着身子绕太阳公转,且公转速度不一)。这样就需要研编太阳高度衰减表(又称太阳倾斜度表、日偏角表),以便快速查证对应换算。13世纪时这样的表册便从阿拉伯地区传入欧洲。15世纪70年代,西班牙犹太人札苦托(Zacuto)和德国人雷吉蒙塔鲁(Regiomontanus)分别独立地研编出新的表册,其精度和方便性大大超过前人。[64]

经度的测定则非常困难。古希腊人便已发明了通过观察两地同一日食月食所发生的时间差来求得经度的方法。但日月食发生的机会太少,更无法在航行中随时观测确定船位,且误差也很大。15世纪时提出的在两地观测其他行星会合的时间差的办法也是如此。尽管如此,从麦哲伦环航起,仍有了标出了经度刻度的平面球体图(planisphere)。[65]1524年,本内威兹(Benewitz)在西班牙提出观察月球在恒星之间的位置来测定时间,观测月掩恒星来定出月球的方位,从而算出各地、各观测点的相对经度。这个方法十分可取,但需要研编非常复杂的月球运行表,要求有高精度的望远镜。故此法也难以在航海中应用。所以地理大发现时代的经度定位,只能靠测量掌握船舶的航行方向、时间、速度三大要素,通过几何作图和数学运算,即通过航迹推算求得,且比较复杂和粗糙。[66] 直到18世纪中叶,精密的航海钟由英法两国研制成功,在航海中测定经度、船位的问题才得以解决。

图 2-6

用十字尺瞄准小熊座(小北斗)图局部。
资料来源:原载1563年出版的《航海舰队》;取自《文艺复兴时期的艺术、科学和史学》,第202页。

图 2-7

用星盘测量太阳高度角图局部。
说明:脚下的阴影为太阳阴影。一般的星盘是满圆环,但这里的缺了1/8象限。可能是提醒观测者在这个象限内最容易对准。
资料来源:取自《文艺复兴时期的艺术、科学和史学》,第211页。

1537年,葡萄牙犹太人鲁恩斯(Nunes)编成《天体的解释》一书。这是当时天文、星表、航海、制图、地理等科学的集大成者。书中最新的贡献是论述了恒向曲线(又称斜驶线,Loxodromic curve)的性质和特点,提出了地图投影的新设想,[67]从而架设了以前的地图家与墨卡托之间的桥梁。鲁恩斯发现恒向曲线不是一个大圆上的一段弧,而是一段螺旋线,扭曲的或双曲的线。[68]它与全部子午线成相同角度相交。[69]这样便为墨卡托1569年发明适用于绘制海图的等角正轴圆柱投影铺平了道路。这种地图上面没有角度变形,经线为平行直线,所以等角航线(或称斜航线)表现为直线。

不管是测航速、观天体测纬度还是航行管理和日常工作,计时器都是比较重要的仪器。欧洲在地理大发现伊始仍在船上使用沙漏、水漏等原始的计时器。但在陆地上,欧洲在13世纪已开始制造依靠重锤的、用重力驱动的摆轮钟。这种钟很笨重,主要安放在教堂、市政厅、广场等公共场所。13世纪时,在教堂安放钟已成风气。1500年前后,欧洲已发明了用发条的小钟。机械钟表的发明和发展在各方面都有非常广泛的用途。在计时器的研制方面,西方也逐渐走到了东方的前头。

三、信息术和热兵器的发展

与航海、探险无直接联系,但有密切关系的物质技术基础还有两项。其中一项便是造纸术和印刷术。8世纪中叶在中亚的怛逻斯战役中,唐朝的高仙芝军败于阿拔斯朝的齐亚德军。大批军士工匠被俘,造纸术从此传入阿拉伯,12世纪时传入欧洲。14世纪时欧洲的造纸业已很普及。15世纪中叶,在造纸术的物质基础上,在中国雕版印刷术的影响下,德国的古登堡(Gutenberg,1400—1468)独立发明了欧式活字印刷术、油墨和印刷机。从此,用纸印刷的书籍迅速排挤和取代了羊皮手抄稿。印刷纸书较羊皮手抄稿便宜得多,只及其1/20,也比中国通用的雕版刻印书成本低一些。这样就创造了大量保存、广泛传播、迅速普及人类积累的各种知识的可能性。没有印刷的纸书,就不可能有以后全部的文化发展,包括地理大发现的完成。

另一项物质技术基础便是热兵器的发展。13世纪的蒙古西征把火药和火器传入了各国和欧洲。此后欧洲的火器独立发展,渐渐赶了上来。14世纪中叶西欧已能制造火枪。最初的欧式枪是从枪管后端的火门点火发射的火门枪。15世纪欧洲有了火绳枪。从枪口装入黑火药和铅丸,用阴燃着的火绳头移近火孔点火发射。16世纪以来欧洲逐渐用燧石枪取代了火绳枪。最初是转轮式摩擦发火燧石枪,后来是撞击式发火燧石枪。地理大发现时代,欧式枪械也是前装滑膛枪。但15世纪时欧洲已知在枪膛内刻上直线形膛线以便装弹。16世纪下半叶以后已知将膛线改为螺旋形,以提高精度,增大射程。15世纪时,欧洲有了装黑火药的手榴弹。17世纪时,欧洲还出现了"榴弹兵"部队。14世纪上半叶,欧洲开始制造发射石弹的火炮,主要是大口径短身管的臼炮。用作岸炮时这种炮只能伤人不能毁舰。15世纪末,廉价的铁炮出现开始排挤较昂贵的铜炮。16世纪前期,意大利数学家塔尔塔格里亚(Tartaglia)发现火炮以45度射角射击时射程最大的规律。16世纪中叶,欧洲出现了口径较小的青铜长管炮,取代了以前的臼炮。16世纪末,欧洲出现了将子弹和金属碎片装在铁筒内制成的霰弹,用于杀伤人马。1600年前后,一些国家开始用药包式发射药,从而提高了发射速度和射击精度。在地理大发现时代,欧洲火炮也是滑膛前装炮。主要发射实心球弹、球形爆炸弹、霰弹。15世纪初,欧洲的军舰开始装备大炮。1500年前后,军舰上的组合的锻铁炮又被青铜的或铸铁的前装炮代替。以便减重,防止舰船肋材翘曲。在这期间,法国最先开始在主甲板以下的船帮上开炮眼,这样可以多配备大炮和有利于船舰稳定。地理大发现时代,西欧舰船的载炮量从 30 多到 300 多门大小舰炮不等。作战时集中火力进行舷炮齐射。西欧战船成了海上的浮动炮台。火器的发展和普及还引起了战略战术、军队编制等的变化。

地理大发现时代,欧洲在军事上已处于冷热兵器混用的时期。需要指出的是,在 15 世纪和 16 世纪上半叶,欧洲火器并不一定比东方先进。不过用于征服只有石器、铜器的黑非洲土著、美洲人、连铜器都没有的澳洲黑人还是绰绰有余。没有绝对的压倒的武器优势,欧洲人便不能迅速征服印第安人,也不能大量猎捕贩卖非洲黑人和制服镇住北亚人、澳洲人。地理大发现虽仍能发生,但欧洲人却难以从中捞到更大的好处,那样便不会投入很多,地理大发现也就不会较快地完成。1509 年的第乌海战,葡萄牙舰队击败印度、埃及联合舰队,表明西欧火器已胜过印度人和阿拉伯人。1571 年的勒颁多大海战,西班牙、威尼斯、罗马教廷联合舰队击败庞大的奥斯曼土耳其舰队。是役表明西欧火器此时已全面超过东方。中国史学界和科技界一般也认为从明朝中叶起中国火器开始落后了。[70]所以才有明朝后期启用耶稣会士引进西方火器和火器制造术的事情。

以上我们比较全面、系统、深入地论述了地理大发现的基础和背景,论述了欧洲人(特别是西欧人)得以进行和完成地理大发现的原因。正是由于众多因素综合起作用才使地理大发现在 15 世纪下半叶由西欧人发起,在 17 世纪末叶由欧洲人完成。

注释:

1 亚洲陆地面积占全球总面积的 29.50%。迄 15 世纪中叶,文明人类已知已达的地区约有 2/3 强,即占总面积的约 20%。非洲面积占总面积的 20.26%,已知已达的地区约有 2/3 弱,即占总面积的 13%。欧洲面积占总面积的 6.82%,已知已达的地区约 95%,即占总面积的 6.5%。尤卡坦半岛及其周围约占总面积的 0.5%。四洲已知已达地区相加,即 20%+13%+6.5%+0.5%=40%=2/5。因为陆地是人类赖以生存的空间,生息的地方,所以发现陆地是地理发现最主要的内容。各大洲的陆地面积数和所占全球总面积的百分比数,取自林先盛、陈鼎常、秦权人、刘茂真编:《简明地理手册》,广西人民出版社 1984 年版。另外,西方学界认为,欧洲知识界对地球表面的了解情况(即地理发现的进度为):1400 年:11.2%(21% 陆地,7% 的水域);1500 年:22%(25% 陆地,20.9% 水域);1600 年:49%(40% 陆地,52.5% 水域);1700 年:60.7%(50.6% 陆地,64.7% 水域);1800 年:82.6%(60% 陆地,92.1% 水域);1950 年:100%。参见维尔纳·斯泰因:《人类文明编年纪事、科学和技术分册》,中国对外翻译出版公司 1992 年版,第 63—64 页。需指出的是,1492 年以前,欧、亚两洲知识界所分别了解的地区大部分也为对方了解,小部分不为对方知道(至少阿拉伯—伊斯兰学术界是这样);1492 年以后,欧洲知识界所了解的地区,大部分暂时不为亚洲知识界知道。所以 16 世纪中叶以后欧洲知识界所了解的范围基本上相当于全世界知识界所了解的范围。

2 恩格斯:《论封建制度的瓦解和民族国家的产生》,《马克思恩格斯全集》第 21 卷,第 458 页。

3 1588 年西班牙无敌舰队征英国之役,计划登陆的总兵力为 5 万人。英吉利海峡最窄处 32 公里,朝鲜海峡最窄处 50 公里,对马海峡最窄处 42 公里,后两者均宽于前者。所以日本的渡海登陆作战能力似乎更强。据《李忠武公全书》(即《李舜臣全集》)记载,龟船长约 11 丈,宽丈余。船身覆以铁板,能抗敌焚烧和炮击。铁板上遍装锥刀,防敌跳帮和攀缘。船首设龙头,内装硫黄焰硝,能喷吐烟雾施放烟幕以迷敌蔽己。船身四周设有 72 个炮眼和相应门数的大炮。船身左右共有 20 橹,用 40 人轮流摇橹,行动迅速灵活。船身又高又大,所载食物淡水弹药人员较多,可作长时期的航行和作战。龟船是当时世界上最优秀的近海战舰之一。(参见朴文镐:《李舜臣》,载戚国淦、张椿年、马克垚主编:《外国历史名人传》古代部分下册,中国社会科学出版社、重庆出版社 1983 年版。)而 1571 年的西方—土耳其勒颁多大海战,1588 年的西—英英吉利海峡大海战也均属近海海战。

4　马克思:《政治经济学批判》,《马克思恩格斯全集》,第 23 卷,第 151 页。

5　厄普希登:《中世纪后期到 1848 年革命的德国史》(А. Д. Эпштейн:《История Германии от Позднего Средневековья до Революции 1848 Года》,Москва),莫斯科 1961 年版,第 35 页。

6　恩格斯:《致康拉德·施米特》,《马克思恩格斯选集》,第四卷第 481 页。

7　恩格斯:《论封建制度的瓦解和民族国家的产生》,《马克思恩格斯全集》,第 21 卷第 450 页。

8　马克思:《资本论》第三章《货币或商品流通》,《马克思恩格斯全集》,第 23 卷第 151 页。

9　马克思:《资本论》第 24 章《所谓原始积累》,《马克思恩格斯选集》,第 2 卷,第 222 页。

10　福斯特:《美洲政治史纲》,三联书店 1957 年版,第 63 页。

11　库页岛元明时已归中国管辖,但尚未被比较正确地画在地图上,故还没有完成发现。

12　巴勒克拉夫主编:《泰晤士世界历史地图集》,三联书店 1982 年版,第 146 页《欧亚商路图》,第 154 页《葡人扩张前夕的贸易图》。

13　苏联科学院:《世界通史》,第三卷,三联书店 1961 年版,下册第 1030 页。

14　沙海昂注:《马可·波罗行纪》,商务印书馆 1935 年版,第 636—659 页。

15　威尔·杜兰:《世界文明史》第 18 卷《从威克里夫到路德》,台湾幼狮文化事业公司 1977 年版,第 288 页。

16　斯蒂文森:《已复制为幻灯片的地图》(E. L. Stevenson: Maps Reproduced as Glass Transparencies),纽约 1913 年版,第 15 页。

17　马八儿(Maábar)在印度东南部科罗曼德尔海岸。参见陈佳荣等编:《古代南海地名汇释》,中华书局 1986 年版,第 986 页。

18　彭罗斯:《文艺复兴时期的远行和地理发现》,纽约 1975 年版第 22 页。

19　马吉多维奇父子:《地理发现史纲》第一卷(И. П. Магидович, В. И. Магидович:《Очерки по Истории Географических Открытий》),莫斯科

1982年版,第237页。

20 《文艺复兴时期的运行和地理发现》,第36—37页。

21 斯卡特金:《古代地理学史》(Н. И. Скаткин:《История Древней Географии》),莫斯科1958年版,第170—171页。

22,23 波德纳尔斯基编:《古代的地理学》,商务印书馆1986年版,第85—86页;第99页。

24 安托什科,索洛维约夫:《地球的地理研究史》(Я. Ф. Антощко, А. И. Соловьёв:《История Географического Изучения Земли》),莫斯科大学1962年,第31页。

25 《古代地理学史》,第224页。

26 《地球的地理研究史》,第32页。

27 保罗·佩迪什:《古代希腊人的地理学》,第94页,商务印书馆1983年版。

28 《地球的地理研究史》,第32页。

29 杰缅季耶夫,安德留先科:《地理学史》,第一部,明斯克1962年版,第41页。

30 《古代希腊人的地理学》,第171页;112页。

31 《古代的地理学》,第178页;第309—310页。

32 《古代希腊人的地理学》,第173—174页。

33 《古代的地理学》,第406—411页。

34 《古代希腊人的地理学》,第176页。

35 奥·汤姆森:《古代地理学史》(J. O. Thomson: History of Ancient Geography),第116—117页,剑桥1948年版。

36 《地理发现史纲》,第1卷,第132页。

37 汤姆森:《古代地理学史》,第390页。

38 但丁:《神曲》,第10页、152页、167页、529页,人民文学出版社1980年版。

39 汤姆森:《古代地理学史》,第389页。该《游记》还传说印度有同鹳鸟作战的小人,有同鹰头狮身双翼的格里芬(Griffon)作战的巨人,有躺着翘起一只巨脚便可遮阳蔽阴的人,有无头胸脯上长眼的人,有全身长毛獠牙长齿的森林中人。这些传说也激起了一些人的好奇心。

40,41 《文艺复兴时期的远行和地理发现》,第13页;第14页。

42 《文艺复兴时期的远行和地理发现》,第 35 页。

43 参见《旧约·列王纪》、《旧约·历代志》。

44 《文艺复兴时期的远行和地理发现》,第 19 页。该国指赞比西河流域,今赞比亚西部、津巴布韦北部卡托加人的国家。

45 塞弗林:《不雷顿的航行》(Timothy Severin:The Voyage of Brendan-Did Irish Monks Discover America? National Geographic),载美国《国家地理》杂志 1977 年第 6 期。

46,47,48 萨·伊·莫里逊:《欧洲人对美洲的发现,在北方的航行》(Samuel Eliot Morrison:The European Discovery of America,The Northern Voyages),纽约 1971 年版,第 97—98 页及皮兹地图;第 102—103 页;第 103 页。

49 《简明地理手册》,第 329 页。中国的陆地面积为 960 万平方公里,大陆海岸线为 1.4—1.8 万公里。由此可见欧洲的"里均"海岸线之长。

50 怀特:"500—1500 年技术的扩展",载奇波拉主编:《欧洲经济史》第 1 卷,商务印书馆 1988 年版,第 131 页。

51 《在北方的航行》,第 114 页。

52 普列斯泰基:《葡萄牙先驱》(Edgar Prestage:The Portuguese Pioneers),伦敦 1933 年版,第 332 页。

53 《文艺复兴时期的远行和地理发现》,第 336 页。

54 《葡萄牙先驱》,第 332 页。

55 劳埃德:《航海史地图集》(Christopher Lloyd:Atlas of Maritime History),纽约 1975 年版,第 20 页。

56,57 《已复制为幻灯片的地图》,第 12 页;13 页。

58 见《航海史地图集》,第 20 页。另外,巴黎大学的约克姆约在 1180 年写道:"在阴沉的天气或晚上,当水手们不能看清太阳,也不知道船首驶向何方时,他们就把针放在磁石上,针便旋转到指向北方而停住"。参见布尔斯廷:《发现者,人类探索世界和自我的历史》,上海译文出版社 1995 年版,第 324 页。

59 见朱利安·斯密斯:《佩里格林的前辈:欧洲磁学和航海罗盘史》(Julian A. Smith:Precursors to Peregrinus:the early history of magnetism and mariner's compass in Europe,Journal of Medieval History),载《中世纪史杂志》1992 年 1 期。但有一些西方学者认为磁针罗盘是中国西欧先后各自独立发明的。因为最早提及罗盘的波斯、阿拉伯等文献均晚于西欧数十年。见爱德华·梅,霍华德:《罗盘》,载《不列颠百科全书》1974年15版"详解",第4卷第1039页。

60 沃特斯:《文艺复兴时期的航海术》,载辛格尔顿编:《文艺复兴时期的艺术、科学和史学》(D. W. Waters: Science and the Techniques of Navigation in the Renaissance; C. S. Singleton: Art, Science, and History in the Renaissance),巴尔的摩1970年版,第195页。

61 《小学馆百科》,别卷—2,《海洋大地图》,第45页,1980年版。

62 《葡萄牙先驱》,第316、322页。

63 《小学馆百科·海洋大地图》,第45页。

64 《葡萄牙先驱》,第317页。

65 《文艺复兴时期的艺术、科学和史学》,第226页。

66 即使是这样,西方在这个问题上已领先于东方了。北宋朱彧《萍洲可谈》卷二:"舟师识地理,夜则观星,昼则观日,阴晦则观指南针"。这里的观星观日是确定航行的方向,而不是确定经纬度的船舶定位。郑和下西洋时用观星法牵星术测定船位,但仍无经纬度的概念。

67 《文艺复兴时期的远行和地理发现》,第331页。

68 《葡萄牙先驱》,第324页。

69 《文艺复兴时期的航海术》,《文艺复兴时期的艺术、科学和史学》,第227页。

70 《中华文明史·明代》,河北教育出版社1994年版,第356页。该卷第358页上还说,1517年,葡人首次来到中国。明人始知其大炮精利,超过了中国。遂做了积极的引进,试制。

第三章 葡萄牙人发现西非、南非海岸和开辟新航路

葡萄牙是最早有组织、有计划地进行地理大发现的欧洲国家。正是在15世纪葡萄牙航海家、探险家、殖民者的活动中,从开辟一段段的西非沿岸新航路到开辟从西方到东方的新航路,从发现旧大陆的局部地区到发现新大陆,从近岸航行于大西洋到横渡大西洋、印度洋、太平洋和探航北冰洋,从中开始了地理大发现及其时代。

第一节 葡萄牙早期海上扩张的原因

8世纪初以来,信伊斯兰教的摩尔人(阿拉伯人和柏柏尔人)占领了比利牛斯半岛大部。到13世纪中叶,基督徒、拉丁人收复失地的斗争在半岛西南部葡萄牙地区胜利结束。1249年,摩尔人在葡萄牙的最后一块领地南部的阿尔加维被克复[1],葡萄牙完成列康奎斯特(Reconquest,再征服)运动,比它的邻国卡斯提尔(西班牙)于1492年克复摩尔人的最后领地格纳那早两个多世纪。主要依靠城市市民阶级、小生产者和贵族的国王政权比其他欧洲国家更早地降伏了教权,并使教权成了为建立专制体制服务的工具。葡萄牙国王依靠贵族、市民、教士这三支力量,比西班牙国王更早

地结束了大封建主的割据局面。15世纪初若奥一世在位时期（1385—1433），葡萄牙便开始向君主专制政体过渡。

为了自身的利益、市民阶级的利益和国家的利益，国王政权在14世纪初便大力发展造船业、海运业，并组成了一支规模可观的舰队。1336年，葡萄牙和意大利的混合探险队重新发现了非洲西北海岸外的加那利群岛。[2] 几乎与此同时，一些不知名的意大利航海家发现了离非、欧海岸较远的亚速尔群岛和马德拉群岛，并以意大利语名称标在了地图上，沿用至今。[3] 这三个大西洋中的群岛都被画上了至今犹存的1375年绘制的加泰隆世界地图。[4]

14世纪时，葡萄牙的船只与荷兰、英国、法国保持着经常性的商业来往；在西南方向他们常常来到加那利群岛，并沿非洲西北海岸航行到北纬28度（相当于今摩洛哥南部德拉河以南）。14世纪最后25年，葡萄牙最终结束了依附卡斯提尔的局面。进入15世纪，葡萄牙甚至参与了卡斯提尔的内战，成为一个海上强国，并加紧海外扩张。

葡萄牙向南进行海上扩张也有极为有利的地理位置。葡萄牙在西欧的最西端，东部和北部与西班牙接壤，西部和南部濒临大西洋。渡海南下三百多公里便到了西非。西北非的摩洛哥以西南，相当于加那利群岛以南，便是地中海地区的文明人类未知的黑非洲了，也基本上还是原始的未开化的地域。15世纪时，地中海上是意大利人的商业势力范围（1453年后收缩在西地中海），北海波罗的海是汉萨同盟的商业势力范围。北部和东部是老大哥西班牙，西部是无边的大西洋，东南部是宿敌北非的摩尔人。这样在葡萄牙人面前所展示的广阔前景只有一个，向南挺进，沿西非海岸向南扩张。所以葡萄牙人发现西非海岸和开辟新航路是受到地理环境和地缘政治的影响和促动的。

15世纪初,葡萄牙国内的情况为扩张创造了大好时机。虽然葡萄牙社会也有各种矛盾,但海外扩张符合各个阶级、阶层的利益。对平民百姓来说,扩张主要是一种移民、殖民形式,意味着向无人居住的地区移民,向只有原始人居住的地区殖民,以便追求较好的生活条件和摆脱封建压迫和剥削。对于教士和教会来说,扩张意味着传播基督教,教化异教徒和生番,为上帝效劳,扩充基督教势力,扩大自己的领地和收入。宗教的影响和情结在葡萄牙是巨大和深沉的,并在收复失地,与穆斯林作斗争中发挥了重要作用。对贵族来说,扩张意味着占领土地,为国王效劳,赢得俸禄、封地、官职,而这些机会在狭小的葡萄牙本土(约9万平方公里)是越来越难得了。许多葡萄牙贵族在收复失地以后无所事事,除了领兵打仗又不屑做其他事情。于是他们转守为攻,继续同北非沿岸的摩尔人进行残酷的斗争。而摩尔人也时常骚扰葡萄牙海岸。同时已发展起来的海上贸易需要有熟练的水手和船长。与摩尔人的斗争和海上贸易的发展促使葡萄牙贵族把马匹换成船只,把盾牌盔甲换成罗经星盘,使骑士变成了水手,贵族变成了船长。对于商人来说,扩张意味着生意兴隆,可以把在产地购买的原料高价转卖,推销商品,控制重要商路。对于国王宫廷来说,扩张可以提高威望,特别是可以开辟新的财源,扩大版图和自己的权力。只有那些经营农业的地主、农场主无利可图。对他们来说,国内劳动力外流意味着劳动力价格上涨和利益减少。因此,扩张是解决国家社会生活各种主要矛盾的一种方法。中世纪王权与教权的矛盾、国王与贵族的矛盾,贵族和人民的矛盾,富人和贫民的矛盾,城市与城堡的矛盾,都可以在对外扩张中得到解决或缓解。对整个国家和民族来说,扩张也可以获得国内匮乏的各种资源,发展经济,同时可以转移人口,减轻人口压力。葡萄牙1500年时约有125万人口[5],今天看来是地广人稀,但当时来说则显得地狭人稠了。

以上是葡萄牙探索和殖民非洲西海岸的最一般的和普通的原因。随着历史的发展和情况的变化,开辟绕过非洲去印度和东方的新航路、搜寻黄金香料等动因才逐渐凸显和重要起来。就搜寻、攫取的物资和财富而言,从今几内亚到尼日利亚的西非海岸,从北到南被当时的葡萄牙人分别称作胡椒海岸、象牙海岸、黄金海岸和奴隶海岸,从中也可看出葡萄牙人在不同时期不同地区掠夺重点的变化和吸引他们远航的主要目的所在。

第二节 航海家亨利时期

葡萄牙人探索西非海岸、开辟新航路、进而首批参与地理大发现的历程可分为亨利航海家时期、阿丰索五世、若奥二世时期和曼努埃尔、达·伽马时期。

1415年8月下旬,葡萄牙在长期准备之后,由国王若奥一世亲自率领1.9万陆军、1700海军和200艘战船[6],经过一整天的战斗,攻克了北非摩尔人的商业中心和军事重镇格拉纳达王国的休达。休达的战略地位和地理位置极为重要,它在直布罗陀海峡南岸最凸出部、北非和西非的转折点上,东西扼地中海与大西洋,南北以仅宽12公里的海面接西欧和北非。葡萄牙人从此把与穆斯林斗争的战线推进到非洲,取得了楔入伊斯兰世界的一个重要桥头堡和探航西非海岸的活动据点。

若奥一世的小儿子21岁的亨利(又称恩里格Henrique)参加

了休达战役。进城后被父王封为骑士。回国后当上了葡萄牙天主教骑士团的总团长,南部阿尔加维省的总督。骑士团是个半军事半宗教的组织,拥有大量钱财。亨利本人对宗教也很热忱。他来到葡萄牙最南部向西伸入大西洋最远的今圣维森特角,当时叫萨格里什,用骑士团的资产在那里开办了航海学校,修建了天文台、研究所、图书馆、小教堂,这样很快就形成了一个镇子。亨利聘请当时最有经验的航海家和最知名的地理学家、天文学家、物理学家、数学家、制图家、造船家、仪器家,把他们罗致在门下。其中著名的有犹太人贾康姆,其父克里斯奎斯是享有盛誉的1375年加泰隆世界地图的绘制者。[7]亨利还在萨格里什以东二十多公里的拉各斯修建海港、码头、船厂、舶坞,建造和维修远航的船只。萨格里什和拉各斯成了航海、探险、拓殖事业的大本营和指挥部。有两项重大的技术进步要直接归功于萨格里什和拉各斯,即制图术和造船术,前者的结晶是改进和完善了珀托兰航海地图,后者的杰作是灵活坚固的卡拉维尔轻帆船,它可以顺风出航逆风返航。

亨利王子出山主持航海探险殖民事务在葡萄牙的地理发现史上是个转折点。在此以前,地理发现一直是不在意的事情;到未知海域的航行一直是零星的、无计划的;有关探险航行的记载也很缺乏。以致后来葡萄牙、西班牙、意大利、法兰西为争夺发现加那利、马德拉、亚速尔群岛的优先权而写下了数千页篇幅的论著。[8]而从亨利王子开始,地理发现和航海探险是有计划、有组织地进行的。亨利王子在历史上首先制订了明确的地理政策;部署了一系列的探险活动,使地理探险和发现成为一门艺术和科学,使远航成为全国感兴趣的、与之有密切利益联系的事业。

亨利的初期事业是发现、征服大西洋东部边缘的三大群岛。

前面提过那三大群岛14世纪时就已被发现并画入了地图,加那利群岛的归属在葡、西之间还一直有争议。但对马德拉群岛和亚速尔群岛的有效发现和殖民则归功于亨利。1415年和1416年,亨利两次派人去探索和考察加那利群岛及其周围海域,据说这是有案可稽的首批远洋科学考察。[9] 1418年,两个贵族札科和泰赫拉由亨利派去探险,他们被风暴刮到马德拉群岛的圣港岛。[10]次年亨利派他们带队去该岛殖民,这次又发现了马德拉主岛。这是一个森林密布、无人居住,有700平方公里的大岛。亨利王子把该岛称为木材之岛(Madeira,木材)[11],并封为他们的领地。他们在岛上烧林开荒,引种葡萄、甘蔗、小麦,输出木材。移民的窝棚、草屋很快变成了村镇,1451年,丰沙尔和马什科两镇已领取了地方行政法证书。到1500年,岛上的居民已有2万。[12]

在成功发现和移民马德拉岛后,亨利又于1425年和1427年两次派费尔南多·卡斯特罗去征服大加那利岛,但两次都因土著的顽强抵抗和供应不继而辍止。1431—1432年,亨利派探险队逐步有效地发现了杳无人烟的亚速尔群岛。[13]该群岛不在一般的航道上,离大陆遥远,航行也比较危险。不久便开始移民,1439年,亨利让把羊群运到那里去放牧。到15世纪末,亚速尔已向葡本土输出小麦。

对大西洋东部边缘三大群岛加那利、马德拉和亚速尔的有效发现和移民,使葡萄牙人探索西非海岸有了良好的开端和初步尝到甜头。从葡萄牙航行到1500公里以外的亚速尔成了培养水手的远航训练科目,马德拉群岛则成为葡萄牙人驶往热带西非航道上的重要歇脚地。在远离大陆的深海大洋中航行不再令人很恐惧,古代关于大西洲等的传说令人觉得似乎也有点根据。

葡萄牙人很快顺利地推进到北纬26度左右的博哈多尔角,这里波浪滔天,暗礁密布。从这里起,便是地中海地区的文明人类不曾到过的所谓"昏暗之海"(Sea of Darkness)。从古希腊时代起,地理学家就猜测,从这里起海水滚烫得沸腾(因接近回归线),经过这里的白人将被晒黑而不能复原,中世纪阿拉伯的地图在海角稍南的海岸,还画着一只从水里伸出的魔鬼撒旦的手。[14]另外,海角一带的海岸也没有任何值得人们向往的东西。撒哈拉大沙漠一直延伸到海边,看不到一簇绿色的草木,更没有一座居民的屋舍。博哈多尔角成了前进航路上的一个障碍。1434年,亨利派吉尔·埃阿尼什越过了博哈多尔角。[15]葡萄牙人惊奇地发现,昏暗之海并不烫得沸腾,人也不会变黑,也不存在什么妖魔鬼怪。前进航路上的第一个障碍被克服了。不过,从这里起,便是阿、黑混血人地区了。

1436年,亨利派鲍尔达亚航行到北纬24度左右。鲍尔达亚在此登陆时,碰到一队扛木质标枪的黑人。他们随即退回船上。这可能是远航以来欧洲白人与非洲黑人的第一次直接接触。鲍尔达亚继续航行到博哈多尔角以南400英里的布兰科角。从这里起,葡萄牙的十字军水手们完全绕过了扛新月旗的穆斯林世界带,开始接触原始的黑非洲世界。

1437年,亨利参与了旨在占领休达以西丹吉尔、阿尔吉拉等地的重大战役,但这次葡萄牙人一败涂地,其兄费尔南多王子也被俘成了人质。1441年,亨利派出贡萨尔维什和特利斯陶,他们到了今鲍尔达亚已驶过的里奥德奥罗。他们在那里登陆并首次俘获绑架了非洲黑人。贡萨尔维什载了一船奴隶返航,特里斯陶则继续航行到布兰科角以南,发现了阿奎姆湾(今毛里塔尼亚伊维克和努瓦迪布湾),并带回去了一些金砂和鸵鸟蛋。这个地方后来成为奴隶贸易的一个中心和重要据点。

在奴隶贸易开始前,由于探险花费不少,又较危险,只发现了一些无人居住的岛屿和海岸,无厚利可图,亨利王子因此还受到批评和怀疑。奴隶贸易开始后,批评之音匿迹,赞扬之声鹊起。在头五年,通过捕获或向当地酋长、头人交换、购买奴隶,大约有上千黑人被运回葡萄牙。1448年,亨利王子下令在阿奎姆岛建立一个据点,即今北纬20度左右毛里塔尼亚地区,一译阿尔吉恩岛(Arguin, Arguim),它成了欧洲人在西非海岸的第一个殖民据点和居民点。应该说奴隶贸易从此成为葡萄牙人探航西非海岸的动因之一。

1445年,著名的航海世家迪亚士家族中的迪尼斯·迪亚士崭露头角。他奉命率船南下发现了北纬16度的塞内加尔河河口。迪尼斯一鼓作气又绕过了非洲大陆的最西端的一个海角,他取名为佛得角,葡语意为绿色角(Verde),因为这是世界最大的沙漠撒哈拉沙漠以南第一片生长着树木、草丛、野菜的地区。从佛得角起,西非海岸向东南延伸。

奴隶贸易开始后,去西非海岸的航行成了大为赚钱的生意。亨利王子便从冒险家们的所得中征抽1/4金额的税收;如果王子亲自组织探险队或者借给冒险家航行的费用,那么便抽取收益的一半。这种作法使野蛮的古代奴隶制的营生具有了商品经济的、近代资本主义式的运作机制。

1445年,由费尔南迪什率领的一只船到了冈比亚河河口,[16]这里海岸上的人口比较稠密。1446年,特利斯陶推进到北纬12度一带,发现今几内亚比绍沿海的比热戈斯群岛。在捕捉黑奴的战斗中,他被土著人的毒箭射死,这可能是第一个在殖民海盗活动中丧生的有名有姓的冒险家。残余者乘船返航,整整两个月远离海岸,一口气航行了3500公里回到里斯本。这次航行是有史以来欧洲人最远的一次不靠岸远航,验证了葡萄牙轻型快帆船的优越性能。1447年,费尔南迪什南进到今几内亚的科纳克里,这是航海家亨利王子生前探航到达的最远点。[17]此后西非探航一度沉寂,主要原因在于财政困难,葡萄牙与西班牙之间对加那利群岛的争端,原任摄政王的佩德罗王子与新国王阿丰索五世的冲突等。

到1455年,有意义的探险又开始了。威尼斯人卡达莫斯托在葡萄牙开办了一个对非贸易股份公司,他争取到亨利亲王(阿丰索五世登基后,亨利王子成为亨利亲王)的批准,于这年率两只船又到了冈比亚河地区。返回时他带回一大批奴隶。据他自己说,他在一个地方只用了几匹马和几套马具便从一个酋长那里换得了上百个奴隶。卡达莫斯托的首航没有发现什么新陆地,但仔细考察了沿途地区,搜集了许多情报。次年,卡达莫斯托又率三只船远航探险,这次他们被风暴吹离了航线而发现了佛得角群岛。[18]至此,非洲西海岸大西洋中的四大群岛均被发现。他们在这杳无人烟的地区没找到什么感兴趣的东西,便去考察冈比亚河。他们溯河而上前进60英里,到了当地部族的聚居中心,进行了易物交换,记述了这里的各种蔬菜、河马、大象、小筏子、独木舟和部族战士。

卡达莫斯托的两次探险在葡萄牙地理发现史上有着独特的意义。他是第一个在葡萄牙效力的有成就的外籍探险家,开创了地理发现时代欧洲各国探险家到别国效力的先例。他又是第一个详细记载和描写远航探险考察的人,开了后来的探险家撰写详细的考察日记和游记的先河。他的考察记录均流传下来,为研究当时的西非地理、历史、民族等提供了很有价值的第一手资料。例如河马便是欧洲人首次所见所记的大型动物。第三,他在航海天文学上还首次观测南十字星座测定纬度,[19]这对于逼近赤道的航海家是很有启迪的。南十字星座是南天小星座之一,中心位置在赤经12时20分,赤纬-60度。郑和下西洋时也曾利用该星座,称为灯笼骨座。[20]后来越过赤道后,葡萄牙人通常测量正午时分的太阳高度来确定纬度,这是当时较好的办法。

1461—1462年,由探索过塞内加尔的第奥古·科米什和热那亚人霍利率领的探险队也完成了对佛得角群岛的发现。几年以后,葡萄牙移民来到这里,但人数不多。葡萄牙国王授权这个群岛上的封建主可以到对面的非洲海岸捕捉黑奴。这些黑奴和少数混血儿的后裔成了今日群岛上的主要居民。1463年,森特拉率两只船进抵塞拉利昂和利比里亚海岸,最远到达今蒙罗维亚(城)。沿途他经常登岸考察,与土著人易物交换。森特拉的航行和发现终于绕过了非洲西北巨大的西向凸出部。科米什和森拉特的探险和发现虽然是亨利亲王去世后进行的,但史学家们一般认为它们也是在亨利的直接影响下完成的,故看成是亨利时期的航行和发现。

1453年,土耳其人攻陷文明古都君士坦丁堡,灭了千年古国拜占庭,亚非穆斯林对欧洲基督徒的威胁空前严重起来,并超过了8世纪的阿拉伯人。1458年,亨利亲王参与了他一生中对北非摩尔人穆斯林的第四次重大军事行动(1415,1418,1437,1458),并占领了休达以西附近的阿尔卡塞。[21]1460年11月,亨利亲王在萨格里什逝世,享年66岁(1394—1460)。

亨利是地理大发现和葡萄牙殖民大帝国的最早奠基人。他在45年的组织和领导探险活动中培养和造就了一大批有经验的航海家和探险家,也使葡萄牙商船队一跃成了世界上首屈一指的船队。因此尽管他从来没有亲自进行过远航,但到19世纪时他终于被人们称为航海家亨利(Henry the Navigator)。[22]亨利派出的探险队发现和据有了大西洋东部边缘四个面积可观的群岛(加那利、马德拉、亚速尔、佛得角),只有加那利群岛经过长期争吵后转让给西班牙。在亨利时期,被探察和画入地图的非洲西海岸约有4000公里长,从直布罗陀海峡到今利比里亚,其中大部分是前人未曾到过的海岸。从此海岸线由东南转向东,好像是通往印度洋。亨利时期还开始了对去西非冒险的船只征税抽成的制度,这便使探险远航不仅是国家王朝的事情,而且成为全社会的一种行业。亨利还成立"皇家非洲公司",垄断对西非的探索和掳掠。[23]在亨利时期,葡萄牙的造船业完成了从学生到先生的飞跃。新型帆船卡拉维尔从无到有,从少到多。这种三桅三角帆的船灵巧、轻便、快速、坚固、易于操纵,逆风时也能走折线前进,只是稳定性不太好。英国史学家巴克利曾说:"他在萨格里什做的改进船舶设计和地图制作、完善航海仪器和搜集旅行记载的工作将改变历史的整个进程。达·伽马、哥伦布、麦哲伦一定要出现。他们是注定要利用航海家亨利积累起来的知识并使他的梦想成真的人。"[24]

在航海家亨利时期,对西非探险的主要目的并不是明确地要开辟去印度、东方的新航路,也不是首先为了攫取黄金。而首先是要扩张基督教势力,遏制和打击伊斯兰势力。亨利本人一直是葡萄牙天主教骑士团的总团长,四次亲自参与在休达一线反击摩尔人的战争。他死前还留下遗嘱,把来自西非的岁入拨给骑士团,在黄金产地和输出奴隶的几内亚地区设立主教区,每区应有一个神甫或代理主教。亨利还想寻找和联络传说中的信基督教的长老约翰(Prester John)王国,牵制和侧击穆斯林。这个基督教国的位置变来变去,实际上它是关于被伊斯兰势力隔开和包围的东非基督教古国埃塞俄比亚的各种传闻。第二便是攫取财富,而当时财富的主要来源和形式还是奴隶贸易。第三便是扩张版图,进行移民和殖民,他在大西洋东部四大群岛上的作法便是明证。在亨利王子晚年,随着拜占庭亡于土耳其,开辟到印度的新航路的目标便逐渐明确起来,以致在1445年发现的塞内加尔河被猜测为可东通尼罗河河源及信基督教的阿比西尼亚(埃塞俄比亚);一条起自大西洋、溯河越过非洲、到达红海、进入印度洋、东通印度的水道也可能经赛内加尔河得以开辟。[25]

第三节　阿丰索五世、若奥二世时期和迪亚士发现好望角

1453年,土耳其攻占君士坦丁堡,灭亡了千年古国拜占庭,并向东南欧继续大举扩张。欧洲面临空前严重的威胁,基督徒与穆斯林的斗争再次白热化起来。同时土耳其遮拦了东西方之间的传统商路,控制了东地中海地区及其国际贸易。土耳其—伊斯兰势力的扩张促使欧洲国家加强反土反伊斗争,也促使葡萄牙为了自身的利益而加强反穆反摩尔战争和探索西非海岸。1463—1469年和1471年,葡萄牙两次大举反击休达一线的摩尔人。第一次旨在攻占丹吉尔的战役失败;第二次则夺取了阿尔吉拉和丹吉尔。[26]这样,直布罗陀海峡周围地区完全被葡萄牙控制,探航西非的前进基地空前巩固并大为扩展。

在60年代初的探险中,森特拉在今塞拉利昂南部和利比里亚海岸发现了一种豆科植物,其种子的味道与印度的胡椒很相似。葡萄牙人从此便在这一带广泛索取经营这种东西,这段海岸也就

被葡萄牙人称为胡椒海岸。[27]

1469年,国王阿丰索五世责成里斯本的冒险家费尔南·戈姆斯以固定的价格交售从几内亚收集来的象牙,授予这个富商对今塞内加尔和冈比亚地区拥有五年时间的贸易垄断权,附加条件是每年得向前探察100里格约500多公里长的海岸线。[28]戈姆斯基本上按期完成了任务。他派出船只对几内亚湾以北约长两千多公里的全部海岸线进行了探索,结果发现了盛产大象的象牙海岸,产金较多的黄金海岸和人口稠密、可以大量掳掠奴隶的奴隶海岸。[29]戈姆斯派出的最后一个探险队在西格拉的指挥下,发现了北纬4度的喀麦隆火山,航进到南纬2度。[30]他成了第一个越过赤道的西欧航海家,从而否定了古代以来认为赤道地区热得无法忍受,无人居住的传统观点。他还发现了赤道附近的圣多美岛和普林西比岛。在此之前,一直向东延伸的几内亚海岸使葡萄牙人以为,沿非洲南岸向前航行就会驶入印度洋。但从喀麦隆火山起,西格拉发现海岸线直转向南,这至少表明,在赤道地区不可能航入印度洋了。1474年协议到期后,若奥二世又把贸易垄断权赋予戈姆斯的儿子约翰。[31]

1479年,葡萄牙、西班牙在长期争吵后,经教皇调解,达成第一个划分海外势力范围的协议。加那利群岛归西班牙,因为在谁最先发现的问题上虽争论不清,但西班牙人早在1393年便从那里运回了奴隶,早在1402年便在那里建了第一个欧洲人的永久居住点。[32]西班牙则不再对加那利群岛以南已发现的和将发现的陆地提出要求。同时将待发现的世界以穿过加那利群岛的纬线(约北纬28度半)为界分成南北两个部分,北部由西班牙去发现,南部由葡萄牙去探索。由此可见,葡、西划分海外势力范围和扩张方向的第一个条约不是人们常以为的1494年的托尔德西亚斯条约,而是1479年的阿尔卡索瓦斯条约。从戈姆斯开始,葡萄牙还对在西非的发现实行严格保密的政策,以保持垄断。这在地理发现史上称"缄默的密谋"(conspiracy of silence),以后它被长期执行并影响广泛。70年代开始实行的"发现承包租让责任制","缄默的密约"和阿尔卡索瓦斯条约表明,这时葡萄牙在西非探航的最终目的已很明确,即避开穆斯林的势力,开辟去印度的新航路。

1481年若奥二世(1481—1495)继位后,加大了探索西非的力度。他派遣以阿桑布雅为首的船队前往黄金海岸,在今加纳海岸修建了圣乔治·达·米纳城堡,意为在金矿上的圣乔治。后简称为埃尔米纳,米纳意为矿藏。[33] 它是葡萄牙人在西非沿岸继阿奎姆后的第二个殖民据点,并成为在几内亚湾和西非中部进行探险和殖民活动的中心和基地。葡萄牙人在这里找到一个大型金矿。若奥二世还向西非各处内地陆续派出传教士、使节、探险者、商人,进行渗透。特别是若奥二世还组建了学术委员会荣塔(Junta),由杰出的犹太学者维任霍和札苦托主持。札苦托用希伯来文编纂制订了《万年历》,书中包括太阳的赤纬全表,维任霍又把它译成了拉丁文。维任霍还航行至几内亚湾的费尔南多·波,测定了太阳的赤纬。维任霍的同行者中还有纽伦堡的著名地理学家马丁·倍海姆。维任霍的观测导致采用有分度的航海图。维任霍后来又搞了《万年历》的缩写本,该本还兼有萨克罗波斯科的《星盘和四分仪指南》的修订本。[34] 所以,在航海、探险、发现的学术研究上,若奥二世也继承和发展了他的叔祖父航海家亨利开创的事业。

1482年6月,葡萄牙航海家第奥古·考奉命出航。他从米纳南下航行了约700公里,发现了黑非洲第一大河刚果河河口。[35] 他在河口北岸立起了他的第一根石柱,这也是探航西非海岸以来的第一根纪念石柱。第奥古·考派出一只船溯河而上航驶,打探情况,自己率队继续南航。直到南纬13度左右今安哥拉的圣玛丽亚角,他在这里竖起第二根石柱,然后返航。1485年初第奥古·考第二次出航,这次他更加向南深入。他又先在圣玛丽亚角以南不远的黑山立起一根纪念石柱,接着在南纬22度今纳米比亚的克罗斯角竖起第二根石柱,然后返航。(19世纪时第奥古·考的三根石柱均已被发现,第四根石柱的碎片也已找到。)[36]在返航途中,他们在刚果河一带收容到首航时派去探察的人。他们溯河而上至少前进了160多公里,今天在那一带发现了这些冒险者留下的岩石铭刻,包括葡王、第奥古·考和其他探险者的姓名,十字架和共济会的标志等。探险组还带回一个由刚果部落制国家的亲王为首的使节组。这些人在葡萄牙受洗入教,学会了葡语,1491年随葡萄牙使团返回,创建了存在于整个16和17世纪上半叶的基督教的刚果王国。[37]

　　第奥古·考全队于1487年上半年回到里斯本。第奥古·考的两次探航共发现了从赤道到南纬22度长达2000多公里的海岸线,并进入了西南非地区。第奥古·考开创了竖立象征着占领和据有的纪念石柱的先例,为后来的冒险家和从事地理发现及殖民扩张的国家广为效法。这种石柱葡语叫padrão,是圆柱,但最上面的约1/5为方形,全高约八英尺,方形的碑上刻着十字架葡萄牙的王徽,国王、航海家的姓名和发现的日期。第奥古·考的探险还直接导致葡萄牙与刚果建立相对正常、较平等的邦交和刚果皈依基督教。这在葡萄牙西非殖民史上也是第一次。所以,第奥古·考的探险和渗透具有较为重要的意义。

1486年,在贝宁海岸督建殖民据点的阿威罗返国,带回一个当地土王的使节。使节说从当地海岸向东约两个月的路程有一个强大的君主叫奥甘列(Ogané),他就像教皇受基督徒敬重一样受其臣民敬重。国王的寰宇志学家认为奥甘列就是长老·约翰,并把两个月的路程折算成300里格,这样就可以到达埃塞俄比亚了。[38] 实际上,埃塞俄比亚在贝宁以东3600公里。所以这个说法是有点根据的。根据这个情报和第奥古·考的报告,葡萄牙国王决定双管齐下,向南派出迪亚士探险队,向东派出科维尔汉侦探组。

南下探险队由三只载重数十吨的中小型船只组成,由巴托罗缪·迪亚士指挥。他是哥伦布以前最著名的航海探险家,出身在航海世家,曾参加阿桑布雅指挥的探险活动,时年刚27岁。迪亚士船队还带上了几个由第奥古·考带回的非洲黑人男女,让他们带上金、银、香料,在沿途把他们分别派上岸,以便让有关葡萄牙人的消息传到长老·约翰王国。[39]迪亚士船队于1487年8月从里斯本出发,他们先到达埃尔米纳,接着又到了前人航行的最远点南纬22度地区。迪亚士很快越过南回归线,在今纳米比亚的吕德维茨立起第一根石柱。这根石柱的残部至今还在那里伫立。迪亚士继续向南航进。在南纬33度地区,他们遇到了风暴。迪亚士为避免触礁,把船驶入深海。但供应船在风暴中掉队,失去了联系。风暴把迪亚士指挥的两条船推向南去。当大海稍微平静一些后,迪亚士调转船队头向东航行。但几天后仍没有见到消失了的非洲海岸。迪亚士估计他可能已绕过了非洲最南端,便果断决定调头向北航行。两三天后果然不出所料,他们又看到了海岸线,不过现在的走向是从西向东了,时间是1488年2月3日。[40]迪亚士他们靠岸登陆取水,因土人向他们投掷石头而射死一个南非黑人牧民。迪亚士船队继续东进到了阿尔戈阿湾,从这里起海岸线又从东西向转为东北向,朝印度缓缓延伸。迪亚士船队已绕过非洲的全部南海岸,已航行在印度洋了。此前,有许多人以为印度洋是个与其他海洋不相通的地中海,现在,绕过非洲前往印度,从大西洋驶入印度洋的航路终于找到了。

迪亚士在阿尔戈阿湾的帕德龙角竖起了第二根石柱(它也在1938年找到了)。[41]船员们经过长途航行已疲惫不堪,纷纷要求返航。加上供应船失踪,粮食不继,又怕遇到海盗,迪亚士只得在前进到大鱼河河口后返航。这里是迪亚士航行的最远点。返航途中,迪亚士在从前经受过两周风暴的地方发现了一个凸出于海洋很远的海角。他把这个海角叫作风暴角,在此立下了第三根石柱。此后他们又意外地碰到了失散很久的供应船,但船上的9人中只有3人还活着。海员们把给养转移出来,把破烂的供应船烧毁。他们于1488年12月回到里斯本。

若奥二世听取了迪亚士的报告后,下令把那个大海角改名为好望角,因为发现它给葡萄牙人带来了通过海路前往印度的良好希望。需要强调指出的是,世人一般以为好望角是非洲的最南端,是大西洋和印度洋的分水岭。实际上它是大西洋中的一个大海角。非洲最南端、两洋分水岭是南纬34°52′,东经20°的厄加勒斯角;而好望角的位置在南纬34°21′,东经18°28′,厄加勒斯角比好望角更向南延伸了整整半个纬度。迪亚士返航时也发现了这个海角,并命名为圣布雷顿角(мыс Святого Брандана)。但不久它又被改称为针角(Игольный мыс),因为在该角附近的海上出现了磁反常,即罗盘指针(葡语为agulha,即针)没有了偏差。[42]今日的厄加勒斯角便是葡语针角的音译(英语为Agulhas cape)。

迪亚士这次远航历时一年零四个月,单向航程上万公里,往返两万公里。他一下子向南推进了约13个纬度,航绕了整个非洲南部海岸,发现了长达2500公里前人未知的海岸线,带回了这个地区比较准确的地图[43]。这为最后开辟从葡萄牙到印度、从西欧地中海经大西洋、印度洋到东方的新航路打下了重要的基础。然而,葡萄牙政府并不急于把迪亚士带回的"良好希望"变成现实,没有仓促行事。而是一方面对迪亚士的发现严格保密,以防他人插手。一方面为直航印度做各种准备。

前已提到,在迪亚士返回前,若奥二世还派出侦探组直接前往东方,收集各种情报和寻找长老·约翰王的基督教王国。这时候葡萄牙由于实力的增长,已不仅要联络长老·约翰王侧击穆斯林,而且要寻找经长老·约翰国进行扩张的通道。其中为首的科维尔汉曾多次出入北非,能讲流利的阿拉伯语。1487年5月科维尔汉动身,于1488年春混入红海,然后乘阿拉伯海船到了印度西部的卡纳诺尔港,[44]成为第一个踏上印度土地的葡萄牙人。他又南下到了卡利库特,然后于1489年春回到霍尔木兹。接着他又乘阿拉伯海船沿东非海岸南下到了南纬21度莫桑比克的索法拉,[45]这里有许多阿拉伯人聚居。1491年初科维尔汉回到开罗,与葡萄牙派来的人接上了关系,送出了情报和资料。从1493年起科维尔汉进入埃塞俄比亚(又称阿比西尼亚),受到热烈的欢迎和礼遇,但不许他回国。直到1520年科维尔汉才与葡萄牙首任驻埃公使见面。这时他已年逾古稀并已非洲化了。科维尔汉1491年从开罗请人带回的秘密报告,与迪亚士的探险报告一起,成了制定达·伽马首航计划的直接根据。情况和形势已很明显,只要再打通从南非大鱼河河口到莫桑比克索法拉这一段约2000公里的航路,新开辟的西非航路、南非航路便和传统的阿拉伯人、波斯人、印度人的东非航路、印度洋航路衔接沟通了。当然那一段非洲海岸还可能向东凸出，但从各方面的情况来判断，不会凸出很远了。

但从1488年迪亚士返航到1497年达·伽马出航，9年内葡萄牙人没有进行新的重大探航，其原因何在？一种解释是若奥二世身患肾病浮肿病，无力过问，最后于1495年病逝。另一种解释是路途遥远，从葡萄牙航行到非洲南端有上万公里，从非洲南端到印度又至少有好几千公里，短期内直航印度还有一定的困难。再一种解释是葡萄牙人忙于经营西非的奴隶贸易，并怕开罪于控制着东方贸易的威尼斯、土耳其和埃及苏丹。还有一种解释是1492年哥伦布发现西印度后，引起西、葡两国在权利和势力范围方面的争执，葡萄牙忙于外交斗争甚至准备诉诸武力。我认为这些理由都有一定的根据，但还应加上两条。即80年代由第奥古·考和迪亚士新发现的长达近5000公里海岸线的西南非沿海地区，还是未被掳掠、开发、利用的处女地，因此还有许多赚钱的营生可做。到印度去贩运香料等能够赚钱，那么到西南非去贩运别的东西也同样能牟利。再一条便是等待科维尔汉的报告和返回。由于上述综合因素，使直航印度的实现，新航路的最终开辟延宕了好几年。而1492年哥伦布率西班牙船队越大西洋航达"印度"的东部，发现了西印度，无疑刺激了葡萄牙人，促使他们加快了直航东印度的进程。

从航海家亨利逝世到迪亚士远航的30多年间，葡萄牙对西非海岸的探索、发现和殖民比起亨利时期又有了新的发展和特点。一是实行了发现承包租让责任制与贸易垄断权相结合。这样做既加快了探航的进程，又节省了经费，提高了效益，还促使后来西方国家成立了贸易殖民的专业公司，诸如西欧各国的东印度公司等。

二是对探险发现的进展和有关资料采取了严格保密的作法,史称"缄默的密谋"。这种作法后来长期保持并为西欧各国效法。三是开创了表示纪念、象征占领和据有的立碑竖柱活动。这种作法使地理发现、航海探险的发现性质和殖民扩张性质的双重性更加明显和突出。四是土耳其穆斯林的扩张遮拦了东西方的传统商路,对欧洲造成了严重威胁。因此开辟避开穆斯林势力直接到印度、东方的新航路这个目标已非常明确;同时与埃塞俄比亚基督徒联络的动机也很明显。五是这段时期葡萄牙在西非海岸寻找攫取的也不仅是黄金,而且还有胡椒、象牙和奴隶等。六是这段时期葡萄牙成立了从事探险、航海、发现研究的学术委员会荣塔,并在造船术、航海术、制图术、天文学、地理学等方面又有发展。为葡萄牙直航印度、西班牙直航美洲打下了物质基础,创造了技术条件。七是葡萄牙与西班牙签订了阿尔卡索瓦斯条约,初步划分了海外势力范围和扩张方向,铸下了地理大发现第一阶段的基本格局。该条约成为后来西葡瓜分势力范围和世界霸权的两个著名条约的嚆矢。

第四节 达·伽马最后打通新航路

一、达·伽马去印度的航行和探险

1492年,意大利航海家哥伦布率西班牙船队西渡大西洋,发现了西印度,抢先开辟了去"印度"东部边缘的新航路。这件大事轰动了西欧,也使葡萄牙人受到了刺激和挑战。葡、西两国旋即发生权利争执。后来在教皇调解下,于1494年6月签订了托尔德西拉斯条约,取代了以前的阿尔卡索瓦斯条约,重新划分了势力范围和扩张方向。条约规定以佛得角以西370里格的经线为界(约西经41度),线东、线西分别由葡萄牙、西班牙去发现、开发、占据。这样,葡萄牙人近80年的不懈努力和苦心经营没有东流。

1495年10月若奥二世去世,曼努埃尔一世继位后,立即把最后开辟新航路提上议事日程。他派经验丰富、功勋卓著的迪亚士负责监造新型船舶。迪亚士根据自己的亲身经历,采用了圆型船设计,这种船为三桅方形帆,航行危险较小,吨位较大,能更好地逆风前进并节省体力。在探险队队长的人选上,曼努埃尔选中了贵族军官瓦斯科·达·伽马。达·伽马1460年出生在一个贵族军官家庭,其父担任过王室的财政监察和锡尼希要塞的司令。达·伽马在埃武拉接受的教育,学过一些数学和航海知识。1492年,若奥二世派他先后到塞图巴尔和阿尔加维,去袭击截获法国船只,以报复法国劫掠葡萄牙船舶。这个任务达·伽马完成得很好。

达·伽马船队是葡萄牙远航探险80多年以来准备得最充分和最周密的船队。船队共有四艘船,旗舰是载重120吨的圣卡布里埃尔号,为三桅方帆圆型船,另一艘与旗舰一样,一艘为挂三角帆的卡拉维尔式船,还有一艘最大的载重约200吨的供应船。[46]乘员共约170人,其中一些人是参加过迪亚士远航的老手,有的甚至还参加过第奥古·考的远航。队员中有阿拉伯语翻译,非洲土话翻译,还有十来个刑事犯,以便在紧急情况下派去完成最危险的差事。船队备足三年的给养,带上准备用于贸易交换的各种物品,如铜料、珊瑚、水银、毛织品、念珠、小铃、镶银武器、衣服、帽子、布料、盆子等。船队也全副武装,配备了大炮炸药罐和刀矛箭弩等各种冷热兵器。达·伽马还携带有几根传统的石柱和曼努埃尔国王致长老·约翰王和卡利库特国王的正式国书,用葡语和阿拉伯语双语写成。第奥古·窝提兹主教向探险队提供了各种地图和有关的图书资料,著名学者札苦托则向船队提供了天文仪器和赤纬表。此外还对船员进行了各种培训,包括航海、观测、维护、修船等。全体船员的姓名、住址、家属的姓名均登记造册备存,以便返回时发奖或抚恤。[47]

1497年7月8日,达·伽马船队从里斯本启航。关于这次航行的往来经过,只有一个叫维尔霍的船员写的航行记暨见闻录流传下来。[48]所以各国的研究和叙述都以此为基础和蓝本。

船队最初在迪亚士指挥的一条船陪同下航行,迪亚士到埃尔米纳走马上任而分手后,船队继续航进。达·伽马采纳了迪亚士的建议,直接到了非洲最西端的佛得角,然后又直接到了好望角一带,而不是像迪亚士那样沿岸航行。11月上旬,在好望角以北南纬32度40分的圣赫勒拿湾,船队靠岸登陆,水手们测定纬度,取水,打柴,捕鱼捉虾。他们在这里与土著黑人布须曼人有所接触。最初双方比较友好,后来一个水手不知怎么得罪了布须曼人,他们便向葡萄牙人投掷石块,发射箭矢,有几个水手被击伤。但土人很快被击退,死伤多少不明。在冲突中达·伽马的腿也被弓箭射中受了点轻伤。

绕过好望角进入印度洋后,他们在摩塞尔湾(因有些人在这里牧牛又称牧牛湾)停泊。在这里,船员们与当地土著黑人霍屯督人进行了易物交换。11月25日,达·伽马在摩塞尔湾竖起第一根石柱,据说至今犹存。由于物资消耗,船员患病,供应船受损后被丢弃拆解卸下木料备用。之后发生了以囚犯为首的船员阴谋叛乱、夺船回国之事,但被达·伽马及时察觉,把几个为首分子铐锁起来而弹压下去。[49]船队很快越过了迪亚士到达的最远点大鱼河,从此便在没有地图和资料、没有人航行过的陌生水域航进了。1497年圣诞节,他们看到了今南非纳塔尔地区海岸,便把它命名如斯,意即圣诞节。随后船队到了札沃拉河,与当地土人进行了交换。见当地的铜多,便称该河为铜河。[50]1498年1月25日,船队来到今莫桑比克的奎利曼河(Quelimane,即今赞比西河)。由于长期吃不到新鲜食物、蔬菜水果等,坏血病流行,他们只得在这里休整了一个月。在此期间,当地班图黑人友好地接待了这些外国人。有一次,两个头戴丝织帽子的首领来到岸边,把一些印花布硬塞给水手们。首领的一个随从告诉水手们,他是个外地人,他见过与葡萄牙海船类似的船只。那个人的讲述和那些确凿无疑的亚洲产品使达·伽马等相信,他们已接近印度了,便把赞比西河称为吉兆之河,并在此立起第二根石柱,尽管此时已有人患坏血病而死去。

3月2日,船队到了南纬15度的莫桑比克港。此港是个独立的城邦,居民主要为黑人、阿拉伯人、阿黑混血人,社会上流行阿拉伯语,黑人在家里则讲斯瓦希里语。居民主要信奉伊斯兰教。阿拉伯人的单桅船多依(Дой)每年都来到该港,从这里主要运走奴隶、黄金、象牙和龙涎香。葡萄牙人在这里进行了贸易活动。通过当地的谢赫(щейх 伊斯兰教神学家或首领),达·伽马还雇请了两名阿拉伯引水员。但葡萄牙人的基督教信仰很快暴露,与当地人的关系迅速紧张起来。穆斯林甚至阴谋夺取葡萄牙船只,达·伽马下令开炮,然后启航离港。聘请的阿拉伯引水员也不再受信任,后来到了蒙巴萨时逃走。

3月29日,达·伽马船队离开莫桑比克港北上,4月7日进泊南纬4度的蒙巴萨。蒙巴萨也是一个独立的伊斯兰—阿拉伯城邦,是郑和下西洋的分綜到达的最远点。当天晚上,上百个携带阿拉伯弯刀的人曾企图爬上圣卡布里埃尔号,但被及时发现而受阻。摩尔人又企图乘船队靠岸之机俘获船队,但旗舰因一次小碰撞事故而及时下锚,从而使阴谋流产。还有一次武装人员游近船只企图砍断葡萄牙船的缆绳,也因被及时发现而阻止。达·伽马曾在蒙巴萨严刑拷打从莫桑比克抓来的两个俘虏,强迫他们交待反对葡萄牙人的阴谋。

4月13日,船队从蒙巴萨北上,路上拦截了一条阿拉伯船,并俘获了十几个人。4月14日船队进泊南纬3度的马林迪。葡萄牙人在马林迪港见到了配有大炮的奇怪的船,船员的相貌也与阿拉伯人不同,褐色的皮肤,留着长长的胡须和头发。经过交往,得知他们是印度人。当地苏丹和穆斯林对葡萄牙人比较友好,这点与莫桑比克和马林迪的统治者和摩尔人不同。达·伽马通过苏丹还请到了一位引水员伊本·马季德。这人是生于阿曼的阿拉伯—伊斯兰大航海家,用阿拉伯文编写过航海方面的一些著作,其中最重要的一本为《关于航海的科学基础及其规则的有益材料录》。[51]也有人说他是印度古吉拉特人。船队4月24日从马林迪起锚升帆,开始了横渡印度洋的最后航行。船队由马季德领航,沿着他熟悉的航线向东北航行。他们乘印度洋顺路的西南季风,经过24天的航行,便顺利地走过了3000多公里。5月17日,他们看到了印度海岸。5月18日,他们在卡利库特以北约50英里的马拉巴尔海岸停靠。[52]1498年5月28日,达·伽马船队进泊卡利库特港(今科泽科德)。葡萄牙人终于来到了几十年来孜孜以求的印度,几代人为之不懈努力的新航路终于打通了。对印度来说,这也是它中世纪以来第一次接待来自欧洲白人基督教世界的船队。所以葡萄牙人在卡利库特立起了第三根石柱。

二、葡萄牙人在印度的活动和返航

卡特库特是个古老的小王国,它的印度教拉甲(Rajah)称为萨穆林(Samorin)，意即山和海的主人。历代萨穆林都鼓励海外贸易。在这里，如果买卖成功，则交纳 1/40 的关税，税率很低，否则可以不缴。卡利库特的外贸和商业主要掌握在穆斯林手中，其中有外来的阿拉伯人、波斯人，也有本地人改宗伊斯兰教的。自然，居民中本地的印度教徒更多。不过，达·伽马一行却把当地的印度教教徒、神庙、神祇当成了基督教教徒、教堂、圣母。

达·伽马一行最初受到当地统治者友好的接待。达·伽马呈上了国书，献上了帽子、珊瑚珠、布匹、金属锅等一般的礼品，但没有一件被看得起。因为当时印度的文明程度不亚于西方，卡利库特的萨穆林又是很富裕的君王。葡萄牙人在卡利库特进行交易，但他们的货物销路很有限，又受到穆斯林的抵制和敌视。达·伽马本人甚至也曾被穆斯林扣留了几天后才逃出，险遭暗算。当地的一个突尼斯人蒙凯德会说西班牙语，他告诉达·伽马还有暗杀他的阴谋。呆到 8 月上旬，达·伽马等准备离去，但又不愿交纳关税。这笔钱款一说是 600 舍拉芬，合 1800 金卢布；另一说是 223 镑。[53] 卡利库特当局便扣押了葡萄牙人的一些货物和几个船员；达·伽马他们就抓了十几个卡利库特人。后来萨穆林放了葡萄牙人和货物，但达·伽马仍扣留下五个人质。

8 月 29 日，达·伽马船队离开卡利库特向北驶去。曾向葡萄牙人通风报信的蒙凯德因在当地呆不下去了而随船去葡。卡利库特萨穆林因葡萄牙人欠税和带走几名人质便派出一支舰队追击。双方在海上曾发生交火，但达·伽马船队凭着火力强大仍得以逃脱。船队到了卡纳诺尔，受到友好对待，进行了商业贸易。9 月 20 日，葡萄牙人在果阿附近的安吉迪夫岛抛锚停泊时，与几只船遭遇。达·伽马以为是卡利库特的追击者，便下令开炮，并抢了一艘船,船上的人乘小船逃走。10月初,船队离开了安吉迪夫岛,开始了重渡印度洋的航行。由于不顺风,又失去了马季德的帮助(在返航前已离去),船队在印度洋上走走停停,或走大Z字形航线,拖了近3个月。行程中许多人得了坏血病,其中有一些人死去。所以这段航行竟成了葡萄牙人探航西非以来,甚至是地理大发现开始以来,时间最长最困苦的航行。让我们看看当事人描写的可怕景象:"我们逗留在海上,总共差3天就是3个月,因为常常碰到无风和逆风而无法航行。我们大家生着重病,牙床肿得很厉害,以致全部牙齿被包住,因而不能吃东西。脚也浮肿起来,身上又长了大脓疮。这些脓疮使健壮的人即使没有什么别的病,也变得虚弱以至死去。因此,在此期间死去了30人(另有30多人早已死去)。最后,每只船上只剩七八人还能工作,但都已很不健康。而且,如果这种情况再持续两周,我们不是全部死去,便是再退回到印度去。须知我们已到了这样的地步,即不管什么纪律都已不复存在了……但是,最后,上帝赐福给予了顺风。好像到了第六天,我们望见了陆地。"[54]

1月初,船队到了今索马里的阿拉伯—伊斯兰城邦摩加迪沙。达·伽马不问青红皂白便炮击一通,没有进港。1月9日,船队回到了友好的马林迪(今属肯尼亚),又受到友好接待。特别是吃上了新鲜水果和蔬菜,解除了坏血病的威胁和痛苦。葡萄牙人在此立下了第四根石柱。在马林迪休整数日后,船队继续南航。很快驶过了抱有仇恨情绪的蒙巴萨(今也属肯尼亚),没有进港。之后,由于减员和物资消耗。达·伽马又被迫丢弃和烧毁了一艘船,把货物和人员转移到别的船上。船队继续航行,避开了有隙的莫桑比克港。在此附近,他们立下了最后一根石柱。3月20日,船队

欧印新航路开辟图

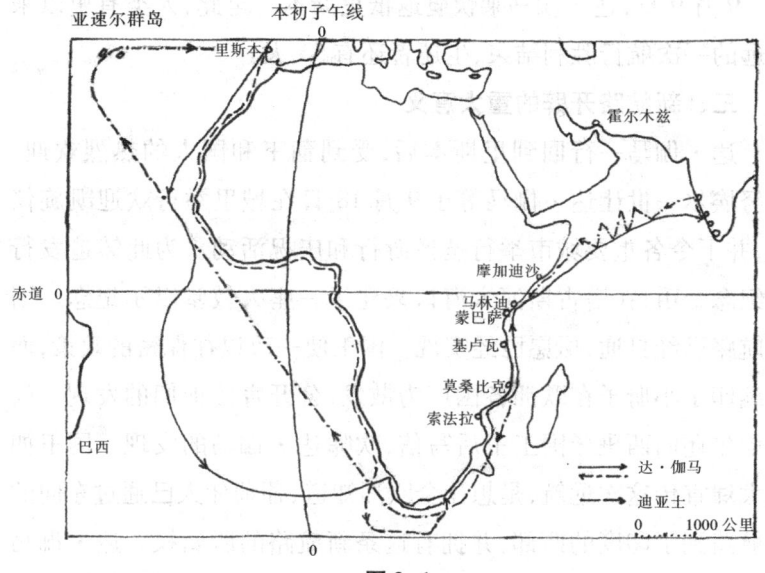

图 3-1

资料来源：主图和达·伽马去航路线据《地理发现史纲》二卷 43 页图绘；
迪亚士去航路线据《伟大的地理发现时代》49 页图绘；
达·伽马返航路线按《探险与世界》163 页图绘；
印度西海岸的四座城市从北到南依次为：果阿、卡纳诺尔、卡利库特、科钦；
达·伽马过好望角后的返航路线按福武书店《大航海时代》绘。

绕过了好望角。一个月后，因为遇到风暴，达·伽马的旗舰与另一艘船走散了。那艘船在库埃霍的指挥下于 1499 年 7 月 10 日首先返回里斯本。4 月 25 日，达·伽马航行到几内亚一带时，维尔霍的日记结束了。不知是他病了、死了，还是其他什么原因使他懒得再记了。在最后的大西洋航程里，达·伽马的哥哥、船长之一保罗·达·伽马病了。达·伽马改变了航向，驶向亚速尔群岛的特塞拉岛。上岸后的第二天兄长便死了。达·伽马让旗舰先回里斯本,自己留下来料理后事。8月底,旗舰圣布里埃尔号驶进里斯本湾。9月9日,达·伽马乘快艇返抵里斯本。至此,人类有史以来最远的一次航行胜利结束,生还者还有55人。[55]

三、新航路开辟的重大意义

达·伽马一行回到里斯本后,受到葡王和国人的热烈欢迎。曼努埃尔一世让达·伽马等于9月18日在城里举行欢迎凯旋仪式,并下令各重要城市举行圣像游行和庆祝活动。为此铸造发行了纪念金币,在塔古斯河入海口兴建了一座大教堂以示纪念。因为航路已经打通,夙愿已经实现。国王便一改以往保密的政策,而且编印了小册子在欧洲各国广为散发,公开宣传他们的发现。曼努埃尔还向西班牙国王王后写信,吹嘘达·伽马的发现。国王如此大肆宣传这次远航,是想让全欧洲知道,葡萄牙人已通过东向的新航路到了印度的西部,并拥有这条新航路的所属权。达·伽马本人则被授予"唐"(dom)的贵族头衔、"印度洋元帅"的封号(与西班牙封哥伦布为"海洋元帅"相攀比,但均无今日元帅军衔的意思),一千克鲁塞多金币的年金和一大块地产。[56]

达·伽马的首次远航在地理发现史上具有重大的意义。达·伽马一行发现了从非洲南端到莫桑比克港这一段近2000公里的大陆海岸线,开辟了从葡萄牙到印度,从西欧经大西洋、印度洋到东方的新航路,把基督教文明中心与印度教文明中心直接地联系起来。同时,鉴于印度与东南亚、中国、日本之间,印度、波斯、阿拉伯、东非之间,东欧通过波罗的海北海与西欧之间,小亚、北非通过地中海与欧洲之间都有密切的海上联系,所以这条航路便把旧大陆几乎所有的重要文明区域通过海上都联系起来。并为尔后的麦哲伦环球航行和发现地球打下了一些基础。

达·伽马的首次远航在航海史上具有重大的意义。这次远航历时两年零两个月(1497年7月—1499年9月),行程往返30000多公里(因实际航线往往是小曲线和大弧线)。它是葡萄牙人探索西非以来历时最久行程最远的航行,也是全世界有史以来有案可稽的最远的航行。从而把15世纪以来由中、葡开创的大航海时代推向一个新的高峰。就航海而言,达·伽马首航比哥伦布首航更天长路远,损失也大。前者船只损失一半、人员丧生2/3以上。而后者船只损失1/3(一艘),人员没有因远航而死亡。

达·伽马的首次航行在商业航运史上也有重要的意义。新开辟的航路是联系欧、非、亚三大洲,大西洋、印度洋和西太平洋的最重要的航路,西方称之为海角航路(the cape route)。它不经过陆路转运,不穿过运河、天然河流和狭窄的海峡,不受人为因素、地缘政治、国际关系的影响和限制,极大地方便了三大洲的人员往来、物资交易和文化交流。即使370年后苏伊士运河开始通航,但来往于东西方的巨轮仍要走这一条航路。考虑到已经开辟的从欧洲到美洲的新航路和即将开辟的从美洲到亚洲的新航路,以及17世纪时对澳洲的发现,这条航路便与别的新航路衔接,共同把全世界有人居住的欧亚非美澳五大洲连在一起形成整体。

达·伽马的首航在殖民主义史上也举足轻重。葡萄牙向东方大举扩张,迅速成为16—17世纪的殖民大帝国和海上商业强国。从东非到日本的各文明国家都面临着新的西方文明的挑战。不过,由于16—17世纪时西方文明尚未全面超过东方文明,加上葡萄牙又是个蕞尔小国、人丁不旺(16世纪时约有150万人口),所以它并不能征服东方各国甚至东非各邦,而只能占据一些商业殖民据点,控制重要的海上国际商路、攫取商业利润,并在一些地区进行殖民掠夺。

达·伽马的首航与哥伦布的首航、麦哲伦的环航一起,为增强西欧国家的实力打开了门径。达·伽马的首航还直接导致削减土耳其人、阿拉伯人的商业利益。这对于遏制土耳其—穆斯林的扩张,保障西欧中欧不受土耳其蹂躏有间接和直接的作用。

关于新航路的开辟,随之而来的西方向东方的殖民扩张和掠夺,促进了西欧资本主义发展这一重大的历史意义,马克思与恩格斯已讲得很清楚。他们在《共产党宣言》中指出:"美洲的发现,绕过非洲的航行,给新兴的资产阶级开辟了新的活动场所。东印度和中国的市场,美洲的殖民地化,对殖民地的贸易、交换手段和一般商品的增加,使商业、航海业和工业空前高涨,因而使正在崩溃的封建社会内部的革命因素迅速发展。"[57]

至于为什么曼努埃尔一世不任命经验丰富、众望所孚的迪亚士而任命名不见经传的达·伽马去完成直航印度的使命,历史上众说纷纭。一种意见认为是葡王为避免出现功大盖主,尾大不掉的情况。[58]另一种解释是王室需要贵族在财政上、政治上支持耗费巨大的远航,故让贵族来领导远航。[59]还有一种说法是国王一时的怪念头。[60]我认为前面两条解释有所根据,而后一条理由难以成立。因为葡王派迪亚士监造远航的新型船只便可见这不是一时的怪想。此外,我认为还应加上两条,即不断推出新航海家探险家,使航海、探险事业人才辈出。另外达·伽马较有军事政治外交才干,这一点对于即将进入文明的东方与穆斯林苏丹印度拉甲打交道很重要。总之,选择达·伽马指挥远航不算失策,因为实践证明他毕竟不辱王命,完成了任务。

达·伽马船队带回的印度香料、丝绸等,系在产地直接采购,质量上乘,在葡萄牙和西欧市场上出售后能赚一些钱。据国内有关史书说,达·伽马首航赚的纯利是全部航行费用的 60 倍,[61]从而激起葡萄牙人、西欧人更狂热地去进行探险、发现、殖民、掠夺。

首先要弄清楚纯利润的概念。纯利即指扣除全部航行成本费用后还净赚了相当于 60 倍成本费用的钱。远航的成本费用包括:1. 途中被迫丢弃、烧毁的那两艘船的建造费;2. 回来的那两条船的折旧费和维修费;3. 170 名海员(扣除囚犯、俘虏不算也有 150 多人)两年零两个月的工资;4. 出发时带上的三年给养的价值;5. 带去推销的货物的价值;6. 途中消耗的弹药、箭矢的价值;7. 武器装备、各种航海设备的折旧费和维修费;8. 特别重要的是,出去了 170 人,回来只有 55 人,这百十条生命怎么计价算钱。即使不考虑无法计价的百十条生命的价值,而从纯商业的角度考虑,那么航行成本费用至少还得包括这百十人的丧葬费(死在异国的不计)、抚恤金和人身保险金。以上八项费用相加则为远航总成本费用。设为 x,带回的香料丝绸等出手后得到的总收入若为 60x,才可以说纯利润为航行成本费用的 60 倍。然而从实际情况来看,这根本不可能。当时从印度运回葡萄牙的最能赚钱、在两地差价最大的货物为香料。现在我们假设运回的全是香料,按今天我们确切地知道的,1499 年卡利库特的胡椒市价为每 120 磅 3 杜卡特,同年威尼斯的市价为每 120 磅 80 杜卡特。[62]这样两地的价格悬殊为 26—27 倍,而胡椒是香料中最名贵的一种,其他香料的差价不会大于此幅度。这样长途贩运的毛利最多可达 26 倍。扣除远洋航行的费用,纯利最多可能达到十几倍。而达·伽马的首航因有探险、发现性质,代价非常沉重,损失了一半儿的船只和 2/3 以上的人员,所以其纯利最多可能有几倍。因此那些外国史学家的

60倍纯利的说法要么是缺乏根据,要么可能是6倍之误(即把six误为sixty)。再看看另一些外国史学家的看法。他们对达·伽马首航的经济效益的提法是很谨慎的。如"达·伽马所带回的一小撮香料和宝石只不过代表了贸易的证据。"[63]达·伽马"已带回了印度宝石和香料的样品。"[64]既是样品便肯定很少。把这一小撮香料宝石或把这些香料宝石的样品出售后,即使能赚钱赢利也赚不了几倍,更别说几十倍。苏联史学家则说得比较明确和直接:"这次探险对国王来说未必是一件亏本的事。……引起里斯本统治集团狂欢的原因当然不是达·伽马这次探险所带来的比较微薄的财政收益。"[65] "达·伽马的探险对国王来说并未亏本,但这些(指收入——作者)并没有在里斯本当权集团中激起欢呼。"[66]所以,达·伽马首航的经济收益只是不亏本,只是比较微薄的利润。最后看看卡伯拉尔远航的旁证材料。达·伽马远航归来后紧接着便是卡伯拉尔指挥的1500—1501年的印度之行。这次远航历时一年零四个月(1500年3月—1501年7月),出动了13艘船,1200—1500人,回来了7艘船,损失率为46%,人员损失上了一半。[67]因卡伯拉尔的远航的探险性质远比不上达·伽马远航,故人船损失的比例均小于达·伽马首航。对于这次远航的经济收益,一说收益可以加倍地抵销远航的全部开支。[68]另一说其经济收益比达·伽马首航更大,因为船队运回了大宗漂亮的东方商品。[69]还有一说这次远航的纯利润为全部成本费用的2倍。[70]

综上所述可以肯定,达·伽马首次远航所获的纯利润决不是全部航行成本费用的60倍,而只可能是6倍,甚至1.6倍。葡萄牙举国欢庆的原因不在于达·伽马首航赚了多少钱,而在于它在殖民扩张史、商贸航运史、地理发现史和航海探险史上的重要意义。所以曼努埃尔一世在1501年致函教皇时,便在自己的葡萄牙和阿尔加维国王的头衔上添上了新的封号:"在埃塞俄比亚(非洲)、阿拉伯、波斯和印度的通商者、航海者和征服者的领主",[71]以表明葡萄牙对东方的殖民和商贸的垄断权利和霸主地位。

那么15、16世纪时在西欧和印度之间贩运经销香料纯利可达多少呢?据苏联史学家的统计分析研究,16世纪走新航路纯利可达成本的4—5倍。[72]考虑到此时印度的香料价格会有所上涨,西欧的会有所下降(均因供求关系有所变化),而16世纪比之15世纪末在造船术、航海术、医疗卫生(对付坏血病)方面并无重大的突破,故成本中只可能少去不再用于探险的那些部分。所以15世纪末时纯利润很可能最多达到成本的6倍(还不考虑探险的开支)。

注释:

1　贝利·迪菲:《帝国的前奏》(Bailey W. Diffie:Prelude to Empire:Portugal Overseas before Henry the Navigator),内布拉斯加1960年版,第51页。

2　《帝国的前奏》,第58页。

3　马吉多维奇:《世界探险史》,第112页,世界知识出版社,1988年版。

4　斯蒂文森:《已复制成幻灯片的地图》,纽约1913年版,第11页。

5　吉莱斯皮:《地理发现史》(Gillespie:A History of Geographical Discovery 1400—1800),第12页,纽约1933年版。麦克斯韦迪,琼斯:《世界人口历史图集》,东方出版社1992年版,第110页。

6　萨拉依瓦:《葡萄牙简史》,第113页,中国展望出版社,1988年版。

7　《文艺复兴时期的远行和地理发现》,第46页。

8　《帝国的前奏》,第58页。

9　《文艺复兴时期的远行和地理发现》,第46页。

10　《地理发现史》,第15页。

11　邵献图等:《外国地名语源词典》,第24页,上海辞书出版社,1983

年版。

12　《葡萄牙简史》,第125—126页。

13　《地理发现史》,第16页。

14　詹姆斯:《地理学思想史》,第84页,商务印书馆,1982年版。

15　《文艺复兴时期的远行和地理发现》,第48页。

16　《世界探险史》,第118页。

17　《文艺复兴时期的远行和地理发现》,第52页。

18,19　《文艺复兴时期的远行和地理发现》,第53页。

20　《郑和航海图·过洋牵星图》,明茅元仪《武备志》,卷240。

21　《葡萄牙简史》,第116页。

22　马吉多维奇父子:《地理发现史纲》,第一卷第242页,莫斯科1982年版。

23　严中平:《老殖民主义史话选》,第440页,北京出版社,1984年版。

24　巴克利:《伟大的地理发现时代》(Isabel Barclay: The Great Age of Discovery),第20—21页,伦敦1956年版。

25　威尔杜兰:《世界文明史》,第18卷,《从威克利夫到路德》,台湾幼狮文化事业公司,1977年版,第287页。

26　萨拉依瓦:《葡萄牙简史》,第116页,中国展望出版社1988年版。

27　马吉多维奇:《世界探险史》,世界知识出版社,1988年版,第125页。

28　《地理发现史纲》,第一卷第250页。关于里格(League)的长度,《简明英汉科技词典》商务印书馆1979年版说约为3英里,《新英汉词典》上海译文出版社1978年版说约为3英里或3海里。但1英里=1.609公里,1海里=1.853公里。李永采主编的《海洋开拓争霸简史》海洋出版社1990年版说1里格=5.92公里,《历史研究》1992年1期载孙光圻文说1里格等于5.5727公里。上引《世界探险史》、《地理发现史纲》均径直把100里格说成是约500公里。《美国百科全书》(Encyclopedia Americana)1980年版17卷第110页说:该词可能源于凯尔特语,经过拉丁语的Leuga或Leuca的中介而进入现代欧美各语言。它的长度在各个国家从2.4英里到4.6英里不等。在英语国家,普遍采用陆上里格为3英里(4.83公里),海上里格为3海里(5.56公里)。不过,该术语代表的长度在古代中世纪从来没有被确定过。哥伦布用的里格是3.18海里,而西班牙的陆上里格约为2.63英里。鉴于以上情况,把100里格模糊地说相当于500多公里似乎更合适。

29 《世界探险史》,第126页。

30,31 《文艺复兴时期的远行和地理发现》,第55页。

32 贝利·迪菲:《帝国的前奏》,第86—87页。

33 邵献图等:《外国地名语源词典》,第339页,上海辞书出版社,1983年版。

34 《文艺复兴时期的远行和地理发现》,第57页。

35 刚果河比尼罗河短,但流量和流域面积又比尼罗河大。

36 《世界探险史》,第128页。

37 《世界通史》,第4卷(上册),第45页。

38 《文艺复兴时期的远行和地理发现》,第56页。这里原文说是"20个月的路程"(twenty moons' march),但一般上了12个月要进位为年,说一年零八个月,而且如前所考300里格只合1500多公里,只需走个把月。故疑为"两个月的路程"。该书第51页上的历史地图也佐证了此推断。

39 严中平:《老殖民主义史话选》,第445页,北京出版社1984年版。

40 《伟大的地理发现时代》,第23页。

41 《巴托罗缪·迪亚士》,载《不列颠百科全书》,1974年第15版,Macropedia,第5卷,第701—702页。

42 《地理发现史纲》,第1卷,第255页。

43 《世界探险史》,第131页。

44 《文艺复兴时期的远行和地理发现》,第63页。

45 《世界探险史》,第132页。

46 《地理发现史》,第20页。

47 哈罗:《伟大诸先驱的航行》,载齐思和等选译:《〈世界史资料丛刊初集〉·中世纪晚期的西欧》,商务印书馆1962年版,第49页。

48 达·伽马的随行者维尔霍著的《达·伽马首次远航日记(1497—1499)》(The Journal of the First Voyage of Vasco da Gama, 1497—1499)的英文版不少,常见的如载斯蒂芬森编:《从古到今的伟大冒险和探索,探险家的自述》,纽约1956年版(V. Stefansson, Great Adventures and Expeditions from the Earliest Time to the Present, as Told by the Explorers Themselves)。笔记的部分段落载郭守田编《世界通史资料选辑·中古部分》商务印书馆1981年版;耿淡如、黄瑞章编:《世界中世纪史原始资料选辑》,天津人民出版社1959

年版。

49 《伟大诸先驱的航行》,第 65 页。

50 《文艺复兴时期的远行和地理发现》,第 66 页。

51 《世界通史》,第四卷上册,第 104 页。

52 汉布尔:《探险者——航海的人们》,海洋出版社 1985 年版,第 80 页。

53 《世界探险史》,第 230 页,《老殖民主义史话选》,第 460 页。

54 《关于达·伽马航行的笔记(1497—1499)》,第 68 条。

55 《探险者——航海的人们》,第 84 页。

56 《瓦斯科·达·伽马》,《不列颠百科全书》"详解"7 卷 861 页。

57 《马克思恩格斯选集》,第 1 卷,第 252 页。

58 《世界探险史》,第 223 页。

59 《探险者——航海的人们》,第 72 页。

60 《伟大的地理发现时代》,第 47 页。

61 周一良、吴于廑主编的《世界通史·中古部分》,人民出版社 1972 年版第 350 页;朱寰主编的《世界中古史》,吉林文史出版社 1986 年版第 495 页;朱庭光、张椿年主编的《外国历史大事集·古代部分》第二分册,重庆出版社 1986 年版第 230 页;雷宗友编的《海洋探险》,上海教育出版社 1979 年版第 77 页;于有彬编的《探险与世界》,四川人民出版社 1984 年版第 170 页;吴于廑、齐世荣主编的《世界史近代史编》上卷,高等教育出版社 1992 年版第 8 页;朱庭光主编的《外国历史名人传》古代部分下册,中国社会科学出版社 1983 年版第 479 页;刘明翰主编的《世界史·中世纪史》,人民出版社 1991 年版第 410 页,等等。但这些著作在这样讲的时候都没有给出史料出处,也没有说明是怎样算出来的。有关"60 倍"纯利的说法,在我接触到的外国史著中,有两本也这样提到。一是吉莱斯皮的《地理发现史》,第 21—22 页,说达·伽马带回的货物价值是航行费用的 60 倍。二是丹弗斯的《葡萄牙人在印度》,第一卷,第 63—64 页,说带回来的香料获纯利达出航成本的 60 倍。但它们并没有列出统计资料和进行分析论证。中国有关史书中的 60 倍纯利之说可能辗转出自这两本书。

62 拉奇:《造就着欧洲的亚洲》(D. E. Lach: Asia in the Making of Europe),第一卷,第一编,第 98—99 页,芝加哥 1977 年版。《探险者——航海的人们》,第 85—86 页。

63 《探险者——航海的人们》,第85页。
64 《文艺复兴时期的远行和地理发现》,第71页。
65 《世界探险史》,第232页。
66 《地理发现史纲》,第2卷,第44页。
67 《探险者——航海的人们》,第89页。
68 《地理发现史纲》,第2卷,第82页。
69 《文艺复兴时期的远行和地理发现》,第75页。
70 《世界探险史》,第235页。
71 《伟大的地理发现时代》,第57页。
72 《世界通史》,第4卷下册,第982页。

第四章　哥伦布横渡大西洋
发现西印度

当葡萄牙人稳扎稳打地沿非洲西海岸向南大西洋挺进,绕过非洲开辟去印度、东方的新航路的时候,开辟另一条去印度、东方的新航路的计划——即从西欧向西横渡大西洋,到达印度、亚洲的东海岸——也在酝酿和筹划之中。这个计划的设想和实施都与一个航海家、探险家、发现者、冒险家密不可分。他便是大名鼎鼎的克里斯托弗·哥伦布。

第一节　哥伦布的经历和筹划西航

哥伦布约在 1451 年生于意大利热那亚。热那亚今天是日古利亚区的一座海港城市,当时是独立的城市共和国。哥伦布终生眷念他的故乡,死后还把几笔遗产馈赠给热那亚的几户人家和个人。哥伦布出身于一个下层市民家庭。其父亲是个从事羊毛纺织的家庭作坊主,一度还开一爿小酒店。母亲是个家庭妇女,家中还有三个弟弟一个妹妹。

哥伦布在其儿童、少年时代没有受过什么正规教育。他没用意大利文写过东西,也没有写作的机会。热那亚人操的日古利亚方言一直不是一种书面语言,没有文字。哥伦布遗留并传下来的文献都是用西班牙卡斯特利翁语文（Castilian）写的，如同他的主要成就都是在卡斯提尔朝廷（Castile）的支持下取得的。卡斯特利翁语是西班牙语的一种主要方言和普通话。哥伦布也使用一些葡萄牙语词汇、拼写形式和短语，因为他在葡萄牙生活了9年，学过并懂一些葡语。在葡萄牙和西班牙居住期间，他也学了一些欧洲知识界和宗教界通用的拉丁语。所以，哥伦布后半生时懂意、葡、西、拉四种语言。哥伦布的英语名、西语名、意语名分别为Christopher Columbus, Cristóbal Colón, Cristoforo Colombo。

哥伦布少年时代帮父亲干活和经营，据他自己说他从小就常航海，进行近岸航行，大概是去收购羊毛和酒类。哥伦布20岁出头时，开始了远程航行，去了一次马赛，去了一次突尼斯，去了一次希俄斯。希俄斯今属希腊，但当时是热那亚的殖民地。1476年，哥伦布所在的船队去佛兰德尔和英国，他大概是船上的一名舱面水手。船队于8月份在葡萄牙圣文森特角附近遭法、葡联合舰队攻击，哥伦布所在的船被击沉。他扶桨游泳6英里上了葡萄牙海岸。此时哥伦布身无分文，先到了拉各斯，接着又去里斯本，在那里他得到一个热那亚侨民的收容。

哥伦布幸运地到达葡萄牙是他一生的主要转折点，使他从一个小工、小贩、小水手转变为一个航海家和探险家，从下层社会的一员开始接触上流社会，从跟随他人航海到独立策划和筹备重大的远航探险。葡萄牙和里斯本当时是欧洲航海事业的最主要国度和中心。哥伦布在这里获得了远洋航行的技术和经验，学到了许多天文、地理、水文、气象知识，掌握了观测、计算、制图的学问。他还和在里斯本从事地图、海图绘制的弟弟巴托罗缪合伙开了一个地图、海图制售店。[1]这些都为他后来组织指挥远航准备了知识条件。

1477年,哥伦布曾航行到过爱尔兰、冰岛。[2] 1478年,他受里斯本的一个热那亚商人所派,去非洲西海岸外的马德拉群岛购买食糖,并运送到热那亚。由于受到热那亚社会上层的信任,哥伦布逐渐发达起来。他于1479年缔结了一桩有益的婚姻。其妻费莉帕是葡萄牙显赫家庭遗孀的女儿,其父佩雷斯特雷洛生前是马德拉群岛圣港岛的世袭总督,她的兄弟继承了总督职位。哥伦布偕妻子在马德拉住了两三年,长子迪戈便于1480年出生在那里。在此期间,哥伦布从他的妻子家族那里听到了许多关于发现和移民加那利、马德拉、亚速尔、佛得角岛等群岛的故事,感染上葡萄牙人正流行的继续发现新岛屿和新陆地的乐观情绪,并继承了岳父遗留下来的许多航海方面的图书资料、日记、海图等。他还有机会观察了东北信风的某些特点。

80年代初期,哥伦布重操航海的旧业,曾至少有一次航行到西非几内亚湾,可能是参加阿桑布雅领导的船队。[3] 阿桑布雅奉命于1481—1482年在所谓黄金海岸的今加纳地区修建了重要的殖民商业据点圣乔治·达·米纳堡。哥伦布在去几内亚湾的阿桑布雅船队可能担任过指挥长这一重要的职务。到这时候,哥伦布的航迹帆影已遍及地中海、北大西洋、南大西洋。地中海内东到爱琴海,西至直布罗陀海峡,南到北非。此外,还航行到过北冰洋边缘海、赤道一带的西非几内亚湾。他已成为当时见识最广,航海范围最大,经验最丰富的欧洲航海家之一。

在葡萄牙期间,哥伦布还广泛阅读了各种地理、历史、航海、游记、天文之类的书籍。其中他最入迷并着力研读的有5本:一是15世纪初法国主教皮尔内·德爱里的《世界的面貌》;二是15世纪中叶教皇庇护二世的《漫游世界述略》(一译《自然志》);三是古代地理学权威托勒密的《地理学》;四是14世纪法国佚名作者虚构人物的《曼德维尔游记》;五便是影响了整整一代探险家的《马可·波罗游记》。他在这几部书上都做了许多批注。[4]通过广泛的阅读、与各种人物的交谈和自己的思考,哥伦布逐渐形成了自己的宇宙志和地理观念。我们可以简单地概括为:1. 大地是圆球。2. 地球不是很大,可以往返。3. 地球上的海洋是相连的,可以乘船前去别的大陆和岛屿。4. 印度、中国、日本、东南亚等东方国家十分文明、富庶和发达。因此,他非常向往、仰慕东方,渴望到东方去觅金寻宝,发财致富,建功立业。

哥伦布西航的设想和探险计划的制定主要受他的同胞托斯堪内里的影响和启发。一般认为,早在1474年,佛罗伦萨的医生兼地理学家托斯堪内里在接待来访的朋友葡萄牙红衣主教马丁斯(Martins)时,便向他和葡萄牙政府建议,向西横渡大西洋开辟去东方的另一条新航路。马丁斯回国后把这个设想和建议禀告了葡萄牙国王阿丰索五世。葡王让马丁斯再向托斯堪内里问清楚绕过非洲东航和横渡大西洋西航究竟哪条路最近。托斯堪内里用拉丁文回了信,并画了一张详细的地图,图上标出了契丹(中国)、西潘戈(日本)、爪哇等的位置,它们与葡萄牙、西班牙和西非之间的距离(参见托氏地图),并说明西航是"去香料地区的最近之路"。[5]但葡王当时忙于沿西非向南挺进,便把托斯堪内里的建议淡忘了。很可能的是,哥伦布因与葡萄牙贵族女儿菲利帕结婚而结识了马丁斯,马丁斯便让哥伦布看了托斯堪内里的信件和地图。此后,按哥伦布的朋友、著名史学家拉斯·卡萨斯和哥伦布的儿子、传记作家费尔南多的说法,哥伦布与托斯堪内里不止一次地通过信,向他请教西航事宜。哥伦布得到了托斯堪内里的帮助和鼓励,并给哥伦布复制寄送了他的地图。[6]据美国史学家莫里逊考证,他俩交换信札是在1481年或1482年初。于是在1483年下半年,哥伦布制定了他的西航计划并向葡王提出了这一计划。[7]后来,他一贯称其为"西印度事业"。不过,哥伦布等所说的印度包括印度、中南半岛、东南亚、中国和日本,[8]即泛印度或大印度。

哥伦布提案的内容和他的意图一直有争议,一些学者认为他原来只不过是要发现一些大西洋中的陆地和岛屿,可能是传说中的沉下去的大西洲——亚特兰蒂斯(Atlantis),或传说中的七城之岛安提拉(Antilla),即后来的安的列斯(Antilles)群岛。哥伦布后来与西班牙王室的协定规定他应"发现海洋中的岛屿和大陆"。[9]这是一个总原则,在这个协定里它应该包括安提拉,如果这个地方存在的话;还应该包括西潘戈、契丹、爪哇等,马可·波罗用它们指称日本、中国和印尼。

在理论上,设想向西航行到达亚洲东部并非幻想,因为文艺复兴以来一些人已知道大地是圆球,谁也没有料到欧、亚之间还有一块独立的大陆。现实性和可能性取决于大西洋的风向、洋流,特别是两岸间的距离。哥伦布在这方面也重视当时的权威们的意见,特别是德爱里、托斯堪内里的意见,以为从西欧向西到东亚之间的距离比实际情况近得多。本来古希腊前3世纪的埃拉托色尼已正确测算出地球的大小,即子午圈上或赤道圈上一度的弧长折合为60海里,[10]一圆周分为360度,地球周长为21 600海里。后来2世纪的托勒密则认为1度折合50海里,地球周长为18 000海里。这样,托勒密的数据只相当于地球实际周长的83.3%。9世纪的阿拉伯—伊斯兰学者伊本·萨吉尔、阿尔·花拉子密、阿尔·法汉尼（阿尔弗拉甘）测算出一度为 $56\frac{2}{3}$ 阿拉伯里，[11]折合为 66 海里，这已经偏大了一些。但哥伦布却以为阿拉伯学者用的是短罗马里（一里合 1480 米）。[12]这样，哥伦布算出的一度仅折合 45 海里，地球周长为 16200 海里。这只相当于地球实际周长的 3/4。

把地球缩小 1/4 的重大错误主要归因于哥伦布本人。把亚洲的东西跨度扩大了几乎两倍（在日本所在的纬度上，被认为中心在北纬 20 度），把西欧和东亚间的水域缩小为仅 1/3 的重大错误则主要归因于托斯堪内里。他测算出，从里斯本东行到达中国东海岸的距离大约是地球的 2/3。中国的沿海城市行在（皇帝行幸所在，即杭州）位于里斯本经线（里斯本为零度）以东 230 度处，里斯本经线以西 130 度处。因此里斯本以西，葡中之间的水域仅为地球周围的 1/3 稍强（参见托氏地图）。托斯堪内里的地球周长是以托勒密的偏小数为基础的，故葡中之间的距离不超过 1.2 万公里，而日本东海岸又离中国东海岸约 2000 公里。[13]这样一来，从里斯本向西航行到日本便不到 1 万公里。而亚速尔群岛或加那利群岛，还有传说的安提拉（安的列斯）岛、圣布雷顿岛（勃兰丹）岛则可以充当远航途中的中转站（参见图 4-1）。

纽伦堡的地理学家马丁·贝海姆在 1492 年制作了中世纪以来欧洲第一个地球仪，他的看法和计算也与托斯堪内里近似。在他的地球仪上，以加那利群岛西边的哥美拉岛为零度经线，中国东部的蛮子省海岸（蒙古人对东南沿海汉人的蔑称）在西经 110 度左右，日本主岛东海岸在西经 78 度左右。蛮子省的行在、刺桐（泉州）、日本北部和加那利均在北纬 24 度至 28 度一带。[14]贝海姆测算的从加那利到日本或到中国杭州的距离也与托斯堪内里大同小异

（见下面航程表）。贝海姆的地球仪制作较晚,对哥伦布制定计划没有直接的影响,但也反映出那是当时西欧地理学界的普遍看法。

托斯堪内里地图

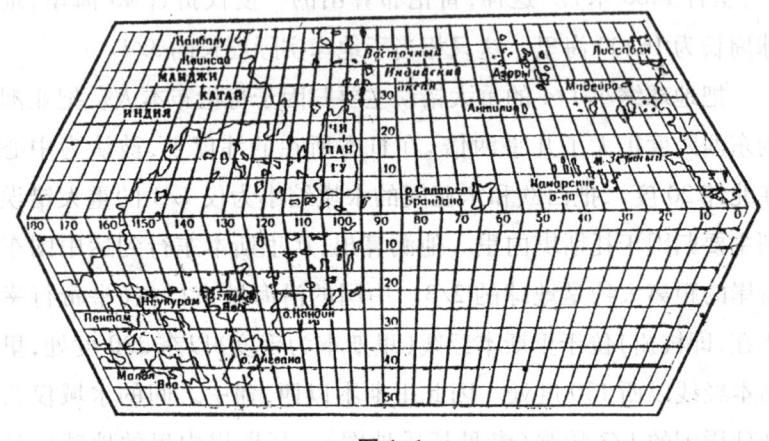

图 4-1

资料来源:取自马吉多维奇父子《地理发现史纲》第 2 卷第 14 页。本图赤
道以北地名对照:

Азоры	亚速尔	Катай	契丹
Антилия	安提利亚(安的列斯)	Индия	印度
О. святого Брандан	圣布兰丹(布雷顿)	Каньалу	汗八里
Восточный Индийский Океан	东印度洋	Манджи	蛮子
		Мадейра	马德拉
М. Зелёный	绿角(佛得角)	Лиссабон	里斯本
Канарские	加那利	Чипангу	西潘戈(日本)

　　哥伦布根据 15 世纪一些流传较广的天文地理和游记等书籍提供的资料,以及自己的理解和推测,又对前述托氏和其他人的计算和数据做了修正。他最后的结论是,前往东亚最适合的航路是经过加那利群岛,由此向正西航行 4500—5000 公里就可以到达日本。[15]

下面是当时鼓吹西航的主要代表所想像的航程表(单位海里)。

起点、终点\乐观者距离	托斯堪内里	马丁·贝海姆	哥伦布	北纬28度的实际距离
从加那利到日本	3000	3080	2400	10 600
从加那利到杭州	5000	4440	3550	11 766

资料来源:《海洋元帅哥伦布传》,第63页。

  由上表可见,哥伦布算出的航程只是实际情况的28.3%和42.4%。但正如18世纪法国著名地理学家让·安维里所说:"一个极其巨大的错误导致了一次极其伟大的发现。"[16]

  哥伦布不是文艺复兴开始以来第一个从理性的角度提出西航到东方的人。但在他以前提出西航主张的人都是文人学者、地理学家。他们的设想要通过航海家、探险家付诸实施才能实现。哥伦布便是把西航设想付诸实践的第一个航海家、探险家。远航探险耗资巨大,需要政府的支持和上层的资助。由于哥伦布当时侨居葡萄牙,葡萄牙又是西欧当时航海探险的中心,哥伦布自然首先向葡萄牙政府和若奥二世国王提出西航建议和计划,时间是1483年下半年。但葡萄牙半个多世纪以来沿非洲西海岸的探险和殖民已取得很大的进展,第奥古·考已推进到刚果,故葡萄牙当局对哥伦布的建议和计划兴趣不很大。加之考虑到西航的费用不小,又受葡、西间1478年的阿尔卡索瓦斯条约的约束,葡当局在指定负责航海探险的荣塔学术委员会研究后,便谢绝了哥伦布的建议,时间是1484年下半年。于是在1485年年中哥伦布离开葡萄牙去邻国西班牙碰运气。哥伦布走后葡王曾派杜尔莫和埃斯特莱托向西航入大西洋去寻找传说中的安的列斯群岛。但他们于1487年启航后便一去不复还。与此同时，第奥古·考的第二次探航（1485—1487）仍没有发现非洲南端的尽头，故葡政府和哥伦布又曾在1488年重新谈判协商。但这年12月迪亚士胜利返航和发现好望角的喜讯使葡萄牙人最终失去了西航的兴趣，放弃了谈判。葡萄牙人与发现新大陆的机遇和荣耀失之交臂。

第二节 西班牙支持探险和海外扩张的原因

西班牙是从事地理发现成就最大的国家，是中世纪晚期和近代初期最大的殖民帝国和第一个日不落帝国。

8世纪初阿拉伯—柏柏尔人征服了伊比利亚半岛3/4以上的地区，欧洲人的残余势力被赶到半岛西北一隅。从此开始了阿拉伯—柏柏尔族与拉丁—伊比利亚族、黄种人与白种人、穆斯林与基督徒长达七个多世纪的征服与再征服的斗争。伊比利亚人和西欧人也称之为"收复失地运动"或列康吉斯达运动（西语Reconquesta，意即再征服）。11世纪初，在斗争中形成了西班牙国家的两个主要前身卡斯提王国（拉丁文Castellum，意即堡垒）和亚拉冈王国（又译阿拉贡，西语Aragon，意即河流，因阿拉贡河而得名）。12世纪中叶形成葡萄牙王国。14、15世纪，伊比利亚人的各王国逐渐合并，半岛上只剩下上述三个伊比利亚王国和一个在南部的阿拉伯—摩尔人的格拉那大艾米尔国。1469年，卡斯提王国公主伊莎贝拉与亚拉冈王子斐迪南联姻，决定两国合并。1474年，伊莎贝拉继位为卡斯提国王；1479年斐迪南登上亚拉冈王位，两国合并正式实现。从此，新的统一的中央集权的民族国家西班牙王国形成，西班牙民族也基本形成。近代意义上的西班牙语也基本形成，其标志为,有"萨拉曼加之星"美称的大学者德·内布里哈于1492年出版了他的《卡斯提尔语言艺术》,这是西班牙语的也是近代欧洲语言的第一部语法书。[17]在斐迪南和伊莎贝拉在位执政时期,西班牙类似于联邦,卡斯提和亚拉冈还是自治的。所以既可以称伊莎贝拉为西班牙王后,又可以称她为卡斯提女王。到他们的外孙查理一世在位执政时期(1516—1556,伊莎贝拉于1504年去世,斐迪南死于1516年),西班牙的两大部分才完全融合。共治和君合的背景与体制,使伊莎贝拉有相当大的发言权和决定权。这对于后来向西探航开辟新航路发现美洲关系甚大,因为女王更加关心和支持哥伦布的计划和行动,而男王则对哥伦布及其计划和行动相对要冷漠一些。

西班牙支持航海探险事业与葡萄牙有许多共同之处,但也有一些独特的地方。西班牙也处于西欧最西端,本土西北部的菲尼斯特雷角与葡萄牙本土西部的罗卡角基本上处于同一经度,同是欧洲大陆向西伸入大西洋最远的海角。西班牙除了在西部与葡萄牙接壤,在东北部与法国接壤外,三面都濒临海洋。北部、西北部、西南部均是大西洋,南部是直布罗陀海峡,东南部、东部均是地中海。西班牙本土约50万平方公里,但大陆海岸线竟长达3100公里。[18]海岸线长有利于发展渔业、海运业、外贸业和航海业。西班牙中世纪以来就一直是个航海强国,加泰隆人的航海术在欧洲比较领先。西班牙14世纪末以来也参与了对非洲西海岸以外的加那利群岛的发现和殖民。西班牙人早在1393年便从那里运回了奴隶,并于1402年便在那里建立了第一个欧洲人的永久居民点。[19]加那利群岛是西班牙第一块在海外非开化地区建立的殖民地,也是仅次于葡萄牙向西伸入大西洋最远的前进基地。所以西班牙支持西航探险有便利的地理条件和航海基础。

西班牙只与两个国家接壤,[20]一个是西南部的兄弟国家葡萄牙。葡萄牙比西班牙早两个多世纪实现独立和统一,完成收复失地运动。西班牙15世纪末不可能觊觎葡萄牙。葡萄牙本土仅9万平方公里,即使把葡萄牙囊括进来意义也不很大。西班牙人与葡萄牙人是有密切亲缘关系的两个兄弟民族,同住半岛,同信天主教,同为西欧白人,同在再征服斗争中成长,语言同属印欧语系罗曼语族伊比利亚语支。一些语言学家认为葡语、加泰隆语皆为西语的姊妹语言。血浓于水。所以后来尽管1580年西班牙利用王位继承合并葡萄牙,1640年葡萄牙脱离西班牙恢复独立,都没有诉诸战争、没有流血。在一个王朝治下的60年合并时期,葡萄牙也是自治的,葡西双方近似于联邦。西班牙人与葡萄牙人的关系也是平等友好的,而不是征服者与被征服者、统治者与被统治者的关系。与以前阿拉伯—摩尔人与伊比利亚人的关系性质截然不同。

与西班牙接壤的另一个国家是法国。法国从中世纪末到近代初期一直是欧洲最强大的国家(15—18世纪),因此向法国扩张根本不可能。西班牙在北方隔着比斯开湾和凯尔特海与英国相望。但英国从中世纪晚期到近代一直是世界上最先进发达的国家(15—19世纪),因此向英国及其势力范围爱尔兰等扩张也不可能,1588年西班牙远征英国惨败便是明证。西班牙的南方隔着直布罗陀海峡和地中海是北非和西非。北非信伊斯兰教的阿拉伯人、柏柏尔人,以及后来的土耳其人当时还很强(15—17世纪),西班牙人把穆斯林全部赶出半岛都费了九牛二虎之力,迟至1492年才最后完成收复失地运动,才饮马直布罗陀海峡,因此向北非扩张显然力不从心。西非沿海待发现和开发的处女地又早已被葡萄牙人捷足先登。1478年,西葡达成划分海外势力范围和扩张方向的阿尔卡索瓦斯条约。加那利群岛归西班牙,加那利以南的地区由葡萄牙人去发现、殖民;加那利以北的未知世界由西班牙人去探索、占有。而加那利以北较有可能被占有的地区还是向西横渡大西洋开辟到东方的新航路,进而沿新航路向外扩张。可见,西班牙支持西航、探险、发现也是地理环境和地缘政治所使然。

与葡萄牙人后来才明确要开辟新航路有所不同的是,西班牙人一开始便明确要开辟到东方、印度的新航路。因为1453年土耳其灭亡了拜占庭,到了15世纪末西班牙开始向国外扩张时,土耳其已独霸了东地中海,控制了传统的东西方商路。所以西班牙希望开辟一条既避开土耳其、阿拉伯国家,又绕过葡萄牙势力范围的去东方的新航路,直接获得东方的黄金、香料、珍宝、贵重物品和各种商品。与葡萄牙人要寻找和联系基督教的长老约翰王有所不同的是,西班牙人想联络东方的蒙古大汗等异教徒,侧击穆斯林。哥伦布西航时就带着西班牙君主致统治中国的蒙古大汗的国书。[21]另外,葡萄牙人在西非沿海的探险和扩张的成功也使西班牙人跃跃欲试。

西班牙支持西航探险与葡萄牙支持南航探险也有它的共同之处,诸如在收复失地斗争中培养起来的宗教情结和热忱,向外传播基督教,扩大基督教势力;15世纪末已形成了君主专制制度,可以集中和调动人力、物力和财力进行远航探险发现;再征服运动结束后无所事事的贵族、骑士希望向外扩张,建功立业;向外移民、殖民、转移人口,以获得更大的生存空间和支配更多的自然资源,等等。

以上剖析了西班牙支持远航探险和海外扩张的基本的主要的

原因。但哥伦布的船队能够成行，西航计划能够实施，这里面也不排除个人的因素和偶然的因素，特别是哥伦布个人的执着坚韧和伊莎贝拉的英明和开拓精神。

第三节　在西班牙的奔走和圣塔菲协定

哥伦布于1485年离开葡萄牙来到西班牙安达卢西亚小城帕洛斯，结识了梅迪纳·谢利公爵。公爵向女王推荐哥伦布，请求批准西航计划，并表示愿意自己出资。于是1486年5月女王召见了哥伦布，听取了他的建议，并指定一个委员会审议。在等待审议结果期间，哥伦布曾于1488年与葡王若奥二世再次联系商谈，于1489年派他的兄弟巴托罗缪去英国游说英王亨利七世，去法国游说法王查理八世，争取他们支持西航计划，但都没有结果。

四年后的1490年年底，委员会否定了哥伦布的计划。主要理由是路途太远，即使船只能够回来，往返也需要三年，这样远的航程以当时的物质技术条件是难以办到的。况且安然归来的可能性很小。应该承认，审议意见是言之成理的，因为当时谁也不知道欧、亚之间还有一个美洲。

在此期间，哥伦布的结发妻子费莉帕于1485年在他离开葡萄牙前病逝。哥伦布去西班牙后于1487年与科尔多瓦的姑娘贝莉特丝非正式结婚。1488年8月哥伦布的小儿子费尔南多问世。后来费尔南多为父亲写了一本具有第一手资料性质的传记。

1491年12月，哥伦布又争取到女王的召见，这次是在与摩尔人作战的前线，格纳那大附近的圣塔菲军营里。但这次西航计划再次被审议委员会否决，其原因不再是可行性问题，而是认为哥伦布要价太高。

哥伦布于是准备去法国与巴托罗缪会合,再游说法王查理八世。这时,王室的财政顾问、大商人桑塔赫尔拜见了女王,劝她批准西航计划。他认为,哥伦布只是要求在探航成功时才封侯加爵,论功行赏;探险费用不算很多,他本人愿意出资。女王终于被说动了,派人追回哥伦布,重新谈判。

促使西班牙王室最后批准西航计划,接受哥伦布的条件的原因我认为主要有三个。一是1488年迪亚士已发现了好望角,绕过了非洲最南端,开辟去印度的新航路已成功在望。虽然葡萄牙当局对此保密,但未见得西班牙就没有听到一点风声。这对西班牙王室支持西航是一个刺激和促动。二是格拉那大于1492年1月2日,在长期围攻后,被迫投降,摩尔人在西班牙的最后一块地盘丧失,绵亘781年的西班牙收复失地运动取得了最后的胜利。朝廷现在可以集中精力考虑探险和扩张了。三是收复失地运动结束后,很需要为那些好战尚武的骑士们找个用场,以维护统一,长治久安,巩固专制统治。

又经过近3个月的谈判,朝廷和哥伦布达成了"伟大事业"的详细协议。共有7个主要文件,一是协议要项;二是委任授衔状;三是致外国君主的国书;四是护照;还有三份是关于准备探险船队的命令。[22]有些史著和学者把它们统称为"圣塔菲协定"。圣塔菲协定授予哥伦布的职衔和权益有:在探航成功以后,一、授予他"唐"的贵族头衔,任命他为发现和取得的一切岛屿和大陆的海洋元帅(Admiral)。其后代可以世袭其一切爵位、职衔及权利。二、任命他为那些地区的副王(Viceroy)和总督,对下属官员有推荐提名权,朝廷从他提出的每三个候选人中选择一个。三、哥伦布拥有在那些领地内获得的各种财富的 1/10，并一概免税。四、赋予他在新领地内的商务裁判权。五、他有权对开往新领地去的一切船只投资、控股、分红 1/8。[23]

朝廷给哥伦布一行签发的拉丁语护照很简单："根据本文件，我们兹派贵族克里斯托费鲁·哥伦布为了一定的原因和目的，率三艘配备齐全的卡拉维尔船远渡重洋前来印度地区(ad partes Indies)。"[24]朝廷委托给哥伦布的国书也比较简明扼要："——致最尊贵的君主——我们亲爱的朋友：斐迪南和伊莎贝拉，卡斯提、亚拉冈和雷翁等的国王和王后，向您致意并祝好运日增。我们高兴地获悉，您对我们和我们的民族的高度评价和尊重，您非常希望获得有关我们各方面成功的消息。因此我们决定委派我们的高贵的船长克里斯托费鲁·哥伦布前来贵国，带着国书，从而您可以了解我们真实的兴旺和繁荣……。国王一世，王后一世，一式三份。"[25]国书一份给统治中国的蒙古大汗（不知明朝已代元朝），另两份空白，准备到时按需要填写。

用协定的形式把探险者、冒险家和所代表的国家、朝廷之间的责任、权利固定下来，这种情况以前也有。例如 1469 年葡萄牙国王阿丰索五世授予戈姆斯在今塞内加尔和冈比亚地区为期五年的贸易垄断权，条件和任务是每年向前探察 100 里格（500 多公里）的海岸线。[26]但像这次这么详细、具体并授予探险者、冒险家这么大的荣誉、职权和利益的协议还是首次。这些协定反映了当时的西欧在政治、经济和社会生活上的一些特点。一、西方的君主专制制度大大弱于东方，专制君主不能像东方那样为所欲为，言即圣旨。臣下可以向君主讨价还价，谈判协商，争取自己的尊严、名誉、地位和利益。这有助于激发冒险家的积极性。二、西欧各国、各民族是有共性和亲缘关系的民族。哥伦布是个意大利热那亚人,却可以在葡、西、英、法等国兜售他的计划,寻求支持。而外国人、异族人同样可以得到信任,委以重任。这点类似于中国的唐、元两代。这有利于人才流动、交流。三、当时西方社会的商品关系、契约关系等比东方发达得多,并渗透到社会生活的各个方面,渗透到君臣之间,渗透到探险拓殖之中。四、当时西方社会的法律制度,特别是民法、私法比东方完善,并及于君臣之间和国家大事。哥伦布与西班牙王室的谈判和协商不仅有律师和公证人,而且协议也是要签字盖章的。文件一式几份,几方面都持有并存档。这有利于相对公平地分配权力和财富,协调各方面的利益,维护君臣间、官民间的和谐和稳定。以上四方面的特点和因素与西欧、欧洲资本主义的发展,民族统一国家的形成,生产力的壮大,科学技术进步和社会生活的改善等结合在一起,保证了探险拓殖事业长盛不衰,人才辈出,最后完成了地理大发现。西班牙朝廷和哥伦布签订协定的做法和协定的精神后来被其他国家和探险家所效法。

圣塔菲协定和文件在航海探险方面也反映了朝廷和哥伦布的一些设想、态度和政策。1. 此行不仅要开辟去东方的新航路,还要尽可能地发现一些岛屿甚至大陆。这显然是受西欧的一些传说和葡萄牙人的发现的影响。尽管哥伦布后来没有意识到他所发现的地区属于一个新大陆。2. 要把新发现的无人地区或只有野蛮人的地区(如同西非沿岸)纳入西班牙的版图、殖民地或势力范围。这反映了西班牙的扩张要求。3. 他们所说的印度地区是包括东亚的,这体现了当时的地理概念。4. 对日本、中国、印度等已知的文明国家,他们还是比较客气的,所以才发护照,致国书,说明他们到这些国家来的原因和目的。可见,他们所谓"一定的原因和目的"就是如果无机可乘或见势不妙,便只是通商和交流。

卷帆时的圣玛丽娅号

图 4-2

资料来源:原载德拉·科萨1508年的地图,取自《海洋元帅哥伦布传》第1卷,第103页。主桅上挂的是卡斯提女王伊莎贝拉的御旗。

哥伦布首次远航共投资约200万马拉维迪,[27]约合二次大战前夕的1.4万美元。其中国库拨给一部分,哥伦布东拼西凑一部分,帕洛斯的大船主和航海家平松兄弟、还有前已提及的大商人兼财政顾问桑塔赫尔各借出了很大一部分,[28]伊莎贝拉女王也变卖首饰投入一部分。[29]探险队共筹备了三条船,旗舰为圣玛丽娅号。因旗舰后来在伊斯帕尼奥拉岛(海地)失事,故有关该船的情况都是后人的回忆、推测和研究的结果。该船载重约120吨,一说是三桅挂四角帆的帆船,单甲板、有船楼。另两艘为平塔号和尼尼雅号,载重均约60吨。船队帆上都有巨大的十字,昭示着传播基督教和十字军远征。主桅上都挂着伊莎贝拉女王的御旗。旗面四等分,由交错着的两种图案组成。一是绿底金色城堡,代表卡斯提(西语Castillo,意即城堡);一是白底紫红色雄狮,代表莱昂(西语Leon,意即狮子)(见图4-2)。[30]船上配备有各种火炮长铳,弹药箭矢。船上备足半年至一年的食品、淡水、酒类、药品、灯具、燃料、帆缆索具等航行用具和物资。探险队还带上许多玻璃珠、小镜子、花帽子、铜铃、衬衫、饰针、针线、花布、小刀、眼镜、石球、铅球等百货用于交换。哥伦布为舰队司令,探险队总指挥,坐镇圣玛丽娅号。旗舰船长为德拉·科萨,马丁·平松为平塔号船长,其弟维森特·平松为尼尼雅号船长。探险队里有翻译、医生、地图绘制员等专业技术人员,其中包括懂希伯来语、阿拉伯语的德·托雷斯。船队共有90余人,除哥伦布外还有四个西欧人。还有三个从监狱里提出来的囚犯,以便派去干最危险的事。关于圣玛丽娅号的船主兼船长胡安·德拉·科萨(Juan de la Cosa)的身份,西班牙史学家马达里亚加认为此人便是后来著名的宇宙志学者和制图家。[31]但英国史学家彭罗斯、德国史学家朗格都认为他们是同名同姓的两个人。据美国史学家莫里逊考证,他们是两个人,皆是巴斯克人。分别住在桑托纳和加的斯湾。制图家德拉·科萨参与了哥伦布的第二次远航,与此同时船主德拉·科萨正得到特许,用船从安达卢西亚运送200卡海锐斯小麦到基普斯夸,作为他在首次远航中损失了圣玛丽娅号的补偿。[32]

第四节 首次远航及其发现

一、初次横渡大西洋

1492年8月3日,探险队从帕洛斯港拔锚启航。[33]哥伦布率领船队先向南偏西航行,驶向加那利群岛。三天后平塔号的舵就损坏了。马丁·平松怀疑是惧怕远航的两个船员有意破坏,其中一个是原船主。[34]圣玛丽娅号和尼尼雅号先到加那利群岛的哥美拉岛补给、休整,平塔号则先去大加那利岛修理,9月2日才到哥美拉岛与大队汇合。[35]9月6日船队从哥美拉岛(Gomera)启航,与旧大陆的最后一块陆地告别,向正西驶入无边无际的陌生海洋。9月9日,加那利群岛最西边的耶罗岛上的山峰最后消失在地平线下,船队进入了周围全是水天相接的远洋深海航行状态。

哥伦布选择这样的航线的原因在于:一是加那利群岛是西班牙所属伸入大西洋最远的群岛,从这里开始横渡可减少航程、航期和困难。二是根据托斯堪内里的地图和哥伦布自己的推算,"享福的群岛"西潘戈(日本)位于加那利正西的同一纬度北纬28度上(日本的中心实际上在北纬38度),[36]从这里横渡两地间呈直线距离最短。三是当时只能测定纬度,无法确定经度。从这里横渡便可应用"等纬度航行法",以便保证航向准确直达日本。基于这样的考虑而选择的航线给探险队带来极大的方便,一路上基本上都有顺风的东北信风相助,避开了夏末大西洋上常有的飓风。因此有学者认为,远航一举成功也有一些机遇和幸运。如果当初葡萄牙王室接受了哥伦布的建议和条件,哥伦布便很可能率葡萄牙船队先到伸入大西洋最远的葡属亚速尔群岛歇脚,再西航横渡。这样,那个纬度带的逆风逆流便会使探险队受阻,哥伦布便会重蹈1487年杜尔莫和埃斯特莱诺的覆辙。[37]

从9月9日起,即从不见陆地的第一天起,哥伦布开始隐瞒真实航速和航程,少报已走过的路程,以预防船员因航程过长、离开陆地过远而惊慌。不过因为当时的计程测速技术和器械都很粗糙,即用沙钟测量一个漂浮物体从船头到船尾的时间,[38]误差较大,且均为正公差,据研究平均大了9%。[39]所以哥伦布谎报的航程反而与实际航程更接近。

9月13日,水手们发现罗盘磁针向西偏移。至17日,磁针已向西偏移1度。水手们以为是罗盘失灵,都惶惶不安。因为在水天一色、不见陆地的深海大洋航行,在阴、雨、雪、雾天便全靠罗盘磁针导航定位。而习惯于在欧洲南北水域航海的水手们,平时看到的磁针总是略向东偏。哥伦布以自己惯有的镇定和聪明才智处理了这个意外情况。他先是说因北极星移动所致,而非磁针失灵。后来他通过试验进一步"得到核实":"他命令天亮时再向北走,发现罗盘正常了。"[40]哥伦布的解释和有效处置安定了大家的情绪,恢复了大家对他本人和罗盘的信任。所以哥伦布还初步发现了磁差测量了磁偏角,即地磁南北极与地理南北极之间的偏差,地磁子午线与地理子午线之间的夹角。哥伦布的发现和解释对航海家、天文学家、地理学家和物理学家都有启发和帮助。其子费尔南多在为其父写的传记中评价和褒奖道:"从此家父乃知,磁针非直指北极星也,盖指某固定不见之点矣。"[41]

从9月14日起,直到10月12日靠岸登陆,探险队不断发现海鸟,这似乎说明离陆地不远,其实不然。9月16日,他们发现成束的大量的绿草,"像是刚从地上割下来一样"。最初他们以为接近了陆地,后来才明白是进入了马尾藻海区,好在它并不妨碍航行。现在知道,他们遇到的马尾藻海达450万平方公里,船队从马尾藻海的南部穿过。9月20日,哥伦布下令测深,但测深绳放完下到200 㖊仍不着底。[42]从9月23日起,船员中开始出现怨言牢骚,哥伦布置之不理。10月1日,哥伦布向大家公布,总行程已达

584里格,但保密的行程为707里格。由此可知,公开数是保密数的82.6%。实践证明,哥伦布的这种作法起了一点积极的作用。尽管这样,啧有烦言的船员越来越多,其中有的已不能忍耐下去,甚至企图叛乱。哥伦布竭力做说服工作,并宣称他一定要到达西印度,不达目的决不罢休。10月6日在旗舰上召开了船长大副要员会议,哥伦布在会上再次表示了前进的决心。他巧言相劝道,现在离西班牙已很远了。要回去也很难,而离目的地印度则是很近了,因此前进比回去更安全、更有把握。会议经过争论最后决定再前进四五天,不见陆地则返航。10月11日,哥伦布被迫许诺的最后期限到了。但这天却陆续发现了一秆芦苇,一些藤茎,一棵小树,一根被砍削过的木棍,一块加工过的木板,这又给大家带来了发现陆地的希望。晚上10点钟,哥伦布发现前方有亮光,像蜡烛那样忽明忽暗,忽升忽降。哥伦布确信陆地已近,命令仔细观察瞭望,并悬赏一万马拉维迪和一套丝绸衣服给首先发现陆地者。半夜2点钟,平塔号的值班员终于确凿地看见了陆地。马丁·平松船长确认后,便鸣炮报信和庆祝。这次已不再是前两次发生过的错觉了。哥伦布冷静地命令收帆下锚停船,等待天明,以保证安全。

二、在美洲的活动和返航

1492年10月12日,是世界历史上重要的一天。(直到现在,洪都拉斯、巴西、厄瓜多尔、委内瑞拉、智利、哥伦比亚、巴拉圭、哥斯达黎加、巴哈马、美国等十几个国家把这一天或这一天前后定为美洲发现日——哥伦布日,予以纪念。西班牙则定其为国庆节,予以庆祝。[43])这天上午,哥伦布一行经过30多天不见陆地、不靠岸的航行,终于抵达和登上了西半球的第一块陆地。这是一座长约13英里最宽处约6英里的珊瑚岛。当地印第安人称为瓜纳哈尼岛,哥伦布命名为圣萨尔瓦多,意即神圣的救世主。17世纪时英国海盗华特林在此出没设寨,改名为华特林岛。[44]一般认为是今巴哈马群岛的圣萨尔瓦多(现又改回),属巴哈马联邦。[45]

哥伦布一行乘小艇上岸后,在岛上插起了探险远征队队旗,绿十字白旗,十字架正上方有一顶王冠,十字架左臂上有F字母,右臂上有Y字母,分别代表斐迪南国王(Ferdinand)和伊莎贝拉女王(Ysabella、Isabella)。哥伦布举行了占有仪式,宣布以国王和女王的名义占有该岛,并让随行人员做了公证和记录。

哥伦布一行在岛上遇到了印第安阿拉瓦克(Arawak)语族的泰诺人(Taino),他们还处于原始社会后期新石器时代。探险队尽管举行了占有仪式,但因初来乍到情况不明还不敢明火执仗,也因探险发现考察的任务繁重而无暇打家劫舍,还因觅金寻宝的欲望炽烈而无心作威作福。船员们用玻璃珠、小铃、帽子等百货与泰诺人交换棉线、鹦鹉、木质投枪等土产。哥伦布说泰诺人男女老少均一丝不挂,用颜料涂身,任何东西都匮乏,没有铁器,也不知使用铁的武器。当把刀剑拿给他们看时,他们竟拿着剑刃而把手割破了。哥伦布发现一些人身上有伤痕,经打听得知是附近岛上的人来捕捉他们时因自卫而负伤。这说明当地的原始社会各部落"彼此间时有战争"。泰诺人甚至换取碰坏的陶器和玻璃碎片,并以为欧洲白人是从天上下凡来的,船上的风帆类似鸟翼。但泰诺人已有能乘40多人的独木舟,有些人还戴着金鼻饰。哥伦布等人完全以为到了亚洲的东部边缘,他所称的泛印度或大印度,便把这一带称为西印度群岛,把当地居民称为印度人。[46]哥伦布认为圣萨尔瓦多是日本群岛的外围岛屿。他们在岛上考察、交易、休整了两天,然后启航去寻找"黄金和宝石","寻找日本岛"。

哥伦布雇用了6名印第安泰诺人当向导和翻译,也作为自己发现的见证。10月14日他们发现了圣萨尔瓦多西南的朗姆岛,哥伦布称为圣玛丽娅岛。船员也与岛民进行了易物交换。此后,他们先后到了斐迪南岛(长岛)、伊莎贝拉岛(克鲁克德岛)、哥伦布沙洲(胡门托斯群岛),但都没有发现黄金,不过却见到了美洲独有的重要农作物包谷(玉米)、马铃薯(土豆)和甘薯。海员们从向导那里了解到西南方有个大岛叫科尔巴岛(Colba,古巴),哥伦布以为这便是日本主岛。于是,10月28日,船队抵达今古巴东北奥特连省的巴里亚(Bariay)港湾。哥伦布等在这里既没有发现黄金珠宝,也没有找到它是文明、富庶的日本、中国、印度的迹象。然而,他们却在这里发现了植物黄金——烟草。哥伦布惊奇又而详细地记载道,他派出朝见蒙古大汗的"两个基督徒一路上遇见许多人进出自己的村庄,有男有女,每人手里拿着一根烧着的木棒和草叶子,吸取他们喜欢的青烟……由于吸这种烟,那些人肉体麻木甚至感到醉晕,据说这样他们便不觉得疲劳"。[47]他们把烟吞进口里,再从鼻孔里冒出来。西班牙人很快学会了抽烟。仅仅40年后,拉斯·卡萨斯便说:"在伊斯帕尼奥拉岛,我们认识的西班牙人也习惯此道……我不知道他们从中体会到了什么滋味和好处。"[48]烟草和抽烟嗜好很快风靡全世界。

到了古巴后,哥伦布又以为古巴是中国最贫瘠的地区,中国以东也许是富饶的日本群岛。他们从土著那里打听到东方不远有一个盛产黄金的巴比克岛,还打听到东南附近也有一个大岛,叫波希奥(Bohio),盛产香料、珍珠与黄金。[49]于是他们沿古巴海岸向东前进。11月上旬,哥伦布干了远航以来的首起强盗勾当,绑架了十几个印第安人。11月20日,马丁·平松率平塔号擅离编队,前去巴比克(大伊纳瓜)岛寻找黄金。[50] 12月6日,哥伦布船队进泊海地岛最西端的圣尼古拉港湾。印第安人称海地岛为波希奥岛,哥伦布取名为伊斯帕尼奥拉岛,意即西班牙岛,并以为这才是日本。[51] 12月9日,哥伦布在海地西北的蚊子岬山坡上竖起了大字架,以斐迪南国王和伊莎贝拉女王的名义举行了占有仪式。西班牙在海地找到了不少黄金。12月21日,哥伦布一行来到海地西北部的龟岛(今托尔蒂岛),当地酋长送给哥伦布一些礼物。其中有个木制面具,面具的耳朵、鼻子、眼睛都是用纯金做的,西班牙人非常高兴。12月25日,由于值班水手疏忽,圣玛丽娅号在海地岛今海地角以东的海岸搁浅,抢险无效。船员在印第安人的帮助下,把船上的物资转移出来。这时受哥伦布指挥的只有尼尼雅号一艘小船了,它无法容纳全部船员。哥伦布决定把一部分人留在西班牙岛。有39个人志愿留下来,以便找到更多的黄金。探险队用破船的木料搭建了营房据点,因当天是圣诞节便取名为纳维达德,意即圣诞城。哥伦布给留守人员留下了大部分粮食、带来的全部百货和一些枪炮弹药。1493年1月2日,探险队与印第安人告别,并放了几炮以显示实力。1月4日尼尼雅号离开纳维达德,向东行驶,寻找平塔号。两天以后,在海地岛北部,今多米尼加西北部的蒙特克里斯蒂附近,尼尼雅号遇到了平塔号,两船合成一队,向东行驶到今多米尼加东北部的萨马纳角。至此,海地岛的整个北部海岸都被考察过了。在这里,西班牙人和当地印第安人发生了远航以来的首次小冲突。一天,约50个挥舞着弓箭和绳子的西瓜约斯人向探险队冲来,企图捕捉他们。西班牙人拔剑迎击,刺伤了3个土人。土人丢弓弃箭,仓皇逃遁。

1月16日,两船最后离开海地岛萨马纳湾,开始返航,重新横渡大西洋。他们仍采用"等纬度航行法",先向北偏东航行。大约在1月22日他们越过了来时的航线纬度北纬28度。2月3日左右,船队到了百慕大群岛以东约500多英里北纬30度的地方。在这里他们遇到了顺风,于是便调头向东行驶,尽管他们要抵达的西班牙海岸在北纬39度左右。2月12日,海上起了风暴,持续了4天,据研究风力达到了8级。这意味着浪高达5.5—7.5米,风速达每秒17.2—20.7米。载重仅60吨的尼尼雅号和平塔号在风浪中如同两片树叶,随时都有倾覆的危险。13日晚上,尼尼雅号和平塔号在惊涛骇浪中失散,从此再没有相遇。在形势最严重的时刻,哥伦布抛下了装着他发现了西印度的信件的漂流桶,并在船上留下一个装着同一信件副本的漂流桶。[52]2月15日,尼尼雅号的船员看到了亚速尔群岛最南边的陆地。2月18日,尼尼雅号停靠亚速尔群岛的圣玛丽娅岛。尽管已回到了旧大陆最西边的海岛,但剩下的航程仍充满危险。2月24日,尼尼雅号重新启航,不料飓风和飑接踵而来,船员们与狂风巨浪又展开了连续6天的殊死搏斗。他们被迫驶向葡萄牙,3月4日靠上了里斯本湾外的海岸。哥伦布在里斯本郊外与早已出名的迪亚士见了面,接着又拜见了葡王若奥二世。若奥二世这时对他当初谢绝哥伦布的建议和条件后悔不迭。3月13日,尼尼雅号从里斯本启航,15日中午回到出发港帕洛斯。当天下午,马丁·平松率侥幸躲过了第二次风暴的平塔号也回到了帕洛斯。至此,人类历史上空前的224天的远航探险最后结束。哥伦布给欧洲带回了在西方大西洋彼岸发现陆地和居民的轰动消息,带回了一些黄金、奇花异果、珍禽羽毛,还带回了几个欧洲人以前从未见过的印第安人。地理大发现的第一条重要新闻通过几十种语言的翻译迅速传遍整个欧洲。

1492—1493年哥伦布西印度考察图

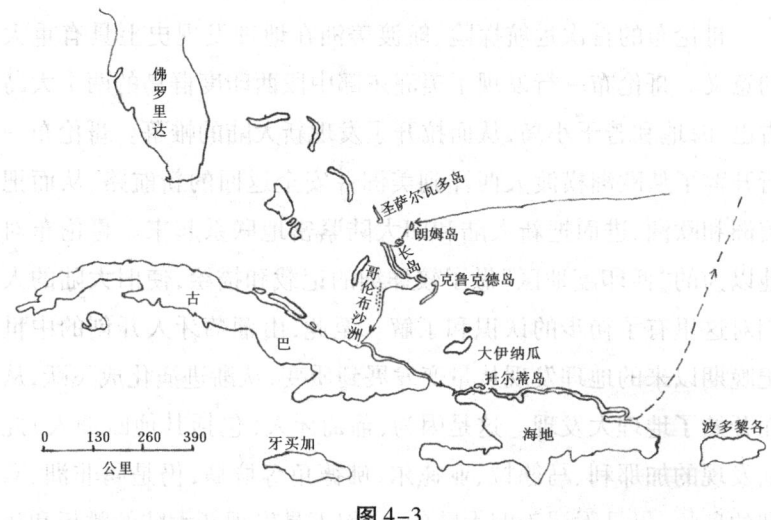

图 4-3

所经过的岛屿依次为:1.圣萨尔瓦多,2.朗姆岛,3.长岛,4.克鲁克德岛,5.哥伦布沙洲,6.古巴,7.海地,8.托尔蒂岛,9.海地,10.平塔号去过的大伊纳瓜岛。

资料来源:根据《最新世界地图集·加勒比海地区》,《克里斯托弗·哥伦布》(奥克拉霍马1987年英文版)第147页地图,第155页地图综合绘制成。

1492—1493年哥伦布往返横渡大西洋图

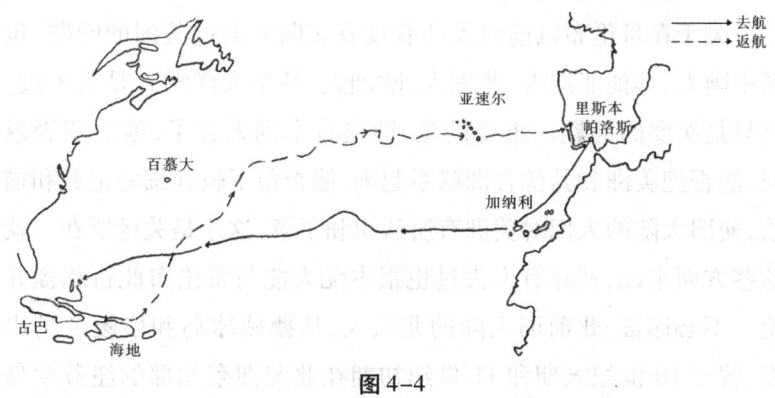

图 4-4

资料来源:取自《伟大的地理发现时代》第34页,伦敦1956年版。

三、首次航渡美洲的重大意义

哥伦布的首次远航探险、航渡美洲在地理发现史上具有重大的意义。哥伦布一行发现了美洲东部中段西印度群岛的两个大岛古巴、海地和若干小岛，从而拉开了发现新大陆的帷幕。哥伦布一行开辟了从欧洲横渡大西洋到美洲并安全返回的新航路，从而把美洲和欧洲、进而把新大陆和旧大陆紧密地联系起来。哥伦布对他以为的"西印度地区"做了较详细的记载和描绘，使旧大陆的人们对这里有了初步的认识和了解。至此，由葡萄牙人开创的中世纪晚期以来的地理发现从量变发展到质变，从渐进演化成飞跃，从而开始了地理大发现。这是因为，葡萄牙人（包括其他欧洲人）此前发现的加那利、马德拉、亚速尔、佛德角等群岛，仍是属非洲、欧洲的岛屿，仍是附属于旧大陆的，它们不是发现新大陆的跳板和垫脚石。葡萄牙人此前发现的非洲西海岸、非洲南端，是已知非洲的未知部分，而不是新大陆、新大洲的边缘。因此非洲西海岸及其岛屿的发现只是地理发现而不是地理大发现，也不可能由此演化成地理大发现。

关于在哥伦布以前旧大陆有没有文明人去过美洲的问题，包括中国人、其他亚洲人、非洲人、欧洲人、甚至大洋洲人是否去过，这只是次要的问题。重要的是，即使有个别人去了，他们能否返回，能否把美洲和其他各洲联系起来，能否留下较详细的记载和描绘，使旧大陆的人们对美洲有所认识和了解，这才是关键所在。就这些方面来说，就算有人去过也根本无人能与哥伦布此行相提并论。不必讳言，此前旧大陆的北欧人，从挪威冰岛和格陵兰岛出发，曾于10世纪末期和11世纪初期在北美洲东北部的纽芬兰岛短暂地定居过，并在北美大西洋海岸的其他地方登陆过。其中，红头发的埃里克·内耶戈(Эйрик Рыжего)对发现格陵兰岛贡献较大。格陵兰便是他取的名字,意为绿色之地(Greenland)。[53]其子幸运的列弗(Счастливый Лейв)对发现纽芬兰岛贡献较大。他称之为"文兰"(Vinland),一说意为葡萄之地(Vineland),一说意为丰饶之地(Богатая страна)。[54]不过,北欧式的发现是偶然的、中断的、后继无人的地理发现,而不是哥伦布式的是有计划的、连续的、后继者如潮的地理大发现。当然,诺曼人知道的指代北美纽芬兰的地名文兰曾出现和保留在亚当·封·布列门(Adam Von Bremen)的11世纪的教会史中,还出现和保留在14和15世纪出的几部著作中。但也只有北欧少数地区的少数人还依稀记得此事,最主要的是无人把它与新大陆、新航路、东方联系起来考虑。所以埃里克和列弗等人的发现根本不能与哥伦布等人的发现同日而语。至于一万多年甚至两万年前经白令海峡的陆桥、冰桥进入美洲的印第安人先民,他们还是非常原始的原始人,他们的进入是蛮族迁徙和移居,它连地理发现也不是。所以,地理大发现始于1492年哥伦布发现美洲。

哥伦布的首次远航探险、航渡美洲在航海史上也具有非常重大的意义。这次航行历时220多天,行程往返8000多海里,单向行程4000多海里,不见陆地的跨洋航行30多天。至此,由中国人开创的15世纪初以来的大航海时代和远洋航行事业发生了质变和飞跃,进入了一个崭新的阶段。这是因为,在此以前不管是郑和下西洋还是葡萄牙人探航西非,都是靠岸近陆的航行,都是不远离陆地的近海航行。就航行的行程和距离来说,他们也都是远洋航行,但还不是远离陆地的跨洋航行。郑和下西洋的分綜曾在小范围水域内斜渡了印度洋,即从斯里兰卡的南端向西偏南航行经马尔代夫群岛到达东北非索马里的摩加迪沙和巴拉韦(木骨都束和卜喇哇)。[55]其单向行程不过1700多海里,离陆地最远点不过720海里(摩加迪沙与马尔代夫主岛马累暖岛之间距离的一半)。而且其出发地、途中经过的马尔代夫、目的地摩加迪沙、巴拉韦等均为文明人类已知的文明地区(也许郑和船队不知道东北非海岸)。葡萄牙人探航的非洲海岸是文明人类未知的未开化地区,但葡萄牙人离开海岸的最远点也只有几百海里。而哥伦布的首次远航离陆地最远点为1500多海里(巴哈马群岛与加那利群岛之间距离的一半),在大范围水域内横渡了大西洋,且抵达之地西印度群岛为文明人类未知的未开化地区。所以,哥伦布的首次远航把大航海时代的近海靠陆的远洋航行推进到远离陆地跨洋航行的新阶段,并为尔后的麦哲伦环球航行和发现地球铺平了一段道路,奠定了重要的基础。

此外,哥伦布首次远航还发现了磁偏差,初步测量了磁偏角。在此以前我国已发现了磁偏差。北宋晚期的沈括记载:"方家以磁石磨针锋,则能指南,然常微偏东,不全南也。"[56]欧洲的海员也已知道磁针微向东偏离实际极地。在此基础上,哥伦布首次发现了由于航海者的位置变化进入西半球而出现的磁针偏西现象,并做了仔细的观察测量记录和初步的有实用意义的解释。[57]因此,哥伦布首次远航在航海天文、地球物理方面也有一定的意义。另外,历时220多天行程8000多海里的跨洋航行没损失一人,也创造了航海史上的一个新记录,标志着人类的航海术上了一个新台阶。

哥伦布首次航渡美洲在殖民主义史上也举足轻重。欧洲500年来,世界自古以来,旧大陆处于较高文明水平的人第一次在新大陆建立了移民点——殖民据点纳维达德(圣诞城),与新大陆处于原始社会状态的人开始了多方面的密切的接触。哥伦布还从华特林岛带回 6 个人作为他的发现的活见证。因为这 6 人来自欧洲人当时所以为的西印度地区(the West Indies)，便把他们称作"印度人"(印第安人)。哥伦布头一次用这个词是 10 月 17 日。[58]因此英语都作 Indian，有时为了区别也把印第安人写成 American Indian；中文分作印度人，印第安人；俄语分作 индиец, индеец；日语分作"印度人"，インデイアン，有时也作アメリカインディアン。那一带也因此至今仍叫作西印度群岛。

西班牙人和那 6 个人相处得较好，他们到西班牙后都受洗皈依了基督教。一人留在王宫，5 人随哥伦布返回美洲。尽管如此，哥伦布的首次远航仍为西欧国家向新大陆扩张、侵略、征服铺平了道路，打开了门户。西班牙、西欧国家旋即向美洲大举侵略、扩张，西班牙很快成了第一个日不落的殖民帝国。美洲印第安人开始陷入殖民地的苦难深渊和被屠杀的血泊之中。

哥伦布首次航渡美洲在农业史和医学史上也有重要的意义。哥伦布一行首次发现了美洲独有的重要农作物烟草、玉米、马铃薯等；使美洲的性病梅毒传播到欧洲（这方面的情况本书将在最后一章专门论述）。哥伦布的首航在思想史上也有一定的意义。哥伦布证实了确有传说中的"黄金时代"和处于"自然状态"中的"善良的野蛮人"，这对早期空想社会主义和后来的启蒙运动都有所影响。托马斯·莫尔和康帕内拉等思想的形成如果没有哥伦布首航开始的地理大发现是不可思议的。因为后来在美洲考察的维斯普奇正是在那里找到乌托邦国的。对美洲理想化了的原始共产主义的描写正是空想社会主义的一个发明。关于哥伦布首次远航导致的发现美洲，及其随之而来的殖民扩张和对西欧资本主义发展所起的促进作用,对此马克思恩格斯已论述得很清楚。马克思在《资本论》中指出:"美洲金银产地的发现,土著居民的被剿灭、被奴役和被埋藏于矿井,对东印度开始进行的征服和掠夺,非洲变成商业性地猎获黑人的场所;这一切标志着资本主义生产时代的曙光。"[59]

哥伦布首次远航的成功刺激了西欧国家和人士竞相远航探险,西欧出现了远航、探险、发现、殖民的高潮。哥伦布也于1493年、1498年、1502年又指挥了三次航渡美洲、扩大发现、进行征服掠夺的活动。在此期间,1498年葡萄牙人达·伽马开辟了去印度、东方的新航路。此外在西半球方面,还有1500年卡伯拉尔率葡萄牙船队对南美巴西的发现;1502年西班牙人奥万多率3000人、23艘船去美洲西印度的探险和移民;1499年西班牙人尼尼奥和赫拉对今委内瑞拉北部珍珠海岸的发现;1499年西班牙人奥赫达和意大利人维斯普奇对今圭亚那和委内瑞拉一带的发现;1499年维森特·平松对巴西地区的发现;1500年西班牙人列比对南纬10度一带巴西的发现;1501年西班牙人巴士的达斯对巴拿马地区的发现;1497英国人卡博特对北美纽芬兰地区的重新发现,次年卡博特父子对北美北纬36度一带地区的发现;1500至1502年,葡萄牙人科提利亚尔兄弟前后三次对加拿大拉布拉多地区、美国佛罗里达等地区的发现;1501年和1503年,维斯普奇等人对南美海岸的发现;等等。由上可知,从哥伦布首次航渡美洲之后到1504年他第四次远航探险结束之时,大西洋两岸间的航路迅速扩展,美洲东海岸和沿海岛屿逐渐被发现,新大陆的轮廓逐渐呈现。这段时期对美洲发现的进展已不能归之于或主要归之于哥伦布一人。但没有哥伦布的首次远航,就暂时没有他的后继远航和其他人对美洲的探险与发现,就会使发现新大陆、美洲沦为西欧殖民地推迟若干年,甚至葡萄牙人开辟到印度、东方的新航路也会推迟一些年。

  哥伦布发现美洲与葡萄牙人开辟新航路相比,似乎是一蹴而就,一举成功的。但这个设想从托斯堪内里于1474年向马丁斯郑重提出算起已有18年。从哥伦布于1482年制定出具体计划算起,已有10年。从他1483年开始先后呈献给葡、西、英、法四国君主算起,也有9年。在这十几年中,哥伦布和其他有识之士为这个设想付诸实施,不知耗费了多少精力和心血。更不要说远航途中所遇到的惊涛骇浪、艰难险阻。所以它看似容易实则困难重重,看似一蹴而就实则厚积薄发,看似一举成功实则已奋斗经年。它与葡萄牙人开辟新航路互相促进,共同掀起了地理大发现的高潮。

注释:

  1 萨·伊·莫里逊:《航海家哥伦布》,第10页,湖南人民出版社1983年版。

  2 帕里:《哥伦布》,《美国百科全书》,第7卷,第344页。

  3 帕里《哥伦布》,《美国百科全书》,第7卷,第345页。

  4 普·詹姆斯:《地理学思想史》,第85页,商务印书馆1982年版。

  5,6 格兰佐托:《克里斯托弗·哥伦布》(Gianni Granzotto: Christopher Columbus),奥克拉霍马1987年版,第57、58页。

  7 格兰佐托:《哥伦布》,第56页。

  8 《航海家哥伦布》,第17页及《托氏地图》。

  9 帕里:《哥伦布》,《美国百科全书》,第7卷,第345页。

  10 1海里=1.852公里,相当于子午线上纬度1分或赤道上经度1分的长度。

11　菲利普·希提:《阿拉伯史》(Philip K. Hitti:History of the Arabs,from the Earliest Time to the Present),伦敦1953年版,第375页。

12　萨·伊·莫里逊:《海洋元帅哥伦布传》(S. E. Morison:Admiral of the Ocean Sea,A Life of Christopher Columbus),纽约1962年版,第62页。

13　马吉多维奇父子:《地理发现史纲》,第2卷,第14页,莫斯科1983年版。

14　《贝海姆地球仪大西洋部分六瓣展开图》,载《海洋元帅哥伦布传》,第60—61页。

15　《地理发现史纲》,第2卷,第14页。

16　《地理发现史纲》,第2卷,第14页。

17　汉布尔:《探险者——航海的人们》,海洋出版社1985年版,第35页。

18　《最新世界地图集》文字部分,第45页,中国地图出版社1990年版。

19　贝利·迪菲:《帝国的前奏》,内布拉斯加1960年版,第86—87页。

20　西班牙今日还与一个袖珍国安道尔接壤。该国面积仅465平方公里,人口仅3万,只相当于我国的一个乡。

21　《航海家哥伦布》,第36页。

22,23,24,25　《海洋元帅哥伦布传》,第96—97、97—98、99页。

26　《地理发现史纲》,第1卷,第250页。

27　375马拉维迪(Maravedis)等于1杜卡特(Ducat),每杜卡特含纯金3.48克。

28　西班牙马达里亚加:《哥伦布评传》,第261页,中国社会科学出版社1991年版。

29　里奇、威尔逊:《剑桥欧洲经济史》(E. E. Rich and C. H. Wilson:The Cambridge Economic History of Europe),剑桥1967年版,第4卷,第323页。

30　莱昂(Leon)又译雷翁,西班牙北部省分、省会和山脉。10世纪形成雷翁王国,1230年与卡斯提王国合并。见苏联科学院《世界通史》第3卷上册,第557页,三联书店1961年版。

31　《哥伦布评传》,第261页。

32　《海洋元帅哥伦布传》,第138页。

33　哥伦布首次远航探险最重要的原始记载便是哥伦布自己写的《航海日记》,所有的论述和研究都以此为主要基础。该日记曾由哥伦布的朋友,著名历史学家拉斯·卡萨斯节录。拉斯·卡萨斯的父亲、叔父参加过哥伦布的第一次、第二次远航,他本人参加过哥伦布的第三次、第四次远航。60年代有齐思和、林幼琪据日记的英文节录本译出的中文节录本,特点是简明扼要,注释很少。80年代有孙家堃据日记的西文全本译出的中文全译本,特点是注释很多,带有考证研究性质。90年代又有张至善据较新的英译本译出的全译本,又有所改进。1998年又有刘福文的全译本,特点是《日记》只是他译的原始资料集《哥伦布美洲发现记》中的一部分。

34,35 《哥伦布第一次航行日记》8月6日;8月9日,载齐思和、林幼琪选译:《中世纪晚期的西欧》,商务印书馆1962年版。

36 格兰佐托:《克里斯托弗·哥伦布》,第110页。

37 杜尔莫等1487年便是从亚速尔群岛西航的。见布尔斯廷:《发现者》,第331页。

38 只不过船边有根测量绳,绳上均匀地打着结,如同尺子上的刻度,以提高准确度。这也是今天以节为测量航速单位的由来。见格兰佐托:《哥伦布》,第114页。

39 萨·伊·莫里逊:《航海家哥伦布》,第50页。

40 马达里亚加:《哥伦布评传》,第271—272页。

41 格兰佐托:《哥伦布》,第130页。

42 萨·伊·莫里逊:《海洋元帅哥伦布传》,第196—197页。1㖊=1.828米,莫里逊说此地深2200多㖊。

43 唐进修、孟宪谟主编:《世界节日纪念日辞典》,中国对外翻译出版公司1990年版,第10、301、318、335页。

44 邵献图等:《外国地名语源词典》,第124、151页,上海辞书出版社1983年版。

45 本世纪80年代,美国地理学会和CDC大型计算机公司联合组织的调查组把哥伦布等的首次靠岸登陆地考定在圣萨尔瓦多以南偏东约125公里的萨马纳岛(今也属巴哈马联邦)。此说在中国学术界很有影响。但是,1988年修订再版的《美国百科全书》哥伦布条与80年版的该条已有不同,却仍说哥伦布一行首先发现并登陆的是华特林岛。再者,如果否定首次发现登陆之地是华特林岛,那么以后的航行路线和登陆的岛屿都得全部推翻重来,而这方面,新说又无法与《哥伦布航海日记》所载吻合。还有,说萨马纳岛是首达之地也非新论。在英语世界对哥伦布远航最有研究的美国著名航海史家莫里逊早就论过:"候选这一殊荣的其他岛屿已有:大特克岛(Grand Turk)、猫岛(Cat Island)、朗姆岛(Rum Cay)、萨马纳岛(Samana Cay)和马亚瓜纳岛(Mayaguana)。但不再有任何疑问的是,被称作瓜纳哈尼(Guanahani)的岛是今天的圣萨尔瓦多又称华特林,哥伦布以我主和救星的名义重新命名。那是巴哈马群岛中,包括特克斯群岛或凯科斯群岛,惟一符合哥伦布本人描绘的岛。不是别的岛正是圣萨尔瓦多岛的位置才与哥伦布的日记中所规定的航线一致,如果我们从古巴沿该航线回航的话。"(《海洋元帅哥伦布传》,第221页。)综上可知,要用萨马纳岛取代华特林岛也不那么简单和容易。

46 《航行日记》,10月12、28日。

47 《哥伦布评传》,第298页。

48 《海洋元帅哥伦布传》,第254页。

49 《航行日记》,10月30日。

50 《哥伦布评传》,第299页。

51 格兰佐托:《哥伦布》,第151页。

52 朗格:《哥伦布传》,第127页。漂流桶于1856年在西班牙比斯开湾海岸被发现。参见雷宗友:《海洋探险》,上海教育出版社1979年版,第99页。

53,54 马吉多维奇父子:《地理发现史纲》,第1卷,第176—177、180—181页。

55 南充师范学院历史系:《中国古代历史地图集·郑和下西洋图》,四川人民出版社1981年版。

56 《梦溪笔谈》卷24《杂志》1。

57 例如9月17日的《航行日记》记载:"水手们观察罗盘北端,发现磁针向西北转过一度,惊慌沮丧之至。……总司令盼咐黎明时再观察罗盘北端。此时他们发现磁针所指系实。此事原由星球造成,而非磁针转向之故。"9月30日的《航行日记》记载:"值得注意的是:人们所称的拉斯瓜第亚斯的指极星(北斗星之二,大熊星座中心),其位置入夜总在西方,当黎明时便靠近东北,因此全夜或9小时内指极星的移动不超过3/12英寸,每夜均如此。总司令说每当傍晚罗盘上的指针总是向西移动一度,到天明时指针的位置和指极星的位置恰巧相符;由此可知北斗星像其他星辰一样也在运动,而磁针所指的方位总是和它准确地符合"。有学者研究后指出,15世纪时北极星偏离天极三度半,今天偏离一度,哥伦布航海时的偏移与磁差大致相等(朗格:《哥伦布传》,第 81 页)。故哥伦布的解释属实并是一种巧合。哥伦布第二次远航时,还根据他发现的磁差来测定方向,估算经度,并基本上获得成功(《哥伦布传》,第 125、186 页)。第三次远航时,哥伦布注意到,进入西半球后,越往西去,磁针就越来越偏向西北(《哥伦布传》,第 142 页)。哥伦布的发现推动了物理学界的研究。1530 年时,西班牙的克鲁斯已绘制出一张不大完善的磁性变化图(《哥伦布传》,第 125 页)。

58　朗格:《哥伦布传》,第 94 页;《航行日记》10 月 17 日(星期三)。
59　《马克思恩格斯选集》,第 2 卷,第 255 页。

第五章　中国人为什么没有参与地理大发现

郑和下西洋一直是史学界比较关注的热门话题。改革开放以来，因比较史学的兴起，一些学者把郑和下西洋与西、葡开辟新航路进行了比较研究。由此又引发出一个新的重大课题：郑和远航为什么没有导致中国人去完成地理大发现，中国人为什么没有参与地理大发现？

远在地理大发现开始前半个多世纪，从永乐三年到宣德八年（1405—1433），我国明代大航海家郑和（1371—1435）领导的庞大船队，七下西洋，经由南海横渡印度洋，最远到达红海沿岸麦加一带和赤道以南数百公里的非洲东海岸，[1]前后经历30多个国家。名扬中外的郑和下西洋向全世界展现了光辉灿烂的中国古代文明、先进的传统科学技术，表达了中国人民与世界各国人民的友好交往的良好愿望。郑和远航规模巨大，仅第一次航海就有2.7万多人，大船62艘，加上中小船只共200余艘。[2]真是舳舻相继，"云帆高张，昼夜星驰，涉彼狂澜，若履通衢"。[3]如此规模的远航船队，不仅当时世界上任何国家所没有，也是后来地理大发现时代任何探险船队、运输船队所莫及。就郑和船队的规模、装备、技术和明代中国的造船航海能力而论，中国人完全能完成至少是参与地理大发现。这已为中外史学界所公认。但令人惋惜的是郑和下西洋后,明代再没有船队远航。[4]闻名天下的郑和航海没有导致中国人去参与地理大发现。这是很值得深省的,是有深刻的历史原因的。

第一节 软弱而短暂的远航动因

地理大发现是一种规模巨大的远航和探险。它需要巨大的人力、物力,需要国家或王室的支持,因而需要有强大持续的动因。这样的动因在当时的欧洲是存在的,但在明代的中国却不存在。西欧沿海国家由于腹地狭小,一向重视海上贸易。中世纪中期以来,就形成了以海运为联系纽带的两大海上商贸区,即地中海商贸区和北海波罗的海商贸区。这两大商贸区又通过经直布罗陀海峡的海路和从意大利到德国的陆路沟通连接。15世纪,西欧资本主义开始萌芽,各国统治集团为扩展商业和殖民活动,更积极鼓励航海探险。

和当时西欧统治者积极支持远航探险、发展海外事业相反,明代中国统治者仍采取传统的重农抑商政策。这一政策强调只有农业才是国计民生的根本,而工、商业只是末业,是妨碍生产的。因此国家为了长治久安,即使不能把它消灭,也要尽可能地制止它的发展。重农抑商在中国开始很早,历两千多年而不衰,始终被历代王朝奉为基本国策。明代抑商政策强烈地表现在对外贸易上,这就是海禁。海禁的初期原因是防范政敌。当朱明王朝兴起之时,曾击溃张士诚、方国珍两股东南沿海的军政势力。其残余多数逃亡沿海岛屿或邻近海国,有卷土重来的潜在危险。所以洪武四年便"乃禁濒海民不得私出海"。[5]后又因"缘海之人往往私下诸番、贸易番货、因诱蛮夷为盗"[6]而厉行海禁。"命礼部严禁绝之,违者刑之重法"(《续文献通考》卷二六《布》)。

海禁的最直接原因则是倭患。14世纪以来,日本正值南北朝分裂时期,西南的封建诸侯组织了一部分武士、浪人和商人,经常在中国沿海抢劫中国商船,杀戮沿海居民,进行掠夺和骚扰,历史上称之为倭寇。从明初起,倭寇成为中国沿海大患。为此明朝在加强海防的同时,厉行海禁,制订严酷的法律,禁止人民出海贸易,甚至"片板不准下海"。尽管当时王圻、丘浚、唐顺之等人陈述,取消海禁,可增加国库收入,也可解除倭寇之患。但一直到明末,海禁也没有真正解除。倭患也一直持续到16世纪60年代才被基本荡平。

由于中国极其坚固的封建经济结构,占绝对统治地位的自然经济,以及建立其上的严密的封建政治结构和精致的封建主义意识形态,使中国封建社会长期延续,资本主义很难发展起来。尽管当时东南沿海早有大批人出海经商或移民海外,闽、浙沿海的富户早就依靠海外贸易为生财之道,但中国早期资产者非常软弱。明代全国各大城市爆发过声势不同的反对封建专制统治的市民运动,但都以失败而告终。中国资本主义不发展,便没有地理大发现的强大持续的经济动因。所以恩格斯总结道:"封建主义的基础是农业,……而航海事业是一种毫无疑义的资产阶级的事业,这种事业的反封建特性,也在一切现代舰队身上打上了烙印。"[7]

明代允许外国商人来华贸易,目的是推行怀柔政策,宣扬中华帝国富强。洪武、永乐年间,明廷竟不顾巨额关税损失,改变宋、元的市舶制度,实行"朝贡贸易制度"。外国商船只要名义上向明廷朝贡,就能恩准上岸贸易。这种贸易不仅不抽关税,而且明廷对于"贡品"也是付钱的。往往付比市价高得多的钱。即"厚往而薄来可也","则赉予之物宜厚"。[8]外商捞到巨大好处,便争相向明廷朝贡。但是这种花钱图虚名的朝贡贸易使明廷背上了巨大的经济包袱,最后不得不对各国朝贡次数大加限制。

明代不让老百姓出海,但明廷却组织了不少次远航。明廷在洪武、永乐、宣德三代派遣了不少使臣出使亚、非各国。郑和下西洋只是其中最著名的一次。这些出使活动从表面看,似乎可以大大刺激明廷对远方财富的欲望,从而成为进行地理大发现的经济动因。但实际并非这样。郑和下西洋的动因不是出于经济要求,而是有其政治目的。政治目的可以成为一时的动因,但远不如经济动因那样持续稳定。每当时过境迁,原有的政治目的很快消失,远航也就失去了动因。名震世界的明初远航也就是这样突然偃旗息鼓的。

中国古代改朝换代后,新皇帝大多要昭告天下,希望海外各邦臣服新王朝。明朝建立以后,更需这样做。因为元朝是蒙古族建立的王朝。这种由少数民族的封建贵族成为中国统治者的情况,被后世汉族封建统治者视为不正常。因此朱元璋在建立明朝后,不断派遣使臣出海,安抚各邦。郑和下西洋在明初,第一次航海离明朝开国才37年,离元朝彻底灭亡才17年,离洪武年号7年。因此郑和下西洋主要是推行怀柔政策,"所以宣德化而柔远人也"。[9]

郑和下西洋之所以规模如此巨大,短时间内进行了7次,还有另外两个目的。一是寻找建文帝朱允炆。朱元璋死,朱允炆以皇太孙继位。朱元璋第四子朱棣初封为燕王,镇守北平(北京)。建文元年起兵,四年破京师(南京),夺其侄建文帝之位,称明成祖,年号永乐。建文帝下落不明,传说他已逃亡西洋。真是这样,终究是祸根。为了长治久安,真正实现永乐大业,明成祖一方面把京城从亲建文帝势力大的南京迁到北京,另一方面是派遣郑和出使西洋,寻找建文帝。《明史·郑和传》也说"成祖疑惠帝亡海外,欲踪迹之。"二是联印抗蒙,警告帖木儿。明初,具有蒙古血统但已突厥化的帖木儿在中亚建立了帖木儿帝国。他于1370年"在撒马尔罕宣布他是成吉思汗系的继承人,察合台汗国的君主"。[10]

所制法令也以成吉思汗的大札撒为标榜。帖木儿接着征服了伊朗、西亚一部、小亚一部、南亚一部、俄罗斯南部。帖木儿还企图东征中国,帮助元蒙在中原复辟,使中国皈依伊斯兰教。1404年帖木儿在撒马尔罕召集库里尔台大会,决定东征中国,集结马、步军四十余万,于1404年11月开始进兵。1405年2月帖木儿越过锡尔河后病死军中。始罢东征之役。[11]因此,郑和下西洋又有联合印度等国,牵制、夹击帖木儿的侧背,至少是警告、示威于帖木儿的意图。《明史·郑和传》便说:"且耀兵异域,示中国富强。"联印抗蒙牵制帖木儿这一条动因倒与葡、西联络基督教的长老约翰王抗击穆斯林类似。不过这一条动因也因帖木儿帝国在15世纪中叶衰落下去而很快消退,而穆斯林对欧洲的威胁则持续到17世纪末地理大发现完成之时。要知道到1683年奥斯曼土耳其还大举围攻维也纳。

郑和第七次远航归来(1434年),怀柔政策已收成效,各国已与明廷建立政治、外交关系,来华使节盛况空前。[12]此时建文帝如还在人世,也是近60岁的老人,有复辟之心,无复辟之力。此时明成祖也早已去世。帖木儿帝国也已开始衰落,已不构成威胁。于是郑和远航的三大政治目标已经不存在,远航自然也就缺乏强大的动因。而且郑和七次大规模航海不仅没有像后来西欧冒险家的远航那样带来巨额利润,反而使国库空虚。郑和每次出海,装载大量金银、铜钱、瓷器、丝绸、棉布、铜器、铁农具、铁锅等,而换来的只是专供皇室和贵族官僚享用的奇珍异宝、珍禽异兽、香料、补药及各种奢侈品。每次远航耗资巨大，从而对老百姓的剥削加重，危及封建统治的基础——自然经济，致使郑和航海被统治集团内部的其他政治派别指责为"弊政"。宪宗时的刘大夏等便尖锐地指出："三保下西洋，费钱粮数十万，军民死且万计。纵得奇宝而回，于国家何益。"[13]因而自唐以来，中国远航一直名震海外，但自郑和航海壮举后，反而一蹶不振，让位于西欧。

第二节　狭隘的大地观

无论是哥伦布向西远航，或是迪亚士、达·伽马等向南探航，还是麦哲伦环球航行，其所以能进行，并非纯粹冒险行为，而是和他们本人及其资助者确信大地是球形分不开的。但是在中国，地平的大地观却根深蒂固。

欧洲传统的大地球形观念，产生于古希腊。它最早由毕达哥拉斯学派和帕尔门尼德创立，[14]其后阿纳克萨哥拉斯提出经验性证明，最后亚里士多德进行了全面的论证。他根据月食时地球投射到月球上的影子轮廓呈弧形，观测者地（海）面位置的移动引起恒星位置变化，物体都下坠，坠下的直线与通过坠下点的切线相交构成同一角度等，[15]精辟地证明了大地是球体。从此，球形大地说在希腊和希腊化世界得到确立和普遍承认。与此同时，亚里士多德又确立以球形大地为中心，而有许多同心天球环绕的宇宙模型。古希腊人的宇宙观和地球观是相互支持的。诚然，欧洲中世纪黑暗时期，古希腊科学的宇宙观、地球观被圣经所阐述的观念所取代，地平的观念占统治地位。但是，这并不是说早已受到理论和经验证明的球形大地观就完全被征服。球形大地观并未完全销声匿迹,甚至一些教士也没有完全忘记它。中世纪有关"对蹠点"是否存在的激烈争论也说明球形大地观是不易被完全征服的。

西欧到中世纪中期,由于经济文化的发展和阿拉伯人、拜占庭人作媒介,又有少数学者重提大地球形说。其中最著名的有13世纪的英国哲学家罗吉尔·培根,13至14世纪的意大利诗人但丁。培根坚信亚里士多德的学说,并认为从西班牙横渡大西洋到印度去的路程不会太远,途中没有大陆。[16]但丁在《神曲》中设想,北半球为陆半球,南半球为水半球,净界和耶路撒冷在南北半球彼此对蹠;地理的周长为24万罗马里。[17]这些设想不断发展,最后鼓舞了地理大发现的勇士们闯入神秘的大西洋。

明代中国占统治地位的宇宙理论已是浑天说。张衡《浑天仪图注》指出:"浑天如鸡子,天体圆如弹丸,地如鸡中黄,孤居于内,天大而地小。天表里有水。天之包地,犹壳之裹黄。"由此看来,浑天说似乎主张大地是球形的,[18]因而有利于地理大发现。其实不然。

中国古代地理视野狭小,当时周围地区文明程度又远比中原地区低,因此中国古代统治者习惯把中原地区作为世界中心,把以中原为中心建立的国家称为中国,也称为中华。皇帝自认为是天子,而视周围世界为蛮荒之地,并依离王都远近分划世界。《国语》、《禹贡》分世界为五服,《周礼》则分为九服。这与古希腊把地球划分为赤道热带、回归温带、极圈寒带等若干个气候地带是根本不同的。[19]中国古代也常称周围世界为四海。中国封建统治者认为自己对世界负有教导、开化的使命。与这种把中原作为世界中心的政治观念相适应的是地平的大地观。中国古代最早流行的宇宙理论是盖天说,它起源于周初。盖天说先后有两种,一种为"头之圆也像天,足之方也像地";[20]一种为"天像盖笠,地法覆盘"。[21]尽管它们彼此在大地形状上说法略有不同,但都不认为大地是球形的。盖天说宇宙观和地平大地观也是相互支持的。唐代以后,浑天说完全取代了盖天说,到清朝中期哥白尼学说传入以前,它一直是我国关于宇宙结构的权威学说。

如果说浑天说包含着球形大地观,那么其间的宇宙观和大地观也是相互支持的。但即使这样,浑天说与古希腊的宇宙理论和大地球形观仍有本质的不同。浑天说中的球形大地半个浸在水中,只半个在水上。因为"天表里有水,……天地各乘气而立,载水而浮"。[22]也就是说水中的半球并非人世,航行是永远无法到达的。它只是为了解释大地之所以能静居宇宙不致下坠而引进的一个实体和参照物。因此浑天说中的人类世界实际上还是个半球,和第二盖天说中的拱形大地倒有相似之处。因此,中国古代也从来没有像欧洲中世纪那样的有关对蹠人、对蹠地的争论。由此可见,浑天说与盖天说一样,同样也不会引导人们去讨论航海西行可以东达、或东行可以西达的问题,也不会去讨论环球航行问题。相反,只会证明,为此而进行的远航是根本徒劳的。

其实不管浑天说中的大地形状是平的还是球的,也不管后期浑天说中的地球是浮在水上还是悬在气中,中国古代所有关于大地形状的地理科学,如测量、地图、航海、潮汐等,都是从地平观念来提出问题、讨论问题和解决问题的,都似乎从来不考虑球形,甚至连拱形也不予考虑。元初有个阿拉伯—伊斯兰科学家札马鲁丁制造并进献了一个地球仪,直观地表示了球形大地。"其制以木为圆球,七分为水,其色绿;三分为土地,其色白。画江河湖海,脉络贯穿其中。画作小方井,以计幅员之广袤,道里之远近。"[23]但这件事仍没有在中国地理科学(乃至天文学)中产生影响,只是作为一件趣事而载入史册——《元史·天文志》。这是一件令人深思的憾事。

第三节 传统地图的缺陷

对于一个要亲身远离陆地、闯入神秘无边的海洋、寻找新大陆、探索新航路的航海家来说,只知道大地是球形的自然是远远不够的。他还需要了解地球大小,海陆分布,因而具备可供航线分析的较精确世界地图是十分重要的。在这方面,中国明代的条件也不成熟。

在地球学说的基础上,古希腊学者最早开始测算地球的大小。第一位是克利德的攸多克索,他测得地球周长约合6万公里。[24]第二位是迪西亚库,他测得地球周长约合5.2万公里。[25]第三位是公元前3世纪的埃拉托色尼,他巧妙地、创造性地、科学地测出了地球的周长约合39690公里,[26]精确度达99%以上。这个数字被希腊罗马世界普遍接受,以后的测算均都不如这个精确度。

中国古代也有相似的测量,虽然时间晚得多。大约隋仁寿四年(604年),刘焯向隋文帝提出,周髀的日影千里差一寸的说法不准确,建议重测,以使"天地无所匿其形"。[27]唐开元十二年(724年),僧一行和南宫说进行了大规模的地理纬度测量,其中还在豫东平原进行了世界上第一次子午线实测,测得"351里80步而极差一度"[28],351.27里实际上是子午线一度的弧长。把唐度唐里换算成公制单位,约合132公里,约大了19.7%。有了这个数据,只要再乘以365.25(周天度数),就立即可求得整个子午圈长度。但是他们就此驻足,没有再朝推算地球大小方向前进一步。这又是一件令人深思的憾事。元代郭守敬曾做过大规模的纬度测量——四海测验。但这一工作更不涉及地球大小。由此可见,中国古代比较发达的为制订历法而进行的纬度测量,本来可以推算出子午圈长度,了解地球大小,但由于狭隘大地观的束缚,就始终没有像希腊人那样做。

古代中国和古希腊在地图学方面都有着灿烂的成就,但主要由于地理环境的影响,两者发展方向不同。古希腊及地中海沿岸国家,腹地小,可耕地少,发展农业受到很大限制,但彼此可以通过地中海互通有无,所以为远航服务的大范围、小比例尺地图推广起来。这类地图目的不在于描绘陆地内部地形地物,而在于正确描绘陆地之间、海港之间的正确位置。茫茫海洋无固定的地物标志,因此统一用经纬度测定船舶、航线、目的港的正确位置,并把它们描绘在航海图上,似乎是有效的方法。要把地域范围很大的地中海及其周围地区[29]的国家位置(主要是重要地点的经纬度)正确地标绘在篇幅有限的小比例尺平面图上是不容易的。为了避免和减小地球曲率、半径引起的误差,地图投影法也似乎是有效的方法。所以在古希腊制图系统中,普遍采用经纬度和投影法。公元2世纪的希腊学者推罗的马林首先发明了等角正圆柱投影法。[30]该法适宜编制海图。大天文学家、地理学家托勒密则创立了正轴圆锥投影法和修正圆锥投影法。[31]前者常用于绘制中纬度东西延伸地区,后者适宜绘制从赤道热带到北极圈的大范围地图。正确测出地球大小的前3世纪的埃拉托色尼首先提出了经纬网概念。托勒密则继承和发展了埃拉托色尼以来的古希腊地图学传统。他在

《地理学导言》一书中搜集了8000多个地方的经纬度,建立起地理经纬网。他还用正轴圆锥投影法编制了世界地图。托勒密的《地理学导言》和世界地图成为西方传统地理学的代表。

欧洲中世纪,一种把世界想像为圆形平面的T—O形地图发展起来:人居世界用一个四周环绕着海洋的圆来表示,即O形,圆中有一个T形的海域。[32]这种图既没有经纬度,更没有投影法,大大歪曲了世界的形象。但到13世纪,古希腊科学的地图学传统在西欧开始复苏,14世纪托勒密的《地理学导言》被发现,1410年被回译成拉丁语在欧洲传布,托勒密的世界地图也于1475年复原出版。至此T—O形地图开始销声匿迹,较精确的世界地图推广起来。地理大发现前夕和开始后,地理学家们更大量制作世界地图和地球仪,为地理大发现推波助澜。

中国地图学发达稍早于古希腊,并有较高水平,但属于另一种地图系统。中国幅员辽阔,气候适宜,因此自古以农业立国,注重灌溉水利,并一直采取重农抑商政策,更不鼓励海外贸易。中央及地方政府编制地图,主要用于分配土地、征收赋税、军事进攻、城池防御以及交通水利等方面,故非常需要能详细反映地理要素的地图、包括地籍图、政区图、地形图等。所以为这些目的服务的小范围大比例尺地图发展起来。这类图主要反映陆地,有丰富的地物标志,可以用平面测量法保证精确度,所以没有特别必要测定经纬度。[33]这类图一般范围不大,地球曲率造成的制图误差一般可以忽略不计,所以也没有特别必要发明采用地图投影法。中国大比例尺地图十分精确,地形表示也有较高的水平。最杰出的代表是长沙马王堆三号汉墓出土的地形图。[34]中国传统地图学的奠基人是3世纪的裴秀。他总结前人经验创立了用于绘制地图的"制图六体"和用于拼接、缩制地图的"计里划方"。六体即分率、准望、道里、高下、方邪、迂直。[35]前三体讲比例尺、方位、距离,后三体讲测量学对斜距归化到水平距离的改正(高下)、方向偏差的改正(方邪)和曲折改正(迂直)。这些理论和方法显然适用于测绘小范围大比例尺地图,可以大大提高精确度,保证质量,但也显然在测绘大范围小比例尺地图时存在较大缺陷,会产生严重误差。事实上中国古代也从不发展世界地图,[36]也从不采用经纬网和投影法的地图。郑和七下西洋也没有绘制一幅他们途经的、从中国东南沿海到非洲东北海岸、从西太平洋到北印度洋的大范围小比例尺地图。郑和船队绘制的《郑和航海图》,[37]是一字展开的长卷式地图。图中注重对沿途山川航道地形地物的形象描绘,很像中国传统的长卷式山水画。全图没有统一的方位,而是依照往返的主要航道由右向左展延,因而各个地区无法正确拼接;图上的内容全是在船上能看到的海岸和岛屿,而不反映所经地区的地理全貌;全图没有统一的比例尺,致使海图与实际情况误差很大,许多地方很难与实地对照辨认,相互之间也难以比较大小。所以这种图只是非常粗略的示意图,它在形式上与罗马的道路里程图、中世纪欧洲的朝圣地图倒有些相似。比起地理大发现时代航海家们对所发现地区(海域)绘制的有统一方位、比例尺、经纬度、投影法、罗经线的(长)方形地图,其缺陷是明显的。

根据经纬度、地球大小(主要是基本纬圈)和有已知世界的世界地图,就必然并且也可能对地球的未知世界部分进行较科学的猜测。这些猜测包括:大西洋有多大,从欧洲西海岸向西航行到日本、中国、印度需要多少时间;大西洋中会不会有大块陆地存在;非洲向南延伸到多远,大西洋是否与印度洋相通,印度洋是否是"地中海";等等。对这些问题的长期猜测,对地理发现有着推动作用。亚里士多德便首先提到发现新大陆的问题,其后斯特拉波、季奥多尔、普鲁塔克、大普林尼、庞·麦拉等,均常常谈及大西洋彼岸的大陆。[38]亚里士多德的弟子,亚历山大的随军地图师迪凯尔库斯首次确立自直布罗陀海峡通过罗德岛,沿着兴都库什山脉、越过喜马拉雅山脉再穿出东海而去的基本纬线。埃拉托色尼则根据这条基准纬线,首次画出了有经纬网的当时已知世界的世界地图,图上包括欧亚非的已知部分。由此他还正确地推测,可以从大西洋绕过非洲进入印度洋。[39]一世纪的辛尼加等则算出,顺风几天就可以横渡大西洋到达东方。[40]由此可见,早在希腊罗马时代,学者们就在为多年后的葡萄牙人南航,哥伦布西航描绘了蓝图。欧洲中世纪长达千年的"对蹠点"之争,不仅没有能否定其存在,相反使"对蹠点"理论更趋成熟,从而引起人们去远方寻找的欲望。

大约1413年,法国主教德·艾里写了《大地的形状》一书,该书几乎是逐字逐句地引用罗吉尔·培根转述的亚里士多德的地理观点。[41]15世纪五六十年代在位的教皇庇护二世著有《自然志》一书,该书基本上是摘编托勒密的著作。但也有创新,认为环绕非洲的航行是可能的。[42]这两本书的影响都较大。1474年意大利地理学家托斯堪内里给葡萄牙红衣主教写信提出向西横渡大西洋到达亚洲东端的设想。后来哥伦布又向托请教,他们曾多次通信,托还给哥寄去了他绘制的有经纬网的世界地图。[43]葡萄牙人向南探航,哥伦布决心向西航行,实际上是在这些书和这些地理理论的启发和影响下进行的。

但是中国古代似乎从来没有从科学上来论证未知世界的存在,也没有提出横渡太平洋到美洲、南下绕过非洲到西欧去的设想,或论证这些设想的可能性。尽管《梁书·诸夷传》等史书曾提到中国以东两万里外的扶桑国、扶桑以东千余里的女国,但后来也没有从地图学、地理学上去论证它的存在。明代郑和七次远航,也没有一次向东闯入太平洋去寻找扶桑国,而基本上是沿着中国和西洋的传统航线向西。

第四节 重陆轻海的观念和探险取向

人类的探险活动,除了当代的太空探险之外,历史上主要表现为陆地探险和海洋探险两类。由于人类诞生在陆地上,对陆地的认识最早,加上人类的生存主要依赖陆地上的动植物,所以人类最早的探险是陆地探险。至于海洋,只有当生产力发展到一定的程度,人类才开始海洋探险。无论陆地探险和海洋探险,它与各个国家和民族的生存环境,对陆地和海洋的认识和观念是息息相关的,中西不同的海洋观和探险取向,也是导致参与或脱离地理大发现的重要原因。

位于地中海沿岸的南欧文明、北非文明和西亚文明,共同组成一个大的文明区域。不同的自然生态圈对人文活动圈的活动有很大影响。埃及文明产生于尼罗河流域,居民活动范围主要在尼罗河三角洲,面积仅约2.4万平方公里,加上埃及的狭长河谷地带,适宜发展农业的地域总共不过四万平方公里。居民的活动范围十分有限。西亚文明主要分布在两河中下游地区,适宜发展农业的部分还有地中海沿岸的"肥沃新月带",居民的活动范围均仅数万平方公里。尼罗河、两河的三周便均为沙漠和山地,一面为海洋。南欧文明起源于小岛克里特和伯罗奔尼撒半岛。伯罗奔尼撒半岛上的滨海小平原也因面积太小,不过万把平方公里,不利于发展农业。特定的生存环境,决定了地中海沿岸各文明区的居民更多的是向海上拓展,谋求生路。这些地区的古代居民,也不是被动地受囿于狭小的陆地,而是顽强地发展海上探险和航运捕鱼。腓尼基人便是其中最为杰出的一支。

地中海沿岸诸文明中,属原生型文明的北非文明和两河文明均由于各种原因而中断了发展,惟独南欧文明仍然欣欣向荣,并将航海探险这一传统保存发展并发扬光大。希腊罗马文明产生在与海洋有密切关系的生存环境里,特别是在地中海东部,更具备向海外探险、发展海上航运和捕鱼的优越的自然条件:西有亚平宁(意大利)半岛和西西里大岛把东西地中海隔开,北有亚得里亚海和伊奥尼亚海,东有克里特和塞浦路斯这两个中型岛,北有星散着无数小岛的爱琴海,往东北穿过两海峡和马尔马拉海,便就是广阔的黑海;欧亚非三大洲在这里交汇。希腊民族一开始就是一个"海上民族",他们在航海事业上的成就造就了东地中海地区的希腊化世界。随着地中海的制海权由希腊转入罗马,罗马人加强了对海洋的探索和控制,他们在航海事业上的成就造就了整个地中海地区包括黑海地区的拉丁化世界,世界上最大的内海地中海成了名符其实的罗马的内湖。他们开创的航海技术、贸易路线及海军传统影响到以后的葡萄牙和西班牙航海家。

西方人对海洋的重视程度随着历史的发展而发展,海上探险亦不断深入。其间虽然经过中世纪的黑暗而受到抑制,但随着历史的前进,中世纪中期以来便出现了彼此通过海路和陆路沟通连接的地中海商贸区和北海波罗的海商贸区,发生过9次跨越地中海的十字军东征(其中有3次是直接组成舰队乘船走海路)。到中世纪晚期,文艺复兴和科学的光芒驱退了神学的阴晦,资本主义的幼苗冲破了封建土地的板结,欧洲人从事海上探险的传统又得以恢复。时势造英雄,迪亚士、达·伽马绕航非洲、哥伦布首航美洲、麦哲伦环航地球等一系列海上探险终于使一个全新的世界展现在欧洲人面前。

欧洲人的海洋观是在长期的社会实践中形成的。不论是地理大发现以前的那些航海家、探险者,还是由于新大陆的发现、新航路的开辟而带来的许多欧洲国家的大规模海上探险以及随之而来的殖民扩张,更还有近代以来欧洲一些国家为争夺制海权、出海口而倾尽全力,都表明它已成为世界近代史中欧洲历史的一个主题。欧洲人对海洋的重视无与伦比,航海已构成欧洲人比别的地区的人民更为重要的社会活动。

华夏文明诞生在与地中海文明有巨大差异的地区。它以黄河流域、长江流域为中心,面积广大、腹地纵深,拥有辽阔的生存空间和回旋余地。东南部濒临太平洋西部的边缘海,海岸线达1.8万公里。西部、北部被高原、大山、沙漠、沼泽阻隔,形成一个较为独立的原生型文明区域。这个地域比任何古老文明(包括印度)都辽阔得多,气候又属温带和亚热带(秦岭、淮河以南),为人民提供了良好的生产和生活条件,为华夏民族创造了一个发展潜力极大的生存环境。因而中国文明具有大陆河川文明的特征。

从远古起华夏人民就开始涉足海洋。从徐福东渡日本、经海上丝绸之路、到郑和七下西洋,这些都说明中国人对海洋的探索还是比较着力和频繁的。但是华夏民族对海洋的认识和重视,比起西方人来说相对逊色。在中国人的观念中,大海不甚重要。如在祭祀活动中,表现的是"三王之祭川也,皆先河而后海"(《礼记·

学记》)。在古代地理著作中,也主要论及地理现象、风土人情,物产和历史,对海洋的记载则比较粗略。即便在诸子百家、经史子集、释道儒、三教九流的著作中对海洋偶有所论,也局限于把它视作吐星出日、神隐怪匿的神秘世界,总有一种"以舟为车,以楫为马,往若飘风,去则难从"的无形压力(《越绝书》第十《越绝外传·记越地书》)。唐宋以来随着封建经济的繁荣,对外关系的日益密切,航海事业有了较大发展,不仅造船技术有了长足进步,航海能力日臻强大,中国水手还以擅长驾船,善于利用信风而遐迩闻名。元代有两次大军跨海远征日本的大战,至元十八年(1281年)那次舰队兵员竟达10万,船只多达千艘,堪称空前。特别是明代郑和七下西洋,更是中国有史以来对海洋认识的集大成和航海事业的总检阅。尽管如此,中国人仍未走出重陆地轻海洋的老框框,即使利用大海,也仅着眼于渔盐和舟楫之利,而缺乏向海外拓展的雄心。明末士人便说:"与蛮夷交,如抚蜗牛之角,不足惧也。难在乘风破浪,险在谋利贪婪。"[44]中国人的海洋观没有突破性的发展。

中国人的海洋观与华夏文明所处的生存环境不无密切的关系。中国东南面的太平洋一望无际,航行的危险大、收获小。而长江、黄河流域的广阔沃土又为祖辈们提供了可以充分活动的舞台、足够的生存场所,无需冒险去开拓海疆。此外,华夏文明是一种以牛耕为特色的水利农业文明。中国人堪称驭牛民族,与游牧的骑马民族,驾船的海上民族(如古代的希腊、腓尼基、罗马,中世纪的意大利、西、葡,近代的荷、英等)迥然不同。这种文明在历史发展中有极顽强的连续性和稳定性。它所赖之生存的经济基础是农业,而农业需要有固定的区域,不宜做经常的、大规模的迁移和殖民。这些特点与地中海文明是大不相同的。

华夏民族的拓边凿空精神有着悠久的历史,但绝大部分探险活动主要以陆地为舞台。早在西周时,中国的文明区域从黄河流域扩展到长江流域,秦汉时又进一步扩展到珠江流域,这些都是先有地理探险和发现,后有移民拓殖,然后移民与当地居民共同开发。后继者无论是张骞、班超、甘英,还是法显、玄奘、义净,他们的伟大探险和旅行都主要是在陆地上进行的。[45]海洋探险显然无法与这数量众多,久负盛名,影响深远的陆地探险相提并论。除了秦汉时发现海南岛,三国时发现台湾岛,中国古代便不再有较重大的海上探险及其地理发现。虽然郑和下西洋突破了重洋阻隔最远到达赤道一带的非洲东海岸,但此举是为永乐皇帝颁"正朔","遣使以即位招谕……诸番国";[46]"欲威制四方,遣使四处招徕";[47]"疑惠帝亡海外,欲踪迹之。且欲耀兵异域,示中国富强";[48]"宣德化而柔远人","恒遣使敷宣教化于海外诸国,导以礼义,变其夷习",[49]以达到"抚驭华夷,嘉有万方,同臻至治";[50]"君主天下,……施恩布德,……庶几共享太平之福"[51]的目的。下西洋带有浓厚的政治色彩,而经济文化的交流是次要的,更无"贸迁有无,逐利远近"和开疆拓土的意图。正因为如此,永乐皇帝驾崩后海上活动被逐渐厉令禁止,下西洋受到谴责和抨击。从此中国完全进入了漫长的"海禁"时期,失去了突破传统的牛耕水利农业社会格局的最后机会和参与地理大发现的大好时机。

华夏民族由于处在这样一种生存环境里,从而使其探险取向和活动主要为陆地探险,西方人也因所处的生存环境从而使其探险取向和活动主要为海上探险。这两种探险取向和方式代表了两种不同的历史发展走向,同时也造就了截然不同的历史人物。郑和下西洋在航海史上如彗星凌空,灿烂一时但无以后继,陆地探险也由于统治者自满于天朝大国的梦幻及其他种种原因（下面还要论及）而停滞不前难成大气候。而哥伦布、达·伽马、麦哲伦的发现则揭开了人类历史的新篇章，且后继者如潮，促使世界从分散走向整体。

还应注意的是，中国的陆上探险取得较大成就者，均在隋唐以前，尤以两汉为甚。隋唐以降，中国封建经济走向成熟，自给自足的自然经济和以农为本的观念根深蒂固。这种以农耕经济为基础建立起来的大一统社会，使人们不是经常生活在竞争激烈的气氛中而生凿空外迁之念。尽管宋明以来商品经济有了较大的发展，但仍不能对中国社会发展中的高度稳定性有所动摇，最终只能使成就一时的陆上探险归于沉寂。即使有马可·波罗来华17年，也没有激起什么人到西方去旅行、经商、学习的愿望。海上探险虽然在隋唐臻于鼎盛，但主要是文化交流活动，真正意义上的海上贸易则相形见绌。特别是明代和清代，闭关锁国、禁海的政策严重妨碍了航海事业的发展。明代的成祖朱棣只怀着仿汉唐盛世，天下清平安乐的抱负，忠实地奉行朱元璋定下的对外政策："海外蛮夷诸国，有为患于中国者不可不讨；不为中国患者，不可辄自兴兵。……朕以诸蛮夷小国，阻山隔海，僻在一隅。彼不为中国患者，朕决不伐之。"[52]由此可见，尽管中国人进行了为数不少的海上探险，增长了对世界和海洋的认识，但国人的海陆观和闭关锁国的心态没有改变。

由此可见，中国人的生存环境，赖以生存的经济基础，重陆地轻海洋的观念，闭关锁国的政策等是中国人未能跻身地理大发现的重要原因。

第五节 地理条件和地缘政治的制约

中国人之所以没有参与地理大发现,还受到自然地理条件和社会地缘政治环境的制约,这是中外论者最为习焉不察的一个重要原因。

从自然地理条件来看,中国以东是全世界最大的太平洋,从中国横渡太平洋到美洲的距离是从西欧或西非横渡大西洋到美洲的距离的将近三倍。例如,从上海到圣弗朗西斯科(旧金山)的空中航线距离为 10 550 公里;而从纽约到伦敦为 5560 公里,从纽约到巴黎为 5840 公里;[53] 又如,从上海到巴拿马城的海上航线距离为 8570 海里,到加拿大温哥华为 5110 海里;而从巴拿马的科隆到伦敦为 4720 海里,从纽约到荷兰鹿特丹为 3270 海里。[54] 所以,中国缺乏参与地理大发现的理想的自然地理条件。

澳洲离中国相对较近,中国人发现澳洲相对不太困难。但澳洲和中国之间隔着东南亚、南洋这些文明地区。中国人要发现澳洲就得先征服或控制东南亚、南洋地区,或至少就得先在这一带建立势力范围、殖民据点、商站等。而要从海上控制和征服文明民族比征服或教化蛮族困难得多,控制和征服与自己处于同一社会发展阶段的人民和民族就更困难了。元朝两次征日本、两次征爪哇均遭失败便是明证。当然明代中国人并没有这样去做。

从社会地缘政治条件来看,中国 15—17 世纪为明代。明朝的北部是鞑靼,西北部是瓦喇,东北部是女真各部,西部是乌斯藏,西北部瓦喇与乌斯藏之间是突厥(哈萨克)化的帖木儿后裔政权亦力把里。[55] 尽管今天看来它们是中国的少数民族建立的地方政权,当时却是独立的、或半独立半藩属的民族政权。蒙古族的鞑靼和瓦喇长期与明朝处于敌对战争状态。"终明之世,边防甚重,东起鸭绿江,西抵嘉峪,绵亘万里,分地守御。"[56]明朝不得不置"九边",筑长城。今天还雄姿犹存的长城便多半是明长城。虽1571年明与鞑靼媾和,俺达汗受封为顺义王,实际上仍独立自主。瓦喇(各部)则一直是独立国家。新疆地区的维吾尔族、哈萨克族和其他少数民族皆"地大者称国,小者只称地面"。[57]有的是独立自主,有的接受明朝的策封,处于半独立半藩属状态,有的受蒙古统治;有的与明朝友好,有的则敌对。1529年,由于独立的吐鲁番兴起并与明朝开战,明朝放弃哈密等七卫,退守嘉峪关。[58]东北的女真族16世纪时处于自治状态,与明朝的关系是贸易和战争交错进行。1616年女真族建立后金,与明朝断绝了关系并彼此处于敌对战争状态。中国北部、西北部、东北部、西部的这些少数民族也都有自己的民族语言、民族文字和民族宗教。他们操蒙、维、哈、满、藏等语,写蒙、维、哈、满、藏等文,信喇嘛、伊斯兰、萨满等宗教。他们与讲汉语、写汉字、主要信儒教的汉族,与在明朝直接统治、管理下的其他少数民族还是有很大差别的。

中国以北可供发现的广大地区是北亚和北冰洋。中国人要去发现它就首先得打败、统治鞑靼、瓦喇、吐鲁番和后金等,控制这些地区。就如同葡萄牙、西班牙要从事地理探险和大发现就首先得打败、驱逐伊比利亚半岛上的阿拉伯—摩尔人、穆斯林一样;也如同俄国人要发现北亚和北亚沿岸的北冰洋地区、开辟北方新航路,就首先得打败金帐汗(钦察汗)及其分裂后的各鞑靼国家,摆脱它们的统治和控制,进而去控制统治它们,从而取得发现北亚的前进基地;也如同荷兰人要参与地理大发现就先得推翻西班牙的异族统治一样。但终明一代明朝都受到北方游牧民族的严重威胁:初期有元蒙残余势力卷土重来复辟的危险,前中期有英宗皇帝被俘的土木之变,中后期有鞑靼军寇掠京师的庚戌之变,后期有女真后金南侵的严重威胁,最后明朝终被满族(女真族)建立的清朝所灭。到17世纪末,当清朝统一了全中国,控制了东北、北方、西北的各少数民族地区,灭了台湾奉明朝为正朔的郑氏政权(1683年),获得了参与地理大发现、特别是发现北亚和北冰洋的前进基地和地缘政治条件时,却已为时晚矣。此时地理大发现已基本完成和结束,北亚和北冰洋已被俄国发现,并捷足先登并入了版图。中俄之间已经接壤并开始了边境武装冲突,1689年双方签订相互承认领土和势力范围的尼布楚条约。[59]中国北方已没有什么地区可发现了。

在中国(及其地方少数民族政权)以西、以南、以东北,即中亚、南亚、东南亚、东亚,早已是文明地区,已建立了封建国家,相互间也早有了联系。因此中国周围几无可发现的地区,也无可开辟的新航路新陆路。可见,中国缺乏参与地理大发现的社会地缘政治环境和条件。

第六节 优越的经济地理状况的负面作用

从古至明,中国都是个幅员辽阔,物产丰富,气候复杂,动植物群落多样,经济发达的大国。在中国、中国地理圈内,经济的自给力、调剂力、自足力、互补力都大于强于当时任何一个国家,一个地理圈。毛泽东曾讲"农业是国民经济的基础"。传统中国也自来"以农为本"。恩格斯也说"封建主义的基础是农业"。中国面积广大,所处纬度较低,滨海的位置和强烈季风,复杂多样的地形和肥沃的土壤,使中国农业一向发达。因此,至今中国能以占世界9%的耕地,生产占世界21%的谷物,解决占世界23%的人口的衣食问题。[60]我国的粮食产量古代中世纪、近代都居世界第一,今日仅次于美国。我国的经济作物种类齐全,分布广泛,产量很大。不管是经济作物棉、麻等,油料作物菜籽、大豆等,糖料作物甘蔗、甜菜等,亚热带和热带经济作物茶、桑、剑麻、香料等都很丰富。我国的森林到清初仍然面积大,覆盖率高,木材蓄积量多。我国历来草场资源丰富,畜牧业兴旺。虽然牧区多在少数民族地区,但中原汉族与它们自来有着广泛的频繁的互市。另外,我国东部广大农耕区自来也有以舍饲为主的畜牧业,饲养役畜(牛、驴、骡、马)和肉畜(猪、山羊)。中国水产业生产的自然条件也比较优越,有1.8万公里的大陆海岸线和1.4万公里的岛屿海岸线。[61]我国内陆的水域面积也比较大,很有利于发展水产业。我国的浅海渔场约占世界的1/4,居世界第一位。[62]中国的矿产资源也比较丰富,矿种非常齐全。世界已知的140多种矿产我国均有。储量居世界首位的有钨、锑、锌、稀土、硫铁矿等,煤、铜、锡、铅、铁、汞、镍、磷、石棉等的储量也居世界前例。这为发展各种手工业提供了必要的物质前提。

而到15世纪末的葡、西、荷、英、法、俄诸国均是小国寡民(俄罗斯15世纪末时其疆域还只限于东欧一部和北欧一部)。[63]它们均幅员狭小,物产不丰,气候简单,动植物群落少寡,矿产资源有限。它们都缺乏像中国这样的优越完备的经济地理条件。它们因而都依赖并重视(海)外贸(易)。所以欧洲从中世纪中期以来就形成了以意大利城市为中心的地中海贸易区,辐射西欧南欧;以德国汉撒城市为中心的北海波罗的海贸易区,辐射西欧北欧和东欧。两大贸易区并经过海(绕过直布罗陀海峡)和陆(经中欧)相联。而海外贸易的持续发展,就可能并容易引发地理大发现。

具体说来,西方发起并进行前半期地理大发现的一个直接的重要的经济动因是想获得香料特别是作为调料的香料。而中国本身就是香料产地,中国与盛产香料的东南亚和南亚也邻近并一直有着广泛密切的贸易往来。中国人无需为了获取香料而远渡重洋去开辟新航路。

其他如英、法等之所以坚持和发展对北美加拿大纽芬兰一带的发现和拓殖,首先是因要在那里捕鳕鱼、鲱鱼。葡萄牙人之所以坚持和发展对南美巴西的发现和拓殖,首先是因要在那里采伐巴西红木。后来的俄罗斯之所以要坚持和发展对北亚的发现的拓殖,首先是因要取得北亚的各种野生毛皮,等等。而中国沿海就有产量大品种多的优良渔场,明代和清初中国有丰富多样的森林资源,中国地理圈内就有产量很大的各种优质绵羊和丰富的野生毛皮资源,等等。总之,由于中国的经济地理条件、环境、状况的优越性完备性,中国对外国异域和物资无所求。朱元璋的使节就曾说:大明"皇帝富有四海,岂有所求于(夷)王。但欲王之称藩,一示无外尔。"[64]郑和等也对海外诸夷夸耀说,世界各地除了对中国表示敬畏友好,与华结盟外,没有什么产品可以给予中国。郑和下西洋的朝贡贸易的主要内容便是用中国的各种产品换回供皇室贵族挥霍享受的各种奇珍异宝和奢侈品,而不是什么具有经济互补性的大宗产品。所以郑和船队的大船叫"宝船"。史称"郑和经事三朝先后七奉使,所历……凡三十余国,所取无名宝物,不可胜计。"[65]乾隆皇帝则自豪骄傲地晓谕首次来北京的英国马嘎尔尼使团:"天朝抚有四海,……奇珍异宝,并无贵重。……其实天朝……种种贵重之物,梯航毕集,无所不有,尔之正使等亲见。然从不贵奇巧,并无更需尔国制办物件。"[66]

中国不仅历来地大物博,资源丰富,而且历史上的人口相对于疆域来说也一直不多,从未超过一亿。只是到了清中叶才人口爆炸。康熙年间全国人口才两千几百万(估计最多时实有 5000 多万),乾隆年间猛增到两亿几千万,嘉庆年间突破三亿,道光年间突破四亿。[67] 所以到清嘉庆年间中国人人均占有的各种资源才减少和匮乏,中国经济地理条件的优越性才被抵消掉,中国才有人口压力,才可能有(并不一定就有)大规模向外移民殖民的要求。但这时地理大发现早已过去。而人口资源压力,海外移民、殖民要求是地理大发现后半期(16 世纪中至 17 世纪末)西方(欧)坚持发展并最终完成它的一个社会原因和经济地理原因。例如,在 1600 年时,英格兰(含威尔士,不含苏格兰和北爱尔兰)的面积为 15 万平方公里(均以今日面积为准),人口有 425 万;法国为 55 万方里,1050 万人;荷兰为 3 万方里,150 万人;西班牙为 50 万方里,850 万人;葡萄牙为 9 万方里,200 万人(均不含殖民地)。[68] 它们当时的人口密度为:英格兰——(每平方公里)28.3 人;法国——9.1 人,荷兰——50 人,西班牙——15 人,葡萄牙——22.2 人。而中国在 1600 年时每平方公里仅有几人(按一千万方里几千万人口计)。其人口密度大大低于当时的西欧国家。这又从一个侧面显示了中国经济地理情况的优越性。

因此,中国经济地理环境、条件、状况的优越性和完备性在创造大发现文明、发展大航海文明方面反而起了负作用,使中国人未能坚持大航海(指郑和远航没有坚持下去),未能参与和完成(一部分)地理大发现。

综上所述,中国人未能参与地理大发现的原因是多方面的,其中包括受到自然地理条件的局限,政治地理环境的制约和经济地理情况的负面影响。但这并不是决定性的。其中最根本的条件还是经济动因。如果明代中国资本主义有迅速的发展,从而产生强大持续的经济动因,那么种种不利因素和条件都会有所改变和在相当程度上被克服,并按经济要求而顺向发展。这样中国人也会进行和参与地理大发现。

还需要补充的是,中国人有着与西方不同的文化心态和民族性格。明后叶来华的利玛窦就曾做过深刻的比较,他说:"非常值得注意的是,在这样一个几乎具有无数人口和无限幅员的国家,而各种物产又极为丰富,虽然他们有装备精良的陆军和海军,很容易征服邻近的国家,但他们的皇上和人民却从未想过要发动侵略战争。他们很满足于自己已有的东西,没有征服的野心。在这方面,他们和欧洲人很不同。欧洲人常常不满意自己的政府,并贪求别人所享有的东西。"[69]这种文化心态和民族性格似乎也是中国人未能参与地理大发现的一个因素。

注释:

1 南充师范学院:《中国古代历史地图集·郑和下西洋图》,四川人民出版社1981年版。

2 中国航海史研究会:《郑和下西洋》,第64页,人民交通出版社1985年版。

3 长乐天妃宫石碑:《天妃灵济之记》。

4 郑和第七次航海归来后的第二年(1434年),明廷又组织了一次曾为郑和副使的王景弘领导的第八次远航,出使苏门答腊。但这次远航并没有超出郑和远航的范围。

5,6 《明太祖实录》卷70;卷231。

7 恩格斯:《论封建制度的瓦解和民族国家的产生》,《马克思恩格斯全集》,第21卷,第45页。

8 《明太祖实录》卷71;卷154。

9 《天妃灵应之记》碑文。《明宣宗实录》卷 67 称:"君临万邦,……纪元宣德,咸与维新。尔诸番国,远处海外,未有闻知。兹特遣太监郑和、王景弘等赍诏往谕"。《郑和家谱》"敕海外诸番条"也说:"敕谕四方海外诸番王及头目人等,……祗顺天道,恪守朕言,……庶几共享太平之福。"

10,11　布哇著、冯承钧译:《帖木儿帝国》,第 32、58 页,《西域南海史地考证译丛》,商务印书馆 1999 年版,第 3 卷,第 500—501 页。

12　郑和每次出访回国时,便邀请各国使节来中国访问。第六次下西洋返航时,随同船队来中国的使节有"西洋、古里……等 16 国,遣使千二百人贡方物至京"。见《明成祖实录》卷 127。

13　严从简:《殊域周咨录》卷 8《琐里·古里》。

14　斯卡特金:《古代地理学史》莫斯科 1958 年版,第 170—171 页;杰缅季耶夫、安德留先科:《地理学史》第一部,明斯克 1962 年版,第 35 页。

15　亚里士多德:《论天》,载波德纳尔斯基编:《古代的地理学》,商务印书馆 1986 年版。

16　奥·汤姆森:《古代地理学史》,剑桥 1948 年版,第 119、327 页。

17　但丁:《神曲》,人民文学出版社 1980 年版,第 10、152、167、529 页。

18　浑天说到底主张大地是球形还是地平(包括拱形),这个问题在中国从古至今论不休。1955 年陈遵妫认为是球形;1962 年唐如川认为是地平;1975 年郑文光、席泽宗又认为是球形;1978 年陈久金也认为是球形,但认为《浑天仪图注》为后人所作;1979 年出版的《中国天文学简史》、1981 年出版的《中国天文学史》又坚持认为是球形;1983 年宋正海、陈传康则认为是地平。为了使这里讨论的问题更有说服力,暂把浑天说中的大地观作为球形观来论证。

19　参见本书第九章第二节《古代中世纪的南大陆猜想》。

20　《淮南子·精神训》。

21　《周髀算经》卷下。

22　张衡:《浑天仪图注》,载《全后汉文》卷 55。

23　《元史·天文志·西域仪象》。

24　安托什科、索洛维约夫:《地球的地理研究史》,莫斯科 1962 年版,第 31 页。

25　斯卡特金:《古代地理学史》,第 224 页。

26　《地球的地理研究史》,第 32 页。

27 《隋书·天文志》。

28 《旧唐书·天文志上》。

29 地中海是世界上最大的内海,东西长约 3800 公里,南北最宽处约 1800 公里,面积约 250 万平方公里。它的支海黑海面积约 41 万平方公里。古希腊人和后来的拉丁人也一直在黑海沿岸殖民。加上周围地区,地中海地区当约有 600 万平方公里。

30 保罗·佩迪什:《古代希腊人的地理学》,第 173—174 页,商务印书馆 1983 年版。

31 托勒密:《地理学导言》,第 24 章《把地球正确画在平面上的方法》,载《古代的地理学》。

32 詹姆斯:《地理学思想史》,第 53—54 页,商务印书馆 1982 年版。

33 中国古代有发达的纬度测量,也似乎有经度概念,但基本上和地图学无关。

34 马王堆地形图中,深水(今潇水)和它的支流位置,"大部分已经接近现在的地图"。"各县城"的位置也比较正确,"九嶷山、都庞岭以及整个流域地势都表现得十分出色"。见曹婉如:《马王堆出土的地图和裴秀制图六体》,载自然科学史研究所编《中国古代科技成就》,中国青年出版社 1978 年版。

35 《晋书·裴秀传》。

36 宋以前中国有无世界地图已无法考证,但至少文献无载也无实图。目前保存的宋代《华夷图》(1137 年)只绘及朝鲜、越南相邻中国的部分,其他周边国家只是在图的四周用文字排列写上。这样的《华夷图》实际上是以中国为主的国家地图。估计宋以前这类图也不会突破这种格式。宋以后的重要的较大范围地图,如元代朱思本的《舆地图》、明代中叶罗洪先的《广舆图》、陈祖绶的《皇明职方地图》等,也都只是中国地图,至多旁及"朝鲜、朔漠、安南、西域"等部分周边国家和地区。

37 茅元仪:《武备志》,卷 240 所载原图,又见向达整理:《郑和航海图》,中华书局 1961 年版。

38,39,40 《古代的地理学》,第 149 页;105—106 页及其所载《埃拉托色尼地图》;第 148 页。

41,42 彭罗斯:《文艺复兴时期的远行和地理发现》,纽约 1975 年版,第 13、21 页。

43 《地理学史》,第 92 页及所载原图。

44 布尔斯廷:《发现者——人类探索世界和自我的历史》,上海译文出版社 1995 年版,第 289 页。

45 法显从印度回国时走海路,但乘的是外国船。见法显《佛国记》;义净去印度时走海路,所乘的船国籍不明。见[唐]道宣《续高僧传·义净传》。

46 《明成祖实录》卷 12 上。

47 《明史·西域传四》。

48 《明史·郑和传》。

49 南京龙江天妃宫明永乐年碑文,《御制弘仁普济天妃宫之碑》。

50 严从简:《殊域周咨录》卷 8。

51 《郑和家谱》"敕海外诸番条",李士厚:《影印原本郑和家谱校注》,晨光出版社 2005 年版。

52 《明太祖实录》卷 68。

53,54 《最新世界地图集·世界交通图》,中国地图出版社 1990 年版。

55 谭其骧主编:《简明中国历史地图集》,中国地图出版社 1991 年版,《明时期全图》(一)(二)。

56 《明史·兵志·边防》。

57 《明史》,卷 332《西域传 4·俺的干》。

58 马文升:《兴复哈密国王记》,载明沈节甫辑:《纪录汇编》卷 37。

59 条约以满、汉、俄、拉丁、蒙五种文字勒石立碑于中俄边境各地,条约全文载《清圣祖实录》卷 143。

60 孙敬之主编:《中国经济地理概论》,商务印书馆 1994 年版,第 410 页。

61,62 林先盛等四人编:《简明地理手册》,广西人民出版社 1984 年版,第 259、260 页。

63 苏联科学院:《世界通史》,第四卷序言,第 9 页。

64 宋濂:《勃尼国入贡记》,载《宋学士文集》卷 55。

65 《明史·宦官·郑和传》。

66 《掌故丛编》,第三辑《英使马戛尔尼来聘案》。

67 据《清史稿·食货志一》。

68 麦克伊韦迪、琼斯合著:《世界人口历史图集》,东方出版社 1992 年版,第 36、50、107、110 页。

69 《利玛窦中国札记》,中华书局 1983 年版,第 58—59 页。

第六章 15世纪末至16世纪上半叶的其他重要地理发现

第一节 西、葡妥分海上霸权和势力范围

哥伦布率西班牙船队于1492年发现西印度的消息震动了欧洲特别是葡萄牙人。葡萄牙一方面对哥伦布的发现半信半疑，一方面又感到自己的海外利益受到侵害和威胁。因为根据1478年的葡西阿尔卡索瓦斯条约、葡西间的其他谅解和历任教皇的肯定，横穿加那利群岛的纬线（约北纬28.5°）以南直至印度都应由葡萄牙人去发现和经营，以北由西班牙人去发现和经营。[1]现在西班牙人捷足先登了"印度"，且哥伦布首航抵达的巴哈马群岛、古巴（西潘戈）、海地（伊斯帕尼奥拉）均在分界线以南，岂不是侵入了葡萄牙的势力范围。于是葡萄牙一面向西班牙提出抗议，一面向罗马教皇告状，并考虑派达尔梅杜率海军去抢占西印度。西班牙也采取了相应的防范措施，命令梅迪纳西顿公爵所部舰队做好出航准备，并同时向教皇请求调解。当时的教皇亚历山大六世是西班牙族，靠西班牙国王王后的支持当选上台。1493年5月4日，在哥伦布返航后不到两个月，亚历山大六世发布教谕，以佛得角群岛或亚速尔群岛以西100里格处的经线为界划分两国的势力范围和专营权利。线西属西班牙，线东属葡萄牙。[2]葡萄牙对这条教皇子午

179

线很不满意,想坚持阿尔卡索瓦斯条约的原则和精神。但形势对葡萄牙不利。1493年9月25日,由17艘船1200—1500人组成的西班牙大船队已由哥伦布率领启航去西印度,第二天教皇又发布教谕,撤消此前教廷对阿尔卡索瓦斯条约的肯定。[3] 若奥二世见状只得在教皇子午线基础上讨价还价,以保住和扩大葡萄牙多年经营的、绕过非洲去印度的航路和势力范围。在教皇的调解下,1494年6月7日,葡西双方在西班牙北部小城托尔德西拉斯签订条约,把分界线西移至佛得角群岛以西370里格的经线,分界线以东属葡萄牙,以西属西班牙,[4] 避免了外交摩擦和军事冲突。

这条分界线的位置很难准确地测定和画出。因为一是条约没有载明以佛得角群岛的哪一个岛为起点、为零里格;二是没有说明用什么里格来度量;三是当时测定经度很困难,误差很大,地球的大小也还没有确定下来。人们推测,似乎应使用罗马里格(约等于5.92公里),因为1493年5月4日的教谕规定的教皇子午线用的是这个度量单位。[5] 所以,这条分界线只是一条未经勘定的习惯分界线。德国史学家朗格认为这条分界线在西经46度上,美国史学家莫里逊认为在西经46.5度上;[6] 当代英、美的大百科全书则均说分界线应在格林尼治本初子午线以西即西经48度至49度之间;[7] 因此基本上存在着46度之说和48—49度之说两种意见。向西移动270里格保证了6年后葡萄牙人发现和占有了南美的巴西,又不妨碍葡萄牙人30多年后"收回"摩鹿加—香料群岛,这些都是始料不及的。

麦哲伦远航探险后,西、葡对非常富裕的香料群岛的"归属"又发生争执。因为已证明了地球是圆的,去香料群岛既可以东行走葡萄牙路线,也可以西行走西班牙路线,那么香料群岛便既可以理解为在托尔德西拉斯分界线以东,也可以理解为在分界线以西。为了解决这个问题,需要把大西洋上的分界线经过南北极延伸到太平洋上,或者在东半球再划一条分界线。于是西葡政府于1524年在西班牙的巴达霍斯小城进行谈判。参加谈判的有双方的官员、法学家、天文学家、航海家。会议开了50天,没有取得成果,双方的提议差距很大。西葡两国的摩擦从麦哲伦船队到达东南亚之日起便已开始,旗舰特立尼达号及其船员、货物就被葡萄牙人俘获。之后双方的摩擦继续发生。为了避免摩擦,对付其他的竞争者,不影响各自的发现和殖民,西葡两国又进行了长期的谈判,最后在教皇克莱门特七世的斡旋下,于1529年4月22日在西班牙小城萨拉戈萨(Saragossa)签署了条约,规定摩鹿加群岛以东297.5里格处的经线为分界线,线东属西班牙,线西属葡萄牙。[8]据此条约,香料群岛和菲律宾均在线西葡属半球内,便"转归"葡萄牙,葡萄牙则出资35万杜卡特金币,作为对西班牙人首先到达和放弃权利的补偿。有的学者考定这条分界线在摩鹿加以东17度,约相当于东经144度。按1494年的托尔德西拉斯条约划定的分界线,西经46度或西经49度的子午线穿过南北极后在东半球的延伸线应分别为东经134度或东经131度,均在东经144度之西。所以,葡萄牙人毕竟已远航探险、殖民了上百年,葡属半球还是比西属半球稍大一点,但西班牙也得到了它急需的35万枚金币作为补偿。于是,西葡间的争夺和摩擦暂告止息,全世界的海上霸权、殖民地和势力范围首次被瓜分完毕。

第二节 维斯普奇的发现与美洲名称的由来

一、"美洲"一名随想录

西半球的新大陆并没有以它的首先到达者、发现者、考察者、征服者哥伦布的名字命名,而是以维斯普奇的父姓命名,叫作亚美利加洲。这里面有些阴差阳错、机遇和运气的问题。

哥伦布四次航渡美洲,发现了美洲加勒比海地区的全部主要岛屿,首先发现了南美大陆和中美地峡,在美洲活动了好几年(1492 年 10 月—1493 年 1 月,1493 年 11 月—1496 年 3 月,1497 年 8 月—1500 年 8 月,1502 年 6 月—1504 年 9 月),前后连续探险了 12 年(1492—1504)。可是哥伦布始终认为,他到达的地方是亚洲的东部、欧洲大西洋西方的印度。所以他把美洲叫作西印度,把美洲居民叫作印第安人。有的学者认为,哥伦布偶尔也把美洲视为称为"另一个大陆"(otro mundo),"新大陆"(nuevo mundo)。这些词也指以前不知道的、托勒密的地理书和地图集上没有提过和画出的陆地。例如哥伦布在 1500 年给西班牙王位继承人的奶妈托雷斯夫人的信中便使用过这些词汇。[9] 还有的学者推测为,哥伦布后来也意识到了他到达的地区不是亚洲的东部、西边的(泛)印度。但为了自己的名誉地位和既得利益,他知错不改,以保住自己开辟了去亚洲的新航路的殊荣。

即便是这样,绝大多数的原始文献仍然表明,哥伦布在多数时候、场合,在很大程度上仍然认为他到达了亚洲的东部,西边的印度。初期如 1493 年 2 月,哥伦布在首航返回加那利群岛后写给西班牙国王王后的信中,便口口声声说他到达了"印度",见到了"印度人"(印第安人)。[10]后期如1503年的最后一次航行,哥伦布在自牙买加给西班牙国王王后的信中,也仍然认为加勒比海和中美洲地区是"西印度群岛","印度群岛"。[11]最后如在1506年5月哥伦布临终遗嘱中,他仍然说:"圣灵佑助,我获得了并后来彻底明白了一种思想,就是从西班牙向西航行,横渡大洋,可以到达印度。……承万能的主佑助,我在1492年发现了印度大陆以及大批岛屿,包括被印第安人称为海地、被摩尼康谷人称为西潘戈的小西班牙在内……"[12]上述情况说明,哥伦布临终时还不知道他所发现的不是西印度,而是新大陆。

这个重大错误也不是哥伦布一人所犯,而是时代和历史条件所使然。跟随哥伦布一起探险殖民的人,当时与哥伦布分道扬镳另行西航探险的人,与哥伦布竞争的人,包括到达北美的英国卡博特父子,在维斯普奇前谁都没意识到那是一片新大陆。因为认识一个新事物需要有个过程,有赖于探险考察的进展。

还有,哥伦布是于1506年,在55岁时早逝。而首倡称新大陆为美洲的瓦尔泽缪勒的地理书和地图是于1507年出版的,这样作的第一个地球仪(舍孔勒尔制作)是1515年问世的。倘若这些事发生在哥伦布生前,按他的秉性,他肯定会全力攻击这一僭称,维护自己应享的名誉。他也会迅速接受新的相对正确的地理观念,如同他早年最早一批接受地圆学说、西航理论一样。这样的话,亚美利加洲这个地名很可能会在流传开来以前被抑制住,被扼杀掉;哥伦比亚洲、亚特兰蒂斯洲(大西洲)、安得列斯洲(七城岛洲)之类的地名便很可会固定在新大陆之上。

而且,维斯普奇、瓦尔泽缪勒所意识到的、所指称的也只是南美洲,因为它比亚洲大陆靠南得多,而北美洲则与亚洲大陆在纬度

183

上基本一致。直到30年代末40年代初,墨卡托才把亚美利加扩展到北美大陆。因此,如果哥伦布不早逝,至少北美可以获得哥伦比亚洲之类的名称。

再者,哥伦布与维斯普奇之间的孰是孰非,谁对谁错也带有很大的偶然性,在很大程度上是碰运气。因为直到1648年和1728年迭日涅夫、白令先后发现并通过了白令海峡,才最终证明美洲不与亚洲相连,美洲不是亚洲的延伸部分而是一块独立的大陆。可是在此以前两百来年,人们都一直认为是哥伦布错了维斯普奇正确,人们早已称那片大陆为亚美利加洲而非哥伦比亚洲了。即使这时白令证实了人们推测中的阿尼安海峡(Straits of Anian)只是地峡,美洲与亚洲相连,人们似乎也不会把亚美利加又改称为哥伦比亚了,而很可能将错就错,习非成是了。

可见,由于以上种种原因,使新大陆的名字没有与克利斯托弗相连而是与维斯普奇相连,造成了航海探险史上和地理学史上最大的不幸与遗憾。而不幸中的大幸则是他俩均为意大利同胞,意大利人似乎不用为此抱怨。

二、维斯普奇的航海探险考察

阿美利哥·维斯普奇(Amerigo Vespucci,1454—1512)出生于佛罗伦萨一个公证人家庭。1479年,在佛罗伦萨实行僭主政治的美第奇家族派维斯普奇任驻法国王室的代表。1491年,兼为金融寡头的美第奇家族派维斯普奇去塞维利亚,在美第奇银行当地分行工作,并经营船舶航具。维斯普奇为哥伦布的第二次和第三次远航准备过船只,并与哥伦布结识。1496年,维斯普奇当上塞维利亚分行经理。

1499—1500年,西班牙人阿隆索·奥赫达、西班牙制图家胡安·德拉·科萨、维斯普奇率四艘船获准去西印度探险,探险费用便是由维斯普奇向佛罗伦萨的银行家筹集的。他们于 5 月出发,次年 7 月返回。在这次航行探险中,他们考察了不为人知的南美大陆北部约 3000 公里的海岸地段,包括整个委内瑞拉、圭亚那、苏里南、法属圭亚那、圣马科斯湾以北的巴西,[13]发现了北纬 12 度附近一系列的岛屿。他们注意到南美北部海岸继续向东南延伸,于是推测这片陆地很可能是一块前人未知的新大陆。第一个提出这一看法的是德拉·科萨。[14]

维斯普奇在这次远航中的主要贡献是独立指挥、探索了巴西东北部的海岸。船队于 6 月底从大西洋直接抵达今法属圭亚那海岸后,奥赫达率两艘船向西北考察,维斯普奇率两艘船向东南探险。据维斯普奇 1500 年 7 月给一个朋友的信所述,他们于 7 月份发现了亚马逊河口,并乘小艇溯河而上了 100 公里。维斯普奇继续向东南航进,发现了托坎廷斯河口,前进到圣马科斯湾。他们在那里被逆向的海流挡回,于是转向西北。这样维斯普奇独立发现了约 1200 公里的南美东北海岸线。后来维斯普奇分船队与奥赫达的分船队在特立尼达岛会合。

1501 年,维斯普奇来到葡萄牙。1501 年 5 月,葡萄牙派科埃尔奥率三艘船去考察去年卡伯拉尔发现的巴西(岛),推进对这一带的发现。维斯普奇以天文地理学家、数学家、制图家的身份参加探航。5 月份船队从里斯本出发,8 月份到达巴西北部的圣罗基角。从这里开始原来东西走向的海岸陡然转南,接着又转向西南。船队沿海岸向南推进,11 月 1 日到达萨尔瓦多(湾)。1502 年 1 月 1 日到达里约热内卢(湾)。1 月 22 日,船队抵达约南纬 25 度的卡纳内阿(Кананеа)。[15]在这里科埃尔奥决定让一艘船先返航报信,该船于1502年7月回到里斯本。剩下的两艘继续沿海岸向西南探航。按维斯普奇的说法,船队于2月15日到达南纬32度处的巴西最南部海岸。此后,维斯普奇被船长、水手们推举为队长。他率船队向东南航行,不见海岸地前进了近3000公里,4月3日在南纬52度处发现了新的陆地。4月7日他们掉头北返,在33天里走过了7000公里的路程,于5月10日到达西非的塞拉利昂。在此他们抛弃烧毁了一艘百孔千疮的船,然后继续北上经亚速尔群岛,于1502年9月7日回到里斯本。

维斯普奇的说法疑点和矛盾甚多。他说他们到了南纬32度处的南美海岸,但16世纪10年代的欧洲出的所有地图,所画出的南美海岸线最远点只达南纬25度。而美国学者则认为他们可能到了南纬36度处的拉普拉塔河河口。[16]科埃尔奥和葡萄牙船长们凭什么把指挥权临时拱手让给一个成就不大,名声不响,资历不够的外国人。他们乘坐的破烂船只怎么能在33天里行驶7000公里,从南纬52度回到塞拉利昂。他们为什么不沿着南美海岸继续探航,却远离不见海岸地在东南方向航进到南纬52度。他们在那一带发现的未知陆地是何地。按维斯普奇的说法似乎可能是南乔治亚岛(36°W,54°S)。但苏联学者认为,他们很可能只是发现了南回归线以北巴西以东的特林达迪岛(29°W,20°S)。[17]

1503—1504年维斯普奇又参加了葡萄牙人寻找通向摩鹿加群岛的航路的远航,到达过巴西和圭亚那一带。这次航行没有提供任何新的地理知识。此后他又转回西班牙,于1505年和1507年两次随西班牙船航行到巴拿马的达连湾。这两次航行在地理发现方面也没什么建树。1508年,维斯普奇被西班牙西印度商务局授予主舵手的职衔。1512年,维斯普奇作为西班牙国民去世。[18]

三、美洲地名的由来

1503—1504年,维斯普奇写了两封信,一封给他的原来主人洛伦佐·皮约略·美第奇银行家,一封给他的朋友佛罗伦萨人皮约略·索德利尼。这两封信为他赢得了世界性的声誉。在这两封信中,维斯普奇很少提供他们所行路线的距离、所到地区的地理概况,已被发现的海岸、海湾、河流、岛屿等地的名称,却有声有色地描写人们陌生的南半球星汉灿烂的天空,新到地区的气候,各种植物、动物,以及印第安人的外貌和奇异的风俗习惯。所有这些描写既生动活泼又引人入胜,[19]当时欧洲的广大读者对地理新发现的兴趣甚浓,可西班牙、葡萄牙当局对哥伦布和其他航海家的西印度探险发现报告很少公布于众。因此,维斯普奇关于他在大西洋西岸多次航行的精彩记述便赢得了巨大的成功。这两封信很快被译成多种文字,由欧洲一些国家出版印行。

维斯普奇在1503年给美第奇的信中谈到他去年到过的新地区时说:"应当把这些地区称作新世界,……大多数古代著作家说,在赤道以南没有大陆,只有海洋。即使他们中的一些人承认那里存在着大陆,他们也认为那里无人居住。然而我的最后一次旅行(指去年)证明了他们的看法是完全错误的。因为我在南部区域发现了一块新大陆,这块大陆上的人口和动物都比我们欧洲、亚洲、非洲的更稠密(显然夸大了。——作者)。此外,那里的气候比我们所知的任何一个地区都更为温和宜人。"维斯普奇在信中还明确指出,"应该称这些地区为新大陆"。[20]维斯普奇在谈到当地印第安人时说:"他们那里所有的妇女都是公用的。他们没有国王,没有庙宇,没有偶像神。他们之间没有商业贸易,也不使用金钱。他们互相敌对,以最残酷的手段毫无秩序地进行搏斗。"[21]维斯普奇还说那一带的土著是食人者,他们把人肉像腊肉香肠那样腌好晾干挂着慢慢吃。当时,德国洛林地区的圣迪耶城有一个地理学小组。小组中一个叫马丁·瓦尔泽缪勒的青年学者写了一本小书《寰宇志导论》。该书于1507年出版,并附上了维斯普奇那两封信的拉丁文译本,译者是巴西亚神甫。瓦尔泽缪勒在书中提出:古代人把有人居住的世界划分为三部分,即欧罗巴、亚细亚和阿非利加。"今天(旧)大陆的这几个部分已经考察清楚了,可是还有一块大陆即第四大陆,它是阿美利哥·维斯普奇发现的……但我不明白,为什么世界的这一部分不用它的第一个发现者阿美利哥的名字命名呢?它有权被称作阿美利哥地区或者叫亚美利加。"[22]"亚氏是一位有见识有才能的人,况且类似的名字已由妇女们赋予了欧洲、亚洲和非洲。"[23]瓦氏最后的意思是说,欧罗巴、亚细亚、阿非利加的拉丁文皆为以a结尾的阴性名词(Europa, Asia, Africa),称新大陆为America便与它们一致。瓦尔泽缪勒又在同年绘制出版的一幅大型世界地图上重复了这一提议,图上的南美地区被标成了"亚美利加"。[24]

瓦尔泽缪勒和圣迪耶地理学小组并不贬低哥伦布等人的发现成就。对于他们和当时的其他地理学家来说,哥伦布只是发现了旧世界边缘地区的海岛和半岛,即东亚的赤道附近的热带地区。与此几乎同时,英国的卡博特父子和葡萄牙的科特利亚尔兄弟所发现的陆地只是东北亚的寒带地区。而维斯普奇则发现了世界的第四部分,发现了新大陆。这个大陆是古人未知的世界,它像非洲一样,沿赤道向两侧扩展。但是它又远离非洲,被大西洋隔开。可见,他们在纠正哥伦布等的重大错误时,自己也在犯新的较小错误。

地图学家们似乎比地理学家们谨慎一些。1508年德国人约翰·路奇(Ruysch)的世界地图还只是把南美大陆称为"圣十字架之地"或"新世界"。[25]1512年波兰人斯托布尼奇基(Стобнички)在克拉科夫出版的世界地图仍把南美洲标成"未知的陆地"。[26]但是随着瓦尔泽缪勒的书多次重印,并被翻译成多种文字出版,在西欧广为流传,因此西欧出的地图、地球仪就渐渐把新大陆标注为亚美利加了。德国人约翰·舍孔勒尔(Schöner)1515年制作的地球仪首次把南美洲标注成亚美利加。[27]尽管瓦尔泽缪勒在1516年出的航海图上已改变了原来的看法和作法,改称南美为"哥伦比亚",[28]但为时已有些晚矣。不过在相当长一段时期内,亚美利加洲仅指南美洲。

四、美洲地名的发展

随着大南海的发现(1513年)和西班牙人、法国人在北美南部、东部航海探险考察,人们渐渐意识到原来以为的亚洲的东部,西边的印度也是新大陆的组成部分。用地峡把南北美洲连接起来的地图逐渐出现。1523—1524年法国的维拉察诺北美航行之后,把南北美洲连接起来的地图、地球仪大量出现。最早把亚美利加从南美扩大到北美的是著名的佛兰芒人大地图学家墨卡托,他在1538年绘制的世界地图中便把南美大陆标注成"南部亚美利加",把北美大陆标注成"北部亚美利加"。[29]1541年,墨卡托在新出的地图中,又把亚美利加一词拆开,把"亚美"(Ame)三个字母写在北美大陆图形上,把"利加"(rica)四个字母写在南美大陆图形上。[30]

从16世纪下半叶开始,欧洲出的大多数地图、地球仪和地理书都把南北美洲统称为亚美利加。只有西班牙人、葡萄牙人和大多数意大利人坚持使用新世界、西印度、印第安等名称来指代新大陆,以此抵制亚美利加那不大公正的名称。但由于积习难改,从众心理和大势所趋,17世纪以来意大利人、葡萄牙人也先后基本上改称新大陆为亚美利加。到18世纪初,西班牙人才最后改口称新大陆为亚美利加。

美洲这个地名在明末传入中国。《明史》载:"意大里亚,居大西洋,自古不通中国。万历时,其国人利玛窦至京师,为《万国全图》,言天下有五大洲。……第四曰亚墨利加洲,地更大,以境土相连,分为南北二洲。"[31]所以新大陆的地名一传入中国便是亚美(墨)利加,而没有经过西印度、新世界这些过渡阶段。中国人为了称呼方便,又把它简称为美洲。今天,在英语中,单说America,便指美国或整个美洲;若说Americas,便指南北两个美洲。

第三节 葡萄牙人二航印度与巴西、马达加斯加的发现

1499年达·伽马首航印度返回后,证明西欧、南亚间的香料价格悬殊二十多倍,沿新航路经商贩运大有厚利;也证明印度洋西北岸有许多阿拉伯人和穆斯林,在印度洋上打击穆斯林的侧翼有一定的战略意义。于是葡萄牙政府很快组织了一支由13艘船,1200—1500人组成的较大船队前去印度,其中包括士兵、方济各会修士、商人,准备确立和扩展与印度的商业贸易关系,夺取印度洋上的海上霸权。曼努埃尔国王给船队的训令便明确要求他们尽量地打击摩尔人,拦截摩尔人的船只,把西欧人与摩尔人一直处于战争状态的事告知印度人,敦促印度人断绝与摩尔人的贸易。[32]曼努埃尔国王在致卡利库特萨穆林的国书中就说,葡萄牙人将"不顾任何抵抗,决不停止这个(通商和争霸)事业"。[33]出于葡萄牙一

贯的用人策略，即防止臣下功大盖主，也为了争取贵族的支持等原因，曼努埃尔国王这次又不派达·伽马去指挥扩展新航路，而令32岁的贵族、宫廷官员卡伯拉尔挂帅前往。卡伯拉尔此前没有什么战功和航海探险成就，但其父亲曾任若奥二世的顾问，两个兄弟当时也都是御前宫廷官员。巴托罗缪·迪亚士的光辉已因达·伽马首航印度而黯淡，于是这次又参加了远航，担任一艘船的船长。

1500年3月9日，船队从里斯本启航前往印度。如同达·伽马一样，卡伯拉尔在大西洋热带水域远离非洲海岸向南行驶。出海两星期后就有一艘船失踪。船队在南大西洋陷入了一个无风的海区，被季节性海流推到了较远的西部海域。4月22日，在南纬17度附近，他们发现了陆地。船队停靠在一个不为人知的南美巴西的东部海角岸边。如果葡萄牙人观测计算准确，这个地方便是巴西东北海岸的卡拉韦拉斯附近。

葡萄牙人把这片新地当成海岛，他们没有料到会在这里遇到大陆，所以卡伯拉尔把它称为"真十字架岛"。卡伯拉尔派一名船长率人乘小艇去考察新发现的陆地。登陆后，船长尼古拉·科埃尔奥与土著互赠了帽子、羽冠。原来的停泊场不理想，不避风浪，4月25日，当风暴袭来时，卡伯拉尔率船队向北转移了60公里，进入一个较安全的港湾。1500年5月1日，卡伯拉尔在登陆的一个小岗上举行真十字架岛的占领式，竖起了一个大的木十字架。他们还在那里建了一个小据点，令随队的两个囚犯留守。几十年后，葡萄牙人在这一带海岸发现了已老迈的这两个流放犯和他们与印第安人通婚所生的混血儿。第奥古·迪亚士船长也受命率队登陆考察，他们到了离岸10公里远的印第安村庄。他返回后报告，印第安人的住所是长房子，食物主要是木薯、野生植物种子、野果和鱼。睡的是吊床。葡人和巴西印第安人的首次接触是和平友好的。

5月1日,卡伯拉尔派一艘船先返回里斯本报信。曼努埃尔国王闻讯便对卡氏的新发现做出了有分量的反应。他为此晓示西欧各国君主,宣布葡萄牙对它的主权,并把真十字架岛改为"圣十字架之地"。他认为"圣十字架之地"对于同印度联系是非常方便和必需的,因为他(卡伯拉尔)可以在那里修理船舶、补给淡水。"[34]曼努埃尔国王还迅速地派出贡萨尔·科埃尔奥和维斯普奇探险队于1501年5月出发,去推进对那一带的发现(参见本章第二节第二目)。

这次发现是偶然的,还是有意识的,一直存在着争论。我认为是偶然的。第一,卡伯拉尔船队庞大,是近百年来葡萄牙派出的最大的远航船队,它不像也不适合去探险,倒很像也很适合去经商。第二,发现新地后便急匆匆地派一艘船回去报信,这显然表明是意外的收获。第三,他们在巴西仅停留了10天,只考察了约100公里的海岸线和抵达离岸10公里远的地方。第四,达·伽马首航印度南下时,在南大西洋水域相当长的航程内,其航线已离非洲很远,离美洲较近,离非洲海岸的距离已是离巴西海岸的两倍。所以卡伯拉尔在达·伽马航线的基础上,再偏西一些,便发现了巴西东北部。至于此前是否有欧人到达考察过这一带海岸,由于史料缺乏或记载不详很难判定。

1500年5月2日,船队主力离岸向东南方的非洲南端驶去。一颗彗星挂在南天上达八个晚上,指向好望角。这对当时的航海者来说是一个不祥之兆。果不其然,5月23日起在离好望角不远的地方他们遇上了风暴,四艘船沉没,船上的海员们罹难。其中还包括发现了好望角和非洲南端的巴托罗缪·迪亚士。还有一艘船掉队失踪。卡伯拉尔率剩下的六艘船于7月16日到达东非的索法拉,7月20日到达莫桑比克(港),7月26日到达基尔瓦,8月2日航抵马林迪。从马林迪出发,他们仍借助于有经验的阿拉伯引水员,于1500年9月13日到达卡利库特。由于两年前达·伽马的欠税行为,卡利库特的萨穆林对葡萄牙人比较冷淡。后来卡伯拉尔在港口外截获了一艘与卡利库特敌对的城邦的船,缴获了船上的五头大象和其他物品,把它们送给萨穆林。这样卡利库特当局才改变了一些态度,让葡萄牙人在城里设立货栈商站。但是,当地的阿拉伯商人、伊斯兰势力与葡萄牙人在经济、政治和宗教方面都存在着矛盾,他们于12月16日发动骚乱,捣毁了葡萄牙商站,打死了50多名海员。

卡伯拉尔见状下令抓了港内的十来条穆斯林商船,没收了船上的货物,杀了500多船员,将船付之一炬,并炮击卡利库特城,以报复萨穆林默许或纵容骚乱。葡萄牙人随后转向柯钦、卡纳诺尔、卡朗哥洛斯等港口城市。这些地区与卡利库特敌对,他们与葡萄牙人通商。葡萄牙人购得了大批香料、药材、芬芳类商品及轻纺织品,并且还获准在柯钦建立了一个商站兼要塞,留下百余人经营和驻守。

1501年1月中旬,卡伯拉尔从柯钦启程回国。在莫桑比克附近,一艘船因疏忽而搁浅,船员和大部分货物被转移出来,破船被抛弃烧掉。在非洲东南岸,他们又遇到了风暴,一艘船因此脱离了船队于7月底首先返回里斯本。卡伯拉尔在大西洋上收拢了剩下的4艘船。在佛得角群岛附近,当初在离好望角不远处遇风暴而失踪的一艘船竟意外地与船队会合。1501年7月底,船队主力回到里斯本。葡萄牙人二航印度代价仍很沉重,船只损失了将近一半,人员损失过半。但船队运回的30万磅货物其价值仍比较可观,变卖后所得的钱比这次探险的耗费多 2 倍(自然,耗费中没有抚恤金一项)。

巴托罗缪·迪亚士的兄弟第奥古·迪亚士参加过达·伽马开辟新航路的航行,接着又与兄长一起参加了卡伯拉尔二去印度的航行。兄弟俩分任船长。在 1500 年 5 月底离好望角不远所遇到的风暴中,巴托罗缪的船遇难,第奥古的船也掉了队。此后他绕过非洲南端,在印度洋上向东北行驶了很长一段距离。8 月 10 日他们开始发现马达加斯加岛。[35]第奥古率船从马岛的东岸驶过(大洋岸),考察了它长达 1500 公里的海岸线。最后在马岛北端登陆,进行补给休整。马达加斯加的主体居民马尔加什人和其他土著,当时都还处于原始社会阶段。历史上马来人多次移居此地,阿拉伯人、波斯人、印度人都来过此地,班图黑人又于 14、15 世纪时移入。13 世纪以前,阿拉伯人已知此岛,并在地图上标出这个大岛。[36]马可·波罗也提过此岛。但在第奥古到达前,马岛与文明地区的联系已中断很久了。它与文明之地莫桑比克城邦只隔 400 公里宽的海峡,但也没有什么来往,基本上还处于与世隔绝的状态。阿拉伯人也早已把马岛遗忘了。所以,可以说第奥古等重新发现了世界第四大岛马达加斯加岛(格陵兰、伊利安、加里曼丹、马岛),首次确立了欧洲与马岛的联系。

第奥古原想能在马林迪与船队会合,于是他们继续向北航驶,可是中途偏离了航线,最后大约在马嘎多克索(Magadoxo)地区看见了非洲海岸。他们然后沿海岸绕过了瓜达富伊角(Guardafui),向西行驶了 900 公里,到达了索马里北部、亚丁湾南部的柏培拉港口城市。[37]所以就欧洲人来说,他们还首次了解了索马里海岸和亚丁湾南部海岸。大部分海员这时已染上了坏血病,第奥古把几十个重病号送上岸,安排在一个阿拉伯人的镇子里,并留下十几个人照顾他们。船上只剩下四十来人,其中一半也是病号。当地阿拉伯人袭击杀死了上岸的全部葡萄牙人(约60人,因每船乘员约百人),并乘小船进行偷袭,企图夺取停在港口的葡萄牙大船。船上的海员用火枪打退了阿拉伯人的进攻。这是又一起由阿拉伯人挑起的流血事件。第奥古决定迅速返回葡萄牙,途中他们又因病损失了25人。这艘船没有运回什么有价值的货物,然而却给欧洲带回了马达加斯加岛和索马里海岸的第一手资料。

　　航海世家迪亚士家族在大航海和地理发现时代出了几位著名人物。迪尼斯·迪亚士曾于1445年发现了塞内加尔河口,佛得角和戈雷岛;巴托罗缪·迪亚士于1487年发现了好望角,绕过了非洲最南端;第奥古·迪亚士这次又发现了非洲第一大岛马达加斯加;兄弟俩的孙辈鲍洛·迪亚士(Paolo)于1560年率船队到达安哥拉宽扎河口。鲍洛溯河而上60里格,同与葡萄牙结盟的当地统治者会合,助他平"叛"。鲍洛还在巴西探险殖民过。1574年鲍洛又率船队去安哥拉,修建了罗安达港,[38]它后来成为安哥拉的首都和最大港口。后来鲍洛率军在宽札河(Kwanza)流域和卢卡拉河(Lukala)流域进行殖民战争,最后死于战场。

　　1502年意大利地图学家坎丁诺绘制了新的世界地图。该图长2.2米,宽1米,用羊皮并加彩着色,保存至今。[39]坎丁诺把马达加斯加岛首次完全正确地画在了地图上。在以后的10年期间,葡萄牙人探察了马达加斯加岛的几乎全部海岸及其沿海水域。

　　综上所述,1500—1501年的葡萄牙人二航印度意义比较重大。这次远航确切地发现了巴西,开始了对南美大陆的发现进程;发现了非洲第一、世界第四的大岛,59.5万平方公里的马达加斯加;开辟了从非洲最西部到美洲最东部横渡大西洋最短的新航线。同时它还是迄当时为止最远的一次远洋航行,他们连续横渡了大西洋、印度洋,经过到达了欧、非、美、亚四大洲,从而把这四大洲的部分地区联系起来;在印度站住脚扎下根,建立经营起殖民据点,开始了对东方的殖民。从此以后,葡萄牙人、欧洲人在印度洋上的活动、乃至循此新航路进入太平洋的活动都主要是扩张、征服、海盗、通商性质,不再有什么重大的地理发现和探险考察了。

第四节 初探西北新航路和发现美洲东北沿海地区

一、老卡博特领导的英国首次远航探险

15世纪末,当葡萄牙、西班牙在积极进行或筹备远航探险的时候,英国人也跃跃欲试,摩拳擦掌。15世纪下半叶,英国已成为先进国家。在政治上,1453年英法百年战争结束,1485年红白玫瑰战争结束。英国政局稳定,建立了都铎王朝,君主专制制度逐渐形成。在经济上,英国的农业、手工业、商业都发展得比较快,成为欧洲经济最发达的国家。在生产关系和阶级关系上,15世纪时,农奴制已被消灭,资产阶级和新贵族逐渐崛起,是资本主义萌芽生长得最茁壮的国家之一。在航海方面,15世纪初成立了"商人开拓者"公司,与汉撒同盟竞争,从事海上货运。英国商船出现在西欧沿海各地,并有武装护航。英国的渔业也快速发展。英国渔船常到北大西洋深海捕鱼,甚至常到冰岛一带捕鱼。作为海岸线最长的岛国,英国的航海业也迅速成长起来。在这种国情下,英国于15世纪末挤进了航海探险地理发现的行列,不过它这时还只能扮

演配角。

当时,英国西南部的海港重镇、渔业中心布里斯托尔成为英国人航海探险地理发现的中心和基地。从1480年起,布里斯托尔的商人们便开始陆续派出船只,去寻找传说中的神秘的亚特兰蒂斯(大西洲)、巴西群岛和安的列斯群岛,并寻找新渔场。这年,一个叫约翰·介伊的人出资组建了一个探险队,去寻找据说在爱尔兰以西很远的巴西岛。这次探险虽然无功而回,但从此开始了几乎每年一度的持续的航海探险。西班牙驻伦敦公使1498年向国内写信报告说:"七年以来,布里斯托尔的商人通常每年都派出两艘、三艘或四艘卡拉维尔船组成的小船队,根据某个热那亚人的想像,去寻找巴西岛和七城岛。"[40]据传说,巴西岛(Brazil)是沉下去的大西洲的残存部分;七城岛是指有七个主教从摩尔人占领下的西班牙逃出后,航海去寻找大西洲,却发现了一个大岛,在岛上建了七座城。[41]安的列斯即七城岛。[42]另外,巴托罗缪·哥伦布的游说也进一步激起了英国人向西发展的兴趣。他曾为其兄克里斯托弗西航而争取英国的支持。亨利七世等先是不置可否,许久以后又愿意投资此事,并委托巴托罗缪转达,但为时已晚。西班牙刚好已先同意资助并与哥伦布签订了圣塔菲协定。

布里斯托尔的商人们在得知哥伦布的发现后,加快了探险的步伐。它们出资装备了一个英国探险队准备西航,并由移居此地的意大利人约翰·卡博特担任探险队领导。1496年,西班牙驻伦敦公使给斐迪南和伊莎贝拉写信禀告说:"有一个像哥伦布的人向英国国王提议要进行如同哥伦布向印度航行一样的探险。"西班牙君主回信指示公使向英国国王提出警告,这样的探险是对伊比利亚两国合法权益的侵犯。但英王并不怎么把教皇子午线放在眼里。在收到西班牙大使的抗议之前,亨利七世已于3月5日颁发了给卡博特父子的许可敕令。敕令授权他们"以充分的和自由的权力航行至东海、西海、北海(按:指英国以东、以西、以北的海洋)的所有海域、区域和海岸,去寻找、发现和考察位于世界任何部分的、迄今为基督教世界所不知的、异教徒和不信神者所居住的一切海岛、陆地、国家和地区。"[43]国王约定从探险的收益中提取1/5的利润,并在敕令中故意不指明可以向南航行,以避免与西班牙人和葡萄牙人发生冲突。

约翰·卡博特约1450年生于热那亚,1461年移居威尼斯,1476年入威尼斯籍,是个商人和海员。1480年他曾到过近东地区,进入麦加、麦的那等圣城经营印度商品,打听到一些关于出产香料的遥远国家的情况。根据曾亲聆卡博特讲述其航行的雷蒙迪在1497年12月给米兰公爵斯佛尔查的信中可知:卡博特当年从阿拉伯水手那里了解到,印度东北非常遥远的地方盛产香料。卡博特也相信地球学说,并据此做出了合乎逻辑的结论:香料之邦对于印度人来说在非常遥远的东北方,对于意大利人来说则在比较近的西北方。约1484年,卡博特全家又移居伦敦。在此期间,卡博特也独立形成了向西探航到达东方的设想和计划。具体方案是向西渡过大西洋经过北亚到达香料之邦。1490—1494年,卡博特极可能去过葡萄牙的里斯本、西班牙的瓦伦西亚和塞维利亚,寻求葡、西君主和商界的支持,但都没有成功。约1494年,卡博特全家又迁移到布里斯托尔。1496年卡博特就率一艘船从布城出发去横渡大西洋。但后来因食品短缺、天气严寒、与船员们存在分歧而中途返回。卡博特的加入使英国人的航海发现发生了转变,即从寻找传说中的神秘的陆地这种冒险为主转变到开辟去东方的新航路、获取香料这种探险为主。

谨慎的布里斯托尔的商人们这次只准备了一艘不大的三桅帆船,乘员 18 人,其中包括他的 21 岁的二儿子塞巴斯蒂安。1497 年 5 月 20 日,卡博特率船马修号(以他的威尼斯妻子马提娅命名,Matthew, Mattea)离开布城向西航行。他们也采取等纬度航行法,一直把航线保持在北纬 52 度的纬线上。6 月 24 日,他们发现了陆地。卡博特称其为"首次见到的陆地"。这里是纽芬兰岛的北端。他们在最近的一个港湾登陆,举行了占领仪式,插上蓝底红十字的英国国旗和威尼斯国旗。他们在这一带没有见到人,但发现了有人活动的证据,如猎捕动物的套索、织网的骨针和被砍过的树。[44]卡博特然后向南偏东航行,考察了纽芬兰岛的全部东部海岸线,并绕过纽芬兰岛向东南凸出很远的阿瓦朗半岛,到达了北纬 46.5 度,西经 55 度。在阿瓦朗半岛周围的海域里,卡博特等看到了大群的鲱鱼和鳕鱼,这样就发现了面积达 30 多万平方公里的纽芬兰大浅滩(Grand Banks)。这是世界上鱼类资源最丰富的海区之一。卡博特正确地估价了他对大浅滩渔场的发现,他回去后宣布,英国人可以不再到冰岛渔场而可以到新发现的渔场捕鱼了。7 月 20 日卡博特开始掉头走原路返航,8 月 6 日回到布里斯托尔。

当时客居伦敦的威尼斯人巴士瓜里哥在 1497 年 8 月写给他的兄弟们的信中说:"我们的同胞,那个从布里斯托尔乘一只小船去发现新岛屿的威尼斯人,已经回来了。并且他说他在 700 里格以外发现了大陆,这片大陆是大汗的王国。"[45]这就是说,卡博特也认为他到达了东亚、中国。但探险成功的卡博特只从英王那里获得 10 英镑的奖赏和每年 20 英镑的退休金。

约翰·卡博特绘制过一幅他首次远航探险的地图,可惜未能流传下来。亨利七世则把卡博特"首次见到的陆地"改名为"新发现的陆地",即纽芬兰(Newfoundland)。[46]

二、卡博特父子的第二次远航探险

卡博特的首次远航探险极大地鼓舞了英国人。他们认为自己没花多大力气便取得了与西班牙人一样、比葡萄牙人还抢先一步的巨大成绩,因为卡博特首航发生在哥伦布首航之后,达·伽马首航之前。于是,英国很快组织了对"中国"的第二次远航探险。1498年2月,亨利七世下达了批准令,5月初,以约翰·卡博特为首的探险队启航。这次共有5条船,约200人。其中一艘出航不久便损坏,停靠在爱尔兰,退出了探险。

关于这次航行探险的情况人们所知甚少。人们推测,老卡博特在航行途中病死了,小卡博特·塞巴斯蒂安自然接替了父亲的指挥权。英国史学家伊莎贝尔·巴克利和西班牙地理学家拉斐尔·帕拉西俄斯(Rafael Palacios)做了较多的研究和如下的描述。他们从布城出发后驶向西北,先到了格陵兰岛。他们考察它的东南部和西南部海岸线,然后继续西行到了巴芬岛。[47]这两个地方皆是冰天雪地,杳无人烟,到处是海豹。他们仍然认为这些地区是大汗帝国的边远地区,便转向南航,沿着拉布拉多半岛海岸行驶。船员们开始抱怨食品配给不足和天气寒冷,卡博特父子因此而担心哗变。他们驶入了圣劳伦斯湾,以为它是个大海湾,却不知它是一个大河口。他们退出了海湾,绕过了上次发现的纽芬兰,沿大陆海岸继续向西南航行,一直到了马里兰(美国)。他们在这一带寻找刺桐(泉州)和马可·波罗描写过的其他城市。因这一带没有多少人烟,岸上多是茂密的针阔叶林。小卡博特最后只得放弃了探寻、打道回国。他们向东偏北航行,直接返航。[48]

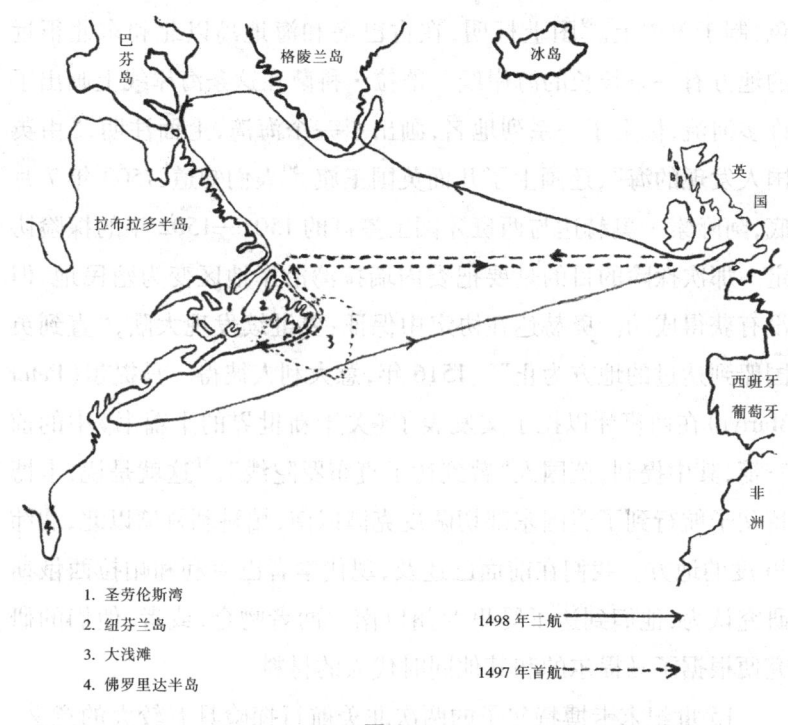

图 6-1

资料来源：底图和第二次航线图，据巴克利著《伟大的地理发现时代》第43页载帕拉西俄斯所绘地图而画；第一次航线图，据马吉多维奇父子《地理发现史纲》第二卷第61页载莫里索恩所绘地图而画。

在英国人的心目中，第二次探险耗费巨大，但无任何收益，得不偿失。实际上水手们没有注意到或没有认识到那一带的毛皮财富和森林资源。

说来奇怪，人们获知卡博特父子第二次远航探险的地理发现成果并不主要来自英国的历史文献，而主要来自西班牙的历史文献。制图家胡安·德拉·科萨于1500年绘制的地图是已知最古老的画出了新大陆的著名地图。原图长 186 厘米,宽 96 厘米,彩色,制于羊皮上。[49]图上标明,在古巴岛和海地岛以北和东北很远的地方有一条长长的海岸线。德拉·科萨在这条海岸线上画出了许多河流,标上了一系列地名,画出了一个海湾,上面注明,"由英国人发现的海",还画上了几面英国王旗。[50]人们知道,1500 年 7 月底,阿隆索·奥赫达与西班牙国王签订的 1501—1502 年的探险协定。那次探险的目的是要把委内瑞拉湾沿岸地区变为殖民地,但没有获得成功。奥赫达在协定中保证:要继续发现大陆,"直到英国船到达过的地方为止"。1516 年,意大利人彼得·马提尔(Peter Martyr)在西班牙以拉丁文发表了《关于新世界的十篇书》中的前三篇,其中提到,英国人"曾到达了直布罗陀线"。[51]这就是说,卡博特父子航行到了美国东部切萨皮克湾以南,帕科利科湾以北,北纬 36 度的地方。我们在前面已述及,现代学者巴克利和帕拉西俄斯研究认为,他们到达了马里兰州以南。两者吻合,或者,他们的研究便根据了马提尔的和其他同时代人的材料。

  15 世纪末卡博特父子的两次北美航行探险具有较大的意义。1. 他们继诺曼—维京人之后,在地理大发现时代和大航海时代首先发现了北美广大地区,从而开始了发现北美洲的进程。2. 他们在北纬 52 度至北纬 36 度的水域两次横渡北大西洋,从而把哥伦布开辟的新航线扩展到北美和北大西洋。3. 他们发现了盛产鱼类的纽芬兰大浅滩,以后从 16 世纪初起便吸引了英国、法国、葡萄牙等国的渔民前去捕鱼。4. 他们的航海探险使英国加入地理大发现的行列,也是英国这个后来最大的殖民帝国、海洋霸王海外扩张的嚆矢,还是北美洲后来成为英语区的滥觞。5. 他们的航海探险证明,北美东北部没有香料、黄金、珍珠,没有城市,没有人烟。

他们遇到的(二航时多次登陆并遇到)不是高度文明的中国人,而是身披兽皮,极其落后的印第安人。北美东海岸决不可能是中国、日本、印度的东海岸。他们的航海探险从而促进了美洲是一块新大陆的认识的发展。此后,加上维斯普奇等的发现,英国人开始把北美和东亚逐渐区分开来。

三、小卡博特的北美航行探险

长期以来人们认为,小卡博特·塞巴斯蒂安在第二次远航后,可能是因父亲去世而伤心,不再去北美探险了。英国人由于失望灰心,在此后的几十年里也不再进行沿西北航线前去东亚的任何新的认真的尝试了。这一点在《不列颠百科全书》1974 年 15 版"百科简编"塞巴斯蒂安条(Sebastian Cabot)、马吉多维奇《世界探险史》(1957 年初版)、彭罗斯的《文艺复兴时代的远行与地理发现》等的有关章节中,都有所反映。但近年来的研究表明,小卡博特后来又在大西洋北部、美洲东北部高纬度地区进行了两次独立的远航探险和发现活动。

第一次发生在 1504 年。这年春天他率布里斯托尔商人提供的两艘船出发,到达了北美大陆,但不知他到了哪些地点。6 月他们开始转向返航,秋天回到布里斯托尔。[52]这次远航的地理发现成果不清楚。但在经济开发方面两艘船带回的货物有,从纽芬兰地区捕获腌制的 40 吨咸鱼和 7 吨贵重的鳕鱼肝脏。[53]

第二次远航探险是 1508—1509 年。小卡博特指挥由英王提供的两艘船,先经过冰岛和格陵兰岛,到达拉布拉多。小卡博特考察了直到北纬 64 度的拉布拉多东海岸。寻找通向东亚的西北新航路,并钻进了一个海峡。据保存下来的他的报告所提供的信息判断,海峡位于北纬 61 度与 64 度之间。他们沿海峡向西北穿行了约10个经度,约540公里才得以通过。然后转向西南,进入一个开阔的大海,小卡博特称之为"太平洋"(Тихий Океан)[54](这时麦哲伦所横渡的太平洋还没被发现和命名)。据小卡博特的意见,他所通过的海峡的位置和大小大致符合于哈得逊海峡。它长达近800公里,位于北纬60.5度和64度之间。这些事实说明,他们到了哈得逊湾湾口;小卡博特在诺曼人之后,首先发现了哈得逊海峡和哈得逊湾。但在这里船员们拒绝深入"太平洋"探察,原因是惧怕严寒和浮冰,并以哗变要挟。于是小卡博特退出海峡,沿北美东海岸向南航行到今美国弗吉尼亚州一带的纬度,然后返航。小卡博特重新到了他曾到过的北纬36度的直布罗陀线一带,并认为他已发现和开辟了去东亚的西北新航路,向西渡过"太平洋"——哈得逊湾便是东亚了。这意味着,此时他已把自己的发现同维斯普奇和其他航海家的发现综合起来分析,意识到美洲是块独立的新大陆了。

今天,以卡博特父子姓氏命名的地名只有加拿大不太重要的卡博特海峡。但这并不表明卡博特父子几次北美航行探险发现不甚重要,也不说明他们的历史地位无足轻重。

四、科特·利亚尔兄弟领导的葡萄牙北美探险与发现

卡博特父子探险成功的消息传到里斯本后,葡萄牙人推想,大西洋北部海域的一些岛屿可以作为沿西北航线前往东亚、印度的中转站。并认为卡博特父子所遇到的偶像崇拜者地区位于教皇子午线以东的葡属半球内,应该前往抢占和拓殖。一些葡萄牙冒险家也对探寻西北新航路产生了兴趣,尽管这时达·伽马已开辟成功去印度的新航路。

葡萄牙亚速尔群岛有一个小地主叫若奥·费尔南德斯。他曾于1499年得到葡萄牙国王的去大西洋西北部探险的特许状。他1501年去了英国，与三个布里斯托尔商人一起获得了英王亨利七世的批准，去探索卡博特父子发现的那一大片新陆地。费尔南德斯与他的布里斯托尔伙伴于1501—1502年进行了北美东北部探险。他们很可能进一步探察了拉布拉多半岛。他自诩是农民，因此葡语"农民"一词拉布拉多(Labrador)就被他或为了纪念他而用来命名了拉布拉多半岛。[55]这是世界上第四、面积达140万平方公里的大半岛。但有的学者认为，亚速尔的小封建主科特·利亚尔于1500年去考察该地区并命名如斯。[56]

如果说费尔南德斯与卡博特一样，只是葡籍英国探险者，他率领的探险队还是英国探险队的话，那么几乎与此同时，葡萄牙探险队也到了北美东北部。接踵而至的是科特·利亚尔兄弟。他们是亚速尔群岛小贵族。兄长嘎斯帕尔于1500年首次远航。他受葡王所派，去寻找通向远东的西北航路。他到达了纽芬兰岛和格陵兰岛，并把格陵兰岛误以为是亚洲的一个岬角。[57]他努力向西航进，但前面航道被冰堵住，只得返航。

翌年大科特·利亚尔又进行了第二次远航探险。他们到了格陵兰、纽芬兰。[58]接着南下考察了新斯科舍半岛海岸和新英格兰海岸(指美国东海岸最北部New England)。他麾下的两艘船绑架了60名印第安男人当奴隶，带着这些俘虏返航。嘎斯帕尔率一艘船留在北美沿海继续考察和进行其他活动，但以后便不知下落永远失踪了。

1502年5月，嘎斯帕尔的兄弟米古埃尔率队出航去寻找兄长。但不幸的是，上次的悲剧又重演了，他驾乘的船在纽芬兰附近分手后失踪，没能归队返航。米古埃尔船队的一艘船似乎进入了圣劳伦斯湾,北上考察了纽芬兰岛的西海岸,很可能穿过纽芬兰北端的贝尔岛海峡重新进入大西洋;另一艘船南下考察了纽芬兰南、西海岸。[59]科特·利亚尔兄弟远航探险以来,纽芬兰也被叫作巴卡劳斯(Baccalaos),该词源于地中海地区的渔民称鳕鱼的一个口语名词。[60]在这以后几年,葡萄牙又派出了两起探险队去寻找先后失踪的科特·利亚尔两兄弟。人们希望他们会在船损坏以后被困在某地,就像"鲁滨逊"那样。但都无果而回。

科特·利亚尔兄弟率领葡萄牙船队进行的探险与活动,以及在此前后葡萄牙人在美洲东北部的探险与活动,发现了一些新地区,表明了葡萄牙人已把传统的探险、发现和殖民的范围从非洲、印度洋、南美扩大到北美;去东亚的西北新航路对西欧人具有较大的吸引力;葡萄牙人把绑架贩卖土著居民当奴隶的恶习也带到了北美,显示了这个封建色彩浓厚的国家与资本主义迅速发展的国家的不同特点。

第五节 哥伦布随后三次在美洲的探险、发现与殖民

一、第二次远航与征服

哥伦布1492年的航行和发现轰动了西班牙和欧洲。西班牙国王王后也正式确认了圣塔菲协定许给哥伦布的一切权益。[61]

西班牙君主的用人政策与葡萄牙不同,他们并不把一个功成名就的人羁留宫中,闲置不用;而是让他干老本行,为王朝和国家服务。他们也不用担心功大盖主,因为哥伦布毕竟是一名客卿、外籍官员。哥伦布也耽于功名,很想继续建功立业。驱逐了摩尔人

后无所事事的贵族和形形色色的人也很想到海外去发展和发财，于是在哥伦布首次远航归来后半年，西班牙又组织了第二次远航。这一次共纠集了17艘船，约1500人。乘员中还有官员、教士、农夫、手工业工匠。他们携带了大批口粮、农作物种子、家畜、生产工具、采矿工具、武器弹药、猎犬等等。从这支船队的规模、乘员和载物来看，这次远航与上次远航的目的和性质已大有不同。上次主要是寻找到东方的新航路，与中国、日本、印度等国通商。这次虽然也要继续从事探险与发现，但主要是拓殖。

船队于9月25日从西班牙加的斯港出发，到加那利群岛后转向西南。他们利用东北季风之助，仅用20个昼夜便横渡了大西洋。这次比上次偏南约10纬度的航线以后成了从欧洲去西印度常走的航线。上半年返回时哥伦布已发现了最快捷的回欧洲航线，即与亚速尔群岛等纬度的航线。这样，在热带亚热带海域往返于新旧大陆之间的最佳航线都被哥伦布找到了。船队驶抵小安的列斯群岛，先后发现和经过了多米尼加岛、瓜德罗普岛、维尔京群岛、波多黎各岛等大小岛屿。[62] 在瓜德罗普岛，西班牙人见到了当地野人吃人的种种迹象，并了解到一些有关加勒比人的情况。后来，本意为"善战、英勇"的加勒比人Carib这个词，[63] 除了演化成地名外，还衍生了西方语言中"吃人食肉者"cannibal等新词。11月22日，船队抵达伊斯帕尼奥拉（海地）东北角。他们沿海地北海岸航行，11月27日船队抵达纳维达德据点所在的海湾。西班牙人发现据点已被印第安人夷为平地，留守的39人也被消灭干净。据随行的昌卡医生的日记所载，这很可能是留守的西班牙人掳掠女人和到处搜寻黄金引起印第安人反击所致。

哥伦布遂在海地岛北岸中部另建伊莎贝拉城。许多抱着淘金的目的而来,却不愿从事普通劳动的人感到失望,又为食品短缺和黄热病、疟疾等瘟疫所迫,他们纷纷要求回国。哥伦布见状决定留下5艘船约500人,其余的人分乘12艘船回国。1494年2月2日,他们由托雷斯率领返航,很快回到西班牙。[64] 4月24日,哥伦布率3艘船离开伊莎贝拉去考察古巴。他们考察了整个古巴西南海岸,发现了牙买加岛、派恩斯岛(今青年岛)。[65] 9月底,哥伦布回到伊莎贝拉养病。

据某部手稿,在哥伦布离开海地继续探险考察期间,从伊斯帕尼奥拉(海地)驶出了几条西班牙船,到达了玛格丽塔岛(今属委内瑞拉)附近的南美洲海岸。它们航行到巴拿马才返回。如果这次有争议的航行探险能被广泛接受,就意味着欧洲人此时便已开始发现南美大陆和中美地峡。

哥伦布第二次航行到达西印度后,西班牙人与印第安人的冲突就不断发生。在哥伦布离开海地继续探航期间,哥伦布的兄弟巴托罗缪率3艘船奉命前来补给,于1494年5月抵达。此前西班牙人在产金之地所设的圣托马斯要塞的指挥官纠集了几个人,抢夺了船只擅自回国。留下来的士兵水手无人管束,到处抢劫强奸,激起印第安人的反抗。他们打死了几十个西班牙人和病员,包围了圣托马斯要塞。由此在1494年3月底开始了西班牙人侵略征服海地的战争。拥有火枪火炮、骑兵猎犬、弓弩甲胄的西班牙人很快击溃了手无寸铁的部落武装,征服了海地。哥伦布等强迫印第安人缴纳超量的金砂棉布。成百上千的印第安人在战斗中被打死,或被西班牙人奴役劳累而死,或被掳为奴隶在贩运途中死去,或染上了西班牙人带来的疾病天花、麻疹而病死,或不堪忍受奴役被迫轻生自杀,或因逃离了家乡离开了农田实行"坚壁清野"而饿死。海地印第安人急遽减少直到灭绝。西班牙人初到时,海地有土著居民25万以上。到1508年便只剩下6万人,到1548年便仅存500人,到16世纪中叶便基本灭绝了。[66]

1494年11月,托雷斯率4艘船从西班牙又奉命来到伊莎贝拉予以补给,并把西班牙远征队抓获的1500名印第安人中的500人运回拍卖,余下的人中一部分让西班牙人领去当仆人,大部分释放。西班牙君主对哥伦布第二次远航所获并不满意,遂允许臣民到西印度自由移民、采金、考察,只需把收入的2/3上缴。这样,哥伦布曾拥有的对新发现的西印度的垄断权就被取消了。1495年10月,从西班牙来到伊莎贝拉视察的阿古亚多传达了国王们的敕令。[67]哥伦布于1496年3月动身回国,6月中旬回到加的斯港。行前哥伦布让其弟巴托罗缪代理他统治西印度。巴托罗缪当年在海地岛南岸修建了圣多明各城。[68]圣多明各很快成为西班牙在海地殖民统治的中心,现在是多米尼加的首都。

哥伦布的第二次远航在他的四次远航中规模最大、耗资最巨,达1000万马拉维迪。但他所到之地皆在加勒比海地区,故在地理发现方面没有重大的突破(与后来发现南美大陆、北美大陆、中美地峡、太平洋、麦哲伦海峡等相比)。从他第二次远航起,西班牙人—欧洲人再没有离开过美洲,往返于欧洲和西印度的白人的船只已接连不断,不再稀奇。美洲印第安人、特别是海地人,开始陷入被征服被统治被奴役被屠杀的境地。

二、第三、四次远航与统治

1498年,哥伦布又组织了第三次远航。这次好不容易才凑上6艘船,300人。其中有30名妇女,这是获准去西印度的首批欧洲妇女。5月间船队从卢卡尔港出发,到加那利后船队分成两艘。3

艘直奔海地,3艘由哥伦布率领,南下佛得角群岛,然后先向西南后向西航进横渡大西洋。在这次探险中,哥伦布一行首先发现特立尼达岛,进入帕里亚湾,在帕里亚半岛南岸首次登上(南)美洲大陆,驶入加勒比海,发现玛格丽塔岛(今属委内瑞拉),然后直驶海地。[69]8月31日哥伦布到达圣多明各城,与兄弟巴托罗缪会合。

哥伦布到达后,立即与因对发财失望而暴动的西班牙人妥协,转而肆无忌惮地压榨、奴役和杀戮印第安人,对印第安人实行类似于隶农制、封建农奴制的分配制(Repartimiento),后又称托护制(Encomienda)。[70]该制度从加那利群岛引进,[71]后推行于整个西属美洲殖民地达几个世纪。

西班牙政府于1499年5月重申取消哥伦布对新发现土地的垄断权。1500年8月派巴底里亚为总督取代了哥伦布的地位。哥伦布兄弟被逮捕解送回国,回国不久后获释。但哥伦布及其子孙世代统治西印度的权益则不再按圣塔菲协定恢复了。因为这时所知所发现的西印度,南北总长和宽度已比西班牙本土总长和宽度大好多倍,原来的协定显然不再适用了。

哥伦布的第三次远航除了又发现了一些岛屿外,还开始发现了南美大陆,打开了通向南美的门户,并登上了美洲大陆。在老殖民主义史上,哥伦布开始实行类似于隶农制、封建农奴制和采邑制的分配制,迈出了从发现、到征服,再到统治的三大步。

第三次远航后,哥伦布仍不甘寂寞,同时他想通过加勒比海寻找南亚的印度的心愿仍不泯灭。1502年,哥伦布又组织了第四次远航。这次只有4艘船,150人。哥伦布对此行抱很大的希望,称之为"重要的航行"(high voyage),想一举完成不知有美洲、太平洋的"环球航行",挽回自己的名誉和地位。因此时达·伽马已到了真正的印度并返回(1499年9月)、带回了大批的香料。在他们启航前,西班牙于1502年2月先派出一支由23—32艘船、2500—3000人组成的庞大船队,由奥万多率领去西印度和海地移民、殖民。[72]

1502年3月,哥伦布的探险小船队启航。6月中旬到达西印度马提尼克岛。6月下旬哥伦布不顾禁令抵达海地圣多明各。他到这里来一是想用自己的一艘孬船换奥万多的一艘好船,二是躲避即将来临的风暴,三是提醒奥万多暂时不要出航。但奥万多不听劝阻,刚愎自用,结果造成19艘船沉没,500多人丧生的大海难。不管哥伦布是用占星术预测、或通过观云察海看海洋生物预测,还是靠自身的关节炎预测,都说明哥伦布有丰富的海上生活经验和一流的航海技艺。哥伦布四次远航探险,船只和人员因海难而损失的比例都很小,与奥万多的船队大部覆没形成鲜明的对照。在圣多明各避风修船期间,哥伦布似乎遇见了巴斯提达斯(Bastidas)探险队的一些船只和人员。他们刚从西班牙海(Spanish Main)探航回来,最远到达了巴拿马地峡。

哥伦布船队7月中旬离开圣多明各,沿海地西南海岸西航、先后到了牙买加、古巴,从古巴西部南海岸一带横渡加勒比海,发现了洪都拉斯的巴伊亚群岛,考察了洪都拉斯、哥斯达黎加、巴拿马海岸。[73]哥伦布虽然到了中美大陆,但仍未认识到它是一块新大陆。因而到处寻找海峡,但均无结果。哥伦布在接近达连湾处掉头北返古巴,然后东返。因船只受虫蛀损害严重,哥伦布一行在牙买加北岸圣安斯贝被困了一年。6月他们脱险,9月哥伦布启程回国,1504年11月初回到西班牙。

哥伦布的第四次远航是事故和险遇最多的一次,也是他本人最失望的一次。但他考察了从洪都拉斯到达连湾的2000多公里的海岸线,登上了中美地峡,地理发现的成就不小。

第四次远航后哥伦布身染痛风、关节炎等重病,卧床不起。一年半后他病逝于巴利阿多里德(1506年5月)。

哥伦布是第一个从热带亚热带海域横渡并往返大西洋两岸的人,是第一个航抵发现美洲加勒比海的全部主要岛屿的人。他首先发现了南美大陆北部和中美地峡,为发现西半球的两个大陆——北美洲和南美洲奠定了基础。应当说明的是,从哥伦布第二次远航以来,西班牙人就没有离开过海地、西印度。尽管那些移民者、殖民者出于各种动机,肯定也在那一带航行、探险、考察。其他西欧国家的冒险家也在进行美洲探险,所以上述"首先发现"只是就大致情况和基本态势而言。另外,就哥伦布的四次远航探险而论,其意义也一次比一次小。因为在首次和第二次之间,创始和发展之期有巨大的差距和不同。

哥伦布同时又是侵略、征服、屠杀、奴役美洲印第安人的最早的老殖民主义者。他们在美洲强制推行的并非是西欧先进的资本主义制度,而是在西欧已过时的封建农奴采邑制度(对印第安人而言),甚至是隶农制度。

第六节 西班牙竞争者对南美海岸的发现

1495年,西班牙政府取消了哥伦布对西印度的垄断专营权,向臣民开放西印度。于是,各种各样的冒险者抱着各种目的纷纷到西印度活动。1499年6月,参加过哥伦布远航的佩拉隆索·尼奥与塞维利亚银行家之弟克里斯托弗·圭拉率一条船去西印度。

7月他们穿过蛇口海峡,进入帕里亚湾,再穿出龙口海峡,驶入加勒比海。他们沿委内瑞拉北部海岸西行至西经66度,考察了约300公里哥伦布未曾到过的珍珠海岸。1500年4月,尼奥和圭拉回到西班牙,带回了许多珍珠。[74]这是1492年哥伦布首航以来西班牙人获利最多的一次远航探险,它对以后一系列的私人探险发现活动起了有力的推动作用。

1499年5月—1500年7月,又有奥赫达、德拉·科萨、维斯普奇率领的船队,考察了不为人知的南美北部约3000公里的海岸线,包括整个委内瑞拉、圭亚那、苏里南、法属圭亚那、圣马科斯湾以北的巴西,发现了北纬12度附近一系列的岛屿。这次探险的结果使探险者开始意识到这一大片陆地很可能不是西印度,而是新大陆(参见本章对维斯普奇与美洲地名的论述)。

1499年11月,哥伦布首航的主要参加者维·亚·平松(尼尼雅号船长)率4艘船去西印度。1500年1月底2月初,他们抵达巴西东北海岸。平松船队沿海岸向西北行驶考察,发现了世界上长度第二、流域面积最广、流量最大的亚马逊河河口,并上溯了约50英里。[75]在河口三角洲一带,水手们测得海面下12米以内都是淡水。平松船队沿岸继续向西北航进,最后穿过帕里亚湾驶抵伊斯帕尼奥拉。这样,平松船队发现了3000公里长的南美东北海岸线。[76]当然其中有些属重复发现。虽然平松早两个月便发现南纬8度以北的巴西海岸,[77]但并不过多地影响两个月后卡伯拉尔对巴西的发现意义。因为他们的发现是在互不知晓的情况下独立完成的,卡伯拉尔考察的地段也比平松考察过的更偏南数百英里,卡伯拉尔发现的消息被他当即派船先传回欧洲,而平松船队1500年9月才回到西班牙。1499年12月,迪果·列佩率2艘船去西印度。

1500年4月列佩驶抵巴西东北部某地,他继续沿海岸南下到南纬10度,然后沿海岸北返至帕里亚湾。[78] 1500年7月底列佩回到西班牙。

这样,在1498—1500年的两年中,新的南美大陆的轮廓逐渐呈现出来,而且这仅仅是它的北部和东北部海岸。看来,这块大陆在赤道以南,在南纬10度以南,还有辽阔的地区。因此,在大西洋西缘发现的这块大陆很难再说它完全是北半球的亚洲。

1500年10月,巴斯蒂达斯和航海家、地图家德拉·科萨率两条船去西印度。他们到西印度后沿加勒比海南岸向西航行,考察了从哥伦比亚的瓜希拉半岛到巴拿马地峡的1000公里长的未知海岸线。沿途的重要发现有马格达莱纳河河口和终年积雪高5800米的哥伦布峰。[79] 他们的考察结束了由哥伦布于1498年开始的、在南美大陆北部加勒比海沿岸的发现。1502年初夏,巴斯蒂达斯一行因船受虫蛀损害严重,被迫驶抵海地,结束了探察活动。在这里他们遇到了进行第四次探航的哥伦布船队。

在上述探险活动中,除了尼奥和佩拉到达珍珠海岸那次以外,其他的都从事了绑架和贩卖印第安人的海盗勾当。

第七节　巴尔波亚发现太平洋及他的命运

西班牙人在美洲大陆的征服殖民事业始于1509年。这年朝廷批准在巴拿马一带和哥伦比亚北部海岸两地殖民定居。巴拿马地区的殖民事业很快失败。由于疾病、饥饿、捕捉印第安人遭反击等原因,几个月后定居的殖民者就死了9/10,[80] 殖民地只好放弃。另一块殖民地的情况也不妙。1509年11月,老冒险家阿隆索·

德·奥赫达率队从伊斯帕尼奥拉(海地)出发。他们在今哥伦比亚的卡塔赫纳登陆时,与当地印第安人发生了激烈的战斗,地图学家德拉·科萨和许多西班牙人中了毒箭狂躁而死。奥赫达只得西去,在乌拉瓦湾岸边建了一个定居点。同样由于饥饿、疾病、捕捉印第安人遭反击等原因,该地的殖民者不断减少。奥赫达也受了伤,他只好回海地求援,从此没回来过,几年后死去。在此期间,这里暂由后来臭名昭著的殖民征服者皮萨罗负责。1510年,奥赫达的继任者恩西索给殖民点带来了增援者和补给品,其中有一人叫瓦·鲁·德·巴尔波亚。

巴尔波亚于1475年出生于西班牙巴列罗斯一个小贵族家庭,25岁时到美洲冒险,随巴士蒂达斯在西班牙海(加勒比海)航行探险过。巴尔波亚以后定居在海地,成为一个种植园主。但经营不善,负债累累。这次为了躲债从圣多明各出走参加新的冒险。他建议放弃乌拉瓦湾的圣塞瓦斯蒂安据点,促成在乌拉瓦湾西北岸非常靠近巴拿马的地区建立新的殖民点圣玛丽娅·安提瓜,这里遂成为欧洲人在美洲大陆上的第一个稳定的殖民定居点。他们在这里抢到一些食物,当地印第安人也没有毒箭。这样,巴尔波亚逐渐排挤和赶走了原来的恩西索,成为这批殖民者的头领。1511年12月西班牙国王认可了巴尔波亚的地位。接着,巴尔波亚又收编了在巴拿马一带殖民失败而前来的殖民者残部,实力扩展到300多人。巴尔波亚还把原来的残部头领尼库伊萨等几个放逐在海上,他们从此失踪。巴尔波亚对印第安人进行分化瓦解。他利用部落之间的矛盾,与一些部落修好,获得粮食和土地;然后又进攻、抢劫另一些部落,破坏村庄,贩卖俘虏。

巴尔波亚从印第安人那里打听到,西边有一片大海和一个盛产珍珠、黄金的国家,那个海里航行的船还不比西班牙的小。巴尔波亚决心去寻找这个国家。他给西班牙国王写信,要求补充人员和枪支、弹药、弩箭等,以便组织一支远征探险队去寻找"西方黄金极多的国家,那里的酋长把黄金像玉米一样储藏在地窖里。那里的河流夹带着金砂奔流,而且西方的海中有丰富的硕大的珍珠。"[81] 但传来的消息是,由于他收编从巴拿马来的殖民者,放逐它们的首领,当局要惩办他。巴尔波亚便不再等待,想立功赎罪。

1513年9月1日巴尔波亚率队乘船离开安提瓜,向西北行驶了约150公里,到了巴拿马地峡东部较窄处,这是他们从印第安向导那里了解到的。9月6日他们登陆,向西南横穿地峡。远征探险队包括190名西班牙人,好几百印第安人,他的印第安老婆、皮萨罗和一大群猎狗。西班牙人与丛林中的印第安人发生了激烈的战斗,但尚无铁质武器、甚至无铜质武器的印第安人很快被击败,逃跑。远征探险队继续前进。道路很不好走,布满茂密的热带雨林、沼泽和湍急的溪流,探险队不得不披荆斩棘涉水而行。蚊虻和蛇蝎也经常袭击探险者。一些西班牙人因染上了丛林热(热带恶性疟疾)而死去。在三个星期里远征队只前进了45英里。9月24日,他们又击退上千印第安人的进攻,在夸雷夸人村落缴获了一些食品。9月25日,他们终于到了一座陡峭的山峰下。印第安人向导告诉他们,在这座山顶上就可以看见西南方的大海。巴尔波亚把队伍留在山下,一个人登上山去,果然在西南方看到了一望无际的大海。巴尔波亚称这片新发现的海洋为南海(Mar del sur),以别于北方的大西洋(北海)。探险队继续南下,四天后到达巴拿马湾的圣米格尔湾。巴尔波亚趟进水里举行了占有仪式,以西班牙国王的名义宣布占有了"南部的这些海洋、陆地、海岸、港湾和岛屿。"[82]他们还做了独木舟在海湾航行,发现了珍珠丰富的渔场。他们沿海岸考察了圣米格尔半岛,然后又横穿地峡,于1514年1月初回到安提瓜。[83]巴尔波亚向西班牙送回了发现大南海的报告和所获财物的1/5,它们是一些精美的宝石、珍珠和黄金。这样巴尔波亚得到了宽恕,并被提升为南海、巴拿马和科伊瓦总督。

巴尔波亚发现大南海是比较重大的地理发现。此前在西半球的地理发现都是属美洲的东海岸,包括中、北、南美洲的岛屿和大陆。巴尔波亚首次横穿了美洲大陆中部非常狭窄的巴拿马地峡,到达美洲西海岸,发现了欧洲人前所未知,东方人、印第安人前所未识的大南海(即太平洋;不识是指不知它有多大多宽,也缺乏区别洋与海的概念)。发现大南海为尔后麦哲伦环球航行奠定了基础。另外,这次重大的地理发现是近一个世纪以来首次通过陆上跋涉探险来完成的,他们所航行的巴拿马加勒比海一带则是已有人考察过已有所了解的地区。这样就为别的探险家指明了另一条成功的途径,这也是我们不赞同用开辟新航路来取代地理大发现的原因之一。在殖民史上,这次发现则为征服印加帝国开辟了通道。不过,巴尔波亚等人当时也没有完全明白他们的发现所产生的重要性。他以为巴拿马地峡是马来半岛,向西渡过大南海便是印度。他稍后还写道,"离这不远有盛产香料的国家"。[84]回到达连湾、乌拉瓦湾后,巴尔波亚又从印第安人那里听说,南方有一片土地居住着极富裕的民族,他们有帆船,有干活的家畜。巴尔波亚便认为那里一定是印度。直到麦哲伦环球航行后,大南海的基本情况和巴尔波亚的发现所产生的真正意义才被人们认识。

1514年6月,新任总督阿维拉(通称佩得拉利亚斯)率22艘船2000人来此殖民,他把安提瓜改名为金卡斯提尔,并节制巴尔波亚。[85]许多殖民者因饥饿和黄热病而死去。西班牙人四处寻找黄金、珍珠、抢劫粮食，捕获印第安人。巴尔波亚则在巴拿马一带继续探险，他还于1517至1518年把零部件运过地峡装成船队考察了圣米格尔湾。[86]阿维拉也曾把自己一个在西班牙的女儿许配给巴尔波亚。但到1518年年底，阿维拉却以只顾为自己而探险、曾排挤恩西索、收编殖民者、放逐合法总督尼库伊萨、企图叛乱称帝等罪名，派皮萨罗带队逮捕巴尔波亚，1519年1月在地峡北海岸的阿克拉将他斩首示众。他们两人在许多方面都有矛盾，巴尔波亚反对阿维拉对印第安人太残酷，而主张分化瓦解，区别对待。巴尔波亚在给西班牙当局的信中便指责阿维拉的暴行使"昔日温顺如绵羊的印第安人变成了残暴的豺狼"；巴尔波亚也反对阿维拉消极对待探险发现，向朝廷报告说他平庸不能胜任总督。而阿维拉对巴尔波亚的探险发现成绩也很嫉妒，还担心自己将来会被他取代，如同他以前排挤取代了恩西索一样。

一个为地理发现作出了较大贡献的探险家、航海家，一个为建立西班牙美洲殖民帝国立下"功勋"的征服者，就这样被他的顶头上司以莫须有的罪名杀害了。阿维拉事后也没有受到追究和惩办，从而造成了地理大发现史上的一大冤案。巴尔波亚的冤死对以后的殖民征服也有影响。有学者认为巴尔波亚如果活着，征服秘鲁印加帝国的为首者便很可能是他而不是皮萨罗。

第八节　16世纪上半叶法国人探索西北新航路

一、维拉札诺探察北美东海岸

1453年英法百年战争结束，法国驱逐了外寇。1477年路易十一世"削藩"削掉了勃艮第公爵家的大片领地。80年代以来三级会议不再召开(达70余年),法国向专制君主制过渡。1491年查理八世合并半独立的不列塔尼,最终完成了国家统一。1516年,法国国王掌握了国内大部分教权。百年战争胜利后,法国经济迅速恢复和发展,封建制度逐渐瓦解,资本主义开始萌芽和成长。到16世纪初,法国已成为西欧地区本土国土最大(50多万平方公里)、人口最多(1200万[87])、综合实力最强的统一国家。在这种形势下法国加入了地理发现的竞争。不过由于起步较晚和地缘政治的制约,法国地理发现的成就在六大地理探险国中是略逊一筹的。

  法国一开始进行地理发现就对北美最感兴趣,这是出于寻找西北通道、捕鱼和殖民扩张的考虑。法国大西洋海岸的第厄普港和圣马洛港则成为远航探险的最主要基地。强大的法国与先进的英国一样,自然不愿意遵守和服从教皇子午线。从16世纪10年代起,法国诺曼底和不列塔尼的渔民就航行到卡博特父子发现的纽芬兰大浅滩捕鱼,有的渔民还航行到新斯科舍半岛附近,并于1504年前发现了这里的布雷顿角岛。[88]稍后,法国海盗出现在中美洲海域,袭击、抢劫西班牙船只。法兰西斯一世(1515—1547年在位)鼓励法国海盗,给他们签发特许状,承认他们袭击西、葡船只合法,向他们提供资金,分享海盗收入。这些作法有些成效,后来还被英国伊丽莎白女王仿效。所以,在地理大发现时期有两类海盗或海盗行径,一类是危害非、美、亚、澳人民的西方殖民海盗,一类是欧洲列强相互间扩张与争夺的海盗。他们争夺霸权、势力范围和殖民利益。由于西、葡、教廷擅自瓜分了世界,法、英、荷兰便对这种瓜分挑战。

  乔凡尼·达·维拉札诺便是这类海盗中的一个。他是意大利佛罗伦萨人,约1485年生,后为法国服务。在维拉札诺开始探险前,绕过非洲去东方的新航路和绕过南美去东方的新航路均已开辟。但它们都万里迢迢,且被葡、西分别控制,所以后来参加地理发现竞争的法国仍希望能开辟一条到东方去的比较近又不受他人威胁的西北新航路。1523年冬,维拉札诺用可能是劫来的西班牙钱财装备了一支有4艘船的探险队,正如他自己指出的,此行的"目的是航行到亚洲大陆边陲的中国"。但一场风暴把船毁坏得不成样子,只得返回法国修理。

1524年1月中旬,维拉札诺率100吨的多芬号从第厄普出发,先到达马德拉群岛,然后向西横渡大西洋。3月20日,他们航行到北纬34度的"从未有人到过的一片新陆地"(美国东海岸北卡罗来纳州)。维拉札诺先南下探察了约300公里的海岸线,寻找可能存在的通向太平洋的海峡,但无结果。维拉札诺然后掉头沿海岸向北航行,间或也登岸考察、补给。在整个航程中他们与印第安人有多次接触,均彼此友好没有发生过冲突。他们先后航入和考察了帕姆利科湾,切萨皮克湾和特拉华湾,发现并驶入了哈得逊河河口。维拉札诺写道:"我们乘一只小船沿河上行了约半里格(3公里),这条河在那里形成了一个约3里格宽(18公里)的美丽湖泊(指南北向)。约30只印第安人的独木舟在湖区行驶。人们穿着用各色羽毛装饰起来的衣服跑到岸边观看我们,指点我们最好在哪里靠岸。后来刮起一场风暴,我们只得退出返回大船。"[89]

维拉札诺继续沿海岸向东北航行,先后经过长岛、科德角半岛、缅因湾,最后到了新斯科舍半岛沿岸。美国学者认为他们最北到达了北纬47度,[90]苏联学者认为他们甚至可能到了近北纬50度(即纽芬兰岛一带)。[91]在此次航行的最北处他们终于发现了本国不列塔尼渔民来过的痕迹。在此以前,维拉札诺一直希望发现前往太平洋的通道。他写道:"我担心,这个再次被发现的地区会成为前往中国道路上的一个障碍,事实证明的确是这样。不过我不怀疑我一定能冲破这个障碍。"[92]现在他的航行和卡博特父子的探险已表明,至少在北部温带不封冻的水域,希望的海峡并不存在。粮食也不多了,维拉札诺决定返航,1524年7月初他们回到法国。他从第厄普给法兰西斯一世国王寄送了他的探险报告,并保存下来。这是早期北美航行探险方面留传至今的最准确、最有价值的探险考察报告。在维拉札诺首次远航后,法国人便理直气壮地认为北美东边这一带沿岸属他们的合法领土。

关于维拉札诺以后的情况,几个世纪以来人们一直只能从当时西班牙殖民者兼编年史家伯纳尔·迪亚士(Bernal Diaz,1492—1581)的记载中略知一二。认为维氏便是迪氏的《征服新西班牙信史》中的著名法国海盗胡安·弗罗林。1520年以他为首截获了科尔特斯从墨西哥派出驶往西班牙的两艘船,船上装有许多黄金珠宝。1527年他劫得棉布返航时被西班牙舰队包围、擒获,押往塞维利亚,后上吊自杀。直到20世纪70年代,美国史家罗乌特(Л. Poyr)才从许多英、西、法、意、拉文献中稽考证明,他们是两个人。在弗罗林于1527年11月死后5个月,维拉札诺还于1528年4月出航进行第二次美洲探险。[93]

维拉札诺在首次远航后,仍然希望在美洲中部寻找沟通大西洋和太平洋的海峡,并证实南美和北美是两块独立的大陆。1528年4月,维拉札诺率一艘船去中美洲或巴西寻找通向太平洋、亚洲的海峡,从此一去不回。传说他被达连湾某个岛上的土著杀死并吃掉了。他指挥的船于年底回到法国,载回了许多巴西木。

维拉札诺1524年的远航探险仔细地探察了从北纬33度到北纬47度（因先南下300公里）长达2500多公里的北美东部海岸，发现了其中的一些地段，带回了有关沿岸地区自然环境和居民情况的首批资料，第一个描述了北美东部的广大内河水系。维拉札诺在他的探险考察报告中，首次令人信服地指明了北美大陆与其他大陆的关系。"这一大片陆地，或者叫新世界，既不与亚洲相连也不与非洲相连。它或许可能通过挪威或俄罗斯与欧洲相连（因当时北美哈得逊湾以北还未被探察过，挪威北部、俄罗斯最西北部的情况西欧人也不清楚。——作者）。看来，这块大陆在东方的海和西方的海之间延展，并是这两大海洋（指大西洋和太平洋。——作者）的分界。"所以，维拉札诺首先发现了北美洲具有一块独立大陆的特征。此前，维斯普奇、瓦尔泽缪勒等仅认为南美洲是独立的大陆。此后，把南美和北美连接起来的地图开始出现，到1538年，墨卡托便把"亚美利加"一名扩展到北美洲。

自然，维拉札诺对自己发现的认识和在此基础上的推测也有一些错误。例如，北纬35度哈特勒斯角一带的大沙岬和岛屿被他报告成隔开大西洋与太平洋的地峡，[94]而帕姆利科湾是太平洋的东部边缘海，长岛南岸是大陆海岸，[95]等等。1529年，他的兄弟哲诺拉莫·维拉札诺把兄长的发现和推测，加上他自己的看法绘制在一幅地图上。从图上可见，北美洲东海岸一直画到拉布拉多半岛北部，与实际情况比较接近。佛罗里达半岛以北约北纬35度处有一条海峡通太平洋或极窄的地峡连接中美洲与北美洲（因图小，不是看得很清楚）。从海峡处或地峡处起，北美洲西海岸向北偏西延伸至约北纬49度。这样，北美洲的南部便成了一个巨大的直角。[96]因此，在北美洲西海岸的问题上，维拉札诺兄弟是大错特错了。

今天,维拉札诺海峡大桥横跨在纽约湾,这恐怕是纪念他的最大地名了。

二、卡提耶尔在圣劳伦斯湾的首次探险与发现

札克·卡提耶尔(Cartier,一译卡尔捷),是法国布列塔尼圣马洛港的水手,法国海盗。生于1491年,逝于1557年。他大概参加过法国私掠船在巴西的活动,还可能参加过维拉札诺1524年的北美航行与探险。[97]

1534年,卡提耶尔受法国海军司令的委托和资助,去探寻前往中国的西北通道。2月20日,由两艘60吨的船和61人组成的探险队从圣马洛出发。他们仅用20天便渡过了大洋,到达纽芬兰东部海岸。他们在这里停靠修理船只。然后,他们在冰层和浮冰之间走走停停,艰难地前进。探险队先向西北航达纽芬兰的最北端海角之外,6月9日起折向西南,缓缓驶进贝尔岛海峡。卡提耶尔仔细地考察了海峡的拉布拉多半岛海岸,然后进入一个巨大的海湾。这是卡博特父子和法国渔民已来过的、长宽各达400公里、四周被陆地包围的大海湾。时值8月10日,是258年被罗马帝国处死的基督教圣徒圣劳伦斯的忌日,卡提耶尔遂把这个大海湾命名为圣劳伦斯湾。[98]卡提耶尔沿纽芬兰岛南下,考察了它的几乎全部西海岸。接着驶向西南,先后发现了马格达伦岛、较大的爱德华王子岛(面积为5600平方公里),不过他以为王子岛是半岛。卡提耶尔沿海岸向西北航行,在北纬48度发现一个海水很深、向尖刀一样楔入陆地很深远的海湾(乔列尔湾)。卡提耶尔最初以为它可能是所希望的海峡。在乔列尔湾,探险队第一次遇到驾独木舟穿兽皮的印第安人,双方进行了交换,法国人换得了他们的兽皮。从乔列尔湾出来,卡提耶尔又北上到加斯佩湾。他们在这里

登陆,举行了占有仪式,竖起了高大的木十字架,上面写着"法国国王万寿无疆"。他们在这里带走了两个印第安人作向导和翻译,并作为发现的见证。卡提耶尔驶向东北,发现了圣劳伦斯湾中最大的安蒂科斯蒂岛(面积达 8150 平方公里),但他同样把它当成了半岛。[99] 船队探察了它的东南海岸和东北海岸,然后沿拉布拉多半岛海岸回到贝尔岛海峡的西南口。此时在两艘船的船长再三恳求下,卡提耶尔中止了继续探索前往中国的通道。他们穿出海峡,于 9 月初返回法国。卡提耶尔回国后宣称,他已发现通往太平洋、中国的海峡,并称其为圣彼得罗海峡。[100] 卡提耶尔还带回有关三个土著王国的传闻,即蒙特利尔周围的霍切拉嘎、魁北克周围的加拿大、萨古恩来河(Saguenay)流域的萨古恩来,它们似乎与墨西哥的土著王国一样富裕。[101]

三、卡提耶尔第二、三次探险:发现圣劳伦斯河流域

翌年,卡提耶尔受法兰西斯一世委派,继续探索所谓的西北通道。5 月中旬,他率 3 艘船 110 多人从圣马洛启航,上次带回的两名印第安人成了向导和翻译。这次卡提耶尔经贝尔岛海峡、圣劳伦斯湾直奔圣彼得罗海峡。他们由东向西穿过安蒂科斯蒂岛和拉布拉多之间的圣彼得罗海峡(今卡提耶尔海峡)。8 月中旬他们驶出了峡口,却没有进入中国海(太平洋),而是进入了一条大河的河口。卡提耶尔把这条河称为圣劳伦斯河。他溯河而上,并把大河北岸的一条支流萨古恩来河当成通往另一个海洋的水道,还认为印第安人所说的多有金银的萨古恩来土著王国可能便是印度或中国。

萨古恩来河口以南至今魁北克以南的印第安人把自己的村庄叫作"加拿大"(Kanada),这个表示"村落"的名词被卡提耶尔以

为是地名、"国"名,后来更演变成对北美洲整个北部地区的通称(Canada)。[102] 法国人与印第安人亲善友好,向他们宣传、介绍基督教,进行易货交换。他们在河岸边许多地方竖起了高大的木十字架,上面写着"此地归属于法国国王法兰西斯一世。"[103] 这样就开始了建立广袤的海外殖民地新法兰西或加拿大的事业。

在河道骤然变窄、河水完全变淡的地方,卡提耶尔把两艘船留在一个名叫斯塔达科纳的小村庄附近(后来的魁北克城所在地),休整待命。9月中旬,他自己率第三艘船40人逆流继续向西南航进,一直到了渥太华河与圣劳伦斯河相汇的地方。这时他们已探察了从河口至此的约700公里的河道。在这里他们遇到了霍切拉嘎部落的大村庄霍切拉嘎村,受到了印第安人的热烈欢迎。探险队员们向他们传教,与他们易货交换。卡提耶尔还发现这里的印第安人也抽烟。卡提耶尔把两河相汇处的一座山峰命名为蒙罗亚尔(Mont Réal),意即皇家山。它的发音由于快读不久便讹变为蒙特利尔(Montréal),后来便成了法国人在此建立的城市的名称。[104] 此时已是10月,到了北美北部的深秋时节,因得知再往上便是险要的有瀑布浅滩的河段,卡提耶尔决定返回。11月他们回到斯塔达科纳(魁北克)与大队汇合,在此过冬。

他们修建了有工事的临时营地,熬过了漫长而酷冷的冬天。有25个队员因疾病、饥饿和严寒而死去。他们用小商品换印第安人的毛皮,治坏血病有效的草叶果品。卡提耶尔打听到,圣劳伦斯河发源于西南方的一大片湖区。但卡提耶尔推测,圣劳伦斯河也许长达3200公里(与实际长度很接近),可能把他们引向亚洲。[105] 1536年5月中旬,圣劳伦斯河和圣劳伦斯湾开始解冻,探险队随即返航。他们还带走了当地酋长多纳科纳等几个人。他们出河口后经加斯佩海峡、不雷顿角岛、卡博特海峡进入大西洋,7月上旬安全返回法国。

　　法兰西斯一世立即公布了他们的重大地理发现,把加拿大地区正式划入法国版图,并认为这一带物产丰富。被卡提耶尔带回来的印第安酋长多纳科纳等人还晋见了法兰西斯一世,但不久都因水土不服、生活不习惯而病死了。

　　1541年,大贵族诺贝瓦尔被任命为新法兰西的副王,他派卡提耶尔率5艘船去加拿大进行殖民开发和探险。他们5月下旬出发,8月到达魁北克地区。卡提耶尔他们在魁北克上游9英里的罗治角(Cap Rouge)建立了营地,他还再次到渥太华河河口地区考察。[106]1542年春天,卡提耶尔殖民探险队返航。6月上旬他们在纽芬兰东南岸碰到了诺伯瓦尔,他率3艘船于1542年4月才出发。但卡提耶尔仍然没听从诺伯瓦尔的调遣和劝阻,溜回了法国。他们带回了大批好毛皮,其中有很珍贵的海狸鼠皮;还带回了大批被当成金矿的黄铁矿。[107]

　　不过诺贝瓦尔从蒙特利尔只逆流而上了几十公里就被迫返回,急流险滩和瀑布阻止了他们继续前进。诺贝瓦尔回头把注意力集中在萨古恩来河和萨古恩来土著王国上。他派葡籍船长茹安·阿丰索率一艘船尽量溯河而上,自己先行回国。阿丰索一直前进到萨古恩来河中游的一个不小的湖——圣约翰湖,并认为河流可能会通向中国海(即太平洋)。阿丰索返回圣劳伦斯湾后又去考察拉布拉多南海岸,接着沿海岸北上想去寻找前往东方洋(太平洋)的通道。然而出贝尔岛海峡不远,冰层阻止了他往北前进。他便经纽芬兰东海岸、新斯科舍南下,最后到了北纬42度的马萨诸塞湾,然后才返航。1543年9月阿丰索回到法国。

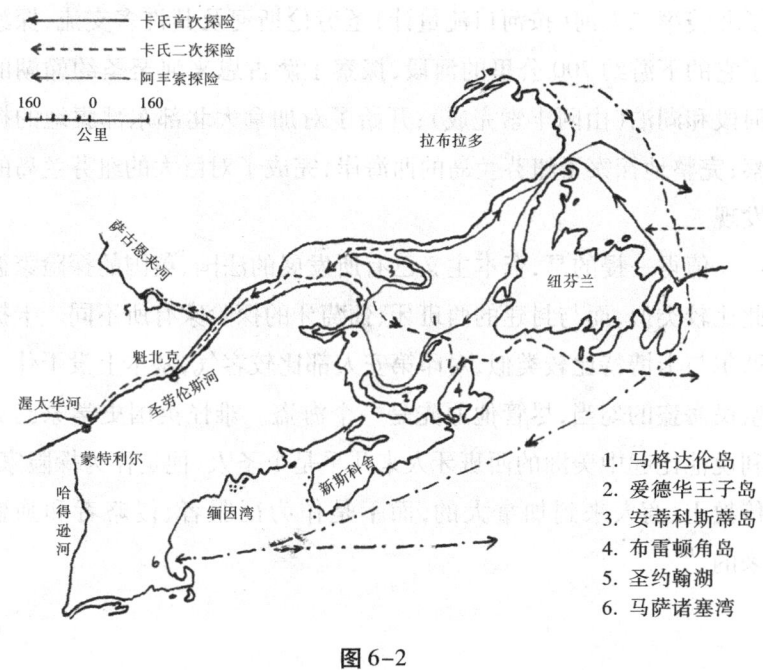

图 6-2

资料来源:据《地理发现史纲》第二卷第 202 页地图、《伟大的地理发现时代》第 127 页地图、《美国百科全书》第五卷第 727 页地图综合而成。阿丰索探险路线据《地理发现史纲》第二卷第 203 页的文字叙述画成。

此后,法国人常到圣劳伦斯湾和圣劳伦斯河流域,在那一带捕鳕鱼、鲸鱼、炼制鲸油,与印第安人进行不通话的易货贸易,并深入内地收购毛皮。而购买毛皮的活动又给探察加拿大腹地准备了经济基础。不过法国人满足于既得利益和忙于应付国内的麻烦与欧洲事务,60 年间没有再从事重大的探险和地理发现。

卡提耶尔三次北美航行探险的成就是:探察了圣劳伦斯湾四周绝大部分海岸,基本上完成了环海湾航行;他们发现了湾内爱德华王子岛、安蒂科斯蒂岛两个大岛、马格达伦岛和一些小岛;发现了北美第二大河(按河口流量计)圣劳伦斯河及其许多支流,探察了它的下游约 700 公里的河段,探察了萨古恩来河至圣约翰湖的河段和湖泊(由阿丰索完成);开始了对加拿大北部东部腹地的探察;完整地探察了纽芬兰岛的西海岸,完成了对巨大的纽芬兰岛的发现。

值得一提的是,资本主义已有所发展的法国、英国的探险家彼此比较类似,而与封建的西班牙、葡萄牙的探险家有所不同。卡提耶尔与卡博特比较类似,对印第安人都比较客气,基本上没干什么殖民海盗的勾当,尽管他原先是一个海盗。难怪英国史学家巴克利说他比起中美洲的西班牙人来几乎是个圣人,他是作为探险家、传教士、商人来到加拿大的,而不是作为征服者、侵略者和强盗来的。[108]

注释:

1　萨拉依瓦:《葡萄牙简史》,第 125、128 页,中国展望出版社 1988 年版。

2,3,4　朗格:《哥伦布传》,新华出版社 1986 年版,140、141、142 页。

5　马吉多维奇:《世界探险史》,世界知识出版社 1988 年版,第 161 页。

6　《哥伦布传》,第 142 页;莫里逊:《海洋元帅哥伦布传》,纽约 1962 年版,第 356 页。

7　《不列颠百科全书》,1974 年第 15 版,"百科简编"第 10 卷,第 50 页;《美国百科全书》,1980 年版,第 8 卷,第 681 页。《托尔德西拉斯条约》;《分界线》(Treaty of Tordesillas;Line of Demarcation)。

8　布莱尔和罗伯逊编译的文件集:《菲律宾群岛,1493—1898 年》(E. H. Blair & J. A. Robertson:The Philippine Islands,1493—1898),克利夫兰 1903

年版,第1卷,第224、226页。

9　莫里逊:《航海家哥伦布》,湖南人民出版社1983年版,第184—185、190页。

10　《哥伦布书简》,载《航海家哥伦布》,第256—266页。

11　《哥伦布致西班牙国王王后书》,载郭守田:《世界通史资料选辑·中古部分》,商务印书馆1981年版,第303—305页。

12　《哥伦布遗言》,载《世界通史资料选辑·中古部分》,第301—302页。

13　彭罗斯:《文艺复兴时期的远行和地理发现》,纽约1975年版,第113页。

14　马吉多维奇父子:《地理发现史纲》,第二卷,莫斯科1983年版,第48页。

15　《地理发现史纲》,第2卷,第58页的地图。

16　《美国百科全书》,第1卷,第669页;671页地图,诺埃尔:《美洲》(C. E. Nowell:America)。

17　《地理发现史纲》,第2卷,第59页。

18　《维斯普奇》,《不列颠百科全书》,第9卷,第97页。

19　《世界探险史》,第212—213页。

20　《哥伦布传》,第291页。

21　《世界探险史》,第216页。

22　《哥伦布传》,第280—281页。

23　柯瑙:《绘制成地图的世界》(I. J. Curnow:The World Mapped),伦敦1930年版,第70页。

24,25　斯蒂文森:《已复制成幻灯片的地图》,纽约1913年版,第40、23页。

26,27　《地理发现史纲》,第2卷,第81页。

28　《美国百科全书》,第28卷,第275页,瓦尔泽缪勒条。后来瓦氏一直为"亚美利加"一名传开而后悔,并在后来的世界地图中删掉这个名字。参见布尔斯廷:《发现者》,上海译文出版社1995年版,第369页。

29　《已复制成幻灯片的地图》,第43页。

30　《地理发现史纲》,第2卷,第81页。

31　《明史·外国七·意大里亚传》。

32 格林利编译:《卡伯拉尔去印度和巴西的航行》(W. G. Greenlee: The Voyage of Pedro Alvareo Cabral to Brazil and India),伦敦 1937 年版,序言第 7、25—27 页。

33 《地理发现史纲》,第 2 卷,第 53 页。

34 《地理发现史纲》,第 2 卷,第 56 页。

35 《地理发现史纲》,第 2 卷,第 83 页。

36 杨人楩:《非洲通史简编》,人民出版社 1984 年版,第 588 页。

37 《文艺复兴时期的远行和地理发现》,第 74 页。

38 《文艺复兴时期的远行和地理发现》,第 165 页。

39 《已复制成幻灯片的地图》,第 22 页。

40 《地理发现史》,第 77 页。

41 《文艺复兴时期的远行和地理发现》,第 19 页。

42 邵献图等:《外国地名语源词典》,上海辞书出版社 1983 年版,第 171 页。

43 威廉森编:《卡博特父子的远航文献》(J. A. Williamson: The Voyages of the Cabots, Documents),第 16 号,伦敦 1929 年版。

44 哈特:《同时代人讲述的美国史》,(A. B. Hart: America History Told by Contemporaries),纽约 1927 年版,第 1 卷,第 69 页。

45 《卡博特父子的远航文献》,第 20 号。

46 《外国地名语源词典》,第 216 页。

47,48 《伟大的地理发现时代》,第 42—44 页。

49 《已复制成幻灯片的地图》,第 19 页。

50 《世界探险史》,第 195 页。

51,52,53 《地理发现史纲》,第 2 卷,第 63—65 页。这一节一再提到的鳕鱼俗称大头鱼,为冷水性鱼类之一,成鱼可长达 50 余厘米。鳕鱼供鲜食或腌制,肝含油量很高,并富有维生素 A 和 D,是制鱼肝油的重要原料。

54 《地理发现史纲》,第 2 卷,第 65 页。

55 《文艺复兴时期的远行和地理发现》,第 180 页。

56 《世界探险史》,第 196 页,《地理发现史纲》,第 2 卷第 63 页,《外国地名语源词典》,第 253 页。

57 《地理发现史》,第 79 页。

58 《文艺复兴时期的远行和地理发现》,第 180 页。

59 《葡萄牙先驱者》,第275—276页。

60 《文艺复兴时期的远行和地理发现》,第182页。

61 《美国百科全书》,1980年版第7卷,载约翰·帕里:《克里斯托弗·哥伦布》,第347页。

62 格兰佐托:《克里斯托弗·哥伦布》,奥克拉霍马1987年版,第198—199页地图。

63 邵献图等:《外国地名语源词典》,上海辞书出版社1983年版,第117页。

64 保·维·朗格:《哥伦布传》,新华出版社1986年版,第158—161页。

65 格兰佐托:《哥伦布》,第198—199页地图。

66 分别见《哥伦布传》,第212页;《航海家哥伦布》,第160页;《世界探险史》,第184页;严中平:《老殖民主义史话选》,第223页,北京出版社1984年版。其中《世界探险史》据拉斯·卡萨斯提供的资料,说哥伦布1495年征收人头税时海地有土著居民110万。这个数字我认为太多了。后出的《地理发现史纲》,第二卷第38页则删去了这个数字,但也没有补上新的数字。

67 《哥伦布传》,184页;《世界探险史》,173页。

68 《哥伦布传》,第185页。

69 《航海家哥伦布》,250—251页;格兰佐托《哥伦布》,第198—199页地图。

70 马达里亚加:《哥伦布评传》,第440页,中国社会科学出版社1991年版。

71 帕里:《哥伦布》,载《美国百科全书》,第7卷,第348页。

72 《航海家哥伦布》,第199页;《哥伦布评传》,第490页;《世界探险史》,第183页。

73 格兰佐托:《哥伦布》,第198—199页地图。

74 《文艺复兴时期的远行和地理发现》,第113页。

75 莫里逊:《在南方的航行》(S. E. Morison: The European Discovery of America, The Southern Voyages),纽约1974年版,第213页。

76 《世界探险史》,第189页。

77 《文艺复兴时期的远行和地理发现》,第148页。

78,79 《世界探险史》,第190—191页。

80 《文艺复兴时期的远行和地理发现》,第114页。

81　巴克利:《伟大的地理发现时代》,伦敦1956年版,第63页。

82　《世界探险史》,第246页。

83,84　《伟大的地理发现时代》,第65页地图;第64页。

85,86　《巴尔波亚》,《不列颠百科全书》"百科详解",第2卷,第611页。

87　麦克伊韦迪,琼斯合著:《世界人口历史图集》,东方出版社1992年版,第50页。

88　《世界探险史》,第336页。

89　《世界探险史》,第338页。

90　《美国百科全书》,第28卷,第41页。

91　《地理发现史纲》,第198页。

92　《世界探险史》,第338—339页。

93　《地理发现史纲》,第二卷,第196—197页。

94　《文艺复兴时期的远行和地理发现》,第183页。

95,96　《地理发现史纲》,第197—198页;第198页所载小维拉札诺的地图。

97　韦德:《卡提耶尔》,载《美国百科全书》第5卷,第726页。卡氏的俄文名为Жак Картье,日文名为ジャック・カルライエ。此人的汉译名极为混乱,计有卡尔捷、卡捷、卡尔迪耶、卡尔特、卡蒂尔等。

98　《外国地名语源词典》,第124页。

99,100　《世界探险史》,第341页。

101　《文艺复兴时期的远行和地理发现》,第190页。

102　《外国地名语源词典》,第116页。

103　《世界探险史》,第342页。

104　《外国地名语源词典》,第132页。

105　埃克尔斯:《卡提耶尔》,载《不列颠百科全书》"百科详解",第3卷,第971页。

106　《文艺复兴时期的远行和地理发现》,第192页。

107　《文艺复兴时期的远行和地理发现》,第192页。海狸鼠指原产美洲皮毛珍贵的动物,海狸则是河狸的旧称;黄铁矿是提取硫磺的重要原料,中药学上叫自然铜。

108　《伟大的地理发现时代》,第134页。

第七章 首次环球航行及其发现

1519—1522年的西班牙船队环球航行及其发现是地理大发现时代最重大的事件之一,也是15世纪初以来的大航海时代最重大的事件之一,环球航行把业已开始的地理大发现推向最高潮。领导和完成人类历史上第一次环球航行的人便是闻名遐迩的斐迪南·麦哲伦。

第一节 麦哲伦的经历和计划

麦哲伦约于1480年出生于葡萄牙北部海港城市波尔图,父亲叫路易·德·麦哲伦,是个小贵族,母亲叫阿尔达·梅斯桂塔。他本人的葡语名为Fernło de Magalhłes,西语名为Fernando de Magallanes,英语名为Ferdinand Magellan。麦哲伦大约10岁时进王宫当差,12岁时当上了王后列奥诺尔的侍童,长住里斯本。大约在1496年,麦哲伦进入国家航海事务厅,开始熟悉航海、探险方面的各项工作。

在地理大发现的年代里,参加国家组织的远征队、探险队,已是西欧一些经济拮据而又以封建贵族自居的骑士们的一条重要出路。在获取东方财富和远洋探险荣誉的吸引下,麦哲伦也与一些商人、传教士、冒险家、游民一样,积极要求参加远征探险队。1500

年卡伯拉尔领导的发现巴西和二航印度,1502年达·伽马领导的三航印度,麦哲伦都曾申请参加,但都没有如愿。直到1505年麦哲伦才获得参加远征队的机会,开始了航海探险发现殖民的生涯。[1]

这支远征队由葡萄牙派往印度的第一任总督阿尔梅达率领,包括20多艘舰船和2000多各类人员。麦哲伦在船队中当一名水手。远征队在去印度的途中,麦哲伦参与了对非洲东海岸的文明城邦基尔瓦、蒙巴萨的抢劫。1506年3月,在科那诺尔(印度马拉巴海岸卡利库特以北)海战中,葡萄牙人以寡敌众,麦哲伦第一次受重伤。创伤尚未痊愈,他就被派往东非海岸的文明城邦索法拉一带,参加修筑据点要塞和搜集当地情报的工作。1508年2月,麦哲伦被召回到马拉巴海岸的柯钦城,此时柯钦已被葡萄牙人占领,成为阿尔梅达的驻地了。1509年2月,麦哲伦参加了第乌海战,第二次受伤。这次战役葡萄牙以少胜多,大败阿拉伯—印度联合舰队,夺得了印度洋上的霸权。同年8月,麦哲伦又被编入一支武装船队继续向东探索,开始远征马六甲和马来群岛(Malay Arch.)。9月葡萄牙船队进入马六甲港。由于葡萄牙人鸣枪骚扰,遭到当地居民和亚洲各国商人的强烈反对,结果葡萄牙人被赶走。麦哲伦随之返回柯钦。1510年初,麦哲伦参加了进攻卡利库特城的战斗,进攻被打退,麦哲伦也再次受重伤。[2]

1510年春,麦哲伦伤愈后决定返回葡萄牙,途中因船只在离印度海岸数百英里的巴杜恩沙洲触礁,不得不继续留在印度。在这次海难中,麦哲伦带头克服种种困难,鼓励全体遇险海员,与只顾自己的官员斗争,直至救援船只到来。此后不久,麦哲伦被提升为船长。1510年末,麦哲伦参加了侵占印度果阿的战役,由葡萄牙新任驻印度总督阿尔布凯尔基指挥。1511年,麦哲伦又第二次参加对马六甲的远征。1512年和1513年初,他又在苏门答腊、爪哇、马都拉、苏拉威西、布鲁、安汶和班达群岛等地进行探索和游历。这些地方都属马来群岛,是马来语系地区。

1513年,麦哲伦回到里斯本,但没有得到国王的什么封赏奖酬和一官半职。因生活困窘,麦哲伦又参加了对北非摩洛哥的征伐,围攻阿札摩尔。在这次战役中,麦哲伦第四次受重伤,并落下了瘸腿的残疾。跛子不便于行军、奔跑、乘马,不适于在陆军继续干下去。这实际上促使麦哲伦更眷恋航海和海军。从北非回到里斯本后,因有人说他曾把掳获的畜群卖给敌人摩尔人,还说他离开摩洛哥是擅自脱逃,因此国王一度要审判他,后来虽然没有审判,但麦哲伦就很难从国王那里有所企求了。1516年初,葡王曼努埃尔再次拒绝了麦的加薪要求,并告诉他可以到别处去出力效劳。曼努埃尔没有想到,当初为了省下麦哲伦所请求的每月增薪一个半银币,后来竟为麦哲伦因首先到达摩鹿加—香料群岛而付出了35万枚金币。

在东方8年的海洋生活和不断的征战,使麦哲伦学会了各种航海本领,熟悉了东方的许多情况。这些为他制定宏大的远航计划创造了良好的条件。而且这8年的经历也逐渐使他养成了顽强、坚韧、凶猛、机警的性格。这些对于他后来进行环球航行是有裨益的。

第二节 麦哲伦计划远航

16世纪初,远航探险、地理发现不断取得新进展。早在

1501—1502年,佛罗伦萨探险家维斯普奇·阿美利哥在亲自探航和实地考察后确认,哥伦布等到达的地方不是人们所认为的亚洲的东部,而是一块新大陆。他认为绕过这块新大陆的南端有可能到达真正的东方。1513年9月,西班牙冒险家巴尔波亚越过巴拿马地峡,在高山顶上发现西边有一片海洋,他称为大南海。这个重要的发现使当时的西欧相信,盛产香料等东方特产的亚洲当在大南海对面,距新世界一定不远。如果能找到一条沟通大西洋和大南海的海峡或南美洲的尽头,就可以直达真正的东方了。于是,寻找这条海峡或南美尽头,继续开辟往西到东方的新航路,就成为一些西欧航海家、探险家、冒险家所努力的目标。

1513年和1515年,葡萄牙航海者列什波亚和西班牙航海者索里斯先后在南纬35度处发现拉普拉塔河口,人们以为这或许就是沟通两个水域的海峡。1515年,德国奥格斯堡维泽尔家族驻葡萄牙商行的代理人出版了一本德文小册子,题为《来自巴西大陆最新消息的抄件》。小册子说:"这条海峡从这个海延伸到另一个海,因此到香料群岛(即摩鹿加群岛,今译马鲁古群岛,属印尼)再没有比此更近便的航路了。"[3]德国制图家约翰·舍涅尔于1515年制作的地球仪也标出了这条海峡。[4]另外,长期受聘于葡萄牙宫廷的德国著名地理学家马丁·倍海姆也绘过一幅严格保密的地图,对这条海峡也有表示。但倍海姆于1507年去世,他那样的标记不知是出于猜测推理还是根据葡萄牙探险家的秘密报告。[5]

有学者认为,1514年,葡萄牙航海家列什波亚在南美南纬40度处发现了圣马蒂亚斯湾。1515年末至1516年,西班牙航海家索里斯进入了南美拉普拉塔河河口。圣马蒂亚斯湾以南便是麦哲伦以前的航海家从未去过的地方了。还有一种说法,葡萄牙领航员索里斯航入了拉普拉塔河的内湾。他上岸时被土著捉去吃掉了。有一位幸存者逃回了葡萄牙,声称他们在南纬40度处找到了一个海峡,类似于非洲的好望角。[6]因此人们认为:西欧人先发现圣马蒂亚斯湾,后发现拉普拉塔河口,拉普拉塔河口在圣马蒂亚斯湾以南若干纬度,河口是麦哲伦发现的起点。笔者认为,实际情况不是这样的。在地理方面,拉普拉塔河口在南纬35度左右(今属阿根廷和乌拉圭),圣马蒂亚斯湾在南纬41.5度左右(今属阿根廷)。所以,不是拉普拉塔河口在圣马蒂亚斯湾以南若干纬度,而是恰恰相反。在历史方面,列什波亚只是发现了拉普拉塔河口,而没有南下到达圣马蒂亚斯湾。麦哲伦发现的起点不是南纬41.5度的圣马蒂亚斯湾,而是南纬35度的拉普拉塔河口。以南便是文明人类未曾航行过的海域,未曾涉足过的地区。

约1513至1514年,由弗罗伊什(Иштеван Фроищ)和列什波亚(Жуан Лижбоа)指挥的两条葡萄牙船在南美巴西海岸捕捉奴隶和伐木。后因船舶需要修理,他们驶向西班牙的势力范围加勒比海。弗罗伊什的船在那一带被西班牙人抓获并扣留,列什波亚的船逃脱后回到了葡属马德拉群岛。列什波亚回国途中又顺路去了西班牙港口城市加的斯,出售巴西木。在加的斯,列什波亚接受了德国奥格斯堡《新日报》通讯员的采访。他披露,在南美某地有一条长长的海峡,穿过海峡可以到达东印度。[7]1514年,《新日报》做了未提名的报道,宣称有一条西欧船航行到了"普拉塔河"(Река Плата)。现代历史学家和地理学家们一致认为,弗罗伊什和列什波亚到达了南纬35度的拉普拉塔河(拉la为西语、葡语冠词)。[8]西班牙国王斐迪南得知巴尔波亚于1513年发现大南海后,便决定探索通向大南海的航路。1515年10月,由索里斯(Жуан

Диас Солис)为总指挥的三条西班牙船出航,此时他们还不知道弗罗伊什和列什波亚的发现。船队一口气推进到南纬35度左右,发现了一片新的"淡水海"。他们绕过了蒙得维的亚角,向西航行了约200公里,以为已发现了前往东方洋的通道。索里斯于1516年2月中旬在海岸登陆,后被当地印第安人打死。船队于同年9月回到了西班牙。显然,1515年出的德文小册子和舍涅尔地球仪对这条海峡的表示皆本于《新日报》对列什波亚发现的报道。

麦哲伦密切注意着这些发现。他在东方闯荡时通过亲身的经历,特别是通过与留居摩鹿加群岛特尔纳特岛(Ternate)的一个老朋友的通信,比较清楚地了解群岛上盛产的各种香料,从马六甲前去的航线、风向、所需的时间等情况。(麦哲伦本人也到过与摩鹿加毗邻的班达群岛、安汶等地。)那个老朋友叫法兰西斯库·塞尔劳(F. de Serrao),是岛上土王的丞相,麦哲伦救过他的命。1513年塞尔劳写信告诉麦哲伦说,"我在这里发现了一个新世界,比达·伽马所发现的那个世界更富庶更辽阔。"[9]麦哲伦在与塞尔劳的通信中还了解到,摩鹿加群岛以东是一片汪洋大海。这些使熟悉哥伦布等人发现的麦哲伦很自然地联想到,经过那片海洋在距摩鹿加群岛以东不远的地方,应是哥伦布等从欧洲西航所发现的大陆。

1515年和1516年,迁居到奥波尔托的麦哲伦开始把自己酝酿已久的远航愿望拟成具体的探险计划。15世纪中叶以来,从西欧出发的多次远航,不管是向南、向西还是向东,都显示着地圆学说的正确性,麦哲伦对此也深信不疑。尽管后来的探险证明,列什波亚和索里斯所发现的海峡只不过是巨大的拉普拉塔河口,倍海姆等的地图也把海峡的位置画北了许多。但是当时这些比较肯定的材料促使麦哲伦下定进行远航的决心。据后来麦哲伦的同行者、日记作者皮加费塔说,麦哲伦曾在葡萄牙宫廷机密档案室里看到过倍海姆的地图,麦哲伦也曾获准进入机密档案室查阅资料。

麦哲伦的探险和远航计划是,向南找到沟通大南海和大西洋的海峡,或向南绕过新大陆,然后向西渡过大南海,驶向摩鹿加群岛。在拟定计划的时候,他的好友天文地理学家法利罗也热心地参与了工作。但是他们根据塞尔劳所提供的情况,却把马六甲至摩鹿加群岛之间的距离拉长了一倍,同时又把地球的周长算小了3000公里,因此便大大低估了大南海的宽度,认为它只不过几千英里宽,比地中海的长度稍宽一点。[10]结果,如果说哥伦布的远航是"一个极其巨大的错误导致了一次极其伟大的发现"(让·安维里),那么,笔者认为麦哲伦的远航便是"一个极其巨大的错误导致了一次极其悲壮的航渡"。

麦哲伦还相信列什波亚首先发现的南纬35度的那个"海峡"是通向摩鹿加以东的那片海洋的。1515年,麦哲伦和列什波亚多次相见,他们对此见解一致。在拟定计划时,非常亢奋的麦哲伦给居留在摩鹿加的老友塞尔劳回信说:"不久我又可以和你见面了,如果不取道葡萄牙人所探得的路线,便取道西班牙人所探得的路线。"[11]

值得指出的是,中外许多论著只提麦哲伦的远航计划寄希望于找到海峡,未提及他也准备在找不到海峡时绕过南美的尽头。这是片面的,不符合史实的。因为麦哲伦相信自己即使找不到海峡,也能像迪亚士绕过非洲南部的尽头一样,绕过美洲南部的尽头。麦哲伦在请求葡萄牙国王支持他的远航计划时申诉:"像非洲大陆一样,美洲大陆也必定有尽头。尽头之外必定是人们长期谈论的大南海",并扼要介绍了他要么找到一条海峡要么绕过美洲从而进入大南海的计划。[12]

关于麦哲伦在拟定远航计划时是否就决定了环球航行的问题,现在难以确定麦哲伦当初是设想从摩鹿加原路返回还是环球航行返回。因为他"出征未捷身先死",丧命于菲律宾,而留下的原始材料无法完全说明该问题。但根据他认为大南海并非太大太宽,他谒见查理一世时出示的地球仪并担保他的计划可以不侵犯葡萄牙的势力范围,他俩(法利罗)与西王的协定规定不得在葡王的分界线内探险等情况,可推测麦哲伦最初并无环航打算,他计划从原路返回的可能性更大。但实践证明,大南海(太平洋)比地中海大得无比,在东西方向上也比大西洋宽三倍。所以如果麦哲伦活着的话,也会选择环球航行返回,如同埃尔·卡诺等一样。而特立尼达号是因船受损坏才选择返回美洲的。

第三节 为远航奔走和远航协定

尽管麦哲伦不得志于国王,他还是于1516年向葡王提出了远航请求。麦哲伦向国王阐释:"东方的群岛必定在离美洲西海岸不远的大南海中。摩鹿加群岛离印度和锡兰非常遥远,这样它们就不可能离美洲很远。"[13]但当时葡萄牙朝野和曼努埃尔国王满足于沿亨利王子、迪亚士、达·伽马等开辟的新航路扩大地盘,掠夺财富。尽管绕道非洲的航路也很远,历时久,花费也不少,但总比向汪洋大海做毫无保障的探索要稳当得多。况且麦哲伦计划的直接目的是控制对香料群岛的贸易,而葡萄牙当时已能从印度直接弄到廉价的优质香料。加之在哥伦布航渡美洲后,葡西两国为了避免争夺殖民地的摩擦,已在1494年确定了划分势力范围的界限,这对葡萄牙国王也起了点约束作用。因为西行势必要侵入西班牙的势力范围。基于以上诸多原因,曼努埃尔拒绝了麦哲伦的请求。于是,麦哲伦只得出国去寻求西班牙国王的支持。这样,就像当年哥伦布向若奥二世国王提出西航请求遭到拒绝,若奥后来又后悔不迭一样,环球航行、发现地球的伟绩和荣誉再次与葡萄牙失之交臂。

1517年10月,麦哲伦离开葡萄牙来到西班牙的塞维利亚,不久法利罗也来到这里。麦哲伦在塞维利亚受到葡籍西班牙高级军官巴尔波查的接待,通过巴尔波查又与商会会长、西班牙印度院(Indian House)重要官员阿兰达结识。1518年麦哲伦还娶了巴尔波查的女儿贝亚特利兹。

麦哲伦和法利罗得到阿兰达的推荐,于1518年3月在西班牙北部的巴利亚多里德得以谒见西班牙新王查理一世。查理出生于神圣罗马帝国哈布斯堡家族,时年18岁。1519年他当选为神圣罗马帝国皇帝,领有西班牙、德国、南意大利、尼德兰和西属美洲殖民地,号称查理五世。查理是个权势极大,实力雄厚,热衷于欧洲和世界霸权的帝王。麦哲伦、法利罗向国王呈献了一个绘制详细的彩色地球仪,上面标出了他所拟定的航线。当时的著名史学家拉斯·卡萨斯在《西印度通史》一书中记述说:"麦哲伦有一个画得很好的地球仪,上面画着整个世界,标出了他所建议的航线。他有意把海峡的位置留下空白,以免有人可能在他之前通过。我问他计划走什么路线,他说他要取道圣玛丽角,这就是我们所说的拉普拉塔河口;然后,再从那里沿海岸航行,直达海峡。"[14]他还向国王保证,可以不侵犯葡萄牙的势力范围,向西走而达到盛产香料的东方岛屿,而香料群岛也在教皇划归的西班牙势力范围内。这时,为了争取支持,麦哲伦便改口说香料群岛属西班牙了。麦哲伦、法利罗的计划立即得到查理一世的赞同,大主教方萨加也在旁边尽力支持。但实际上,摩鹿加—香料群岛的中心位置在东经128度上,而教皇子午线的位置一般认为在西经46度上。[15]它对应的东半球经度便是东经134度。因此香料群岛应"属于"葡萄牙。但当时确定经度很困难,也还没从实践上证实地球到底有多大。所以香料群岛的"归属"是个待议待考察的问题。当然后来的实践证明,西行绕过美洲比东行绕过非洲去香料群岛更遥远。

按照当时的惯例,3月22日,查理一世与麦哲伦、法利罗签署了远航探险协定。这么快便达成了协定,说明了当时西、葡、其他西欧国家之间竞争的态势,形势逼人。协定责成麦哲伦、法利罗"在属于朕的海洋里发现丰富的香料以及朕最需要的而且能使我国获利的其他东西","扩大我们卡斯提王室的版图"。协定承诺"在此后10年内,不颁发特许状给任何想沿你们所选定的路线和方向去探险的人"。并约定"不得在葡萄牙国王陛下的分界线和境界内进行探险"。协定规定,为补偿探险者的劳绩和所冒的危险,把新发现地区的全部收入(包括利润和捐税等)的1/20分给他俩;委任麦哲伦、法利罗为新发现地区的总督,并可世袭。每年赐给他们价值1000杜卡特的商品,用皇家船只运到新发现地区。协定还规定,如果发现的岛屿超过了6个,麦哲伦、法利罗便可把其中两个作为自己的领地,获得领地上全部收入的1/15。首航带回的货物,他们可留下1/5。按照协定,查理五世负责为探险提供载重60吨至130吨的船只共5艘和200多船员。并派人随船出海监航,去回时均要清账。[16]

从以上协定可以看出:第一,麦哲伦远航探险的直接目的是获取香料,发现陆地和岛屿,扩张版图,而并非是黄金。对香料的渴求是达·伽马开辟新航路和麦哲伦环航地球最直接的动因。

第二,协定规定10年以内不允许别人沿麦哲伦可能开辟的航路和此次选定的方向去探险。这表明当时西方的商品经济关系、"专利"、"知识产权"意识已开始萌芽并渗透到探险拓殖事业中。这对于完成地理大发现是有裨益的。

第三,对于探险可能带来的收益,探险者和资助者,即使他是国王,也是按协定分红的。探险者的收入分别为1/20、1/15、1/5,领地的划分是2/6,即从6个岛屿起价,四二分成。也就是说,发现的土地越多,发现者得到的好处也就越多。收益分成制有利于调动探险者的积极性。

第四,把哥伦布与伊莎贝拉女王、斐迪南国王签署的圣塔菲协定与此协定比较便可得知,它们所反映的时代特征和精神实质比较一致,后者在前者的基础上有一些发展和扬弃。例如继承了按成分红的内容,发展了特许专利的内容,扬弃了"唐"、元帅、副王这些空头称号的内容。这反映了社会的进步。

协定签署后麦哲伦等立即着手远航的准备工作。查理一世也发布敕令让西班牙本土和海外的各级衙门各级官员协助麦哲伦和法利罗履行协定。

麦哲伦的远航计划得到西班牙赞助的消息立即被葡萄牙获悉。曼努埃尔国王一方面担心自己的海外利益会因之受损,另一方面也出于嫉妒,担心再次发生类似于自己的堂兄当年把哥伦布的发现拒之门外的事,便指令葡萄牙驻西班牙公使拉斯塔和驻塞维利亚领事阿尔瓦利什设法阻止。阿尔瓦利什曾找到麦哲伦,对他进行威胁和利诱。阿尔瓦利什在呈国王的信中奏道:"我向他表明,在他前面的道路上隐藏的苦难不亚于圣叶卡捷琳娜的车轮,对于他(麦哲伦)来说,最明智的办法莫过于返回祖国,回到陛下的祝福和宠幸下生活。"[17]但麦哲伦不为所动。阿尔瓦利什则挑拨麦哲伦与西班牙船长们的关系,并在塞维利亚进行贿赂,致使船队准备的食物许多质量低劣甚至已变质。科斯塔则通过外交途径向查理一世施压,要求把麦哲伦、法利罗遣送回国,或推迟探险一年,但遭到查理谢绝。

探险队实际投资833万马拉维迪,其中查理出资3/4,尼德兰驻塞维利亚的富商哈罗出资1/4。[18]鉴于达·伽马的首航死病枕藉,而麦哲伦计划的航行比达·伽马更远,于是麦哲伦抱定了不成功便成仁的决心,行前留下了遗嘱,安排好一切后事。

1519年8月,远航探险的准备工作就绪。远航船队由5条配有枪炮火器的帆船组成。它们是,载重110吨的旗舰特立尼达号,船长为哥米什;最大的载重120吨的圣安东尼奥号,船长为卡尔塔海纳;载重为90吨的康塞普逊号,船长为凯萨达;载重85吨的维多利亚号,船长为门多萨;最小的载重75吨的圣地亚哥号,船长为茹安·塞拉奥。据16世纪初绘制并流传下来的各种绘画看,惟一完成环球航行并返回的维多利亚号是一条一头有船楼的两桅轻型帆船。[19]由于法利罗因另有任职和胆怯没有参加远航,麦哲伦成为惟一的舰队司令、探险队总指挥,坐镇旗舰特立尼达号。船员共有268人,主要系招募而来。其中西班牙人100多人,葡萄牙人意大利人各30多人,还有法、德、英、尼德兰、希腊、摩尔人、马来人、非洲人等,情况十分复杂。船员中有一位志愿随行观光的意大利维琴察小贵族安东尼奥·皮加费塔(A. Pegaffetta),他记下了这次航行的详情和始末。这是论述和研究首次环球航行最基本、最主要的原始资料。[20]船队备足了武器、弹药、箭矢,各种航行用具,给养淡水,各种用于交换的商品货物,包括水银、银朱(用作颜料和药品)、明矾、棉布、天鹅绒、帽子、头巾、鱼钩、铜项链、剪刀、小镜子、小铃铛、小刀、铜盆等等。为了应付远洋航行和不测,船队带足了2年的食品、修船的木料和工具以及渔具。

第四节 在大西洋、美洲的探险与活动

1519年8月10日,船队从塞维利亚启航,驶向瓜达尔基维尔河口—圣卢卡尔湾。皮加费塔的日记从这天开始。9月20日船队进入大西洋。船队先驶向西属加那利群岛,9月26日到达加那利的圣克鲁斯岛。在加那利期间,麦哲伦收到岳父的一封信,提醒他注意西班牙船长们可能的捣乱,因为已有风声透露出来。10月3日,船队离开加那利驶向西南方的佛得角群岛,这时船队中的反麦分子开始活动起来。因为当时从欧洲到美洲既可走哥伦布开辟的西班牙航线,也可走卡伯拉尔开辟的葡萄牙航线。走后一条航线似乎要在海上多漂泊些日子,但却可利用赤道洋流和东北信风的顺风顺流。况且他们的任务之一是探寻南美地区通向大南海的海峡或南美洲的尽头,所以直接去南美还可以缩短整个航期。麦哲伦主张走这一条葡萄牙航线,为此与船队中的反麦分子进行了斗争,甚至把圣安东尼奥号船长卡尔塔海纳扣押起来,另派德·科卡代理船长。

经过两个月的海洋漂泊,战胜了连续一个月的暴风雨,船队于11月29日到达巴西海岸累西非(伯尔南布科)。船队在稍事休整后迅速南下,于12月13日进入里约热内卢湾。船队在这里略做

休整,补充淡水和新鲜给养,与当地印第安人进行不等价交换。皮加费塔写道,"这个地方的人拿五六只火鸡换一把刀子或一个鱼钩,一对野鹅换一把梳子。用一面小镜子或一把剪刀所换的鱼,足够10个人吃一顿。……在意大利玩的那种扑克牌的一张王牌,他们用5只火鸡同我换"[21]。这位编年史家记述的当地瓜拉尼印第安人吃人的习惯,听了令人毛骨悚然。他们"吃他们的敌人的肉,这并不是因为好吃,而是一种风俗习惯。他们并不把抓来的人一次吃光,而是一块一块地吃。他们把人剁成块,在烟筒里烤干,每天切下一小块,同家常便饭一起吃,以此提醒自己记住敌人"[22]。

12月26日,船队离开里约热内卢湾,于次年(1520年)1月10日来到拉普拉塔河河口。这条南美第二大河,极其宽阔的河口乍看起来真像一个海峡的入口。但经过探航才知道它是流向大西洋的大河河口。麦哲伦非常失望,但他不露声色,率队继续南下。从此他们进入文明人类未曾航行过的水域了。

2月3日,船队到达他们称之为巴伊奥德洛斯帕托斯(即企鹅湾)的地方。探险者在那里第一次发现了企鹅,这种企鹅后来被命名为麦哲伦企鹅。[23] 它们是广泛分布于整个南极洲的企鹅科鸟类最北边的代表。船队继续前进,2月24日,船队在约南纬41度处发现海岸走向突然由南转西,很像一条海峡或南美的尽头。他们沿海岸向西前进了约250公里,才发现它只是一个普通的海湾即圣马蒂亚斯湾。[24] 进入3月份,南半球南部已是秋凉,天气日渐寒冷,越益昼短夜长。寒冷的南风从南极迎面吹来,航行十分困难。3月31日,船队驶入南纬49度今阿根廷南部圣胡利安港。麦哲伦决定在此过冬。这一带比较荒凉、杳无人烟、补给困难。为了做过冬的长期准备和应付新出现的危机,麦哲伦下令缩减口粮,大量猎禽捕鱼贴补。[25]但也只维持到1521年3月便断粮了。不管怎样,缩减口粮渔猎补贴的决定是英明的,否则探险队熬不过在太平洋上的百日航行。

天寒地冻、杳无人烟、给养匮乏,加上几次探索海峡或大陆尽头都没有成功,这一切使许多船员灰心失望,不安的情绪笼罩着船队,许多人要求返航。船队中的反麦分子便利用这种沉郁气氛策划叛逃。4月1日夜,康塞普逊号船长凯萨达、被撤去船长职务的卡尔塔海纳率领30人偷袭了圣安东尼奥号,绑架了新船长麦斯基塔,杀害了二副,占领了该船。维多利亚号船长门多萨也参加了叛乱。这样,5条船中的3条已被叛乱分子控制,远航似乎快夭折了。但机智勇猛、身经百战的麦哲伦却沉着冷静,力挽狂澜,出奇制胜。他利用与叛乱分子谈判的机会,派保安官埃斯皮罗萨率人乘小艇去维多利亚号佯装谈判,登船后突然把门多萨刺死,迫使叛乱分子投降,控制了维多利亚号。麦哲伦随即将维多利亚号、特立尼达号和圣地亚哥号一字排开,停泊在港湾的出口,堵住两条叛乱船的逃路。4月3日凌晨,凯萨达欲率圣安东尼奥号夺路逃跑,向旗舰冲击,并命令开炮,但无人听命。麦哲伦命令特立尼达号鸣炮警告,并喊话劝降。圣安东尼奥号船上被胁迫的船员愿意继续追随麦哲伦远航。麦哲伦派人乘小艇去把凯萨达等几个为首分子逮捕。最后一艘叛乱船康塞普逊号及其叛乱船长卡塔尔海纳见大势已去,第二天也只好投降。

麦哲伦严厉而审慎地惩处了叛乱分子。已死的门多萨按16世纪惩罚叛徒的惯例被大卸四块,杀害圣安东尼奥号二副的凯萨达被砍头后肢解,卡尔塔海纳和一个神父被放逐到杳无人烟的阿根廷海岸上。赦免了其他40来个应处死罪的叛乱者。麦哲伦的处理是妥当的,因为船上还需要他们工作,同时也可避免引起其他海员的反感。一场大叛乱被麦哲伦迅速地平息了,未损一船,只死了3个人,没伤探险队的元气。

船队在圣胡利安港停留了近5个月。头两个月未见到一个土著居民,后来才出现身材高大,穿大脚靴的巴塔哥尼亚人(大脚人)。皮加费塔夸张地说西班牙人站起来只及他们的腰部。麦哲伦想抓两个人作为他地理发现的见证,便请了两个土人上船,哄他们戴上了他们不知为何物的脚镣。这是麦哲伦远航以来干的第一桩殖民勾当。

在严冬的5月,麦哲伦派塞拉奥率圣地亚哥号沿海岸向南探航。5月22日,圣地亚哥号在今圣克鲁斯湾一带遇险沉没。但除一人外,所幸船员们都得以上岸。他们来到圣克鲁斯河,靠捕鱼和挖草根剥树皮坚持,并派了两个船员去圣胡利安港求援。麦哲伦闻讯后派出了救援队。这样,前后经过了一个半月,所有的人都奇迹般地安全归队。

8月24日,南美洲南部的早春开始了。船队向南驶向圣克鲁斯港,在这里又休整了近两个月。10月18日,南美洲春意盎然,船队重新探航。10月21日,探险队终于在南纬52度半发现了一个海峡口。这里离麦哲伦宣布的向南挺进的预定极限,南纬75度的所谓巴塔哥尼亚海峡还靠北22个半纬度。[26]麦哲伦谎称他曾在葡萄牙宫廷的机密档案室里看过标有这个海峡的秘密地图,派塞拉奥率康塞普逊号(已调任此船船长)、麦蒂梅斯基塔率圣安东尼奥号(已升任此船船长)进入峡口探航。他们的探航证实了麦哲伦的判断。但这条海峡通道长达580公里,忽宽忽窄,但最窄处也有3.3公里,港汊交错,潮汐汹涌,最深处有1100多米。海峡两岸山脉高耸达1000多米,荒无人烟。南岸白天一片烟雾,晚上常有篝火,麦哲伦便称其为火地,即今天的火地岛。这是因为火地岛人还不知道发火,常燃篝火以存火种。[27] 11月1日,远航的资助者之一,富商哈罗派来的舵手哥米什,领头劫持了最大的圣安东尼奥号,叛逃了。他们回去后反诬麦哲伦叛变卖国,致使麦的家属受到迫害。后来直到维多利亚号返航后,此案才得以平反,但那时麦哲伦的妻子和两个儿子都因抑郁而夭。[28]

经过前后一个月零七天的艰苦而危险的探航,船队终于找到了海峡的出口"海角和一个大海。总司令为此而高兴得流下了眼泪,把这个海角取名为希望之角,因为它是人们长久以来希望和寻找的地方",[29] 皮加费塔动情地写道。克服了种种困难,沟通大西洋与大南海的通道终于找到并通过了。这是西欧人花了20多年所要寻找的地方。麦哲伦把海峡取名为"圣徒海峡",但人们后来仍公正地把他发现的海峡称为"麦哲伦海峡",以资纪念。1520年11月28日,船队终于驶出了海峡,进入了浩翰的大南海。

第五节 在太平洋、亚洲的探险与活动

由引水员阿尔沃辛苦保存下来的一部航海日志表明,离开海峡后,麦哲伦使航线保持在离南美洲西海岸尽量远,但又可以看见一点海岸山影的地方,这样向北航行了23天。顺风浪小,船员们欣赏着各种景观。皮加费塔描绘了一种飞鱼,"从水中跃出飞了一箭之远,在飞翼还湿着未干的时候,就又落到了水里。此间,它们的敌人尾随着它们的影子,游到它们落下的地方,捉住它们,把它们吃掉,真是有趣极了"。[30] 12月21日,大约在南纬30度西经80度的地

方,他们离开智利海岸,开始向西北横渡无边无际的大南海。

在此期间船队发现了后来所称的麦哲伦星云。皮加费塔记载道:"南极不像北极那样星光灿烂,这里看到的是大量不大的星星聚散群,使人联想到尘土飞扬。它们之间的距离不远,并且暗淡无光。在这些星群中有两个巨大的星团,但不十分明亮,移动得也很缓慢。"[31]

16 世纪的麦哲伦海峡图

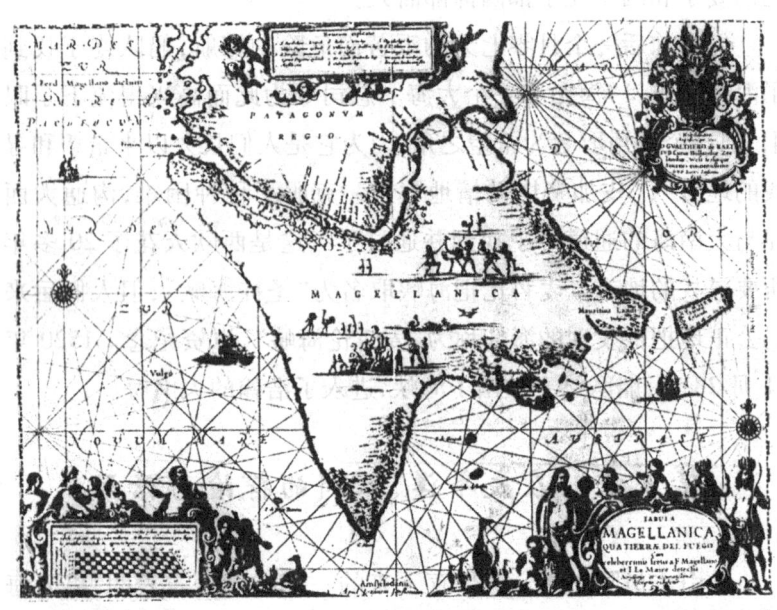

图 7-1

资料来源:取自《大航海时代》。1578 年英国冒险家德雷克发现了合恩角和德雷克海峡,故该图当绘于 16 世纪末。从图上可见,火地(岛)当时又被称为麦哲伦洲,它的东南海岸与实际情况也有很大出入。海峡北部被称为巴塔哥尼亚地区。

如果说麦哲伦把大南海估计得太小是他犯的第一个大错误,粮食装载量不足是他犯的第二个大错误,那么急于到达目的地而

图 7-2

资料来源:底图据《最新世界地图集·东南亚地区》;
航线图据《地理发现史纲》第二卷第 135 页地图;
帝汶岛以下的航线据《伟大的地理发现时代》第 80—81 页地图。

没有在南美西海岸停靠补给便是他犯的第三个大错误。这些重大错误使这次横渡成为迄当时为止航海史上最可怕的苦难历程。1月中旬,可怕的坏血病开始袭来,食品也感到短缺。1月24日和2月4日,船队好不容易发现两个小岛,圣巴拉夫岛(普卡普卡岛)和鲨鱼岛,但两岛均荒无人烟,无法补给食物。麦哲伦悲哀地把它们合称为"不幸群岛"。由于当时难以正确测出经度,故这两个岛屿的位置难以确定。2月上旬,饥饿和坏血病的威胁越来越严重。皮加费塔只用了几百个字记述他们的困难,但这也够惨不忍睹了。"整整3个月零20天,我们没往船上补充一点新鲜食品。我们吃的是粉化了的陈饼干,上面生满了虫子,散发着老鼠尿的恶臭。老鼠把好的饼干都吃了。我们喝的是已变质发黄的水。我们吃包在主桁顶部以防止把护桅索摩擦断裂的牛皮,由于风吹日晒和雨淋,牛皮已变得非常坚硬。我们把牛皮泡在海水中四五天,然后放在炭火上烤一会儿后食用。我们还经常吃木头的锯末。大老鼠的价钱是半枚杜卡特一只,但即是出这样的价钱还很难买到。"[32]身体强壮一点的捉到老鼠后便卖给病弱的。最糟糕的是因为长期吃不到新鲜蔬菜、水果、食物,得坏血病的人越来越多,病情也越来越严重。起初,牙根肿大;接着出血,牙齿松动、脱落;继而嘴里出现脓肿;最后,咽喉红肿,疼痛难忍,慢慢死去。有19个人就因此而相继死亡,包括2个捉来的巴塔哥尼亚印第安人。所幸的是天气一直很好,风顺浪小,否则极度虚弱的水手们是无力应付的。于是麦哲伦便把大南海改称为太平洋。在一次讨论航向的会议上,又有人提出掉头回去的问题,但麦哲伦坚决地说:"即使我们把船上帆桁的牛皮统统吃光,我们还是要前进。"[33]3月5日,船上断炊了,情况非常危急。但就在第二天,3月6日,马里亚纳群岛在西边地平线出现了,水手们鸣枪示意,庆幸绝处逢生。

这是一片物产丰富、人口稠密的群岛,当地居民还处于原始社会阶段,还没有私有观念。他们乘独木舟蜂拥而至,爬上卡拉维尔船,供给船队所需的水果、蔬菜等食物,又毫不客气地拿走他们觉得新奇的没有被钉住的东西。实物交换演变为抢夺。有些岛民还"偷"走船队已放下海准备用于登陆的小艇。麦哲伦等觉得吃了大亏,下令用弓弩射击。岛民似乎还不懂箭,皮加费塔说:"不论什么时候,当我们用箭射中任何一个这些人时,他们都要审视着,把箭柄从这一边拉到那一边,大为惊奇地拔出来,接着就倒下死了。"[34]麦哲伦仍不罢休,他要求把小艇找回来,便组织了武装小队上岸讨伐。他们杀了7个人,烧了十几间茅屋,抢了一些食物。麦哲伦因此还把这一带称为"强盗群岛"。一般认为他们登陆的岛是关岛。

　　由于离开麦哲伦海峡后计划的航向偏北了10度,所以他们的太平洋航行早已在过赤道时从东北方面驶过了今印度尼西亚的摩鹿加—香料群岛。3月9日离开关岛后,他们又到了附近的罗塔岛(Rota),和土著人进行了交换。3月16日,他们便看到了今菲律宾的萨马(三描)岛。3月17日,船队在菲律宾东部莱特湾中的一个无人小岛霍蒙洪岛停靠休整。[35]第二天船员们与从附近来的居民进行了交换,用各种百货换取食物。经过好几天的疗养,船队又开始前进,于3月27日来到里马萨瓦岛(马索华岛)。在这里,麦哲伦从马六甲带来的出生于苏门答腊的亨利用马来语同当地居民通上了话。麦哲伦至此恍然大悟,他向西开辟去亚洲的新航路的理想已经实现。8年前,他从东方回到西方,现在他又从西方绕到东方。古代一些相信地圆学说的学者所预言的事情,当时一些学者所鼓吹的理论,现在已被证实了。

在里马萨瓦岛,船员们用各种百货换取食物,同时又与当地统治者拉关系,传播基督教。4月3日,船队在里马萨瓦岛拉甲(Rajah,统治者的头衔)领航下来到宿务岛。在宿务岛,探险队一面开设店铺,用各种小商品换取当地居民的食品和贵重物品,一面在岛上传播基督教,与当地最大的统治者拉甲胡玛波纳建立了关系。胡玛波纳拉甲原想按惯例向船队征税。后经一个暹罗(泰国)商人提醒、告诫,得知他们便是征服了卡利库特、果阿、马六甲的欧洲白人,便放弃征税,转而想利用白人武装向周围扩张,策动麦哲伦协助进攻附近的麦克坦岛,以控制该岛。麦哲伦表现欲和逞能欲很强,便答应下来。麦哲伦先派小分队上岸偷袭,焚烧房子,强征贡物,但当地拉甲仍不顺服胡玛波纳。

4月27日,胡玛波纳率土邦军队1000人进攻麦克坦岛,当地拉甲拉普拉普率土邦军队1500人迎战,麦哲伦率60名白人武装打头阵。西班牙人在涉水登陆时便遭到麦克坦军队的反击。西班牙人寡不敌众,被迫后退,麦哲伦等在后面断后。西班牙船因水浅滩宽而无法靠近开炮助战。皮加费塔也参加了战斗,脸部还中了毒箭,但仍不忘观察。他写道:"毛瑟枪和弩箭全无效果,因为射击只能穿透木盾牌和护身甲(而不能伤人)。……他们认出了总司令,集中全力向他攻击,两次把他的头盔打下来,但他依然支持着,和他左右的一些人继续顽强地战斗。……一个土著居民用标枪刺中了总司令的前额,总司令夺过了标枪,把他刺死。总司令想拔出剑来继续应战,可是因为右手已受了重伤,只拔出了半截。土著人看清了这种情况,就立刻向他猛攻。其中一个砍伤了总司令的左脚,总司令一头栽倒在地上。这时立刻有许多铁枪和竹标枪向他投来,土著人还用大斧砍他,直到我们的指挥者——我们的灵魂,我们的光明和安慰——断气为止。"[36]

麦哲伦死后,胡马波纳利用探险队扩张的打算落了空,便转而觊觎探险队的船只和货物。麦哲伦的奴仆马来语翻译亨利也给他出馊主意。胡马波纳设下鸿门宴杀害了塞拉奥船长、麦哲伦的内弟巴尔波查船长和20多名船员。

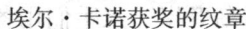
埃尔·卡诺获奖的纹章

图7-3

资料来源:取自莫里逊:《欧洲人对美洲的发现,在南方的航行》,第463页。

5月1日,未曾赴宴和侥幸逃脱的船员立即解缆启程,离开这危险之地。由于大量减员,探险队在离开宿务岛不久,在保和岛把康塞普逊号烧掉,把物资和人员转移到别的船上。至此,探险队只剩两条船了。船队在印尼大巽他群岛一带盲目转悠了几个月,先后经过棉兰老、巴拉望、加里曼丹、巴西兰等岛。10月底他们在菲律宾南部的萨兰加尼岛找到一个当地人当引水员,才得以驶向摩鹿加群岛。此人生于香料群岛的特尔纳特岛,还认识麦哲伦的老朋友,即在那里当土王丞相的法兰西斯库·塞尔劳。可惜塞尔劳已在船队到达前几周被人毒死了。

11月6日,船队终于到了盛产香料的摩鹿加群岛。他们在哈马黑拉岛以西的蒂多雷岛登岸。水手们用各种东西尽其可能地购买、交换香料,甚至脱下了衣服去换。岛上信伊斯兰教的统治者苏丹也帮他们收购,互利互惠。船舱里很快装满了丁香、肉豆蔻、肉桂、胡椒、生姜、香石竹等各种香料。

船队准备启程返航了,却发现旗舰特立尼达号裂开一缝,严重漏水,只得留下修理。50多人自愿留下,打算把特立尼达号修好后经太平洋返回巴拿马湾,以躲避印度洋、大西洋上的风浪和葡萄牙人的拦截。埃尔·卡诺船长、皮加费塔等40多人,还有10多个自愿去西班牙当翻译的摩鹿加人则选择了乘完好的维多利亚号经印度洋、大西洋返航。埃尔·卡诺大约在1486年生于西班牙北部,系巴斯克人。在参加麦哲伦探险队前已是船长了。在圣胡利安港的叛乱中,他曾参与了一部分活动,但得到宽恕,以后他就洗心革面了。在到达摩鹿加群岛后他被推举为船长。埃尔·卡诺是公认的领导维多利亚号最后完成环球航行的人。12月21日,维多利亚号向特立尼达号和香料群岛鸣炮告别,扬帆启航。

第六节　维多利亚号的凯旋和
　　　　特立尼达号的遭遇

为了避开葡萄牙人,埃尔·卡诺先向南航行。于12月29日到达安汶,然后穿过班达海。在帝汶岛最后补给后,他们向西南航行,进入茫茫大洋,向好望角挺进。3月18日,他们在南纬38度左右发现阿姆斯特丹岛(今属法国)。[37]坏血病再度袭来,因携带的食物、肉类许多变质,饥饿的阴影也开始笼罩着维多利亚号。埃尔·卡诺按西南方向朝南纬40度前进,以便到达好望角以南若干。在横渡印度洋的航行中,船上的60人减员到35人,25人因坏血病死去。5月20日,维多利亚号在离非洲南端约五个纬度的位置上进入了南大西洋。这时前桅和帆桁都在暴风雨中断裂,船也漏了,需要人们打疲劳战用唧筒不停地抽水。6月8日,维多利亚号第四次即最后一次越过赤道。7月9日,他们被迫驶进葡属佛得角群岛,以便补给。他们谎称从美洲返回。但还没来得及买够食品补给完毕,有13个登陆的水手便露出了马脚被葡萄牙当局抓去。7月18日,卡尔·卡诺只得赶紧开船逃跑。

"1522年9月6日,星期六,我们进入了圣卢卡尔湾。在我们离开摩鹿加时的60人中,仅剩下18个,而且大部分都疾病缠身。"皮加费塔继续总结道:"从我们离开这个海湾的那一天起到今天,我们航行了14 460里格,完成了从西到东绕世界一周的航行。"[38]两天后,百孔千疮的维多利亚号被另一艘船拖回了出发港塞维利亚。

西班牙从这次大探险中收益甚微。查理五世(此时已是神圣罗马帝国皇帝)高价卖掉了运回的26吨香料,但在扣除了远航费用后,所剩无几,只折合200英镑,[39]且不包括死难者的抚恤金。查理奖给埃尔·卡诺一块纹章,纹章上半部是城堡,下半部是两枝互相交叉的肉桂枝,周围是肉豆蔻果和丁香花,上端是一顶头盔。头盔上方是地球,上面的缎带用拉丁文写着"你第一次环绕我航

行"。纹章两边各有一位马来人国王,他们一只手托着纹章,另一只手拿着香料树树枝。(见图 7-3)

皮加费塔返回塞维利亚后便送给查理五世"一本处理我们航海中逐日发生的一切事情的书"。皮加费塔随后回到意大利,整理出第二批手稿,送给他的保护人,圣约翰骑士团的首领们。[40]但送给查理和骑士团的两批手稿后来都散失了。所幸送给查理的那部在两个多月后被摘录出来,并补充了几位主舵手和引水员的航海日志和报告中的少许内容。这部摘录过和补充过的日记流传开来,有一本意文手秒本和三本法文手抄本保存下来。[41]于是,皮加费塔的珍贵日记和首次环球航行的详细情况我们才得以知晓。

在佛得角群岛被葡萄牙人抓去的那 13 名船员在查理五世的交涉下很快得到释放。

1522 年 4 月 6 日,特立尼达号在埃斯皮罗萨的指挥下,带着约 50 吨香料,离开蒂多雷岛返航马拿马,全船 53 人。埃斯皮罗萨当过主舵手,麦哲伦船队的保安官,在圣胡利安港的平叛行动中立过大功。他们先绕过哈马黑拉岛北端,旋即朝东驶向巴拿马。但强劲的东风把特立尼达号吹往北方。5 月初他们在北纬 5 度左右发现了加罗林群岛西部的索索罗尔岛,接着在北纬 12 度至北纬 20 度一带发现了马里亚纳群岛的 14 个岛屿。[42]6 月 11 日,特立尼达号到达北纬 43 度一带。他们向东方推进到多远,现在只能推测(经度),大概到了东经 150 度至 160 度一带。[43]这样,东经 155 度左右,北纬 43 度是他们前进的最远点。这里已接近了日俄间的千岛群岛。7 月中旬,他们遭到连续 12 天的风暴袭击,坏血病和因食物变质造成的饥饿重新袭来,船员已死亡过半,这一切迫使特立尼达号可能于 7 月下旬掉头退回。在回航途中,8 月 22 日,埃斯皮罗萨又发现了马里亚纳群岛北部的几个岛,其中包括北纬20度的毛格岛。[44]1522年10月20日,在离开6个多月后,他们又重新回到摩鹿加群岛。此时出航的53人只剩下19人了。

雪上加霜的是,1522年5月中旬,一支由安东尼·布利杜指挥的葡萄牙舰队来到摩鹿加群岛。布利杜还在特尔纳特岛修建了要塞。10月底,布利杜获悉,附近停泊着一艘欧洲白人的船。于是他派出3艘舰船把特立尼达号俘获到特尔纳特岛。葡萄牙人查封了货物,没收了地图和航海日志。被俘者中,个别水手被处死,大部分船员慢慢地瘐死狱中。4年后,埃斯皮罗萨等4个人才被释放活着回到了西班牙。他们是被转狱到里斯本关押了很久才获释的。他们就这样被关押在船舱里完成了环球航行。

第七节 首次环球航行的重大意义

由麦哲伦指挥的西班牙探险队的首次环球航行,在地理发现史上具有极其重大的意义。船员们以自己的勇敢实践无可辩驳地证实了地圆学说、水多陆少说、海洋一体说,确定了大地的基本形状和大小,从而"真正发现了地球"(恩格斯语)。此次远航探险发现了南美洲南部,首次考察了从南纬35度的拉普拉塔河口至南纬52度麦哲伦海峡的、长达3500多公里的南美东南大陆海岸线,发现了麦哲伦海峡,首次考察了从麦哲伦海峡到南纬30度的、长达2500多公里的南美西南大陆海岸线。这样就确定了南美洲南北两端的跨度。船队在人类文明史上首次横渡了太平洋,基本上确定了太平洋的大小,南美洲与非洲南部之间的跨度。船队到了亚洲大陆的东南边缘,包括马来群岛(南洋群岛)和千岛群岛附近,从实践上进一步证实了哥伦布及其后继者发现的西印度不是亚洲的东部,而是一块独立的大陆。麦哲伦船队开辟了从南美洲到菲律宾的新航路,从而把美洲与亚洲联系起来。这条航路与业已开辟的从欧洲到美洲的航路、从非洲到美洲的航路、从欧洲绕过非洲到亚洲的航路接轨,从而把全世界有人居住的各大洲(澳洲除外)都联系起来。船队还发现了太平洋中的几个小岛。维多利亚号的返航开辟了从菲律宾、印度尼西亚到非洲南端的新航路,首次在东西向上横渡了印度洋,明确了欧洲人猜测和寻找中的南大陆至少在非洲一带没有延伸到南纬40度。特立尼达号的返航虽然失败,但也发现了马里亚纳群岛的主要部分,推进了对太平洋大小宽窄等的认识。总而言之,环球航行把业已开始的地理大发现推到了最高潮。

首次环球航行在航海史上具有最重大的意义。这次航行从西欧出发,向西横渡了大西洋,绕过了南美洲,横渡了太平洋,穿越了南洋(马来)群岛,横渡了印度洋,绕过了非洲,回到了西欧。前后历时整整3年,行程8万公里(按皮加费塔统计的14 460里格乘以5.56公里。里格的长度参见本书第三章注[28]),东西经过了360个经度,南达南纬52度(船队),北抵北纬43度(特立尼达号),航迹面积达4.22亿平方公里[45],经过了世界上有人居住的大部分地区。这是人类历史上迄当时为止航程最长、历时最久、航迹面积最广的航行,它把15世纪初以来的大航海时代推进到又一个崭新的阶段,即环球航行阶段。首次环球航行证明,地球上无论何地,都可以驾船前往登陆;地球上无论什么海洋,只要不封冻,就可以航行和横渡。从西方到东方,既可以东行走葡萄牙航路,也可以西行走西班牙航路。这样,大航海时代便从近岸的远洋航行,发展到跨洋的远洋航行,再发展到环球航行。下一步还将发展到极地冰海航行(再下一步便是水下航行了,不过它已不属一般意义上的航海了)。首次环球航行也是人类有史以来最艰难困苦的航行,船只损失 2/5,人员损失 2/3 以上。探险者们经受了大西洋、太平洋、印度洋上的惊涛骇浪、狂风暴雨的考验,两度熬过了坏血病和饥饿焦渴的致命袭击。他们显示了人类认识自然、改造自然、征服自然的巨大勇气、卓越才能和坚强毅力,从而竖立了航海史上最高耸的丰碑。

首次环球航行在殖民主义史上也举足轻重。西班牙随即经新航路向亚洲扩张。16 世纪 70 年代,西班牙人排挤了葡萄牙人,征服了菲律宾,以国王菲利普二世(当时是太子)的名字给这个地区命名,这就是今天菲律宾地名的来历。[46]菲律宾沦为西班牙的殖民地达三个多世纪(至 19 世纪末),菲律宾人民陷入了殖民地的苦难深渊。西班牙则成为地跨欧、美、亚、非四大洲的有史以来最大的殖民帝国,西班牙的国力因而更加强大。这对欧洲的国际政治产生了一定的影响,对欧洲基督徒反击亚非穆斯林的战争有所裨益(当时土耳其正在大举征服扩张,故反击属正义性质。例如 1571 年的勒颁多大海战、西班牙、威尼斯、罗马教廷联合舰队击败了土耳其主力舰队,遏止了土耳其向西地中海地区进一步扩张)。

首次环球航行在商业航运史上也有较为重要的意义。由于西班牙人从美洲来到了菲律宾,而中国人早就在菲律宾一带做生意,于是形成了"中国—阿卡普尔科(墨西哥西海岸)黄金水道",兴起了"马尼拉大帆船贸易"。中国、南洋、美洲、西欧四大地区通过这条黄金水道进行大帆船贸易,互通了有无,进行了广泛的物质、文化、人员交流。中国货物由于价廉物美,很受欢迎,竞争力强,故而赚取了大量外汇。据统计,到1911年时,我国所流通和贮藏的墨西哥银元(习称鹰洋)总数在4亿枚至5亿枚之间。[47]马尼拉大帆船贸易从万历初年兴起,兴旺了将近300年,到同治年间因火轮兴起才衰落下去。

首次环球航行在天文学、博物学方面也有一定的意义。环航途中,麦哲伦于1520年在南美南部发现了后来以他的名字命名的麦哲伦云。它们是银河系的两个伴星系,与银河系共同组成一个三重星系。它们被分别称为大麦哲伦云和小麦哲伦云。除了太阳、月球和银河外,它们是天空中最显著的目标。[48]麦哲伦探险队还首次初步发现了地动和时差。维多利亚号返航至佛得角群岛时,发现船上的日期是7月8日星期三,岸上却是7月9日星期四,存在着时差。[49]著名作家凡尔纳的小说《八十天周游世界》也讲了这样一个故事:福克先生和仆人路路通一行历尽艰险赶到俱乐部大厅时(1858年12月21日),按约定的时间已晚了几分钟。但旁观者告诉他,他赢得了打赌。因他们一直向东旅行,便抢回了一日。今天是1858年12月20日,麦哲伦他们回国后向皇帝和教皇做了报告,引起了知识界的关注。他们的发现初步揭示了地球自身自西向东绕地轴自转。倘若人们逆着或顺着它的自转方向一直往西或往东航行,就可以在无穷的时间中得到或失去极少的一点;世界各地的时间也不完全一致。所以环球航行使人们开始认识这一新的科学真理。

在迪亚士远航前,文明人类主要在北半球居住和活动,认识的星空和星座也因此主要在北天球,以及黄道带星空和黄道星座。2世纪的托勒密总结了到那时为止的天文学成就,编制出了当时较完备的星表,列出了48个星座,占现代通用的88个星座的

54.5%,并沿用至今。[50] 1487年迪亚士绕过了非洲最南端,到达了南纬35度。1513年至1515年,弗罗伊什和列什波亚、索里斯等,先后发现了拉普拉塔河口,但也只到南纬35度。麦哲伦一口气推进到南纬52度,前进了17个纬度。这样,南天球的星空和星座也逐渐为人们所发现和认识。1603年,德国天文学家巴耶尔画出了南天星图,列入了13个新发现的南天星座。[51] 其中被收进现代通用88个星座名称表的就有印第安座(中心位置,赤经21h20m,赤纬-57°),天燕座(16h,-75°)、飞鱼座(7h50m,-70°)、剑鱼座(5h10m,-63°)、杜鹃座(0h,-66°)、南三角座(15h50m,-65°)、螺蜓座(10h40m,-79°)、水蛇座(2h,-72°)、凤凰座(0h40m,-48°)、孔雀座(19h30m,-66°)和天鹤座(22h20m,-47°)共11个(天文坐标见南京大学天文系编《天文学词典》6—16页,科学出版社1989年版)。其中多数便是由麦哲伦探险队发现的。从理论上讲,赤纬-35°至赤纬-52°范围内的南天星座都极可能是麦哲伦探险队发现的。当然,由于地球斜着自转,黄赤交角约为23度半,有季节变化,地球表面是弧面,有曲率,各星座也有一定的散布范围,再加天气云层等的影响,故实际情况会与此有所出入。但大体差不离,因为麦哲伦他们也可能发现赤纬-52°至-75.5°高负纬度南天内的星座。

  环球航行的成功对解放思想、启蒙思潮、人文主义等方面也产生了十分重要的影响。麦哲伦死后20年,当时的编年史家贡·费·奥维埃多写下了一段如诗如实的颂词。"维多利亚号的航行,是上帝创世以来最大的奇迹之一;是人类的始祖诺亚乘方舟航海以来最著名的一次航海。"[52]

  恩格斯曾在《家庭、私有制和国家的起源》中不仅对首次环球航行进行了评价,而且对环球航行结束之时的世界形势、时代精神和社会特征做了高度概括。"世界一下子大了差不多10倍;现在展现在西欧人眼前的,已不是一个半球的四分之一,而是整个地球了。他们赶紧去占据其余的七个四分之一。传统的中世纪思想方式的千年藩篱,同旧日的狭隘的故乡藩篱一起崩溃了。在人的外界视线和内心视线前面,都展开了无限广大的视野。在为印度的财富、墨西哥和波托西的金矿银矿所引诱的青年人看来,循规蹈矩以及好几世代留传下来的荣耀的行会特权能有什么意义呢?这是资产阶级的漫游骑士的时代;这个时代也有自己的浪漫事迹和爱情幻想,但都是按照资产阶级的方式,而且归根结底是抱着资产阶级的目的。"[53]

注释:

1　米切尔:《斐迪南·麦哲伦》,载《不列颠百科全书》"百科详解",1974年15版,第11卷第292页。

2　黄道立:《麦哲伦》,载《外国历史名人传·古代部分》(下册),中国社会科学出版社1983年版,第480页。

3,4,5　茨威格:《麦哲伦的功绩》,湖南人民出版社1982年版,第63、62、61—62页。

6　于有彬:《探险与世界》,四川人民出版社1984年版,第177—178页。

7　马吉多维奇父子:《地理发现史纲》,莫斯科1983年版,第2卷,第125页。

8　《地理发现史纲》,第2卷,第125页。

9　《麦哲伦的功绩》,第43页。

10　汉布尔:《探险者——航海的人们》,海洋出版社1985年版,第100页。

11　柯克帕屈克:《西班牙征服者》(F. A. Kirkpatrick: The Spanish Conquestadores》,伦敦1946年版,第124页。

12,13 巴克利:《伟大的地理发现时代》,伦敦1958年版,第71页。

14 帕尔:《环球航海家麦哲伦》(Charles M. Parr: Ferdinand Magellan, Circumnavigator),纽约1964年版,第221页。

15 萨·伊·莫里逊:《海洋元帅哥伦布》,纽约1962年版,第1卷,第356页;布尔斯廷:《发现者》,上海译文出版社1995年版,第376页。

16 《国王和麦哲伦及法利罗关于发现香料群岛的协定》,载郭守田主编:《世界通史资料选辑·中古部分》,商务印书馆1981年版,第312—313页。

17 《麦哲伦的功绩》,第94页。据传说,圣叶卡捷琳娜曾被绑在一个钉满铁钉的车轮上。

18 《麦哲伦的功绩》,第92页。

19 《地理发现史纲》,第2卷第136页,载16世纪的木刻画"维多利亚号";又见生田滋等:《大航海时代》,福武书店昭和58年,第86页,载16世纪的油画"维多利亚号"。

20 皮加费塔的日记系用意文写成。英译本不少。公认的权威译注本是詹姆斯·罗伯逊1906年出版的,题为《麦哲伦环航世界》(James A. Robertson: Magellan's Voyage around the World)。见《斐迪南·麦哲伦》,第293页。

21,22,23 《皮加费塔日记》,转引自《探险者——航海的人们》,第107、108、109页。

24 《地理发现史纲》,第2卷,第128页。

25 一种说法认为,当初装粮上船时,每一批都做了两次记录,所以实际装载量只有计划装载量的一半。另一种说法是,那些负责置办给养的人可能被蓄意破坏的人收买,实际只装载了应携带给养的1/3。

26 《地理发现史纲》,第2卷,第129页。

27,28 《麦哲伦的功绩》,第130、246页。

29,30 《皮加费塔日记》,转引自《探险者——航海的人们》,第116、121页。

31 《皮加费塔日记》,转引自马吉多维奇:《世界探险史》,世界知识出版社1988年版,第267页。

32 《皮加费塔日记》,转引自《世界探险史》,第265页。

33 《伟大的地理发现时代》,第82页。

34 《皮加费塔日记》,转引自《探险者——航海的人们》,第124页。

35 《探险者——航海的人们》,第125页。

36 《皮加费塔日记》,载斯蒂芬森编:《从古至今的伟大冒险和探索,探险家们的自述》,(V. Stefansson: Great Adventures and Explorations from the Earliest Times to the Present, as Told by the Explorers Themselves),伦敦1956年版,第263—264页。

37 《地理发现史纲》,第137页。

38 《皮加费塔日记》,转引自《探险者——航海的人们》,第139页。

39 见吉尔马德:《麦哲伦的生平和首次环球航行》(F. H. H. Guillemard: The Life of Ferdinand Magellan and the First Circumnavigation of the Globe, 1480—1521),纽约1890年版,第307、327页。

40 圣约翰骑士团又名圣医护骑士团,第一次十字军东征期间在耶路撒冷成立,主要由意大利教士和骑士组成。十字军运动失败后回驻罗得岛Rhodes。该岛今属希腊。皮加费塔也是罗得岛骑士团(Knight of Rhodes)成员。即圣约翰骑士团。

41 《探险者——航海的人们》,第162页。

42,43 《地理发现史纲》,第2卷,第138页。

44 《地理发现史纲》,第2卷,第138页。

45 航迹面积是本人受流域面积启发而提出的一个新概念。航迹面积等于航行途中任何一个方向的两个最远点的距离,乘以与这两点连线垂直的航行的两个最宽点的距离(须将这两点平行移至与最远处的两点连线垂直的直线上)。对于麦哲伦环球航行来说,其航迹面积为赤道长度4万公里×南纬52度至北纬43度之间的距离10,555公里=4.22亿平方公里。

46 邵献图等:《外国地名词源词典》,第367页,上海辞书出版社1983年版。

47 魏建猷:《中国货币史》,三联书店1956年版,第106页。

48 《地理学辞典》,第355页,上海辞书出版社1986年版。

49 《麦哲伦的功绩》,第233—234页。

50,51 余青松:《星座》,载《科学技术百科全书·天文学卷》,第292、294页,科学出版社1981年中文版。

52 《探险者——航海的人们》,第141页。

53 《马克思恩格斯选集》,第4卷,第77页。

第八章 西欧对东北新航路的探寻和在北冰洋的发现

第一节 探寻东北新航路的背景

16世纪中叶,从西欧到东方有两条已开辟的新航路,还有两条可能存在的、待开辟的新航路。经大西洋、印度洋到印度的东南新航路早已开辟,并延伸到东南亚、中国、日本。葡萄牙人1509年航行到马六甲,阿布雷乌于1512—1513年访问了摩鹿加,葡人1514年航达珠江口。[1] 经大西洋、太平洋到东南亚的新航路也已开辟,并延伸到东方各国。继麦哲伦、埃尔·卡诺之后,萨维德拉1527年开辟从墨西哥海岸经太平洋到摩鹿加的新航路,乌达涅塔1565年发现在北纬42度借西风从菲律宾返回墨西哥的可靠航线。[2] 到16世纪中叶,英、荷、法等国已开始染指这些航路航线,与西、葡争夺,力图打破西、葡对它们的垄断。不过此时英(荷)与西(葡)间决定性的1588年大海战还没有打响,经这两条新航路到东方去还受到西、葡的严重威胁。

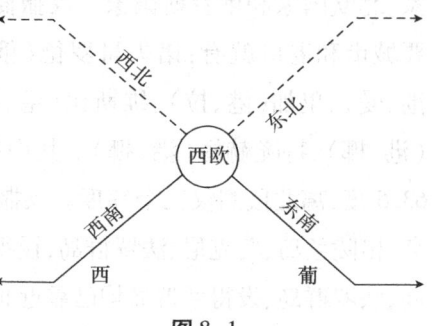

图 8-1

267

同时,这两条航路本身也得绕过非洲或南美,路途非常遥远。

在地理学上,此时已证明地圆学说、地球大小、水包陆说、世界海洋一体说。西欧与中国在东西向上只隔着100个经度(以英国为例),在西东向上则隔着260个经度。向东去东方显然比向西去东方近得多。而设想中的西北航路经卡博特父子、卡提耶尔等人的探险,表明还得在极地冰海做长途航行,看来开辟成功也非易事;况且路途也不近。而经东北航路去东方,只要经过北欧国家沿海,俄罗斯北部沿海,便到了亚洲北部。西欧国家对北欧国家和俄罗斯(东斯拉夫)国家是比较熟悉而且来往较多。中世纪中期以来,汉撒同盟通过海陆联系连接了西欧北方国家、波罗的海国家、北欧国家和俄罗斯国家。汉撒商人设立商站的这些国家的重要城市和港口就有:诺夫哥罗德(俄)、基辅(乌)、累发尔(塔林、港、爱)、里加(港、拉)、维斯比(港、瑞)、奥斯陆(港、挪)、卑尔根(港、挪)、特隆赫姆(港、挪)。³其中挪威的特隆姆最北,位于北纬63.5度,离北极圈仅三个纬度。汉撒商船在东北方还到达芬兰、冰岛、格陵兰岛、奥克尼、法罗群岛,设得兰群岛。⁴而格陵兰岛南部、冰岛、法罗群岛、设得兰群岛均已靠近北极圈,濒临或接近北冰洋了。

当时西欧对北欧北部海岸、俄罗斯西北部海岸是不了解不清楚的。不过把它们探察清楚看来困难不会很大,只要斯堪的纳维亚半岛和俄罗斯西北部没有延伸到北极。而俄国以东便肯定是亚洲。欧洲人此时已完全清楚,亚洲南部是东南亚和南亚,中部是中亚和中国,这些地区他们均已到达。中国以北是蒙古。蒙古以北的亚洲北部的情况,欧洲人、蒙古人、中国人等文明民族都并不知道。但只要北亚没有延伸到北极,就有可能绕过它,到达东亚;也有可能在北亚登陆,沿河道和陆路到达中国。而且欧洲也早已从马可·波罗的《游记》中了解到,亚洲北部濒临海洋。马可·波罗曾说北亚北部是海洋,他称为北方洋,他还可能到达过。他说:"离开了……阿尔泰山脉以后,我们继续向北前进。……我们走完40天的路程后抵达北方洋(Northern Ocean)。"[5]他后来又说:"我坚信俄罗斯(向北)一直伸展到北方洋。本书的前面部分已讲过北方洋。"[6]另外,16、17世纪欧洲还盛传有一条阿尼安海峡(Anian Straits),它隔开东北亚和西北美,连接北方洋和太平洋。意大利地图学家嘎斯陶尔蒂于1562年绘制了两个半球的世界地图,图上首次画出了阿尼安海峡。[7]该海峡也源自对马可·波罗所记述的东南亚的阿尼(Ania)地区的错误理解。它的位置不断移动并最后变成了阿尼安海峡。[8]对阿尼安海峡的猜测使西欧和俄国的探险家、航海家、地理学家们认为,开辟东北新航路有可能成功。

俄国外交家和学者格拉西莫夫于1526年最早提出经东北航路去东方的设想和建议。即从欧俄北部启航往东,经过冰海(北冰洋),穿过阿尼安海峡(后来的白令海峡),进入太平洋,抵达中国、日本、盛产香料的东南亚和印度。格氏还绘制了说明自己新航路设想的俄国北部的简略地图。[9]俄国学者最先提出东北新航路设想也很自然。在欧洲国家中俄国离中国、东方最近,俄罗斯与中华一样曾长期遭受蒙古人的统治并独立解放不久。俄国学者对俄罗斯西北部海岸、海洋也最了解。12世纪以来俄罗斯诺夫哥罗德的居民就开始在北冰洋的喀拉海和巴伦支海这两大海区捕鱼狩猎。由于东北航路既最近捷,又不受西、葡控制,这一设想便受到普遍的重视,激起英、荷、俄、丹麦的航海家去寻找和探险。1549年,曾任奥地利驻俄公使的格尔贝尔希登绘制出版了莫斯科公国地图,图上反映的东北新航路的设想有了发展和变化:即从欧俄北部沿冰海海岸航行到鄂毕湾，溯鄂毕河而上便可直达河源中国湖（Китайское Озеро），[10]而中国首都汗八里城（Кумбалик，源自马可·波罗的称谓，即北京）便在中国湖以东不远。格尔贝希登的观点在西方流行了100多年，著名的探险家或地图家德金基松、墨卡托、格里茨、马萨等人都赞同这一观点。[11]

最早探寻东北新航路的国家是英国。早在15世纪末16世纪初，英国的卡博特父子就探寻过西北新航路并发现了美洲东北部沿海地区。英国由此而占有了大片的领地，获得了丰富的渔业、林业等资源。但英国人并没有接踵而至北美，继续发展卡氏的发现，进行殖民，像西班牙人在中美洲所作的那样。其原因何在，笔者认为：1. 北美东北部地区气候寒冷，发展农业、畜牧业的条件差，生存环境恶劣，与中美洲不同。当时还不太适合移民、殖民。2. 这些地区人烟非常稀少，很难有役使、压榨、剥削、统治印第安人的可能，与中美洲不一样。3. 卡博特父子所到之处的海洋许多水域已封冻或有浮冰。这预示着取道西北航路往东方将很可能在极地冰海作长途航行，将困难重重、险象环生。4. 16世纪英岛三伦（英格兰、苏格兰、爱尔兰）人口仅500万[12]，本土面积31万平方公里。人口压力不明显（西班牙是1000万人口，50万平方公里），[13]有海外移民愿望的人不多，殖民要求不普遍。5. 英国中小贵族一直在向资产阶级转化，经营农牧业、手工业和商业，不像西班牙的中小贵族那样，大多不事工商，急于到海外去拓殖、发展。总之，英国人为什么不紧接着卡博特父子在北美进行持续的探险、发现、殖民是个还待深入探讨的问题。

16世纪中叶，英国商业经历了一场衰退，贸易额急剧下降。伦敦的一些商人去请教年迈的老探险家塞巴斯蒂安·卡博特。在小卡博特的倡议和帮助下,一些伦敦商人于1548年组成了"商人企业家协会"（Общество купцов-пред принимателей）,"目的是探索和发现人们至今未知的地域、陆地、海岛、国家和领地,并通过海路航行到迄今人们还未访问过的地区"[14]。当然,协会当前最直接的努力目标是开辟东北新航路到达中国。协会的三位主要发起人卡博特、诺森伯兰（郡）公爵达德利和学者约翰·迪也如此主张。其中约翰·迪深受中世纪阿拉伯地理学家的影响,他们推测,欧亚大陆的最北端为北角（North Cape,在挪威）,或塔宾角（Cape Tabin,在北亚）,此后,海岸线将向东南倾斜直到中国,因此,东北航路的大部分航程将处于温带水域。

英国人热衷于东北新航路还有自身经济上的原因。当时英国的主要出口货物是呢绒、毛料,毛纺业、养羊业是英国的民族工牧业。而这类厚型衣料、织品在南亚、东南亚这些热带地区显然没有什么销路。而在东北航路沿途的寒冷的文明开化地区,则有销路（这一点后来在俄国实现了）。当然,沿途未开化的土著蛮族是不能提供市场的,但北角和中国之间可能居住着属于中华种族、语系、文化的文明的民族,有希望同他们贸易。

第二节 威洛比、钱瑟勒的首次探险

基于当时的情况和上述的考虑,商人企业家协会购置了3艘船,任命威洛比为探险队队长兼旗舰好望号船长,钱瑟勒为慈善号船长。3艘船共370吨,乘员115人。探险队员们立下誓言,"在任何情况下都不对任何人泄露协会的秘密,以免协会因此而蒙受损失和亏本"。[15]1553年5月中旬,探险船队驶出了泰晤士河河口。

由于强劲的逆风和逆流,船队被迫在英国海岸附近迂回航行了6个星期。直到6月23日,船队才驶入大洋。又经过6个星期的航行,船队到达北纬69度附近的挪威的塞尼亚岛。[16]这时又遇到一场风暴,船队被迫于8月3日驶入大洋以免触礁搁浅。在风暴中钱瑟勒的慈善号与船队失散了。威洛比在这个对英国人来说完全陌生的海洋上迷路徘徊了10天之久。因为俄罗斯和挪威的渔猎船已在这个海洋上自由航行了几个世纪。当风暴稍息时,船队向挪威东北部的瓦尔德海湾驶去。8月14日早晨,他们发现了陆地。威洛比写道:"我们驶近这片陆地,放下小艇,以便查看。这里的水很浅,又有大量浮冰,小艇无法靠岸。岸上没有人居住过的任何迹象。这片陆地位于北纬72度线上。"[17]据此判断,威洛比船队已到达新地岛西南的突出角古斯地。这样,英国人在俄罗斯渔猎人之后重新发现了新地岛。不过它在西欧被称作"威洛比之地"达两个世纪。

英国人又向北航行了3天,此后一艘船漏水,他们便掉头向南航行了3天。以后因海水越来越浅又见不着陆地,为避免危险,船队便向西航入大洋,行进了4个星期。在这段时间里,船队从科尔古耶夫岛一旁驶过,沿卡宁半岛的北海岸行进,然后由卡宁诺斯角驶向科拉半岛,再沿着摩尔曼斯克的海岸一直航行到诺库耶夫岛。[18]9月18日,两艘船驶进诺库耶夫湾停泊休整。威洛比在日记里写道:"我们在这个海湾里已经停泊了近一个星期。……天气变得越来越坏,风雪交加,严寒逼人。……我们只好在这里越冬。"[19]探险队员们四下探察,但既没有找到人烟,也没有发现房屋。最后全体队员共70人冻僵而死。

1554年冬季(11—12月),俄罗斯白海沿岸的居民在诺库耶夫岛之外的海区、瓦尔泽纳河河口发现了两艘船。据16世纪的《特维斯基编年史》(《Двинская Летопись》)说:"……它们抛锚在一个停泊场上,然而船上的人员均已死亡,船上的货物积存很多。"人们在船上找到一份商人的遗嘱,从中得知,威洛比和他的大部分同伴一直坚持到1554年1月,之后全部罹难,无一幸免。1555年,在莫斯科移交给钱瑟勒和英国商务代办的有那两艘船、威洛比及其同伴们的骨灰,以及船上的给养货物、航海日志、日记和其他一些文献。

钱瑟勒的"慈善号"在与威洛比走散后,顺利地驶抵瓦尔德港。他们在那里等候威洛比一星期,然后决定单独继续探险。慈善号驶进白海,1553年8月24日进入北德维纳河河口,到达俄国白海重要港口阿尔汉格尔斯克。[20]他们在这里遇到了俄国居民,得到补给。钱瑟勒上岸后乘雪橇到莫斯科晋见沙皇。伊凡四世接见了英国使节,表示愿与英国通商贸易。1554年3月,沙皇派人护送钱瑟勒回国。

钱瑟勒返国后,商人企业家协会得到了英国政府的正式承认,1555年改组为莫斯科公司,这是第一家股份有限公司,卡博特任公司总经理。1555年,莫斯科公司派遣钱瑟勒率船前往俄国通商,双方达成了一些商业协议。钱瑟勒返回英国时,沙皇使节涅比同行。当他们行至苏格兰附近时,那艘船不幸失事,钱瑟勒遇难。涅比得以逃生,并到达英国,受到礼遇,成为俄国派往英国的第一位官方代表。

1553年的威洛比—钱瑟勒航行是寻找东北通道的首次探险。探险队重新发现了新地岛和其他一些小岛,查明了挪威北部的大陆海岸线,弄清了它们没有如维拉札诺等担心的那样、延伸到北极或与北美洲相连。这次探险开辟了西欧大国英国与东欧大国俄国之间的有价值有意义的新航路,从而开始了英俄间稳定的密切的直接的海上联系。在此之前,莫斯科大公国、沙皇俄国(1547年大公始称沙皇)在波罗的海和黑海都还没有出海口,俄国与西欧的海上联系也受汉撒同盟的掣肘。这次航行是地理大发现以来最悲壮损失最惨重的探险之一,也是从卡博特起探寻北方航路以来最悲壮、损失最惨重的探险,2/3的船员被活活冻死。继狂风巨浪、坏血病以后,第三个巨大的魔影——酷寒和冰冻向航海家探险家逼来。这表明和预示着在寒带极地冰海航行探险面临着更大的困难和威胁。

第三节 英俄新航路的扩展和西欧对沿途地区的了解

英俄新航路开通后,英国的"商人探险家"从俄国人那里了解到有可能源于亚洲腹地的鄂毕河,便希望能溯河而上前去中国。1556年,他们派斯蒂文·巴罗率一艘船前去鄂毕河。这条小船载员仅10人。巴罗参加过钱瑟勒的探险。关于这次航行,巴罗写过一份很有趣的报告,他的所谓"发现"没有超出俄国人已知的范围,也没有什么新奇的东西。但他的报告成为西欧文献中首次提及有关北部冰海航行的详细而准确的资料。从巴罗起,西北欧开始注意收集有关北极的自然地理资料。另外,巴罗直截了当地指明了俄罗斯白海沿岸的居民当时已航行于北冰洋海域,并沿着新地岛两侧完成的地理发现。

在这次航行探险中,巴罗不断碰到俄国人和俄国船,得到他们的各种帮助。巴罗这次最北到达新地岛西南岸边的梅日杜夏尔斯基岛,它位于约北纬72.5度。[21]最东到达喀拉海西部门户瓦伊加奇岛,可能穿过了喀拉海峡进入了喀拉海西部边缘。[22]这些都是俄国人已航达到过的地区。巴罗通过俄罗斯人了解到涅涅茨人的一些情况。第二年他又到摩尔曼斯克一带考察,还编了一本英语—涅涅茨语词汇手册,收有约100个涅涅茨语词汇。[23]后来,曾参加过其兄长探险的威廉·巴罗绘制了《北部海洋地图》,把从斯堪的纳维亚半岛至瓦伊加奇岛的大陆海岸线和主要岛屿都比较正确地画在了图上。[24]

参加过钱瑟勒探险和巴罗考察的理查德·约翰逊,于1556—1557年遵照莫斯科公司的安排,收集和编写了许多关于北亚地区的情报资料,流传至今的有他的两本笔记。其中一本笔记援引了"一个芬兰人"的话报道了鄂毕河以及鄂毕河流域各民族的情况。第二本笔记言明,其中关于鄂毕河两岸与河口沿海岸涅涅茨人地区的报道,是从俄文资料译过来的,叙述的是去过此地考察的俄罗斯人费多尔·托夫特金的探险活动。1557—1559年间,约翰逊又同安东尼·詹金森一起去中亚游历过。在詹金森1562年绘制的俄罗斯地图中,约翰逊在第二本笔记中报道过的莫尔戈姆泽亚(曼卡泽亚)地区被正确地标在下鄂毕河之东。[25]

英俄新航路打通后,英国商人、探险家忙于英俄贸易,并又设想,通过俄国去波斯和中亚,再去中国。这方面最著名的行动是詹金森的旅行探险。1557年5月詹金森率4艘船到达白海,然后登陆到达莫斯科过冬。第二年春他沿着伏尔加河到达里海,渡里海到东岸,骑骆驼穿越沙漠到达阿姆河,12月到达阿姆河中游流域的中亚商业中心城市布哈拉(Bokhara,今属乌兹别克)。[26]这里是印度和远东商队常来之地。詹金森在这里盘桓了几个月,因听说东去的路上战争不息,便原路返回。这条看似可行的去东方的新通道既不近捷也不安全,不能发挥航海水运的优势。此后,英国商人、航海家、探险家忙于用海盗形式与西班牙斗争,忙于探寻西北航路,暂时放松了探寻东北航路。

1580年,英国人恢复了开辟东北新航路的探险。此时,英国人已经从俄国人那里得到了关于欧洲东北海岸、鄂毕河以及北方洋冰海的充分可靠的资料,同时他们还吸取了威洛比失事的惨痛教训,总结了巴罗失利的原因。

莫斯科公司准备了2艘船,拟先沿巴罗走过的航线到达瓦伊加奇岛甚至喀拉海,然后再往东航行,到达中国及其领地,并要在中国境内到达汗八里城(北京)和行在(杭州)。[27]两船总吨位仅70吨,乘员约20人,由彼特和杰克明指挥。他们俩此前都参加过对东北航路或西北航路的探险。两船也满载各种货物。[28]关于这次探险活动有4份重要文献保存下来:以彼特和杰克明的名义下达的三个训令和根据彼特的航海日志编纂的一本笔记。[29]

从这些文献可知,他们在1580年5月底驶出泰晤士河河口,后来到达挪威海岸。6月23日驶抵瓦尔德港。杰克明的船需要修理,他们约定在瓦伊加奇岛会合,彼特便独自向东航行。7月10日彼特到达新地岛,7月23—24日,彼特穿过瓦伊加奇岛和大陆之间的尤戈尔海峡,驶进喀拉海。彼特沿海岸向东南航进,最后到达拜达拉塔湾入口处。[30]彼特在这里遇到了杰克明,他的航线不清楚。他们在喀拉海的浮冰和浓雾中迷路徘徊了3个星期,后被迫返航。他们重新穿越尤戈尔海峡,进入伯朝拉海,向西归去。8月22日两船失散。由于气候恶劣,彼特于1580年12月才返回英国。杰克明被迫在挪威的一个港口越冬。1581年2月,杰克明的船与一只丹麦船一起驶向冰岛,后失踪不回。

就这样,英俄新航路扩展延伸到喀拉海南部。不过,由于俄罗斯的地理发现也在进行,所以他们到达的地区仍是俄国人已到已知的地区。其中的一些地理发现(如发现尤戈尔海峡)只能算重新发现或二次发现。

从此,英国人打通去中国的东北航道的希望破灭了。在东北航路上发现陆地并把它们变成英国领地的希望也破灭了。他们不再做新的努力了,尽管他们已到达的海湾与鄂毕河河口海湾鄂毕湾只隔着一个不很大的半岛亚马尔半岛(宽200公里,长550公里)。而鄂毕河的上游源头已到了蒙古高原西北部,进入了中国新疆(支流额尔齐斯河),抵达蒙古国西北边陲(干流)。

一些英国史家认为,此后1584年,还有莫斯科公司的人员从阿尔汉格尔斯克启航,渡过喀拉海到达了鄂毕湾。如果确有其事的话,有关此次探险的人名、船只、人员、航线、文献、文物等各种情况均不得而知。

第四节　荷兰人对东北航路的首次探险

15世纪尼德兰的大部分地区属于勃艮第公国,1482年后属于哈布斯堡王朝。16世纪的尼德兰是资本主义发展最迅速、最发达的地区之一。由于存在资本主义与封建制度的矛盾,尼德兰民族与西班牙人的矛盾,民主自治与君主专制的矛盾,新教与天主教的矛盾,1566年尼德兰爆发了破坏圣像运动,开始了资产阶级革命。革命很快采取了独立战争的形式。经过长期的艰苦的战斗,1581

年尼德兰北部宣布独立,建国为"尼德兰合众省",习惯上称荷兰共和国。1609年荷兰与西班牙签订12年停战协定,尼德兰资产阶级革命在北半部取得了胜利,世界上第一个资本主义国家巩固起来,并诞生了一个新的民族国家——荷兰。

荷兰资本主义发展的特点是商业比工业发达,国际贸易比国内贸易发达。这也是时代所使然,因为工业革命还远未到来。国家从商业资产阶级的利益出发,把商业税和航海税定得很低。阿姆斯特丹成为17世纪欧洲最大的国际商港。与海外贸易相适应,荷兰的造船业在17世纪居世界首位,商船吨数占欧洲总吨数的一半。荷兰商船遍航世界各地,被誉为"海上马车夫"。17世纪中叶合众省的海军实力相当于英法海军总和的两倍。荷兰是完成地理大发现的6个主要国家中最小的一个。是个地狭人稠,两面临海的小国,领土只有3万几千平方公里,人口今日却有1400万人。农产品不能自足。这些因素促使荷兰大力发展航海业、造船业、运输业,因而对远航探险地理发现很感兴趣,同时也想攫取财富以支撑独立战争。新独立新崛起的荷兰迅速加入地理发现的行列,成为第二阶段的地理大发现的主要国家之一。

当独立战争和资产阶级革命还在紧张进行之际,荷兰人便对西班牙人进行海盗式的袭击,并开始了远航探险地理发现。荷兰人对开辟去东方的东北新航路也很感兴趣。早在1565年,布鲁内尔就航达阿尔汉格尔斯克。1577年,荷兰人就继英国人之后,建立了与俄国白海地区的稳定的海上贸易联系。这年荷兰探险家比利时人布鲁内尔在俄国从陆上穿过萨莫耶德人(即涅涅茨人)地区,到达亚洲北部的西部边缘。他还沿海岸航行到鄂毕湾。布鲁内尔到俄国后也接受了俄国斯特罗甘诺夫家的委托聘请,考察俄国北部的大陆海岸线。1584—1585 年,他又受荷兰恩克惠森(Enckhuysen)城委托,航行到瓦伊加奇岛,但只驶进喀拉海就折回,后在伯朝拉河河口沉船遇难。

1594 年 6 月,荷兰又派出一支由 3 艘船组成的探险队,由一些省区出资装备。省区当局给探险队下达的任务是:"从挪威、莫斯科公国、鞑靼的北边开辟一条去中华王国和秦王国的海上通道。"[31] 1550 年出生的阿姆斯特丹人威廉·巴伦支指挥全队兼第一艘船,科·纳伊指挥第二艘船,捷特卡列斯指挥第三艘船,巴伦支船上还有一位商务代表林斯考登。

探险队到达科拉河河口后兵分两路,纳伊和捷特卡列斯的两艘船向正东航进。他们听取了路遇的俄罗斯航海者的忠告,穿过尤戈尔海峡驶进喀拉海,到达了亚马尔半岛西海岸北纬 71 度处。参加过 1594 年和 1596—1597 年巴伦支探险的盖·德·菲尔写道:"他们认为自己的发现已经够多了,是返航的时候了,何况他们的任务仅是探寻一条便利的航路。"[32] 这年 8 月中旬他们穿过尤戈尔海峡返回。

巴伦支率两艘船向东北挺进,想从北边绕过新地岛,然后找到不封冻的海域。7 月 4 日,他们看见新地岛北岛的干角。巴伦支沿海岸继续北行,陆续发现了一些很小的岛屿、俄国船的残骸、俄国人竖的十字架,海象和白熊。7 月 13 日起,船队遇到大量的巨大的浮冰,接着遇到冰层,向北推进越来越慢。7 月 29 日,巴伦支一行在北纬 77 度附近发现新地岛最北端的海角,他称为冰角(即卡尔谢纳角 Карлсена)。[33] 8 月 1 日,他们在这一带又发现一些小岛礁。但是,"……水手们再也不愿前进了。因此,……巴伦支认为最好是……回去与另一支船队会合,于是调头驶向瓦伊加奇岛"[34]。

巴伦支船队的两支分舻在伯朝拉海马特维耶夫岛胜利会师了。9月,探险队安全返回荷兰。

第五节 巴伦支的第二、三次探险

巴伦支探险队凯旋后,荷兰政府立即组织第二支探险队。探险队扩大到7艘船,满载各种货物,携带了一年半的给养。纳伊当上了船队指挥,捷特卡列斯任副指挥,巴伦支任船队主舵手(类似舰队参谋长)和一艘船的船长,林斯考登作为商务代表再次随同出航。这是探寻东北航路以来西方派往北极海区的一支最大的舰队。

1595年8月,船队绕过挪威最北部的诺尔辰角(Northern,亦为北角,在北角以东)后分开航进。一支分队向东南进入白海;另一支分队向东航行。向东的分队在北纬70度半的纬线上还未走到新地岛就遇到许多巨大的浮冰。船队只得转向南边尤戈尔海峡,然而尤戈尔海峡也快被冰封住了。9月初,分队才穿过海峡进入喀拉海,但很快又被冰块阻挡住。巴伦支对纳伊和捷特卡列斯行动不果敢,遇到险阻就畏葸不前公开提出了批评。

船队在一个小岛停靠,水手们登上了小岛。两个船员遭熊袭击身亡。这恐怕是地理大发现以来首次探险者被野兽所害的例子。在小岛上召开了军官会议,除巴伦支一人反对外,大家一致决定返航。1595年12月,探险队回到荷兰,没有取得任何发现成果。

第二次探险无果而回后,荷兰当局不再以国帑组织探险队,而改为设立高额奖金,以奖励任何发现打通东北航路的单位或个人。

奖金金额高达25000金佛洛林。这项措施激发了阿姆斯特丹市议会的积极性。市议会出资装备了两艘船,任命黑姆斯克尔克和杨·鲁普为船长,巴伦支志愿在黑姆斯克尔克船上当领航员。船员们大都是单身汉,以免牵挂妻儿。

新的探险队认为,1595年的探险之所以失利,其原因在于启程的时节太晚。于是他们决定提前两个月于5月出发。在航行过程中,巴伦支很快与鲁普和黑姆斯克尔克发生争执。巴伦支主张走东北航线先到新地岛。而鲁普执意往北航行。他天真地以为北极海域不会封冻。黑姆斯克尔克支持鲁普。于是船队按鲁普设计航线北上。1596年6月9日,他们在北纬74度半海面上发现一个海岛,船员们在岛上见到一只死去的白熊,便把它取名为熊岛(今属挪威)。[35]他们在熊岛停留4天后向北偏西方向航进。6月19日,荷兰人在北纬80度处再次发现一片陆地。他们以为这是格陵兰岛的一部分。其实这是西斯匹次卑尔根岛的西海岸。鲁普说:"……我们之所以把这片陆地称作斯匹次卑尔根,是因为这块陆地有许多高峭的山峰。"[36]该地名由荷兰语 spits(点)和 bergen(山)组成,意为尖峭的山地。船队的医生德·菲尔写道:"……尽管我们认为这里是格陵兰,尽管它位于北纬80度或更北一点,但这块陆地上有丰茂的绿草,可以饲养各种食草动物……"[37]他们还发现许多野鹅在崖岩上筑窝孵化,从而纠正了野鹅在树上筑窝栖息的错误观念。他们在斯岛西北海岸探察了好几天,最后被不可逾越的冰层挡住,不得不原路折向南方。7月1日,他们再次来到熊岛。此间,巴伦支与鲁普又发生了分歧。鲁普主张再从斯匹次卑尔根出发,发现它的东海岸,寻找通向北极的无冰航道,进入不封冻的暖水域,然后直奔东亚。鲁普一再主张往北穿越北极的地理学理论在于，当时一些人认为，南极、北极地区比中纬度地、赤道地要冷，据说是因为两极地比中低纬度地离太阳远（实际应为太倾斜）。但高山顶却比山腰山脚更冷，而高山顶不是更接近太阳吗？所以穿过冰层后极地也许还会暖和一些。巴伦支则认为，去中国的东北航路只应向东去探寻。这次黑姆斯克尔克赞成巴伦支的意见，于是两船分开，各奔征程。

巴伦支探险队在新地岛北端的越冬住所

图8-2

从图中可见，他们用北极熊油脂点灯，在右边的大木桶—洗澡间中洗澡。墙角放着火枪，右墙上似乎安着钟，桌子上似乎放着沙漏。取自黑尔：《大航海时代》(John R. Hale: Age of Exploration)，纽约1967年版，第125页，17世纪版画。

巴伦支、黑姆斯克尔克径直向东航行。7月17日，他们在北纬73.5度左右靠近了新地岛，然后向北航行。途中他们与浮冰做了反复的斗争，8月19日到达新地岛北岛最北部偏东南的希望角。[38]他们绕过了新地岛最北部并向东南海岸前进了一小段,但浮冰和冰层阻止了他们前进。8月21日,他们不得不停泊在新地岛北部偏东南的一个港湾,他们称为冰港。当晚港湾就封冻了,船舶被冻在冰里,他们只得在这里越冬。他们就地取材修建了能防严寒和野兽的越冬住所营地。这是文明人类在如此之北的北极地区的第一个越冬营地和第一次越冬。探险者们尽量把生活安排得好一些,还坚持洗热水澡、做游戏、体育锻炼、开音乐会。11月,北极的极夜来临,三个月中不见太阳,整天的光线只相当于天快黑尽时。气温降到摄氏零下60度。队员们主要靠猎捕熊、狐和喝融雪水维持。坏血病也逐步袭来,大多数得了坏血病。开春以前,17人中已死了2人。5月里,冰层开始松动,但冰中的大船已损坏并无法修复。荷兰人拆下大船的木料造了两只带帆的小敞船。1597年6月中旬,荷兰人开始原路返航。波涛汹涌,浮冰不断,航行困难。两只小船经过6天的拼搏才绕过他们所称的"冰角"。在冰角之外的海上,1597年6月20日,因坏血病而已入膏肓的一个水手和巴伦支相继死去。德·菲尔写道:"威廉·巴伦支的逝世给我们带来了极大的痛苦,我们每个人都悲痛欲绝。因为他是我们的主要领导人,同时又是我们必不可少的领航员、朋友和同伴。"[39]他的遗体按惯例葬入大海。从19世纪中叶起,他反复航行过并航遍了各个海区的巴伦支海被命名如斯,以资纪念,他参与发现的斯匹次卑尔根群岛东部的一个小岛也被称为巴伦支岛。[40]1871年,挪威猎海象人发现了巴伦支一行在新地岛北岸东南处的越冬营地小屋和越冬者留下的一些东西。5年以后,人们才在已倒塌的小屋废墟里找到巴伦支写的关于那次航行和越冬情况的报告。报告"说明我们怎样离开荷兰驶往中华王国,在这片陆地上我们发生

了什么事"。⁴¹ 1980 年,苏联探险者又发现了巴伦支他们遗弃的船舶残骸。⁴²

两小船沿西海岸继续南下,沿途不断靠岸,生火煮饭,猎捕禽兽。7 月 28 日,小船驶抵新地岛南岛西南岸,碰到了两艘俄国船。荷兰人得到了俄国人的补给,它们一起驶向瓦伊加奇岛。途中由于风暴和浓雾,荷兰人又不得不在一个小岛停留了 4 天。他们在岛上发现一种匙形小草。德·菲尔喜悦地说:"我们吃了几把这样的草……精神马上振作起来了。以前我们连嚼面包干的劲都没有,现在我们能嚼能咽了。"⁴³这个报道实际上记录了人类认识和征服坏血病路程上的一小步。

天气渐渐转好,荷兰人继续南下,到达伯朝拉海南岸,接着西返。途中不断遇到俄国船,得到帮助和补给。8 月 25 日,小船队到达科拉湾入口处附近的基利金岛。他们在这里打听到,在科拉湾停泊着 3 艘荷兰船,由杨·鲁普指挥。原来,1597 年 7 月初他们在熊岛分手后,杨·鲁普向北探航,但仍只前进到斯匹次卑尔根的北海岸就被冰层挡住。他便返航回到荷兰。1597 年冬天他又率领商船和货物来到阿尔汉格尔斯克,现在正准备返航。荷兰探险队的残存人员,包括黑姆斯克尔克、德·菲尔改乘杨·鲁普的船于 1597 年 9 月 16 日回到阿姆斯特丹。17 个越冬者中共丧生了 5 个。

17 世纪的第一个 25 年间,又有一些荷兰航船被派去探寻东北航路,但没有一艘越过喀拉海的大门喀拉海峡和尤戈尔海峡。此后,荷兰人完全停止了这种探险。继巴伦支的第三次探险后,西方对东北航路的探寻只有英国人亨利·哈得孙的远航值得一提。1607 年,他受莫斯科公司的委托探寻东北航路。基于和鲁普一样的地理学观念,这年夏天他在格陵兰和斯匹次卑尔根之间寻找去北极的通道，试图先穿过北极，再南下穿过阿尼安海峡，直达日本。这次他在北纬80度左右仍被冰层挡回，但返航时他们发现了北纬71度附近欧美之间的杨马延岛。[44]第二年夏天他又试图走传统的东北航线去东方。他先想到达斯匹次卑尔根东海岸，但没有成功。后来他到了新地岛西南岸。但没有穿过喀拉海峡就在冰块前退缩了。哈得孙带回的有价值的消息和知识主要是格陵兰海域有丰富的鲸类和兽类资源。此后，西欧的渔猎船便接踵而至。哈得孙后来致力于探寻西北航路，取得较大的地理发现。

以巴伦支为首的或以巴伦支为灵魂的荷兰船队对东北航路的三次探险，继俄国人后再次发现了斯匹次卑尔根群岛、新地岛的北岛和一些小岛，首次探察了斯匹次卑尔根的西北海岸、新地岛北部海岸，向北挺进到北纬80度的封冻冰线。他们把文明人类的航海范围向北提高了几个纬度，创造了在如此之北的极地过冬的成功先例，同时还绘制了准确的地图和海图，搜集了宝贵的丰富的气象资料。

第六节 西欧开辟东北新航路小结

16世纪下半叶至17世纪初，英国、荷兰这两个国家对去中国的东北航路的探寻在地理发现史上有一定的意义。他们继俄国人后再次发现了新地岛、斯匹次卑尔根群岛这两大岛群和一些小岛，新发现了熊岛、杨马延岛，探明了欧洲北部近2000公里的大陆海岸线。英、荷航海家开辟了从西欧到欧俄北部的新航路，从而把西欧和俄国直接地紧密地联系起来。这条新航路还进一步延伸到喀拉海沿岸，实际上便已前出到亚洲北部的西部边缘（欧亚以喀拉海峡、尤戈尔海峡为界)。

在英、荷探险家到来以前,挪威人、俄国人也知道挪威北部、欧俄北部的海岸线,但没有把它们连贯起来,也没有比较正确地绘在地图上,而英、荷探险者则基本做到了。在斯克尔顿编的《探险家的地图》一书中,我们看到了本章述及的约翰·迪这个人的1582年地图、詹克森的1562年地图、巴罗的1570年地图、史密斯1582年画的反映彼特和杰克明航行的地图、多依特库姆根据巴伦支的若干地图绘制刻印的1598年的北极地区图,德·菲尔的1598年地图。[45]其中巴伦支的北极地区图最大型、最详细、最准确。图上准确地画出了新地岛的西海岸、北海岸、南海岸,斯匹次卑尔根的西北海岸,准确地画出了从挪威到鄂毕湾的全部大陆海岸线。该图作者还凭想像、推测并参考别的地图家的成就,画出了一部分北亚海岸线、塔宾角和阿尼安海峡。塔宾角为亚洲最北端,相当于今天泰梅尔半岛的切柳金斯角,只不过偏南了几个纬度,偏西了约10个经度。阿尼安海峡相当于白令海峡,但偏西了约30个经度,[46]也就是说亚洲在东西向上现在又被缩小了。在荷兰人发现斯匹次卑尔根以前,俄国北部的沿海居民不晚于16世纪中叶甚至在15世纪便率先发现和经常到达该群岛。不过他们与后来的荷兰人一样,也把斯匹次卑尔根与格陵兰混在一起,且没有把它画在地图上,写在文献中。丹麦国王弗雷德里克二世在1576年3月11日的一封信中证实:根据挪威商人提供的消息,"有个住在(科拉半岛)马尔木斯的俄国舵手帕维尔·尼舍茨……每年在圣巴托罗缪节(8月24日)前后驶向格陵兰"[47]。俄国人还把它称为格鲁曼特岛(Грумант)。[48]俄国人对新地岛的发现和开发则一再被英荷探险家们所证实。

英、荷探寻东北航路在航海史上也有较大的意义。此前,西方在北部海域最多达到哈得孙海峡哈得孙湾,还没有进入北纬66度半的北极圈。而英、荷航海家为开辟东北新航路多次航入北冰洋的巴伦支海、喀拉海,最北到达了北纬80度的斯匹次卑尔根群岛西北部、新地岛北海岸。这样就把15世纪以来的大航海时代从近岸远洋航行、跨洋远洋航行、环球航行推进到最后最高的阶段——极地冰海航行阶段。如果还有什么新的航海阶段,那就是水下潜伏航行,不过它已不属一般意义上的航海了,而是特种航海了。以前,俄国、挪威的船只也在这一带海洋航行,也进入了北极圈,甚至到了斯匹次卑尔根。但它们主要旨在捕鱼狩猎,没有绘制地图海图。这虽然也是航海,不过较主要旨在探险,并绘制了地图海图的航海还是有所区别。另外他们也没有达到如此之北,要低几个纬度。

英、荷的东北北冰洋航行探险也是地理大发现以来,大航海时代以来最艰难困苦危险的航行。虽可化冰取水,但除了狂风巨浪、饥饿、坏血病的威胁外,又新增加了严寒酷冷、浮冰封冻的巨大危险。因靠近磁极,磁偏角磁倾角增大,导航定位作图也较为困难。纵观以前的重要远航,诸如迪亚士、哥伦布、达·伽马、卡博特、卡布拉尔、麦哲伦,尽管也有损失,有的损失也很严重,但至少主将都安然无恙(麦哲伦死于参与当地统治者之间的内战)。而在东北极地冰海航行中,仅牺牲主将的探险就有两起,即威洛比和巴伦支。英、荷在东北极地冰海的航行探险,再一次表现了人类极大的勇气和毅力,展示了人类认识自然、驾驭自然、改造自然的智慧和能力。

英、俄航海家对东北航路的探险在组织形式和经济体制上也有发展和创新。英国先是由民间团体"商人企业家协会"组织,后来由股份制的"莫斯科公司"组织。荷兰先是由政府议会组织,后改成由政府议会悬赏但不组织,而由地方自治机关、或私人、商号组织,自由公平竞争。这种组织形式和经济体制的发展变化反映地理大发现有了更多样的因素,诸如经济、政治、文化、体育竞赛,表现了航海探险继官办、官商合办、官督商办后又兴起了商办,从而出现了多种组织形式和经济体制并存的丰富多彩的局面。这样便调动了人们更普遍的积极性,吸引了更广泛的社会参与。

英、荷开辟东北新航路在地理发现史—殖民主义史上也有比较独特的意义。以前的地理发现与殖民主义比较密切地相联。西方航海家每到一新发现之地,一般要举行占有仪式(对无人之地或只有蛮族之地的占有是另一回事),还要带走几个黑人、印第安人作为发现的见证。接着而来的便是移民,殖民征服土著居民。但在探寻东北航路中则无此类事情。这种情况是由多种因素决定的。这一带的挪威人、俄罗斯人也属文明的、信基督教的白人民族,也有了火枪火炮,西欧人即使想征服也未见得能打赢;英、荷比封建的西、葡更文明进步,资本主义比较发达;人们对人、人类、民族、人性、人权、人道等观念有所发展,使他们对遇到的蛮族拉普兰人(挪威),[49]涅涅茨人(也称萨莫耶德人,俄国)也很客气。这种情况使地理发现航海探险与征服、侵略、压榨、奴役逐渐分途。

另外,英、俄寻找东北通道的直接目的地主要是中国。这个希望超过了以前开辟东南航路时去印度的希望,开辟西南航路时去东南亚的希望,同时也超过了哥伦布西航时去中国、日本、印度的希望,从而在远航探险的目的地上跃居首位。这些说明当时文明富饶发达的中国一直是欧人探险发现的向往地,是激起地理发现的主要磁场之一。

第七节　巴伦支第三次探险的航线和成就问题

关于巴伦支第三次探险的航行路线和与此密切相关的发现成就,有两幅较详细的地图体现得较清楚。一幅是西班牙地理学家帕拉希俄斯(Palacios)绘制的地图;[50]一幅是苏联历史学家马吉多维奇(Магидович)父子绘制的地图。[51]按帕氏、巴氏的地图,在北方,巴伦支等只到达斯匹次卑尔根群岛的东南部,即西斯皮次卑尔根岛与埃季岛之间的海湾。按马氏父子的地图,巴伦支等则探察了西斯匹次卑尔根岛的全部西海岸,并绕过了该岛的最北端,探察了一段北部海岸。在地理发现方面,马氏地图描绘的航线所体现的巴伦支等的成就更大。那么谁对谁错呢。查看 1598 年刊印的多依特库姆根据巴伦支的若干地图绘制的《北极地区地图》[52],西斯匹次卑尔根岛的西海岸和西北海岸被比较正确地画了出来,而它与埃季岛之间的海湾海岸则没有画出来。由此可知马氏地图反映的航线正确。帕氏巴氏的失误可能在于,1598 年地图在这一带标有一个单词,即 Het nieuwe Land 的最后一个词(全句意为新地区)。[53]其第一个字母和最后一个字母用美术体,笔画拖得很弯很长,乍一看很像海岸线。帕氏巴氏当是把字母笔画误当成已发现的海岸线了。

在东北方,按帕氏巴氏的地图,巴伦支一行绕过新地岛北岛北部后,又沿新地岛整个东海岸南下,最后穿过喀拉海峡进入伯朝拉海。按马氏父子的地图,巴伦支一行绕过新地岛北岛北部后仅南下一点就在冰港越冬,后原路返回,并没有探察新地岛东海岸。在地理发现方面,帕氏巴氏地图描绘的航线体现的巴伦支等的成就更大。孰是孰非呢？还是根据1598年的《北极地区地图》。此图上新地岛的南端、西海岸、北部和东北很短一截海岸线被比较正确地画出了，但新地岛的整个东海岸几乎都没有画出（巴伦支死后其他人也会画下来）。由此可知马氏父子的地图所反映的航线和成就正确。帕氏巴氏的失误可能在于，航海日志、探险日记等原始文献也许都没有说明"原路返回"，或者他们没有通读所有的原始文献，对原始文献的理解可能有误；或者是有意无意夸大巴伦支的成就，借此夸大西方的地理发现成就。由以上分析可知，荷兰人没有探察新地岛东海岸。

注释：

1，2，3　巴勒克拉夫主编：《泰晤士世界历史地图集》，三联书店1982年版，第157、144页。

4　汤普逊：《中世纪晚期欧洲经济社会史》，商务印书馆1992年版，第209、214、230页。

5，6　《马可·波罗游记》(The Travels of Marco Polo the Venetian, Everyman's Library)，人人丛书版，伦敦1927年，第133—135页；第413页。

7，8　贝尔格：《俄罗斯地理发现史》(Л. С. Берг：《История Русских Географических Открытий》)，莫斯科1962年版，第68、69页。

9　别洛夫：《北方航路的发现和开拓史》(М. И. Белов：《История Открытия и Освоения Северного Морского Пути》)第1卷，莫斯科1956年版，第41页。

10　中国湖指推测中的贝加尔湖。实际上贝加尔湖不是河源，且在鄂毕河河源以东很远。

11　《北方航路的发现与开拓史》，第218页。

12　朱寰主编：《世界中古史》，吉林文史出版社1986年版，第518页上写道，16世纪英国有400万人口。1603年英格兰、苏格兰合并。苏联科学院

《世界通史》第5卷(三联书店1963年版)第9页上写道,17世纪末英国全国有550万人口。这里面自然包括了苏格兰,至少还包括了北爱尔兰。《世界通史》第5卷第65页上写道,爱尔兰于17世纪中叶被英国征服时,这里原有的150万人口仅剩下一半多一点。根据以上资料,考虑到人口增长的因素,我们推断16世纪时英岛三伦有500万人口。

13　苏联科学院:《世界通史》,第4卷,第332页,三联书店1961年版。

14　见马吉多维奇父子:《地理发现史纲》,第2卷,第213页,莫斯科1983年版。

15　1589年在伦敦出的《16世纪在莫斯科国家的英国旅行家》(Английские Путешественникц в Московском Государстве в XVI Beke),列宁格勒1937年版,第23页。

16　马吉多维奇:《世界探险史》,世界知识出版社1988年版,第358页。

17　《16世纪在莫斯科国家的英国旅行家》,第33页。

18　《世界探险史》,第358页。

19　《16世纪在莫斯科国家的英国旅行家》,第41页。

20　《世界探险史》,第359页。

21　《地理发现史纲》,第2卷,第215页。

22　《文艺复兴时期的远行和地理发现》,第215页。

23　《世界探险史》,第364页。涅涅茨人(Ненец),旧称萨莫耶德人(Самоеды),也称北地民族。今天约有3万多人,分布在西起白海、东到叶尼塞河的广大沿海地区,语言属乌拉尔语系萨莫耶德语族(Ненецкий-Самоедский)。

24　原图见《地理发现史纲》,第2卷,第215页。

25　《世界探险史》,第365页。

26　《地理发现史》,第85—86页。

27　《世界探险史》,第366页。

28　货物种类计有:呢绒、毛料、袜子、鞋子、玻璃、镜子、眼镜、小刀、针、锁、弹簧、螺钉、铁丝、铜丝、铅、生铁、熟铁等。见《世界通史》,第4卷,第432页。

29,30　《世界探险史》,第336、367页。

31　《地理发现史纲》,第2卷,第217页。鞑靼人,英语、俄语、日语分别为Tartar、Татары、タタール。出自中国漠北的突厥部落。欧洲原指蒙古人,后泛指中国北方的或东方的游牧民族。鞑靼王国指曾统治过俄罗斯的蒙古钦察汗—金帐汗国及其后继者。秦王国应是指中国南部(Синское Царство)。因《马哥·波罗游记》把南海(南中国海)称为秦海。参见冯承钧、沙海昂译本。

32　盖·德·菲尔:《1594—1597 年的巴伦支航行》(Г、Де-Фер:Плавания Баренца,1594—1597),17 世纪初海牙初版,列宁格勒 1936 年版,第 78 页。

33　《世界探险史》,第 516 页。

34　《1594—1597 年的巴伦支航行》,第 88 页。

35　见《地理发现史纲》,第 219 页。

36,37　《1594—1597 年的巴伦支航行》,第 99、102 页。

38　《地理发现史纲》,第 2 卷,第 219 页。

39　《1594—1597 年的巴伦支航行》,第 135 页。

40　邵献图等:《外国地名语源词典》,第 64 页,上海辞书出版社 1983 年版。

41　《伟大的地理发现时代》,第 147 页。

42　《地理发现史纲》,第 2 卷,第 220 页。

43　《1594—1597 年的巴伦支航行》,第 146 页。

44　《地理发现史纲》,第 2 卷,第 221 页。

45,46　斯克尔顿:《探险家的地图》(R. A. Skelton:Explorer's Maps,Chapters in the Cartographic Record of Geographical Discovery),伦敦 1958 年版,第 102、104—107、109 页;第 106—107 页。

47,48　《地理发现史纲》,第 2 卷,第 218、219 页。

49　拉普兰人,英语、俄语、日语分别为 Laplanders、Лапландц、ラップランド人。自称"萨阿米人",意为冻土带人。今天约有 5 万多人,分布于挪威、瑞典、芬兰三国北部和俄国科拉半岛,语言属乌拉尔语系芬语族。

50　巴克利:《伟大的地理发现时代》,第 140 页。

51　马吉多维奇父子:《地理发现史纲》,1980 年版,第 2 卷,第 220 页。

52　巴伦支,多依特库姆:《北极地区地图》,载《探险家的地图》第 106—107 页。

53　《探险家的地图》,第 115 页。

第九章　澳洲和大洋洲主要岛屿的发现

澳洲指澳大利亚大陆及其附近的塔斯曼尼亚等岛,大洋洲则包括四部分:澳大利亚和新西兰、密克罗尼西亚、波利尼西亚和美拉尼西亚。在地理大发现以前,旧大陆文明人类的各民族、各国家、各地区对它们是一无所知的。由于16、17世纪航海家、探险家的探险和记述,澳洲大陆和大洋洲各岛才开始被文明世界所知晓,才在地图册上被画出来,才开始了与其他大洲经常的联系和交往。

第一节　地理发现前的澳洲、大洋洲各部族

一、澳大利亚各部族

澳大利亚不是人类的起源地之一,但人类在澳大利亚的生活史可以追溯到3万多年前,在曼戈湖的考古发掘显示了这一点。向澳大利亚的大规模移民迁徙在约8000年前便开始了,移民们主要来自印度尼西亚和大洋洲西部各岛。澳大利亚人开始同欧洲人接触时还处于石器时代,他们的工具和武器是用木石制作的。澳大利亚人靠狩猎和采集为生,飞旋镖(boomerang)是他们的巧妙发明。那是一种扁平镰形的木器,掷出时沿一条曲轨飞行,能够从意料不到的方向击中野禽和小动物,如不中的,仍可返回原处。今日

杂技表演中的飞去来器,据说就源于澳洲。北部约克角半岛的部落才有弓箭,箭矢自然也是石制的。澳大利亚的部落沿一定地带移动,按季节吃野禽、小动物和野生植物的果实、种籽和块茎,还吃小的爬虫和昆虫。他们把植物的可食部分放在平的大石头上用石块磨压成"面粉"。他们虽已熟食,但只知炙烤,不知水煮。澳洲土著没有农业、冶金、纺织(只有编织)、车轮,算术上不知道十进位的计数法,是当时世界上最原始的人群。

到欧洲殖民之初,澳大利亚约有500来个部落,操500来种语言,均无文字。它们大部分还处于母系氏族社会,没有完备的部落制度,更没有部落联盟。澳大利亚的氏族是图腾集团。虽然"图腾"一词(totem)源于北美印第安阿尔贡金人奥季布瓦族语,有"亲属"和"标记"之意,但作为一种宗教形式的图腾制却在澳大利亚表现得最明显。澳洲土著人认为,氏族成员和图腾动、植物均起源于共同的祖先,他们对待图腾如同对待族人,不准杀害或吃图腾。举行图腾仪式时跳模拟图腾形象的神舞,旨在保证图腾动、植物的繁衍。他们相信人类群体与神话中的半人半兽的祖先有不可分割的联系。有的部落有时也吃图腾以冀获其能力传于己身。在某些部落中,除氏族图腾外,还有个人图腾。个人图腾由母亲第一次感到胎动时所遇物种而定,可以是某种动、植物,有时也可以是某种自然力,如风、雨、日、月等。因为他们尚不知受孕的由来和父亲的作用,而以为是第一次胎动时所遇物种进入引进胎动而孕。具有这种观念的氏族有时也不吃图腾物种,但非出于神秘观念,而是出于爱怜骨肉之情不忍食之。

澳大利亚土著人在18世纪欧洲人开始殖民时约有30万人,[1]属黑色人种。

二、大洋洲各部族及复活节岛之谜

大洋洲各岛上的居民在地理发现前都不知道金属,处于石器时代。

美拉尼西亚人是黑色澳洲人种或赤道人种的大洋洲旁系,欧洲旅行家据此把这一地区叫作美拉尼西亚。该词源于希腊文"美拉斯"(Melas)——黑和"尼西亚"(nesia)——岛。[2] 美拉尼西亚语与马来语十分接近,所以被列入一个语系,称马来—波利尼西亚语。在欧洲人开始殖民以前,美拉尼西亚西北部主要是母系氏族社会,南部则开始向父系氏族社会过渡。在新几内亚(伊里安)岛西海岸则存在印度尼西亚人村落,曾在几百年间属印度尼西亚的满者伯夷国势力范围。不过,印尼人并不知道澳洲大陆和大洋洲各大岛(新几内亚岛除外)。

美拉尼西亚各岛之间和该群岛与印尼的一些岛屿之间有一定的商业交换关系。其形式基本上是以物易物,但已出现了充当一般等价物的东西,如贝壳串、草席、犬牙项链等。在新西兰岛和斐吉岛上,氏族制度已在解体,氏族贵族常把俘虏变成家内奴隶。

波利尼西亚人在外表上介于黑色澳洲人种和黄色蒙古人种之间。波利尼西亚语接近马来语,与此关系密切。这说明波利尼西亚人曾长期居住在印度尼西亚。苏联学者推测,中国人几千年前从长江向南迁徙,迫使马来人的祖先离开中国南部和印度支那。公元头几世纪,中国人继续南下,引起连锁反应,波利尼西亚人的祖先被迫再找新的岛屿,于是散布和住满了包括极东端的复活节岛的所有较大岛和群岛。

在欧洲人到来之时,波利尼西亚人还没有弓箭和陶器。他们种植椰子树等果树和甘薯、芋头等块根植物,饲养猪、狗、鸡等家禽家畜。在一些地区已出现了家内奴隶的萌芽。所以波利尼西亚人在整个大洋洲内相对先进一点。

波利尼西亚人是世界历史上最早远渡重洋去寻找新土地的。波利尼西亚人巧妙地发明了船用平衡器。平衡器(或平衡锤)是弹性地固定在船上的一块圆木,它使即便是独木舟也能经住大浪,保持平衡。远洋航行时他们使用双联船,最长的可达40多米,可容纳150多人。双联船是用绳子联在一起的(砍)平木板制成的。这样的双联船因甲板与船舷联起来,十分稳定。用席制作的帆可以利用顺风。船用舵桨来保持航向。他们还有一种浮桶船也能张帆。波利尼西亚人有司航海的祭司,他们知道海流和风向,能够根据恒星定方向。他们出航时,往往几十只船结成一个船队,排成扇形,以便途中能遇到岛屿的机会多一些,能搜索的海域大一些。波利尼西亚人远航时携带晒干的椰子果肉、烤熟的芋头、甘薯以及活猪、活鸡作食物,船里在砂砾上烧着火。这样组织的航行可持续一个月不靠岸,足以渡过波利尼西亚群岛之间的海面。现代资料证明,5—14世纪时波利尼西亚人最早航渡并移居太平洋上各岛屿。这是在一定的造船术和船海术基础上进行的,并抱有开发新陆地的目的。"他们已经形成了有关大洋中的孤岛和航路的初步知识,出现了最原始的'地图',并且这些知识在社会记忆中开始巩固,在岛民的民歌、传说中得到反映。"

波利尼西亚人原始宗教的仪式和法术由祭司和巫师主持,被认为是人与神或精灵之间的中介。人们视某些事物为神圣,因而又视其为不可接触的"塔布",只有祭司和巫师,或具备一定条件者才能处理。塔布(taboo)源于波利尼西亚语,本意是"特别标出",现已与图腾一样进入了科学,泛指各种禁忌。禁忌现象引起宗教学家的注意始于波利尼西亚。

波利尼西亚极东端的复活节岛是个面积仅 117 平方公里的孤岛，距最近的智利海岸也有 3500 公里。17 世纪开始与其他文明世界接触时，仅有岛民三四千。在岛上却有大型半身石像 700 多个，一般高 4—5 米，重 4—5 吨，最高的 20 米，最重的 80 吨；并有大量的未完成的石像和竖立石像的石台。本地的波利尼西亚语称其地为拉帕努伊（Rapa Nui）岛，意即"石像人的故乡"。石像的建造年代和背景皆不详。岛上还发现了刻有图画象形文字的木牌数千块。这些情况说明，复活节岛曾有过兴盛的奴隶制文明。1686 年英国人戴维斯首次到达，1722 年荷兰人罗赫文于复活节这一天首次登岸，并把它命名如斯。1737 年，曾参加过罗赫文航行的德国人别林斯将复活节岛的秘密写成书公布出版。19 世纪下半叶一个天主教传教士命令新皈依的教徒们烧毁了木牌，造成了不可弥补的重大文化损失。残存的木牌仅有 20 来块，现存欧美的博物馆中，上面的图画象形文字迄未解读。复活节岛文明的产生、发展、兴盛和湮灭的历史是令专家学者一直感兴趣但又一时不能圆满索解的斯芬克斯之谜。

密克罗尼西亚人在体态上兼有美拉尼西亚人、印度尼西亚人和波利尼西亚人的特征，其语言属马来—波利尼西亚语系。由印度尼西亚东部诸岛、菲律宾各岛甚至台湾岛迁出的移民对密克罗尼西亚人的形成起了重要的作用。密克罗尼西亚人在社会发展水平上介于美拉尼西亚人和波利尼西亚人之间。其社会分工和交换有所发展，以实物交换为主，一些岛上也有了充当一般等价物的特殊商品贝壳串和串珠。在雅浦岛上还有一种特殊的一般等价物石盘，这种石盘有时达到磨盘那么大。这些石盘交易时放在一个地方不移走，只是假定地由一个人转到另一个人手中。

综上所述，在地理大发现期间，澳洲、大洋洲各族人民基本上还处在比较稳固的原始社会阶段。所以启蒙思想家狄德罗在他的《布根维尔游记补遗》（布是18世纪的法国航海家）中称他们是"善良的野人"，"自然的儿女"。

第二节 发现澳洲、大洋洲各岛的背景

一、古代中世纪的南大陆猜想

早在古希腊、古罗马时代，南大陆假想便与地球学说联在一起，以地球学说为基础。如同他们公认地球学说一样，不同学派的地理学家们也一致认为，既然大地为球形，而已知的大陆和已知的人类都在北半球，那么南半球也有大陆也有人类。一些学者进一步推论，既然北半球上存在着广袤的大陆群，使人们有条件把它划分为若干个地带。[3]最初的地带（climate）与现代的气候（climate）不同，它没有气象学的意义，而有一种地理学或天文学的意义。climata来自希腊文clima，最初指太阳的"倾斜度"。由于太阳的倾斜度决定了地面热量温度，"地带"也就有了"气候带"的含义[4]。为了保持平衡，南半球也存在着大陆群。否则，南半球至少在表面上就全是水，就比北半球轻，就不能维持平衡（地球其实无此平衡的需要）。学者们于是把南半球的大陆称为 Terra Australis（拉丁文，南方陆地）。

公元前2世纪的希腊天文学家希帕库（Hipparchus）率先提出南大陆说。他认为，印度洋与地中海一样是被陆地封锁的。其北边是亚洲的南部海岸，而南边是未知的大陆。塔普罗巴涅（斯里

兰卡)很可能是南大陆的北端。[5]公元1至2世纪的推罗的马林(Marin)在他的世界地图上画出了南大陆。[6]托勒密(Ptolemy)在马林的基础上进一步推测,南大陆非常庞大,北非是南大陆的一个巨大半岛。不过,较常见的所谓《托勒密世界地图》,则是5世纪时阿加索迭蒙(Agatho daemon)根据托勒密的《地理学导言》提供的材料和草图绘制的。[7]图上标出的拉丁文地名为 Terra Australis Incognita,意为"未知的南方陆地"。产生于公元前的南大陆假说有顽强的生命力和深远的影响。

中世纪早期和中期,由于蛮族入侵、神学桎梏等原因,欧洲的学术包括地理学大大倒退。集基督教神学地理观之大成者,六世纪拜占庭亚历山大城的修士柯斯玛斯(Cosmas)写了《基督教的宇宙地形学》一书。他认为,大地是平坦的长方形,长是宽的两倍。大地四周被大洋围绕,方形大地上有四个凹进去的海湾,即地中海、红海、波斯湾和里海。在东方大洋的彼岸,还有一块陆地比人住的大地小,即乐土,人类的始祖亚当、夏娃就住在那里。尼罗河、底格里斯河、幼发拉底河、恒河这四条大河就发源于乐土,从大洋下面流淌到人住的大地上。[8]柯斯玛斯的书和寰宇观荒诞不经,却在教会的支持下广泛流传。地球学说和建立在气候带理论、地球平衡理论之上的南大陆猜想几乎湮没无闻。

14、15世纪,西欧出现了最初的资本主义萌芽,开始了文艺复兴运动。欧洲的学术包括地理学才复苏、振兴和发展。1410年,托勒密的《地理学导言》第一次被查科莫·安热洛从阿拉伯语回译成拉丁语,但到1475年才在温钦茨出版。三年后,又发行新版,并附刊一些铜版的地图。希腊文原著的新版,则由著名人文主义学者伊拉斯莫于1523年重新整理发表。著名的《托勒密世界地图》也于1475年首次在意大利出版。到16世纪,这部著作已再版了20多次。随着地球学说的复苏,南大陆猜想也随之复活。1531年法国制图学家奥龙斯·菲纳绘制的世界地图又画出并标出了Terra Australis。[9]大地图学家墨卡托在1538年绘制的心脏形世界地图也画出了南大陆。[10]自然,各家地图上的南大陆其形状、大小和位置是不一样的。

二、探寻南大陆的动因和特点

地理大发现开始后,哥伦布等人发现了新大陆美洲,南大陆猜想因而更加盛行。麦哲伦的环球航行特别是横渡太平洋,证实了至少在东面的美洲和北面的亚洲之间存在一个比大西洋大得多的大洋,并基本上确定了南美洲南北两端的跨度,从美洲南端到亚洲菲律宾的距离和太平洋东西两端的宽度。麦哲伦环航对于证实南大陆猜想的可能性所具有的重要意义在于:麦哲伦船队实地经过了美洲大陆最南端的麦哲伦海峡和非洲大陆最南端的针角和好望角一带,基本上确定了美洲南端与非洲南端之间的跨度,从而展现了在南美洲和非洲之间的极其浩淼的水域中,即在占地球经度的3/4、东西两万数千公里的空间中,存在和发现新的未知大陆——南大陆的可能性和前景。

寻找南大陆的基本动因与第一阶段地理发现的基本动因既有相同处,又有不同点。由于到印度、中国、日本、东南亚等东方国家的新航路已从各个方向开辟成功,前期地理发现的这一最直接的动因已不复存在。由于西欧的实力增强,势力壮大,与伊斯兰教斗争,包抄穆斯林、侧击土耳其、传播基督教这个动因也大为削弱。不过16世纪以来西欧的宗教改革斗争,多少使探险增加了一点新、旧教竞争,各自扩张势力这个新因素。由于西班牙、葡萄牙有点意外地扩张版图大为成功,掠得大量财富,辟得丰富财源,因此扩地掠财这个动因极为凸兀起来。通商贸易、赚钱赢利则与以前一样仍是重要动因。由于哥伦布、达·伽马、麦哲伦等人的航行、探险和地理发现的成功,成名成家、建功立业、彪炳史册成为西欧人热衷于探险的新的重要动因。西、葡等老牌殖民国家在太平洋上的探险则还有贩卖黑人和其他人种奴隶的因素。

在探寻南大陆的进程中,由于社会的进步,美洲、非洲土著人民和其他地区当地人民对西方殖民强盗的反抗斗争和武装抵御,荷兰、英国等新兴的资本主义国家取代了西、葡等传统的封建国家成为发现、探险的主角,西方人在探险中的一些作法和对土著人的态度也有一些变化,呈现一些新的特点。

在主角换位方面,新独立的荷兰成为发现澳洲和大洋洲各岛的主角,西、葡等国退居配角地位。1568年以降,在资本主义迅猛发展、民族国家迅速形成的大气候下,西班牙属地尼德兰爆发了反封建、反外族统治、反天主教宗教迫害和反君主专制制度的资产阶级革命,革命不久以后便发展为独立战争。1581年,尼德兰北部各省宣布独立,组成"尼德兰合众省"。1609年,尼、西签订12年停战协定,尼德兰革命成功,诞生了第一个资本主义国家和一个新的民族国家——荷兰。荷兰迅速走上了向海外探险、殖民扩张的道路。鉴于捷足先登的西、葡和同时起步的英、法已事实上确立了各自的海外势力范围和扩张区域,荷兰人便把探险的重点放在寻找南大陆和经北冰洋的北方航路上(西方对北方航路的探寻见本书第八章、第十章等)。

1596年,第一个荷兰贸易考察团到达印度尼西亚瓜哇岛西部的万丹国。此后尼德兰各省各城出现了一些对东方各国贸易的公司。1602年,6个尼德兰贸易公司联合组成庞大的荷兰东印度公司,拥有500个股东。公司利用印尼人民对先来的葡萄牙侵略者的仇视,冒充印尼各封建国家的盟友,并以保护盟友为名在特纳特、安汶、邦达岛等地建立了一系列据点,把葡萄牙人赶走。后来,荷兰人又诱使万丹的藩属雅加达土邦的王公同意,在雅加达地区建立起带有设防堡垒的商站。1619年,万丹在英国人支持下试图用武力驱逐荷兰人,结果却被打败。荷兰人从此在瓜哇岛上建立起第一个荷兰殖民地,并把它改名为巴达维亚,以纪念荷兰人的祖先巴达维亚部族。[11]巴达维亚很快发展成一座大城市(雅加达)。17世纪中叶,荷兰人在巴达维亚及其近郊夺占的土地得到马打蓝国的承认。[12]巴达维亚成为荷兰人蚕食爪哇的据点和从非洲到日本的一系列领地和商站的中心。同时,巴达维亚和荷属印尼因为靠近澳洲和大洋洲各岛,也就成为荷兰人探航大洋洲、寻找南大陆、从事地理发现的一个前进基地和后勤保障中心。

荷兰东印度公司、巴达维亚的殖民当局及其总督于1642年和1644年三次给即将出航的塔斯曼探险队下达指示和指令,都集中表述了荷兰以及其他国家寻找南大陆和其他陆地的动因,也从多方面披露了探险中的一些新特点和新作法。为了便于研究和分析,也为了全面立体地展现历史原貌,下面较详细地引述这几份重要的历史文件。

"众所周知,150年前,地球上只有1/3的部分(分为欧、亚、非三洲)被人所知。卡斯提尔和葡萄牙的国王使得世界的未知部分,通常被称作美洲或新世界(被宇宙志学者分为南北二洲),被声名显赫的海上英雄哥伦布和亚美利哥所发现,他们因此获得了不朽的赞誉。同样,与此同时,未探索过的非洲和东印度的海岸和岛屿被著名的达·伽马和其他葡萄牙船长首先抵达和发现。上述国王通过这种发现以及随之而来的无价的宝藏、赢利的贸易联系、有用的商业、富饶的领土、广泛的权力和统治,已使其王国和王室富裕起来;无数茫然的蛮人也被他们导入基督教的祝福之光;这些都是专家们熟悉的,也总是得到一切感觉良好的人高度评价,并且为欧洲王公们发现许多北方地区(指开辟北方新航路和发现北美地区——作者)树立了榜样。"[13]

"不过迄今为止,还没有信基督教的国王、公侯或共和国认真地、努力地、适时地去发现地球上仍未知晓的部分(坐落在南方,大概与旧世界或新世界几乎一样大),尽管有充分的理由来设想它有许多极好的肥沃的地区。鉴于它横亘在寒带、温带和热带,因此在吉祥的蓝天下、在适宜的气候中,它一定包含人口稠密的地区。又鉴于在赤道以北的许多国家里发现了许多贵金属富矿、其他金属富矿和宝藏,那么也一定有类似的肥沃和富饶的地区坐落在赤道以南。关于这个问题我们有突出的例子和明晰的证据,即秘鲁、智利、莫诺莫塔帕或(莫桑比克)索法拉的产金银省份(它们都坐落在赤道以南)。因此可以充满信心地期待,为最后发现世界如此大的一部分所必须投入的费用和必定遇到的麻烦将会在物质利益和不朽名誉方面得到回报。"[14]

"情况便是这样,没有任何一块欧洲的殖民地比巴达维亚城更适合探究这些很有希望的发现,因为它位于已知的和未知的东印度的中心。"[15]

"鉴于众所周知的南方地区居住着凶猛的蛮人,因此在任何地方乘小船登陆时都要格外小心,你们要随时全副武装,采取各种谨慎的预防措施。世界各地的经验已教会我们,决不要信任野蛮人,因为他们普遍认为,外国的不速之客只是前来夺取他们的土地。由于毫不在意和过分的信任,这种看法在发现美洲时引起了许多背信弃义的屠杀事例。鉴于此,你们要和睦地友好地对待将遇到的并与之会谈的蛮人,你们要默许他们施予或针对我们的小冒犯、偷盗和诸如此类的行为,以免我们的惩罚引起他们怨恨;通过表示友好把他们争取过来,这样你们就可以较容易地从他们那里获得关于他们自己、他们的国家和他们周围环境的情报,从而打听到那里是否有任何我们可得到的有利可图的东西。"[16]

"只要时间允许,你们要尽量勤勉地搜集各方面的情报,……特别是他们是友善的还是残忍的。向他们展示你们为此而带去的商品样品,以便能打听到他们的国家有什么商品和物资,他们希望从我们这里得到什么东西。"[17]

"虽然这不大可能,但如果你们碰巧到了文明人居住的国家,你们要更多地注意文明人而不是野蛮人。你们要尽量与文明人接触,与统治者和臣民会谈,让他们明白你们在那里登陆是为了通商的缘故,向他们展示你们为此装在船上的商品样品,为此我们向你们提交特别装货清单;要密切观察他们看重和最喜欢什么东西,特别要查明他们的国家出产什么物品,还要探知他们是否崇拜金、银;要使他们相信你们决不渴求贵金属,以便让他们不懂其价值;如果他们用金子或银子交换你们的物品,你们要假装看轻这类东西。向他们展示铜、锡、铅,给他们造成一种印象,好像这些矿物被我们更看重。"[18]

"你们要谨慎地防止我们的人对被发现的民族抱各种傲慢的态度和有各种任意的行为。要小心,一定不要伤害他们和他们的妻子,不要损坏他们的房屋、园子、船只或他们的财产,等等。你们也不要违背他们的意愿从他们的国家带走任何居民;不过,假如他们中有任何人志愿陪伴你们,你们有充分的自由把他们带回来。"[19]

"如果在这次航行途中能发现任何富饶的国家和地区,岛屿或通道,它们对公司有利,我们不会对探险的领导人和所有参与探险的表现良好的人忘恩负义,要顺理成章地对他们经受的艰险和痛苦予以补偿,对他们的服务要给予应有的奖赏,你们全都能指望得到足够的表彰和奖赏。"[20]

"我们祈祷上帝保佑你们安全返回,以增添主的光荣,我们国家的名誉,全公司的利益和你们自身不朽的荣耀。"[21]

"对你们将发现的、接触的、登陆的所有大陆和海岛,你们要以尼德兰合众省国会议长的名义占有,对无人居住的地区或无主统治的国家,你们可以竖立纪念碑或插上我们的奥兰治亲王旗以示实际占据,要努力使这样的土地公正地属于发现者和第一个占据者;但在有人的地区或无疑有领主的地区,在占有它们以前你要先获得当地人的同意或当地君主的同意,你们应努力争取其同意,通过友好的劝说,送他们一些根部包有泥土的小树,与当地居民协作建一些石料建筑,或者竖立亲王旗以纪念他们是志愿同意或归顺的。所有这些事情你们都要仔细地记在日记中,要提到那些志愿同意或归顺的人的名字,这样的记载可能在将来对我们共和国有用。"[22]

"为了获得充分地全面地了解已被发现的、正在发现的或打算去发现的许多新的巨大的陆地,……要努力获得已提及的所有已知和未知陆地的更丰富的情报——它们的自然情况和位置等。"[23]

"在这种情况下你们也要在南纬28度或26度一带寻找一个便利的地方来获得淡水和补给,这是从尼德兰驶往印度的船只非常盼望的事情。"[24]

"你们可能遇到的和经过的所有陆地、岛屿、岬角、拐角、入口、海湾、河流、沙洲、堤岸、沙滩、礁石、峭壁、暗礁等等，不管是在新几内亚海岸还是在南方陆地海岸，不管是在印度洋还是在内海，都要仔细地绘制地图标出，还要正确地画出它们的外表和形状。为此我们已请到一个能干的制图师加入你们的探险队。"[25]

从这几份文件可见，荷兰人等西方人对被发现的土人和可能碰到的文明人的态度也有变化。在原始人的反抗斗争和其他文明人的抵御反击下，西方冒险家的作法和行为也有较大收敛。加上荷兰是资本主义国家和较开明的新教国家，比封建国家和狂热的天主教国家西、葡多少文明一点。所以指示书、指令信要求探险家们和睦地友好地对待土著人。与土人友好相处是为了搞到经济情报和各方面的资料，以便渔利。在开疆拓土方面，文件只要求占据无人地区无主地区；对于有人地区有主地区，文件则只希望通过友好的规劝使当地居民和统治者志愿归顺。对于教化异域、传播基督教、使蛮人、异教徒皈依一事，文件无具体的规定和指示，所以这件使命在逐渐世俗化的新教国家、西方国家中已不再重要了。

总而言之，这几份文件比较充分地体现了近代17世纪新兴资产阶级的特性，以及新生资本主义国家荷兰的特性，同时也呈现出资产阶级与没落的封建主阶级、荷兰与西班牙和葡萄牙在15、16世纪的地理发现中的不同特点。它既是对17世纪40年代以前荷兰人地理发现的总结，又是对在此以后的荷兰地理发现的规范。塔斯曼等众多的荷兰航海家在大洋洲的探险和发现也基本遵此指示行事。由于时代的前进，西、葡、英等在太平洋、大洋洲的探险和发现也与荷兰人的作法逐渐接近和相同起来。

16—17世纪荷兰等西方国家对澳洲和大洋洲诸岛的发现,除了在社会、政治、经济、伦理、宗教、军事方面的变化和新特点外,在航海探险方面也有了一些变化,呈现一些新特点。一是地球学说和水球理论已经确立并被证实,迷信和愚昧已被破除,远航探险不再受这方面的干扰;二是航海的技术、设备、仪器等都很有进步,如望远镜、测深仪、测速仪、海水取样器等的发明,罗盘、星盘、时钟等的改进,航海术、造船术、制图术的进步等。同时又因在热带温带海域航海探险,而不像探寻北方新航路,在严寒和大部分封冻的北冰洋航行,因此已不再很危险;三是更加注重绘图观测,而哥伦布、达·伽马、麦哲伦等基本不绘图或很少绘图。这反映了科学的进步,人们对新发现地区的了解进一步深化和有了新的认识要求;四是发现的成就不像哥、达、麦等那样轰动,带来的经济利益更不巨大、甚至暂时没有。这就需要探险家有更大的求知欲、发现嗜、荣誉感和好奇心。

第三节 发现澳洲和大洋洲各岛

澳洲和大洋洲各岛的发现绵延了三个多世纪,以17世纪的发现成就最大。其发现过程可分为三个阶段,即塔斯曼以前的探险和发现,塔斯曼及其以后的发现和探险,库克及其以后的发现和探险。本书着重论述和总结前两个阶段的探险和发现。

一、1642年以前在大洋洲、太平洋的探险和发现

对大洋洲各岛的发现从麦哲伦首渡太平洋起便开始了。他在横渡途中发现了鲍莫土(Paumotu 疑为今土阿莫土)群岛的两个荒岛,[26]马里亚纳群岛的大岛关岛。

麦哲伦环航地球后,为了争夺香料群岛(即摩鹿加群岛,又称马鲁古群岛,今属印尼)和扩展势力范围,西、葡两国继续向太平洋各处挺进。1526年,西班牙人萨德维拉从摩鹿加回秘鲁途中,首次发现了大洋洲第一大岛新几内亚岛的西北海岸,他后来还报告说该国盛产黄金。接着他又发现了加罗林群岛的几个小岛。1544年,西班牙人德雷特斯指挥一只船在从马鲁古去墨西哥途中,再次发现了新几内亚的西北海岸。为了添加淡水和柴禾,他们在这一带的许多地方登陆。西班牙船曾多次遭到驾乘战船的土著人的进攻。德雷特斯以西班牙国王的名义占领了这一带。他见当地居民的肤色、头发与西非几内亚湾沿岸的黑人十分相似,两地自然景色和气候也大致相仿(因都在赤道附近),便给它取名为新几内亚。[27]据他自己计算,他们沿海岸向东南航行了约1300公里,然后向北航行,后因水手们疲惫不堪而返回了马鲁古群岛。[28]当时,欧洲的地理学家把萨德维拉、德雷特斯等人发现的新几内亚当成未知南大陆的北部海角,并认为赤道南大陆与赤道非洲一样,有广大的黑人区。

1542年,西班牙航海者盖塔诺从菲律宾驶往墨西哥,试图开辟新航线,途中发现了夏威夷群岛。[29]

由于德雷特斯等人的发现,中、南美洲的西班牙矿场主、种植园主和殖民地政府希望得到身强力壮的黑奴,于是支持和鼓励西班牙冒险者在太平洋南部探航,以便寻找黑人、黄金和新土地。

从美洲墨西哥到菲律宾的航路开辟成功后,原路返回却还不可能,因为返航时尽遇到逆风逆流。西班牙航海家乌尔达涅塔总结了许多海员在太平洋西部和东部航行的成功的经验和失利的教训,仔细了解了他们航行时经历的情况,得出了一个理论性的结论:北太平洋温寒带水域的风向应与大西洋的一样——朝东。[30] 1565年6月,乌尔达涅塔率一只船从宿务岛出发,他先利用偶尔吹来的东北季风向北行驶,经过日本附近的海域,在北纬43度地区捕捉到东季风,乘这股季风他们顺利地航达北美加利福尼亚,再南下轻松地抵达墨西哥阿卡普尔科。[31] 这次虽然走了个冂字形航线,整个航期也才125天,但从此菲律宾与墨西哥之间穿越太平洋的联系稳固地确立起来。发现澳洲和大洋洲诸岛有了更扎实的基础。

因为乌尔达涅塔航线的开辟,在16和17世纪只有西班牙航海家知道,在北纬30—45度的太平洋水域没有一个像样的岛屿。然而西欧的地理学家由于主观想像,在这一大片"空白的水域"添了许多并不存在的陆地,如荷兰人德·弗里斯的"国会之地",法国人阿涅宾的"耶索之地",葡萄牙人泰舍拉的"茹安·达·伽马之地"(非瓦斯科·达·伽马),还有在北纬15—20度的太平洋亚热带水域的"金银岛"等。[32]

1579年,英国海盗德雷克率一只船从北美圣弗朗西斯科(旧金山)横渡太平洋去摩鹿加群岛。德雷克完成了有史以来的第二次环球航行,成了始终指挥了环球航行全程的人。他也很可能是涉足太平洋的第一个英国人。德雷克的环球航行也为太平洋探险积累了一点资料。

1568年,西班牙航海者门达那·内拉率领的船只从秘鲁出航,发现了所罗门群岛的一些岛屿。他们还在其中的圣·伊萨贝尔岛下锚登岸居住。[33] 这一带也居住着黑人。他以为到了《旧约》中所罗门王采买搬运黄金的俄斐国,便把他命名为所罗门群岛。[34] 其实那里并不产黄金。他还认为所罗门群岛是南大陆的一部分。

接下来他又发现夏威夷群岛和其中的大岛夏威夷岛。[35]

1595年6月,门达那·内拉再次率4只船去所罗门群岛探险。此时他已54岁,体弱多病,于是其妻门达那·色诺拉也随船出海,并掌握了一部分领导权。船队发现了马克萨斯群岛,在停靠时,只因土人上船围观,不听命令离开而向他们开枪,酿成了流血事件。而且在此后的探险中西班牙人也经常向土人寻衅挑起流血事件。他们后来又发现了圣克鲁斯群岛。此时一些船员因失望和争权夺利而发生内讧和暴动,但被镇压下去。此后门达那死去,色诺拉正式接管了指挥权,自封为女总督(governess)。1596年2月,他们抵达菲律宾,1598年11月,船队回到墨西哥,这时只剩两艘船了。色诺拉把这个探险队完成的发现全记在自己名下,西班牙的历史学家一直尊称她为"世界上第一个指挥船队的妇女"。[36]不过,在两个世纪的地理大发现中,她恐怕是最引人注目的女探险者和航海者。

在西班牙效力的葡萄牙人费尔南德·奎洛斯曾先后参与1565年乌尔达涅塔领导的开辟菲律宾到墨西哥的新航线的航行,1595—1598年门达那和色诺拉领导的发现大洋洲一些岛屿的航行。1605年12月,奎洛斯率领3艘船从秘鲁出发到太平洋探险。奎洛斯是个狂热虔诚的天主教徒。他曾拜谒过教皇克立门八世,强调拯救"南极洲数百万灵魂"的价值,由教皇推荐给西班牙政府。所以3艘船共130多人中,有6个传教士。奎洛斯沿途发现了一些小岛。在发现了并停靠在南纬10度的达夫群岛的一个岛时,土著人的酋长告诉西班牙人南边还有一片"大的陆地"。奎洛斯于是向南驶去,果然发现了海岸线一望无边的巨大陆地,陆上居住着属美拉尼西亚人的黑人。奎洛斯以为他终于发现了南大陆,并认为它延伸到南极,于是把它取名为"圣灵的澳大利亚"。[37]他们在"南大陆"登岸,举行了庆祝仪式和宗教活动,竖起了十字架,宣读了占有布告,修建了营地"新耶路撒冷城"。[38]五星期后,奎洛斯悄悄离开了船队,率旗船抢先回到墨西哥阿卡普尔科,以便邀功请赏。一说是因病返航。奎洛斯在给西班牙政府的报告中写道:"……(这片陆地)的面积至少有全世界陆地的五分之一。""与旧大陆相隔的有两块大陆,即美洲和澳洲,第一块大陆美洲是哥伦布发现的;第二块大陆,也是世界上最后一块大陆,则是由我看到的。我恳请陛下批准我去探察这块大陆,并进行移民。"[39]实际上,这片陆地只不过是一个群岛,面积共约1.2万平方公里。后来18世纪库克航海时给它取名为新赫布里底群岛。[40]一些西方历史学家称奎洛斯为"西班牙的最后一个大航海家"。

被奎洛斯撇下的船只和探险队中,有个叫巴埃斯·托雷斯的船长。奎洛斯走后,他考察了这块新陆地,确认它不是南大陆,而只是一个面积不大的群岛中的主岛,即圣埃斯皮里图岛,岛上的最高峰海拔1680米。[41]托雷斯在接着的探险中,发现了把新几内亚与澳大利亚隔开的一条海峡。他由东到西穿越了后来以他的名字命名的这条海峡。他在海峡北方的新几内亚海岸看到了使用木石武器的黑人,也很可能看到了海峡南方的澳洲约克角半岛和阿纳姆地海岸。[42]托雷斯后来在1607年向马尼拉的西班牙当局提出的报告中指出,新几内亚不是南大陆的组成部分,而是一个大海岛,它隔着一条海峡与南方的一个特大岛相望。[43]这个特大岛实际上便是澳洲。但西班牙当局为了垄断而对这一发现密而不宣。150年后,七年战争期间(1756—1763),英国人一度占领马尼拉城,接管了西班牙的秘密档案,从此全世界才知道西班牙人在太平洋的各种地理发现。1762年,英国地理学家达尔林普尔公布了托雷斯从马尼拉给国王发出的发现海峡等等的信,并把那条海峡命名为托雷斯海峡。[44]而同行的副船长普拉托的航海日记则直到20世纪二、三十年代才被发现出版。[45]托雷斯很可能是看到澳洲大陆的第一人,也是发现和穿越托雷斯海峡的第一人,还是确定新几内亚为大岛的第一人,所以他成了西班牙的最后一位大航海家和地理发现者。

1606年,荷兰东印度公司派威廉·杨茨率一只船去寻找南大陆。杨茨先发现和考察了新几内亚南部两百多英里的海岸线。接着他们南航渡过托雷斯海峡,发现和考察了澳洲北部卡奔塔尼亚湾和约克角半岛西部的好长一段海岸线。杨茨还派人上岸探察,所以杨茨等成了最早登上澳洲大陆的文明人、欧洲人。但杨茨没有意识到他的探险和发现的重大意义,仍以为他们已到达的澳洲地区是新几内亚的一部分。由于这个原因和他留下来的文献过于简单,以致他的重要发现较少为人知晓。

1615年7月,荷兰人勒·美尔和威廉·斯考滕率霍恩城商业资产者集资购置的两艘船和80余人出航,去探索通往马鲁古(摩鹿加)—香料群岛的新航线。[46]远航不久他们在塞拉利昂海岸装上了750个熟柠檬并把它们风干备吃。这或许便是此次远航没有发生坏血病的原因。12月份在南美巴塔哥尼亚海岸,因船只受损他们被迫抛弃和烧毁了霍恩号。1616年1月,探险者在南纬55度附近发现了勒·美尔海峡和埃斯塔多斯岛。他们称其为国会地,并误以为它是南大陆的北部突出角。[47]1月29日,荷兰船经过了一块"山峦起伏的陆地,到处覆盖着雪,这块陆地以一个尖突的海角收尾,我们称其为合恩角"。斯考滕在日记中如是说,以纪念他的家乡霍恩城和已殉难的霍恩号。[48]这样,他们发现了美洲的最南端,大西洋和太平洋的分水岭,意义不小。不过,据斯考滕的地图和日记,他们把合恩角误认为是火地岛的一部分(其实是合恩岛)。此后,他们航行在太平洋上,先发现了胡安·费尔南德斯群岛(离智利中部海岸600公里)。4月份荷兰人发现土阿土莫群岛的几个珊瑚岛,5月份发现(西)萨摩亚群岛西南部的几个火山岛,所罗门群岛北面的努库马努群岛。[49]进入6月份,团结号已渡过了浩瀚的太平洋,陆续发现了颇大的新爱尔兰岛、新汉诺威岛,阿德默勒尔蒂群岛。7月份他们探察了新几内亚岛北部的全部海岸,发现了附近的实珍群岛[50]。这样,荷兰人完成了对世界第二大岛、新几内亚岛的发现(78.5万平方公里)。

此后团结号继续西行,到了香料群岛,最后抵达爪哇的班塔姆(Bantam)。但荷兰东印度公司驻当地的人员以他们破坏了公司的商业垄断权的罪名扣留了探险者,没收了船只和货物。公司派船把他们押解遣返回国,于1617年7月回到荷兰。两位很有成就的探险发现家就这样完成了新的环球航行,勒·美尔在途中病逝。斯考滕回国后获释,两年后用法文在阿姆斯特丹出版了《奇异游历之日记》一书,非常轰动,重印了40多次。

1611年,荷兰船长布罗维开拓出一条从好望角东航3000英里,再北上印尼爪哇巴达维亚的新航线。[51]新航线比传统航路凉爽顺风,而且为进一步发现澳洲提供了有利的条件。1616年,荷兰人德克·哈托格首次沿那条新航线发现了澳洲西海岸的一段。81年后,一个荷兰船长弗拉明克偶然在沙克湾岸边发现了一根标杆,在标杆下找到一个锡盘。盘上刻着发现此地的日期、船名和船长名字。弗拉明克就以他的名字命名了沙克湾东南的德克·哈托格岛。该盘现存阿姆斯特丹的国家博物馆。[52]

1619年，两个荷兰船长霍特曼和埃德尔在澳洲西海岸发现了埃德尔地和埃德尔半岛一带。[53]

1623年，由卡斯滕斯和梅里茨率领的两艘船又到了约克角半岛，沿半岛西海岸到了南纬17度8分的斯塔滕河河口，他们在此登陆并立下了纪念木柱。但他们以为这里也是新几内亚。卡斯滕斯和土著人有所接触，首次留下了第一份关于澳洲土著的原始文献资料。他们发现土人完全不懂金银，倒是很看重珊瑚和铁。卡氏在日记中总结到："在我们登陆的所有地方，我们都对黑人或蛮人特别友好，送给他们铁块、珠串、布料，希望以此获得他们的友谊和允许深入离岸较远的地区。这样我们就能充分地记载和描述该地。但黑人不理睬我们的各种友好表示和馈赠，我们所到之处都被当成敌人，以致在大部分地区我们的登陆都伴随着很大的危险。"[54]

1627年，荷兰船长皮切尔·涅伊茨发现了澳洲南部的大澳大利亚湾一带的海岸和岛屿。次年，他又发现了澳洲西北的一段海岸。弗朗斯·迪赛也于1627年航行到大澳大利亚湾东岸。1629年，荷兰船长佩尔萨特率领的船只在澳洲西北海岸遇险沉没。船员们被迫上岸呆了几个星期，深入到离岸好几公里远的地方，从而填补了这一带的空白。1636年，荷兰船长波尔和普捷尔斯又到了约克角半岛一带。波尔和几个船员在登岸时被土人打死，普捷尔斯发现了阿纳姆地。[55]

就这样，到17世纪40年代初塔斯曼航海前，荷兰人已在地图上画出了所谓新荷兰（澳洲）的许多地区：北部的阿纳姆地，约克角半岛的西海岸和北海岸，整个西海岸和整个南海岸的西段。不过，荷兰人仍然认为，新荷兰只是南大陆的西北半岛，而南大陆填满了南半球的整个空间。

二、塔斯曼的探险及在他以后的发现

阿贝尔·詹楚恩·塔斯曼(1603—1659)于1603年出生于荷兰格罗宁根省卢吉嘎斯特镇。他1633年去爪哇,在东印度公司当水手。1634年参加了对印尼塞兰岛的探险,任船队的一名船长。曾多次率船去日本、福摩萨(中国台湾)、柬埔寨、苏门答腊通商贸易。1639年担任去日本一带探险寻找"金银岛"的船队副队长。[56] 1642年,塔斯曼受荷兰东印度总督范·迪门所派率两艘船去新荷兰一带探险。全队共有110人,除带了一年半的食品外,还带了许多拟用于交易的货物:花布、毯子、亚麻布、镜子、胡椒、象牙、檀香木、梳子等。

10月8日,塔斯曼等从非洲的毛里求斯启航,由西向东横渡了印度洋。11月24日他们发现了澳洲大陆南部附近的大岛,他取名为范·迪门之地。但200多年后,该岛仍被人们改名为塔斯曼尼亚,以示公允和纪念。[57]塔斯曼不能肯定这是独立的大岛还是新荷兰的南部半岛,直到150多年后英国人巴斯发现并穿越了巴斯海峡,问题才有了正确的答案。12月3日,他们在塔斯曼尼亚亨利湾登陆,插上了刻有荷兰东印度公司的标志的纪念标杆和奥兰治亲王旗,以示这些土地已在法律上归他们所有。12月中旬,塔斯曼在南纬43度处望见了新西兰南岛南阿尔卑斯山的西麓。[58]他们沿海岸向北行驶,想找一个向东的通道,并向东驶入了库克海峡西北部的海湾。船队后来在南纬40度30分的黄金港下锚。塔斯曼把南岛和北岛之间的海峡看成海湾,把新西兰视为前进路上的一个障碍,还认为新西兰也是南大陆的一部分。他在日记中说:"我们相信,这是未知的南方陆地的大陆海岸。"[59]1643年1月,塔斯曼驶抵新西兰北岛的北部海角,他高兴地发现可以由此向东。在北岛北角一带,塔斯曼曾试图登岸找淡水,但又遭到挥舞着非金属长矛的毛利人阻拦。塔斯曼船队虽配有各种火炮、火枪、刀剑,但也没有强行登陆。塔斯曼最初称新西兰一带为"我国之地",但荷兰当局以合众省第二大省西兰命名称其为新西兰。[60]荷兰政府也像西、葡一样,出于垄断的考虑,对塔斯曼发现新西兰一事长期保密。此后,新西兰一直很少有人知晓,直到18世纪70年代英国航海家库克才完成了对新西兰的发现。

塔斯曼在以下的航行中,连续发现了汤加群岛、斐济群岛、所罗门群岛的一些岛屿,并在所罗门群岛的"友好诸岛"得以首次用钉子交换土著人的椰子。[61]6月15日他们回到爪哇的巴达维亚,结束了首次探航。

下面摘引几段塔斯曼日记中对发现和探险的记载:

"1642年11月24日。天气良好晴空无云。正午观测,纬度42°25′;经度163°31′(此时的本初子午线即零度经线不在今天的位置,也不统一);航向北偏东,行驶了30英里;西南风,后转带上桅微风的南风。下午4时,看到了陆地,在我们以东偏北,估计距离我们有10英里;到傍晚,在东南东(east-south-east)方向,我们又看到三座高山,在东北方向还有两座,但比南方的山矮;我们发现罗盘针在此指向正北。"[62]

"这是我们在南海遇到的第一片陆地,任何欧洲国家对它都一无所知。我们授予它'范·迪门之地'的名字,以纪念我们英明的主人,是他派我们来进行这次发现;我们把所知的周围岛屿命名为东印度议员群岛,可以在我的画有它们的小海图上看到它们。"[63]

"那片陆地风景秀丽,普遍覆盖着树林,陆地延伸到远方,到处都可以驶近靠岸,能看得很远,因此登陆时我们的人总能望见土著人和野兽,没有浓密的灌木丛或幼树林阻碍视线。这些说明探察这个地区很便利。"[64]

"我们带着一支将立在那里的刻有东印度公司标记的标杆和一面奥兰治亲王旗,以便让后来者知道,我们已到过此地,已把这片土地据为我们的合法财产。……我们于是命令前已提及的那个木匠独自游到海岸,带着那支标杆和那面旗帜。我们利用风稳住大舢板;我们叫他把旗帜套在标杆上端插稳在地上。"[65]

塔斯曼航行图

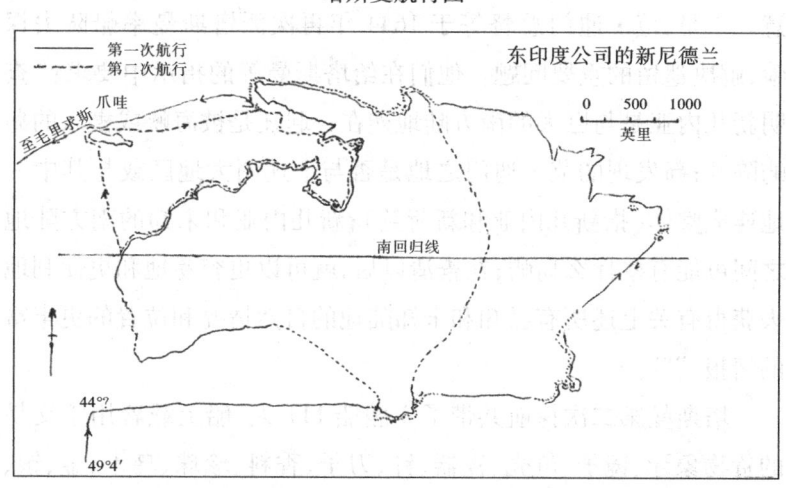

图 9-1

说明:实线为当时已发现并画出的海岸线,虚线为尚未发现的海岸线。
资料来源:据克拉克《澳大利亚史》第 1 卷(墨尔本 1981 年版)第 30 页复制译注,原件藏悉尼米切尔图书馆。

塔斯曼的这次航行从西向东横渡了印度洋,开辟了从非洲到澳洲的新航线。塔斯曼的这次探航证明,的确存在新荷兰这个新世界,新荷兰不是延伸到南极的南大陆的一部分,也不靠近南大陆,因为他横贯了新荷兰的全部南方水域。塔斯曼事实上从南、东、北三方面环绕了澳洲(见塔斯曼航行图),从而把它的大小限定在这个范围内。加上此前西方航海者在澳洲北海岸、西海岸、南海岸的发现,澳洲的大小也多少被粗略地确定了。但新荷兰到底是个巨大的群岛还是一个完整的大陆,其轮廓如何,这些问题还没有解决。塔斯曼对他的一系列发现也有重大的误解,其中,新西兰便不是南大陆的一部分,也不是一个岛,而是两个岛。

荷兰当局和东印度公司对塔斯曼1642年的航行所获不大满意。于是,范·迪门总督等于1644年再次派塔斯曼率船队去探险,解决遗留的重要问题。他们在给塔斯曼等的指示中要求:"查明新几内亚是与巨大的南方陆地连在一起还是被海峡或楔入的岛屿隔开;新发现的范·迪门之地是否与上述两大地区或与其中一地连成整体(指新几内亚和新荷兰);新几内亚和未知的南方陆地之间可能有些什么岛屿;在查清以后,就可以更容易地和更便利地去获得有关上述所有已知和未知陆地的自然情况和位置的更丰富的情报。"[66]

塔斯曼第二次探航共带了3艘船111人,船上载着用于交易的货物象牙、镜子、龟壳、瓷器、针、刀子、香料、珍珠、乌木、金、银、钉子等。他们于1644年1月从巴达维亚出发,1644年8月返回原地。由于塔斯曼此次航行的航海日记早佚,传下来的原始资料只有塔斯曼和他的副手维斯切尔绘制的地图和1644年12月巴达维亚议会给阿姆斯特丹荷兰东印度公司的一封信。[67]我们只能从中得知塔斯曼这次航行所取得的成果:查明了卡奔塔利亚湾是个海岸而没有通向南方的海峡;探明并在地图上标出了澳洲北部和西北部的准确海岸线,即从南纬 12 度到南纬 23 度 45 分,连同卡奔塔利亚湾共长达 3500 公里的海岸线;从而证明,荷兰人在此发现的各片陆地(范·迪门之地除外)是新荷兰这块统一大陆的各个地区(参见《塔斯曼航行图》)。但塔斯曼第二次航行仍未解决新荷兰与新几内亚是隔开还是连在一起的问题,尽管西班牙人早已发现了托雷斯海峡;同时也没有解决范·迪门之地与新荷兰是否相连等问题。

尽管塔斯曼没找到盛产金银、珠宝、香料的土地,令公司和当局一些人有些失望,但他还是被授予指挥官头衔,当上了巴达维亚司法委员会委员。1647 年,他率一支商船队去暹罗(泰国),第二年他又指挥一支舰队与菲律宾的西班牙人对垒。1653 年,他辞去了荷兰东印度公司的职务。1659 年塔斯曼去世,终年 56 岁。他死后 20 年,他的 1642 年的航海日记才付梓出版。

塔斯曼是成就最大的荷兰地理发现者和航海家。塔斯曼在长期的航海生涯和地理探险中也没有什么海盗行径,对原始的土著人比较友善和人道,是个很值得纪念和研究的历史人物。今天,世界上以他的名字命名的重要地名就有,澳大利亚的塔斯曼尼亚岛和塔斯曼尼亚州,新西兰的塔斯曼湾,澳、新之间的塔斯曼海和澳、新以南的塔斯曼海盆等。

1643 年,荷兰东印度总督范·迪门还派弗里斯和希德利克·斯希去日本海域寻找传说中的"金银岛"。这是继 1639 年塔斯曼曾参加过的那次探险后为此派出的第二支探险队。他们这次看到了千岛群岛中的择捉岛和得抚岛,便反客为主地把它们分别称为"国会之地"和"公司之地"。他们后来又抵达库页岛南部的阿尼瓦湾并下锚登陆。由于弗里斯和斯希的探险,西欧人形成了有巨大的"耶索之地"的地理概念,认为它从日本延伸到北亚。葡萄牙地理学家泰舍尔1649年绘制的北太平洋地图;画出了那片广袤陆地的南部海岸线,并标出了"茹安·达·伽马曾发现它的字样"。这样,太平洋北部水域至少被两块巨大的陆地填满,即耶索之地和茹安·达·伽马之地,直到一百年后白令和契里科夫的航行才澄清了混乱。

1688年,英国冒险家丹皮尔在澳洲的西北部海岸勒韦克角登陆,并深入陆地较远的地方。他经过考察后指出:"新荷兰是非常大的一片陆地,还不能肯定它是一个大岛还是一块大陆(大陆与大岛的区别本来便是人为制定的。——作者),但我确信,它既不与亚洲、非洲,也不与美洲连接。"[68]他作出正确结论的依据之一便是因为那里极其荒凉,连可食用的植物都找不到;他遇到的一些土著黑人比非洲黑人和美洲印第安人还原始落后得多。1699年丹皮尔又到澳洲西海岸考察,并首次描述了澳洲的特产动物袋鼠。

1696—1697年,荷兰船长弗拉明克又来到澳洲西海岸,除了发现前已提及的81年前德克·哈托格的发现外,还绘下了从天鹅河河口到威廉河河口的海岸线地图。[69]

到17世纪末,澳洲和大洋洲各主要群岛、各大岛都基本上被西方航海家、探险家发现,并被比较正确地画在了地图册和地球仪上。例如1663年法国制图家塞文诺特绘制出版的地图,[70]丹皮尔1699—1700年的航行海图,[71]都比较正确地画出了除东海岸以外的澳洲大陆轮廓和海岸线。1700年阿姆斯特丹出版的新荷兰和新几内亚地图,还比较正确地画出了大洋洲第一大岛新几内亚的轮廓。[72](当然该图还未画出托雷斯海峡,但西班牙人等早已发现了该海峡。)大洋洲第二大岛新西兰岛也已画在了地图上,其位置已经确定,如塔斯曼绘制的海图。[73]所以,发现澳洲这块新大陆和大洋洲各主要岛屿的工作已接近基本完成。当然,遗留的问题是18世纪下半叶英国航海家库克等人解决的,库克等人最后完成了对澳洲、大洋洲各主岛的发现。

1665年,荷兰当局宣布占领主要由荷兰人发现并初步考察过的南方大陆西部,并取名为新荷兰。[74]此名与南方大陆一名(特拉·澳大利亚)并存了很久。直到1817年,澳大利亚的英国殖民当局才接受英国航海家弗林德斯1814年的提议,把澳洲大陆正式定名为澳大利亚(南方)。[75]但西方,包括荷兰和英国,对澳洲、大洋洲的殖民与扩张并非一发现就开始,而是迟至18世纪才进行。这与一开始发现美洲旋即进行殖民活动和扩张是有所不同的。其原因主要在于,西方要巩固和消化他们在美洲、非洲和亚洲的殖民扩张成果,而且西方当时的人丁(17世纪)还未兴旺到要向澳洲扩展"生存空间"的程度;再则澳洲的野蛮落后;西方人又没有发现金银、香料、珠宝等贵重物品,因而感到殖民移民无利可图。

澳洲、大洋洲的土著居民的命运也与美洲印第安人和非洲黑人有所不同,除了个别地区如塔斯曼尼亚岛的6000土著外,他们较少被西方殖民者屠杀,或被贩卖为奴。而是在保留区内保持着自己的部落制度和传统生活方式;有的则逐渐与外来人融合;有的迅速进步,今天已建立起一系列独立的民族国家。

注释:

1 见《中国大百科全书·世界地理》,第50页。
2 邵献图等:《外国地名语源词典》,上海辞书出版社1983年版,第

313 页。

3 据公元前后的斯特拉波说,主要有公元前 2 世纪的波西多尼(Posidonius)的九地带说,即三个人无法居住的地带——炽热的赤道带和两个严寒的极地带,六个人居地带——两个寒带、两个温带和两个亚热带。还有斯特拉波本人的五地带说,即三个人无法居住的地带——赤道带和两个极地地带,两个有人居住的温带。见斯特拉波:《地理志》(Strabo:The Geography, Loeb Library),第 2 卷第 3 章第 1 节,罗叶布古典丛书,1928 年版。

4 布尔斯廷:《发现者》,上海译文出版社 1995 年版,第 128 页。

5,6 保罗·佩迪什:《古代希腊人的地理学》,商务印书馆 1983 年版,第 112 页。

7 斯卡特金:《古代地理学史》(Н. И. Скаткин:《История Древней Географии》),莫斯科 1958 年版,第 477 页。

8 安托什科、索洛维约夫:《地球的地理研究史》,莫斯科大学 1962 年版,第 39—40 页。

9 《外国地名语源词典》,第 458 页。

10 斯克尔顿:《探险家的地图,地图记录的地理发现篇章》,伦敦 1958 年版,第 192 页。

11 萨·巴尼:《印度尼西亚史》,商务印书馆 1972 年版,第 259 页。

12 苏联科学院:《世界通史》,第 4 卷(下册),第 929 页。

13,14,15,16,17,18,19,20,21 范·迪门总督等:《给塔斯曼等首次旅行的指示》(Van Diemen, etc:The Instructions to Tasman for his First Journey, August 1642, C. M. H. Clark:Sources of Australian History),载克拉克编:《澳大利亚历史资料集》,墨尔本 1977 年版,第 5—11 页。

22 斯考顿(Justus Schouten)以总督名义《给塔斯曼等首次旅行的指示》,载《澳大利亚历史资料集》,第 11 页。

23,24,25 范·迪门总督等:《给塔斯曼等第二次旅行的指示》(The Instructions for the second Journey of Tasman, January 1644),载《澳大利亚历史资料集》第 19—23 页。

26 巴克利:《伟大的地理发现时代》,伦敦 1956 年版,第 83 页。

27 《外国地名语源词典》,第 444 页。

28 《世界探险史》,第 353 页。

29 乌思怀特:《展开着的地图》(Leonard Outhwaite:Unrolling the map,

the Story of Exploration),纽约1935年版,第221页。

30 《世界探险史》,第448页。书中所述的风向是"朝西",但与事实不符,从菲律宾回美洲顺风风向应是朝东,故一并改之。

31 《展开着的地图》,第221页。

32 《世界探险史》,第449页。

33 克拉克:《澳大利亚史》(C. M. H. Clark:A History of Australia,from the Earliest Times to the Age of Macquarie),墨尔本1981年版,第1卷,第14页。

34 《外国地名语源词典》,第267页。

35 《世界探险史》,第451页。

36 《世界探险史》,第454页。

37 《澳大利亚史》,第1卷,第16页。

38 《展开着的地图》,第224页。

39 《世界探险史》,第456页。原书对大洲和大陆的称谓有点凌乱,这里根据地理和历史校订之。因大陆不含岛屿,大洲指大陆和附近岛屿。

40 《外国地名语源词典》,第37页。

41 《世界探险史》,第457页。

42 《澳大利亚史》,第1卷,第17页。

43 《世界探险史》,第458页。

44 斯蒂芬森:《伟大的冒险和探索》(Vilhjalmur Stefansson:Great Adventures and Explorations),伦敦1956年版,第631页。

45 《伟大的冒险和探索》,第632页。

46 莫里逊:《欧洲人对美洲的发现,在南方的航行》(Samuel Eliot Morison:The European Discovery of America,The Southern Voyages,1492—1616),纽约1974年版,第731页。

47 《世界探险史》,第527页。

48 《在南方的航行》,第733页。

49,50 《地理发现史纲》,第2卷,第360、361页。

51 张天:《澳洲史》,社会科学文献出版社,1996年版,第50页。

52 《伟大的冒险与探索》,第642页。

53 《世界探险史》,第535页。

54 《卡斯滕斯日记》,载《伟大的冒险与探索》,第640页。

55 《世界探险史》,第536页。

56　沃利斯:《塔斯曼》,载《不列颠百科全书》"百科详解",1974 年 15 版,第 17 卷,第 1070 页。

57　《外国地名语源词典》,第 398 页。

58　里夫斯:《新西兰》(William P. Reeves: New Zealand, The Story of the Empire Series),伦敦版,年代不详,疑为 1914 年,第 18—19 页。

59　《伟大的冒险与探索》,第 657—658 页。

60　里夫斯:《新西兰》,第 20 页。

61　《澳大利亚史》,第 1 卷,第 33 页。

62,63,64,65　《塔斯曼日记》,载《澳大利亚历史资料集》,第 12—17 页。

66　《给塔斯曼等第二次旅行的指示》,载《澳大利亚历史资料集》,第 19 页。

67　《澳大利亚史》,第 1 卷,第 34 页。

68　丹皮尔日记《环绕世界的新航行》,载《澳大利亚历史资料集》,第 24 页。

69　《澳大利亚史》,第 1 卷,第 53—54 页。

70,71,72,73　《探险家的地图》,第 221、222、199、218 页所载原图。

74　张天:《澳洲史》,第 54 页。

75　《外国地名语源词典》,第 458 页。

第十章 英法继续探寻西北通道和发现北美

第一节 德雷克环球航行

英国自 15 世纪末开始海外探险和地理发现后,把注意力集中于探寻西北通道和东北通道。在这两个方向的探险可以不受西班牙葡萄牙威胁,对英国来说也相对近便,并也取得了较大的成就。从 16 世纪中叶起,随着经济的发展,国力的增长,英国开始对西、葡传统的海外势力范围和殖民地进行渗透,觊觎富饶的亚热带、热带海洋和地区。

英国人、法国人、荷兰人开始在大西洋上袭击从墨西哥和中美洲载运贵金属返回西班牙的船只和从西非贩运黑奴到美洲的西班牙船只。海盗袭击使西班牙每年蒙受达 300 万杜卡特的巨额损失。小安的列斯群岛成了西欧反西海盗的游击根据地。在这些海盗中有个英国人逐渐崭露头角,他叫弗朗西斯·德雷克(1541—1596),他把反西海盗活动从中美洲大西洋海岸扩展到太平洋海岸,又进一步扩展到西、葡本土沿海。

德雷克生于德文郡一个自耕农家庭,父亲曾是新教的世俗传教士。13 岁时,他就开始在海船上当水手学徒,成年后成为 50 吨的朱迪思号船主和船长。1567 年,德雷克加盟表哥约翰·霍金斯的海盗兼贩奴商船队,伊丽莎白女王也是霍金斯船队的投资者之一。可见国家民族的利益同王室的利益、同个人的利益结合在一起。1568年9月,在墨西哥湾维拉克鲁斯港外的胡安·德·乌略亚岛,爆发了英西关系史上英方认为的珍珠港事件。按霍金斯的说法,他们已获准停泊,但遭到西班牙人的突然袭击。霍金斯和德雷克各率一船逃脱,其余4船受伤被俘,人员死伤几百。此后,霍金斯转入政界,致力于海军建设。德雷克于是成为英国反西海盗活动的最活跃人物。1572年,德雷克率两船70多人袭击了巴拿马地峡的西班牙港口诺夫雷·德·迪奥斯,夺得了几艘西班牙船和船上的金银贵重物品。但英国人很快被西班牙人反攻打退,德雷克也受了伤。

  1577年,德雷克开始了他一生冒险事业中最重要的行动。这次行动的结果也是他始料不及的——使他从大海盗冒险家成为航海家、探险家、地理发现者。这一行动就是他继麦哲伦后第二次完成了环球航行。伊丽莎白女王和一些大臣用个人的钱支持、帮助了这次冒险。德雷克一共准备了3艘排水量约100吨的海盗船,两艘小一些的补给船,乘员共160多人。这次航行的最初目的,主要是与西属美洲以南的居民通商,探索传说中的南太平洋中的未知陆地,狠狠抢劫打击西班牙人。

  1577年12月中旬,德雷克船队离开普利茅斯,先沿旧大陆海岸到达佛得角群岛,然后斜渡大西洋于1578年4月到达南美拉普拉塔河口,接着沿海岸向南航行。在南纬47度一带的巴塔哥尼亚海岸,英国人得到巴塔哥尼西人的友好接待和帮助。德雷克的一个随队牧师弗雷斯·弗莱彻记载道:"他们给我们拿来最丰美的食物,他们把款待我们视为他们的幸福。"对于西班牙人皮加费塔所传的巨人的说法,这位牧师中肯地纠正道:巴塔哥尼亚人"与一般男人相比个头确实又高又大,……但他们决不像西班牙人所说的是一群怪物。与他们中最高大的人相比,英国人中的一些人并不算矮小"[1]。

6月底,他们进泊麦哲伦曾经越冬的圣胡利安港。在这里,德雷克挫败了一起酝酿中的反对他的叛乱阴谋,处死了为首者军官道蒂,并借此机会整饬全队,强化他个人的权威。以后,德雷克抛弃了给养已基本耗尽并已破损的两艘补给船,船上的有用物资被转移出来。德雷克还把旗舰鹈鹕号改名为金鹿号。这样,船队缩小到3艘船。

8月下旬,英国船队驶进了麦哲伦海峡。弗莱彻牧师首次报道了所目睹的火地岛人的情况:"这些未开化的野蛮人衣着既精巧又别致。他们的小船是用兽皮作的,他们把一张一张的海豹皮缝合在一起,既没有剪裁,也没有涂焦油,缝制得既坚固又精细,这种兽皮船永不漏水。他们还用兽皮做成碗、盘和水桶。他们的刀子是用大贝壳作的:挖出壳内的肉,然后在石头上把贝壳磨得很锋利。"[2]

9月上旬刚驶出海峡,船队就遭到了经久不息的风暴袭击,风暴持续到10月底。弗莱彻写道:"我们还没来得及驶进这个海洋(有人把它称作太平洋,然而对我们来说它却是狂暴的海洋),海上就起了凶猛的风暴。这样大的风暴我们还未见过……白天我们看不到阳光,夜晚望不见月亮和星星。这样的天气竟长达52个昼夜。"[3]在风暴中一艘船失踪失事,一艘船被逼回海峡,在那里避风等待了一个月后被迫返航。旗舰金鹿号则被风暴向南推移了5个纬度,到达了合恩角一线。[4]这样,德雷克取得了第一项地理发现:

发现火地岛不是南部大陆的一个海角或半岛,而是一个海岛,海岛之外,仍是广阔的海洋。22年后,德雷克的这一发现被反映在英国地图家赖特—莫林劳克斯的地图上。[5]三个世纪后,当探险家们发现南极洲后,人们把火地岛与南极洲之间的海峡称为德雷克海峡。笔者认为,德雷克海峡最窄处也宽达900公里,因此把南美洲与南极洲之间那片海域称为德雷克海或许更合适。而且德雷克并没有望见海峡南岸的南设德兰群岛,没有完成对海峡的发现。另外,在此以前的1526年2月,西班牙船长奥塞斯也曾航达火地岛以南,发现了火地岛南端和以南的海洋。[6]只是由于奥塞斯4月后便失事遇难,人们对奥塞斯的发现便很少注意。所以德雷克应是重新发现和推进发现了火地岛和德雷克海峡。

金鹿号挺过风暴后仍按计划向北航行,11月底,进泊南纬43度一带的奇洛埃岛。岛上的印第安—阿劳堪人系不堪忍受西班牙人的暴行从大陆逃来的,他们因而仇视欧洲白人。当德雷克带人上岸时,他们撵走了英国人,并打死了其中的两个。德雷克只得离开此地,继续北上,在奇洛埃以北的智利海岸,英国人则受到印第安人的友好接待,并得到一位领水员的帮助,于是他们顺利到达了南纬33度的瓦尔帕莱索港口城市。可是那两艘失散的英国船并未按约来此会合(一艘回国,一艘失事)。英国海盗大肆抢劫了这座西班牙移民城市,并夺取了一艘泊在港中的载着酒和黄金的西班牙船。[7]

德雷克继续向北航行,并通过实地探察"割去了"西班牙人在地图上向西多画出的10万平方公里的智利西海岸土地,因为这些土地实际上并不存在,或者是西班牙人故意这样画的。这样他便取得了远航以来的第二项地理发现。德雷克航行之后,南美洲的轮廓在欧洲出版的地图上便与今天人们在地图上所看到的差不多了。此后,英国人在南纬27.5度的拜雅—萨拉大(Баия-Салада)港湾停留了一个月,维修船舶,等候失散的同伴。[8]

金鹿号驶过南回归线后,抢劫了一些西属港口。其中在卡亚俄港(今秘鲁利马)的一次干得最得意。港里停有30艘西班牙船,其中几艘是军舰。德雷克竟把金鹿号开进港湾,在敌船中蒙混了一夜,并刺探到明天有船要驶往巴拿马。第二天早上金鹿号出港,追上这样一艘西班牙船。经过接舷跳帮战斗后占领了该船,缴获了许多宝石,13箱银币,80磅黄金和26袋银锭。

在美洲西海岸频频得手的金鹿号可以返航,"满载而归"了。德雷克推测,原路返回十分危险,损失惨重的西班牙人很可能在麦哲伦海峡一带等候着他(事实上也的确如此)。于是这个惯于冒险的冒险家决定探一次险,北上穿越西北通道,环绕美洲大陆,东渡大西洋回国。尽管此时欧亚之间的东北通道尚未打通并暂时也打通不了,但英国、西欧的一些人认为已经开通或接近开通了。德雷克认为自己要做的工作便是沿着美洲西海岸北上找到西北通道的西部入口,即推测中的阿尼安海峡,这样使可进入北方洋,绕过北美回到大西洋了。德雷克从反方向探索西北航路的设想和实践在探险史上也有一定的意义。金鹿号于是沿美洲太平洋海岸北上,沿途又在尼加拉瓜、墨西哥海岸外抢劫了西班牙人几次,其中包括大贵族唐·札拉特的财物。到达北纬42度后,下起了大雪,天气越来越冷,船上滴水成冰,风暴迭起,到处大雾弥漫。随船牧师弗莱彻写道:"这个时节正值6月和7月间,……海岸线一直向西北偏移,似乎朝着与亚洲大陆相接的地方延伸。……我们在任何地方都没有见到有海峡的迹象……这时,我们决定返回温带的纬度线上，因为我们现在置身于48度线附近。"[9]这就是说，德雷克他们已到达了今加拿大温哥华地区。

6月中旬，英国人又南下回到了北纬38度一带的圣弗朗西斯科(旧金山)湾。他们在这里停泊和休整，并在岸上建了一个营地。英国人和当地加利福尼亚印第安人友好相处、互赠了礼物。得到了补给。双方还达成共识和协议，当地居民和土地归附英国。德雷克把这一带取名为新阿尔彼荣之地。他的同伴弗莱彻描绘解释说："……德雷克代表女王拿起(印第安人的)王笏和花环，也就一起接受了全部该地区的政权，并称它为'新阿尔彼荣'。取这个地名有两个原因：此地沿岸的岩石呈白色；希望把该地区与我们的祖国联系起来，她古时也曾如此称呼过。"[10]德雷克一行还在岸边建造了纪念性和主权性的石柱，上面镶了一块铜牌，铜牌上刻着伊丽莎白和德雷克的名字，女王的头像和王徽，英国人到此的日期和当地土著志愿服从女王统治的字样。[11]20世纪30年代发现了这块铜牌。[12](见图10-1)

7月中旬，德雷克离开新阿尔彼荣之地，决定横渡太平洋前往摩鹿加(马鲁古)群岛，环球航行回国。60多天后的9月底，他们看到了陆地的影子，可能是加罗林帛琉(帕劳)群岛的一个岛屿。但由于逆风的阻拦，他们直到11月初才航行到摩鹿加群岛。所以这次横渡太平洋也耗时三个多月。英国人停泊在德那底岛，得到了与葡萄牙人敌对的当地人的补给，并购买了几吨香料，主要是丁香。以后他们在苏拉威西岛以南的一个无人小岛休整了一个月。此后，金鹿号在苏拉威西岛、爪哇岛一带的印尼海域和海岛漂泊游荡了一个多月，并尽量避免与葡萄牙人遭遇。以后他们离开爪哇岛横渡印度洋直奔好望角。金鹿号于1580年6月中旬绕过好望角,8月中旬越过北回归线,最后于9月下旬回到普利茅斯港。这样,金鹿号和56名幸存者在离开英国后经历了2年零10个月的漫长航行,[13]完成了世界史上第二次环球航行。金鹿号载回了满船的金银、财宝和香料。估计价值为50万英镑,等于王室一年的收入。女王亲自登舰祝贺,下令把金鹿号保存起来作为永久的纪念,并封德雷克为爵士。[14]

德雷克的铜牌

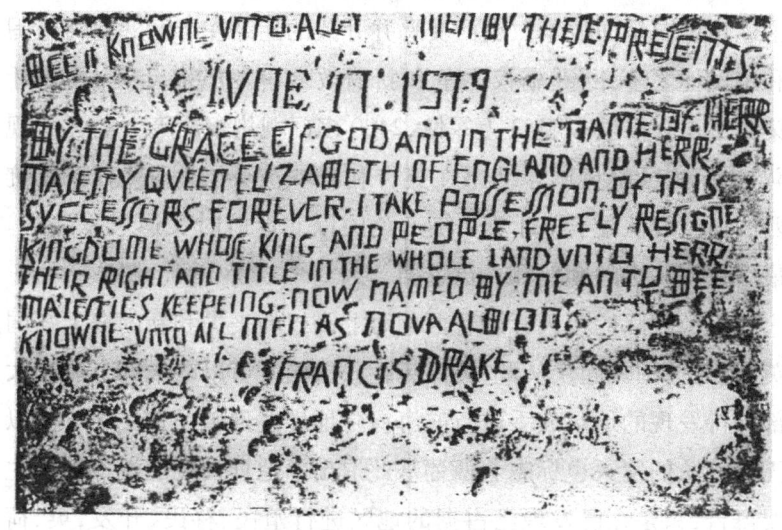

图10-1

资料来源:取自S. E. Morison:European Discovery of America, the southern voyages, 1492—1616, New York, 1974, p. 688. 现存加利福尼亚大学伯克利分校班克罗夫特图书馆。

德雷克的环球航行在地理发现史、航海史和探险史上的意义在于:他自始至终指挥完成了环球航行;他们发现了火地岛和德雷克海峡;他们一口气考察了从火地岛到温哥华的长达数万公里的新大陆西部海岸线,这些海岸线大部分是已发现过的,小部分是新发现的(如加拿大西海岸),一部分则被他们修正落实了(如智利西海岸)。这样,新大陆西海岸从南纬56度起到北纬48度止,共达104个纬度的海岸线都被比较正确地绘制在地图上了。新大陆西海岸最北达到北纬71度,按直线跨度算,82%的海岸线就被发现和认识了。另外,德雷克环球航行还带回了一些关于印第安人的民族志、历史志等珍贵资料。

德雷克环球航行后英西关系急剧恶化,双方的敌对从海盗游击逐步走向全面战争。英西交恶并开战的症结在于海外势力范围和殖民地之争,欧洲霸权之争和新旧教之争。1588年夏,西班牙集结了130多艘军舰,3万军队,2400多门舰炮组成庞大的无敌舰队,出航去征服英国。结果在英吉利海峡被英国舰队(有正在抗西的荷兰舰队配合)打败。绕道英国以北返航时又遭风暴袭击。最后只有一半的舰船和人员逃回。[15]

无敌舰队的覆灭标志着西葡海上霸权的丧失和新的海上强国英国、荷兰的崛起。从此,英国、荷兰、法国等可以在大部分海洋大部分待发现的地区放手进行航海探险地理发现殖民移民了。所以无敌舰队的覆灭也标志着西葡从此退出了地理发现航海探险的主要舞台,只是在已发现已占据的地区进行殖民、移民、开发,英、荷则跃为地理发现航海探险的新的主角。

第二节 对加拿大北极群岛、戴维斯海峡和哈得孙湾的发现

一、弗罗比歇的三次探险和地理概念

16世纪70年代,在卡博特父子探寻西北通道后大半个世纪,

英国人又开始探寻从大西洋到太平洋的西北通道,以便绕过北美大陆或从海上、从某条海峡穿过北美大陆到达中国。这是因为推测设想中的这条航路比绕过南非的葡萄牙航路和绕过南美的西班牙航路都近得多,又不受西、葡控制威胁。比之更近的去中国的拟议中的东北通道,经过威洛比、钱瑟勒和后来巴伦支等人的探寻看来也很不容易开辟。而且沿途发现大片无主陆地的希望很小,因为西欧人所抵达的北欧大陆沿岸、后来抵达的北亚大陆西边沿岸都有俄国人居住和活动。还有,此时在地理学上、探险实践中已确定了新大陆美洲、新大洋太平洋。比之卡博特时期,开辟西北新航路似乎更多了科学性和现实性,少了盲目性和想像性。所以,尽管英国人已向西、葡的西南航路和东南航路渗透,但仍把开辟西北航路提上日程,付诸实践。60年代起,英国有一些人又开始鼓吹和论证开辟西北航路。1566年,吉尔伯特勋爵写了一本题为《论发现去契丹的新通道》的小册子。它先以手抄本流行,10年后正式印刷出版,[16]很有影响。吉尔伯特用已知的海洋、海流、民族志、动物学资料论证,北美洲北部是海洋,北美西北部与亚洲东北部隔开,西北航路必然存在。[17]

重新探寻西北航路的第一人是著名海盗马丁·弗罗比歇(1539?—1594)。他的资助人是一些官员和商人,其中最主要的是洛克家族(Lok),他们为他装备了3艘排水量20—25吨的多桅小帆船,估计召集了几十个人。1576年6月,弗罗比歇船队绕过了苏格兰。7月11日他们看到了北纬61度一线的格陵兰南端海岸。就在这一带,一艘船连同船员不幸沉没,另一艘船畏葸脱逃。这次探险航行似乎要夭折了,但弗罗比歇和他坐镇的加布利尔号上的约23名船员仍坚定不移地前进。8月20日,他们在北纬63

度处发现一个较窄很凹入的海湾。弗罗比歇把这个海湾认作他渴望已久的西北通道的关键海峡,并与麦哲伦攀比把它取名为弗罗比歇海峡。[18]他还沿这条"海峡"朝西北方向前进了50多海里。弗罗比歇发现的海峡实际上是巴芬岛东南半岛东南部的弗罗比歇湾,西北方向长240公里,东南方向宽32—72公里。

在这条"海峡"里,弗罗比歇遇到了一些黄种人。他描绘说:"这些人很像鞑靼人,头上留着长长的黑发,宽宽的脸庞,扁平的鼻子。不论是男人或女人,身上穿的都是海豹皮,而且式样和大小几乎相同。这些人的小船也是用海豹皮制成的,船骨是木制的,外面包着一层海豹皮。"[19]这是欧洲人与爱斯基摩人第一次相遇所留下的印象。探险者们登上了陆岸,找到一种呈黑色闪金光的石块,弗罗比歇认为这是金矿石。爱斯基摩人与英国人进行了不通话的实物交换。一次,5名船员乘一艘小艇去搞实物交换,结果全部失踪,有的英国史家认为是被土人俘虏了。由于失踪事件,秋天又即将来临和已取得重大的发现成果,弗罗比歇决定返航。弗罗比歇带上一个爱斯基摩人,于8月底返航,10月初驶进泰晤士河。

伦敦很快成立了一个以迈克尔·洛克为首的"中国公司",[20]伊丽莎白女王也是入股人。女王授予弗罗比歇的头衔是"在中国发现的一切海洋、湖泊、陆地、海岛、国家和地区的元帅。"[21]女王还拨公款装备了一艘排水量200吨的中型船。它与首航的功勋船、脱逃的那艘船组成新的船队,乘员约140人。探险队的计划和目的是:大船载满金矿石后立即返航;弗罗比歇率两艘小型船继续探航西北航路,直达中国。在不得已的情况下,也应尽量向西航进,进入太平洋。

1577年7月中旬,弗罗比歇到达巴芬岛东南半岛东南部后,或者由于浮冰阻拦,或者由于他满足于当地丰富的"金矿石",没有对"海峡"进一步探察,而是给大小船只装满"金矿石"后便返航了。9月下旬,探险开发队满载而归。当国王的学术顾问们宣布这些矿石确实含有许多黄金、走弗罗比歇海峡能够直达中国后,黄金热席卷了全国,达到了最高潮。

次年,英国又组成了有15艘大小船只的船队,由弗罗比歇指挥去探险和开发。这是英国迄当时为止派出的最大的远洋船队。预定的任务是:在弗罗比歇海峡附近建一个要塞,防止别的海洋列强染指新发现的黄金之地;开采金矿石;用小型船打通西北通道,航行到中国。[22] 1578年4月底,弗罗比歇率这支大船队第三次远航。

6月初,一艘大船在"海峡"入口遇暴风雪与浮动冰山相撞沉没,所幸人员获救。船队被暴风雪卷向南方,到了今拉布拉多半岛北部的昂加瓦湾的北部边缘。这样,弗罗比歇初步发现了哈得孙海峡,还向西北前进了200百英里才折回,并认为这条海峡是去中国的更佳通道。此后,弗罗比歇率船队向东北航进,发现了雷索卢申岛等小岛,然后到达弗罗比歇湾。此时,弗罗比歇产生了一个模糊的概念,在大西洋的西北部海面,北美大陆以北存在一个巨大的群岛(的确如此,我们现在称其为加拿大北极群岛)。[23]弗罗比歇还发现,浮动冰山融化而成的水是淡水,不是咸水。由此他做出了正确的结论:冰山形成于陆地,然后滚入海洋,正像阿尔卑斯山的冰川滚入山谷一样。[24]所以他还是第一个研究冰山有成的学者。

弗罗比歇没有在"海峡"地段建立要塞、营地。他叫人给全部船只装满"金矿石",于8月31日返航。启程第二天又遇到风暴,船队被吹得七零八落,单个地、三三两两地回到英国各港。但英国和欧洲的矿冶家并没有从载回的金矿石中炼出一粒黄金,弗罗比歇的探险没有达到预期的目的。发起探险的中国公司也倒闭了,董事长洛克因负债而入狱。人们后来也意识到,弗罗比歇海峡不过是弗罗比歇海湾。此后,弗罗比歇不再从事探险发现,而转入反西海盗活动和反西战争。后死于攻打法国不列斯特城的战役。

弗罗比歇的主要发现成就有:开始了对巨大的巴芬岛的发现进程;发现了弗罗比歇湾;初步发现了昂加瓦湾和哈得孙海峡;发现了拉布拉多半岛的部分北部海岸;发现了一些小岛;开始了对浮动冰山的研究;第一次报道了爱斯基摩人。

弗罗比歇的发现和地理概念

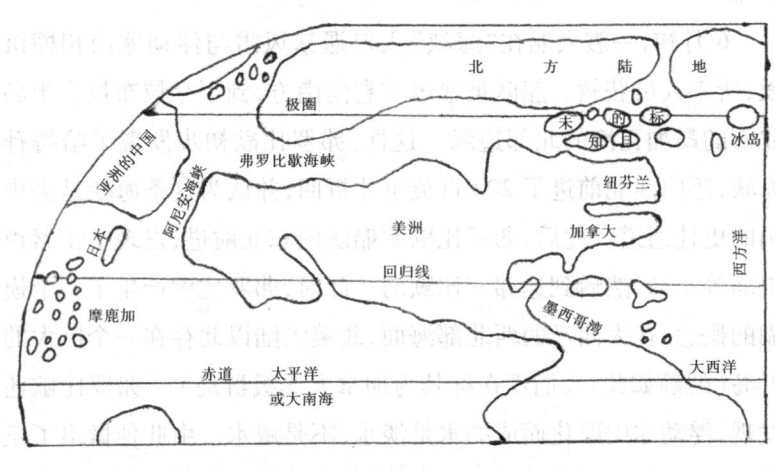

图 10-2

资料来源:原图为英国地图家贝斯特 1578 年绘制的椭圆形木刻世界地图,载斯克尔顿《探险家的地图》(伦敦 1955 年版)第 103 页。这里系局部放大图,原载《地理发现史纲》第 2 卷第 303 页。"未知的目标"群岛实际上是巴芬岛的东南半岛;冰岛以北属于"北方陆地"的那个大岛,参照比尔 1577 年绘制的"西北通道图"(载《探险家的地图》第 120 页),是指格陵兰岛。

二、戴维斯的三次探险和发现

尽管弗罗比歇的探航没有成功,但寻找西北航路的夙愿仍萦绕在英国人的心头。1583年,英国德文郡达特茅斯港的航海家约翰·戴维斯(1550—1605)向女王的首席秘书沃尔辛厄姆提出了新的探航计划。[25]两年后沃尔辛厄姆和一些伦敦商人出资购置了两艘排水量约35—50吨的船只,集合了42名船员,由戴维斯率领去"发现通往印度的海上通道"。

1585年7月下半月,戴维斯探险队航行到格陵兰东南海岸,但他以为这里是另外一个新岛。他们沿格陵兰海岸向西南航行,绕过了格陵兰南端,又沿海岸西北上,到达了今戈特霍布港。英国人在那里遇到了一些爱斯基摩人,双方进行了不通语言的实物交换。8月初,海上没有浮冰,船队离开港湾,向西北前进了约600公里。这样他们斜着渡过了戴维斯海峡,到达了北极圈线(66.5度)上的巴芬岛东半岛东岸。[26]他们沿弯曲的海岸南下,发现和驶进了坎伯兰湾。这是一个比弗罗比歇湾更靠北、同样向西北凹入,长宽各多1/3的海湾。戴维斯进湾后向西北前进了近200公里,仍没有尽头,便以为找到了西北通道上的关键海峡了。于是他们急忙回英国报喜了。9月30日他们回到英国。

1586年5月,戴维斯率4艘船又来到戈特霍布港湾,然后斜渡戴维斯海峡向对岸北纬67度一带的巴芬岛海岸航进。由于浮冰阻挠,他们没能更深入戴维斯海峡。浓雾弥漫,浮冰麇集。一些船员啧有烦言。戴维斯因此先后打发了两艘船回去。8月初,他们终于抵达了北极圈一线(66.5度)的巴芬岛东岸。他们沿海岸向南探航,先后(再次)发现了哈得孙海峡入口,拉布拉多半岛东北端。戴维斯沿拉布拉多东海岸继续南下,在北纬54度15分处又发现一个很窄很凹入的海湾（加弥尔顿湾，Гамильтон）。[27] 9 月份了,秋凉了,加上又死了两个人,戴维斯决定返航,10 月中旬回到英国。探险队还随船带回了满船的鳕鱼和 500 张海豹皮。

于是英国商人们再次装备了一支有三艘船的探险队,请戴维斯再次率队探航,并捕鲸猎豹,获取鲸油和海豹皮。1587 年夏天,戴维斯第三次来到格陵兰西南岸的戈特霍布港湾。他让两艘大些的船在那一带捕鲸猎豹,自己率一艘小些的船沿格陵海岸和戴维斯海峡寻找西北通道。戴维斯一口气向北前进了 700 多英里,深入了巴芬湾,到达了北纬 73 度。[28] 在这里他发现向北和向西都是海域。但浮冰、冰层和逆风阻挡了他继续北上。他只得折向西南,横渡了巴芬湾,于 7 月中旬到达巴芬岛北海岸。他沿巴芬岛东岸南下,后来到了他曾来到的坎伯兰湾。他进湾向西北方向航进了两天,直到确定在那里找不到去东方洋的入口。戴维斯继续沿海岸南下,探察了巴芬岛东南半岛的霍尔半岛（Холл）,经过了哈得孙海峡入口,探察了直到北纬 52 度的几乎全部拉布拉多大西洋海岸。[29] 9 月中旬,戴维斯回到英国。

资助者们谢绝了戴维斯第四次探航西北通道的请求。他随即参加了 1588 年的英西大海战,以后到西印度航行过多次。1592 年 8 月,戴维斯最先发现了今英阿争议的福克兰（马尔维纳斯）群岛。[30] 1605 年 12 月戴维斯在东方被日本海盗所杀。

戴维斯在探寻西北航路方面的主要地理发现成就有:发现了戴维斯海峡;发现了格陵兰至北纬 72 度的西海岸;发现了北纬 72 度以下的巴芬岛东海岸和北纬 52 度以上的拉布拉多东海岸（其中一部分属重新发现或考察）;发现了坎伯兰湾、加弥尔顿湾、霍尔半岛;发现了一些小岛;进入巴芬湾达四个纬度,初步发现了巴芬湾;深入到北纬73度,这是迄他为止在西北通道方向到达的最北点。

三、哈得孙的探险和遇害

戴维斯探航20年后,1607年春,英国莫斯科公司的商人们准备了一艘排水量约80吨的帆船好望号,组织了12名船员,由亨利·哈得孙指挥,又去探寻西北通道。但新的探航计划有所调整,即穿越北极,直达日本和中国。传统的地理理论认为,地球上的冷暖主要由距太阳的远近决定。但当时有一些人提出,山顶比山谷更接近太阳,但山顶却冷得多。所以极地不一定因比赤道远离太阳就很冷。也许向北一旦穿过冰盖,海洋就会变得温暖,极点本身很可能热些。[31]在这种理论的影响下,在探寻东北通道西北通道时,便一再有向北穿越北极的冒险尝试。

1607年5月1日,哈得孙从布里斯托尔启航。6月,他们到达了北极圈以北不远的格陵兰东南海岸。这次哈得孙没像以往的探险者那样西去,而是按计划沿格陵兰东海岸北上。到达北纬73度后,由于浮冰阻拦,他转向东北,6月底,他看见了西斯匹次卑尔根岛。他想从北面绕过该岛,7月中旬到达北纬80度23分。[32]这是有史以来探险者航海者到达的最北点。哈得孙在此遇到了不可逾越的冰层,只得掉头返回。途中在北纬71度附近发现一个孤零零的小岛,即4年后被荷兰探险者杨马延再次发现的杨马延岛。但有人认为它早在15世纪就被发现了。[33]9月中旬,哈得孙回到了伦敦。

哈得孙的首次探航发现了格陵兰东海岸从北纬67度到73度的上千公里的海岸线,发现了一些小岛,发现了冰岛和格陵兰之间的丹麦海峡;到达了北纬80°23′。这个记录比巴伦支还北上了约半个纬度,保持了许多年都没被打破;发现了北冰洋海区的一块即今天的格陵兰海有大量巨鲸海兽水产资源。英国、荷兰的渔猎手们旋即接踵前往。

次年,莫斯科公司又派哈得孙率原船原班人马去探寻东北航路。4月下旬他驶出了泰晤士河。他先想到达斯匹次卑尔根东海岸,但被浮冰和逆风挡回。6月下旬他到达新地岛西南海岸。但他无法从北面绕过新地岛,又无法穿过喀拉海峡驶进喀拉海(皆因浮冰阻拦)。结果他两手空空于8月下旬回到英国。

伦敦的商人们因哈得孙屡不成功而不再重用他。哈得孙便转而为新成立的(1602年)荷兰东印度公司服务。1609年3月下旬,哈得孙率一艘船驶出了须德海艾瑟尔湖。他绕过诺尔辰角后在北纬72度附近驶进巴伦支海。在这里他们遇到浮冰的阻拦,只得退向西南,行进中又遭到一场大风暴的袭击。他临时决定索性渡过大西洋,采纳英国弗吉尼亚殖民地的开拓者史密斯的建议,去北纬40度一带的北美东海岸寻找西北通道。他平息了荷、英船员间的争论,说服大家同意了他的新计划。他们于是斜渡过大西洋来到北纬44度的北美海岸。哈得孙先沿岸南下仔细探察到北纬36度处。然后又北上沿海岸仔细探察。1609年9月2日,他们驶进了维拉察诺首先发现的北纬40.5度的哈得孙河。哈得孙在三周里溯河而上了240公里,但仍没有找到西北通道。哈得孙只好退出大河返航。

第二年英国东印度公司和莫斯科公司共同发起了对西北通道的新探索。它们重新起用了哈得孙,给他提供了一艘排水量55吨的发现号帆船,派出了23名船员。1610年4月17日,哈得孙驶出了伦敦港。这次他们接受了英国探险家魏茅斯的建议,到北美东海岸北纬62度一带寻找海峡和通道。发现号先到达冰岛,接着到达格陵兰南端。发现号继续西行,然后转南,到达拉布拉多半岛昂加瓦湾以东的小半岛。7月5日,他们终于在北纬62度处驶进了一条真正的海峡(哈得孙海峡)。7月11日,他们遭到风暴袭击,偏向南边,这样再次发现了昂加瓦湾。[34]此后他们继续西进,完成了对拉布拉多半岛整个北部海岸的发现。

8月2日,哈得孙在北纬63度23分发现一个海角(实际是索尔斯贝里岛)。次日他们绕过"海角"向南进入一片辽阔平静的海洋,海上没有浮冰,可以自由航行。这样哈得孙完成了对哈得孙海峡的发现,初步发现了巨大的哈得孙湾。哈得孙沿海湾东岸、拉布拉多西岸南下,而没有大胆地西渡,他以为这片海洋一定会把他们引向大南海——太平洋。他们航行了几个星期,前进了1200多公里,最后于9月底到了哈得孙湾的最南部詹姆斯湾。[35]发现号在海湾沿岸继续探察。11月初,在北纬53度的詹姆斯湾南岸附近,船被冰块包围了。水手们只得把船只拖上岸就地越冬,并猎捕鸟类补贴生活。寒带艰苦的漫长的越冬生活使许多水手怨恨他们的船长。

第二年夏季,即1611年6月中旬,冰层变成了浮冰,可以开航了。人们把船拖进水里,开始向西北航行。但一星期后,因各种原因,极度不满的水手于6月22日掀起了暴乱。为首者是格林和朱叶特。他们把哈得孙父子和忠于他的另外8个人(其中一些是病号)赶到一条小船上,不留给养和武器,自己返航。但那两个为首分子和其他几个主要分子很快死于同爱斯基摩人的冲突之中。1611年秋季,发现号回到英国,生还者只有9人。哈得孙等10人则永远失踪了。

亨利·哈得孙连续进行的四次远航探险,三次探寻西北航路,两次探寻东北通道,三次进入北极圈,扬帆畅行于大西、北冰两大洋。他发现了格陵兰岛东岸上千公里的海岸线;发现了丹麦海峡;完成发现了拉布拉多半岛北岸、哈得孙海峡;初步发现了哈得孙湾;完成发现了哈得孙湾东岸(拉布拉多西岸);深入考察了哈得孙河,发现了许多海岛和海湾。他的探险和发现奠定了荷兰人移民哈得孙河流域的基础,为英国人提供了对大部分加拿大的宗主权要求的理由。历史和后人给了哈得孙巨大的荣誉。由维拉察诺首先发现,由哈得孙上溯探察的那条北美大河后来被称为哈得孙河;由哈得孙完成发现并首先通过的那条中型海峡后来被命名为哈得孙海峡;由哈得孙初步发现并深入探察的那个巨大海湾(面积达120万平方公里)被叫作哈得孙湾。在地理大发现时代的众多航海家、探险家、发现者、地理学家中,他在这方面享有的殊荣仅次于维斯普奇·亚美利哥,与哥伦布等同。

第三节 完成对哈得孙湾、巴芬湾和格陵兰西海岸的发现

一、英国人继续探寻西北航路

哈得孙最后一次探险的幸存者刚一回到英国,英国就成立了一个"伦敦商人探寻西北通道公司"。[36]公司的股东们认为,从哈得孙的西海(哈得孙湾)到东亚不会太远,英国人很快就能够与中国、日本、美洲太平洋沿岸的国家、甚至与所罗门群岛(于1567年被西班牙航海者内拉发现)展开商业贸易。于是他们装备了两艘船,其中一艘是哈得孙用过的发现号,任命托马斯·巴顿(?—

1634）为指挥。他们同时也想寻找哈得孙等人。

1612年夏季,巴顿探险队穿过了哈得孙海峡。他们先发现了较小的雷索柳申岛,后发现了较大的南安普顿岛。[37]然后南下进入哈得孙湾,向西南前进,并认为这是前往中国之路。但在北纬60度40分处,他们发现了向南的海岸,只得南下。在北纬57度处,巴顿发现了注入哈得孙湾的纳尔逊河。[38]秋凉了,巴顿只得在这里越冬。由于坏血病的蔓延,死了不少人。因为人手不够,他们只得抛弃了一艘船。6月份,湾里解冻了,巴顿启程返航。他们沿哈得孙湾西岸北上,在纳尔逊河河口以北不太远处发现丘吉尔河河口。[39]后来又在北纬63度处发现了哈得孙湾的另一个出入口,南安普顿岛和大陆之间的罗斯·韦尔克姆海峡。但巴顿已感到灰心,他只前进到北纬65度,远没有穿出该海峡,便走原路返航了。9月下旬他们回到英国。巴顿这次探航发现了纳尔逊河以北的哈得孙湾西岸,后来,丘吉尔河河口一带的海湾也被称为巴顿湾,但他没有带回一点关于哈得孙等人的消息。

1615年夏天,西北通道公司又派出发现号去探寻西北航路。这次船长是罗伯特·拜洛特。他至少参加过哈得孙的第四次远航,并在叛乱首要分子死后,领导残存者驾船回到英国。他的领航员—主舵手是既年青、又有经验的威廉·巴芬(1584—1622)。5月30日,他们在雷索柳申岛停靠。但他们没有转南进湾,而是继续向西北航行,这样又发现了几个小岛。7月10日,他们看到了较大的南安普顿岛。他们沿该岛西北岸西行,到达了梅尔维尔半岛南岸。发现号在这里受到浮冰阻拦,于是掉头返航,9月上旬回到英国。这样,他们发现和穿过了福克斯海峡,初步发现了南安普顿岛北岸和梅尔维尔半岛南岸。

343

第二年,即1616年5月,拜洛特和巴芬又率发现号和17个人去探寻西北通道。这次他们调整航线,沿戴维斯海峡东岸(格陵兰西岸)北上,先后发现了格陵兰的梅尔维尔湾和赫依斯半岛。[40]7月8日,他们到达北纬78度45分处,即到了史密斯海峡的南部。由于浮冰太多太大,船只无法通过,发现号只得转西、再转南。他们沿巴芬湾西岸南下,先后发现经过了巨大的埃尔斯米尔岛的东南岸,浮冰麇集的琼斯海峡入口,德文岛东岸,同样多冰的兰开斯特海峡入口,巴芬岛东岸。不过,他们未曾登上巴芬岛,因为从兰开斯特海峡起,陆地沿岸就被一条陆缘冰带包围着,船舶无法靠岸。[41]发现号就这样完成了环绕巴芬湾的航行,8月底,它回到英国。巴芬还绘制带回了巴芬湾一带的比较详细和准确的地图,[42]并以探航的赞助人的名字命名了出入巴芬湾北部的那三个海峡。

拜洛特和巴芬第二次探险所取得的地理发现成就是巨大的。他们发现了格陵兰最大的边缘岛,西海岸的迪斯科岛;发现了从北纬72度到北纬77度的好几百公里的格陵兰西海岸,包括梅尔维尔湾和赫依斯半岛;完成发现了比波罗的海还要大的巴芬湾(69万平方公里);初步发现了史密斯海峡、巨大的埃尔斯米尔半岛(19.6万平方公里);开始发现了琼斯海峡、德文岛、兰开斯特海峡、拜洛特岛(19世纪时始发现它是与巴芬岛隔开的大岛)、巴芬岛的一部分东北海岸。他们在西北通道方面向北挺进到78度45分,比他们的先驱戴维斯又提高了5个纬度。这个纪录一直保持了两个多世纪。

巴芬因这次探险发现获得了很大的荣誉,巨大的巴芬湾和巴芬岛(51万平方公里)都以他的名字命名,只有一个中型岛以拜洛特的名字命名。为什么巴芬能在此次探航中获得如此大的荣誉?

苏联史家认为与他有学问，能言善辩，会写作有关；英国地理学家认为是拜洛特在探航中有逃跑叛乱的倾向所致；我认为还与巴芬绘制了巴芬湾沿岸的详细准确的地图有联系。但封闭极地西北通道的错误也得归咎于巴芬。他在给一个资助人的信中说："在戴维斯海峡的北部水域既没有通道可言，也没有找到通道的任何希望。"[43]人们对他的结论信以为真。结果，伦敦商人探寻西北通道公司关闭了。不过，巴芬也建议从日本出发向东探寻西北航路，发展和推进德雷克曾尝试过的做法。可惜没人响应。巴芬后来死于同伊朗结盟打击葡萄牙人的战争，1622年死时仅38岁。

1631年，英国人再次沿传统方向探寻西北通道。布里斯托尔的商人请托马斯·詹姆斯指挥他们提供的根利耶塔·玛丽娅号；伦敦的商人和查理一世国王则任命卢克·福克斯领导他们资助的70吨的金戈·奇尔斯号。福克斯对这次探险充满了信心，行前还与东印度公司签订了一项向它提供胡椒的合同，[44]查理一世还交给他几封致日本天皇的信。两艘船都于1631年5月上旬分别从布里斯托尔和伦敦驶出，各奔北美。

1631年7月底，福克斯航行到哈得孙湾。他进一步探察了罗斯—韦尔克姆海峡，确定了南安普顿是个较大的岛，发现了哈得孙湾西岸边的小岛马布尔岛（大理石岛），发现了纳尔逊河以东、詹姆斯湾以西的哈得孙湾南海岸，并在这一带的西经83度处与詹姆斯相遇。这样，福克斯得出了在哈得孙湾西岸没有西北通道的结论。福克斯从詹姆斯湾的西部边缘处北上，纵行贯穿了哈得孙湾。出湾后他继续北上，横渡过福克斯海峡，发现了巴芬岛的西南凸出角福克斯半岛。接着他进入了福克斯湾，9月22日他到达北纬66度35分，即到了北极圈上，福克斯湾的近一半处。福克斯从这里返航,10月底回到英国。1635年他去世前出版了他的探险游记《来自西北的福克斯》。[45]

7月中旬,詹姆斯先来到哈得孙湾。进湾后他先向西南前进,到达了丘吉尔河河口,然后沿海岸先南下,再东下,率先发现了哈得孙湾南海岸。与福克斯分手后,詹姆斯继续东行,不久发现海岸急转南下,便以船名把这个转角命名为根利耶塔·玛丽娅角。[46]他沿海岸驶入了詹姆斯湾,发现了它的全部西海岸和最南端,发现了湾内的阿基米斯基岛,最南部的查尔敦岛和注入湾内的奥尔巴尼河等河流。[47]詹姆斯恋于探航,错过了返航的通航期,只得在查尔敦岛越冬,因此而损失了一些人员。不过在越冬期间的陆上考察探险中,他们在这一带发现了一所房屋的废墟。从各种迹象判断,它极可能是20年前失踪的哈得孙等人所建造的。[48]1632年10月22日,詹姆斯一行回到了布里斯托尔。在巴顿、福克斯和詹姆斯的探险考察后,哈得孙湾的全部海岸线,湾内全部岛屿和注入湾内的大河,就都被发现了并标入了地图。加上拜洛特和巴芬两次探险发现的结果,西北航路看来就只可能在北极圈内尚未被深入探察过的福克斯湾沿岸寻找了。

二、发现西北通道小结

英国人一面在北美洲适宜居住的今美国地区积极殖民移民,建立殖民地新英格兰(广义),一面在寒带地区积极探索西北通道。由于16世纪70年代至17世纪30年代对西北通道的探寻,发现了北美东北部的哈得孙湾地区,格陵兰西部地区,世界第二大群岛、仅次于马来—南洋群岛的加拿大北极群岛的近一半地区,从而取得了重大的地理发现成果,并接触到了新的种族、民族集团——爱斯基摩人。开辟西北通道的一半活动是在北极圈内进行,这样便大大发展了推进了远洋航行探险的第四阶段,(近岸远洋航行、跨洋远洋航行、环球航行)极地冰海航行探险。在寻找西北通道的探险中,许多人罹难,其死亡率比同时期在温带、热带地区的航行探险高得多,所以寒带冰海航行探险是最危险最艰难的航海探险,而且西北通道方面的极地冰海航行探险与寻找东北通道还有所不同,它远离探险者的祖国远离文明地区,不能就近得到支援。因而探寻西北航路方向的极地冰海航行探险是整个地理大发现时代最艰难最危险最困苦的,也是最能体现人的坚韧不拔、好奇冒险精神的。

在探寻西北航路的新阶段中,英国人充当了绝对的主角,这多少显示了英国实力的增长和资本主义的发展。尽管西欧人(葡萄牙人)已于1498年、1514年和1543年从海上抵达了印度、中国和日本,但探索西北航路的重要的直接的动因仍是想走捷径到达中国、日本、印度,可见中国等亚洲文明国家仍是吸引西欧航海家、探险家从事探险和地理发现的磁铁和引力场。探寻西北通道的出资者有君主、政府、官员、公司、商人等,这进一步说明航海探险发现具有越来越广泛的社会参与。在探寻西北航路的过程中,英国人对所遇到的爱斯基摩人是比较友好的,这多少说明民族的不同(盎格鲁·撒克逊人与伊比利亚人),时代的不同,社会发展的阶段不同等。虽然在探寻西北通道时所发现的大片地区并没有带来什么经济收益,没有什么贵重的值钱的资源(除了一点渔业),也因严寒不适合移民定居开发。但探航仍前仆后继地进行,这样的探航便已具有较多的探险性、求知性和科学考察性。

在此之后,探寻西北通道、开辟西北航路的航行探险停止了。停止的原因我认为在于:在西北通道的各个前进方向的海峡、海洋被浮冰、冰山、冰层阻拦,难以或无法通过。即便开辟西北航路成功,也至少得在极地越一次冬。而越冬将导致人员的损失(坏血病是最大的威胁),行期大大延长,耗费太大,从而使预想中的航路没有了商业价值。所以实践证明,就当时的技术条件和生产力水平来说,要开辟西北航路是不可能的。加之英国于17世纪上半叶已夺取了部分海上霸权,走西班牙、葡萄牙航路去东方不再惧怕谁。于是便停止了探索西北航路。荷兰、法国鉴于英国人的经验、教训和实践结果,也停止了探寻西北航路,而感兴趣于在已发现的北美温带地区拓殖。

两个世纪后的19世纪,西方又开始了西北航路的探寻。这个时候探寻除了仍具有探险性质外,还有较大的科学考察性和一定的体育竞赛性。19世纪时科学技术和生产力已有了极大的发展和质的提高,但极地冰海航行探险仍十分危险和艰苦。其中最大的悲剧是1845年英国探险家约翰·富兰克林率领的两艘蒸汽船129人全军覆没,无一生还。寻找富兰克林的一艘蒸汽船在英国探险家麦克卢尔率领下,从太平洋、北冰洋东向进入加拿大北极群岛,但有三个冬天被困在冰天雪地里。后来他们弃船乘冰雪橇继续向东穿过陆地和封冻的海洋,有幸碰到了从大西洋方面前来救援的船,最后于1854年回到英国。这样,英国人首次完成了海、陆、冰结合的从西向东穿越西北通道之行。直到1903—1906年,挪威极地探险家阿蒙森才乘47吨的约阿号汽船,率6个人,完成了从大西洋到太平洋,绕过北美大陆,穿越西北航路的航行。阿蒙森的航线是:戴维斯海峡→巴芬湾→兰开斯特海峡→摄政王湾→萨默塞特岛和布西亚半岛之间的海峡→维多利亚海峡→约阿湾(港)→莫德王后湾→迪斯海峡→加冕湾→海豚和联盟海峡→阿蒙森湾→北冰洋→白令海峡。[49]这时距卡博特首探西北航路已过去了400余年。第一个在单个夏季里穿越西北航路的人是加拿大山地警察亨利·拉森。他于1944年率7个人乘摩托艇圣诺克号从东到西穿越了西北航路。第二次世界大战后,美国、加拿大政府在西北航路沿线建立了一些气象站、水文站、通讯站、考察站、航标、港坞、军用远程预警雷达站等,西北航路才有了非常有限的航运。

第四节 17世纪上半叶法国人发现大湖区和北美腹地

一、钱姆普林等的发现和殖民

在钱姆普林以前,法国人对北美的殖民都归于失败(因坏血病、天寒地冻等)。钱姆普林开始了法国人在加拿大的长期定居,并以移民点为依托开始了对北美腹地、特别是大湖区的发现。

钱姆普林1567年生于拉罗谢尔附近的一个航海世家。他是天主教徒,但对新教宽容。他早年在亨利四世麾下参加过反对天主教同盟的战争,后到西属美洲旅行过。他最早提出了开凿巴拿马运河的设想。回国后产生了创建法属美洲的宏愿。在这期间,垄断加拿大毛皮生意的商人曾派旁特格拉维于1600年去塔窦沙克(萨古恩来河注入圣劳伦斯河之处)开辟殖民地,但严寒和坏血病使移民们于第二年春被迫返回法国。1603年,钱姆普林随旁特格拉维又来到塔窦沙克(Tadoussac)。钱姆普林与当地印第安蒙塔格来斯人组成同盟。他率一条小船溯圣劳伦斯河而上,经过了魁北克、蒙特利尔,到达了急流险滩瀑布区。钱姆普林从这一带的印第安盟友阿尔贡金人那里了解到,西方有两个大湖,有大瀑布,再往西还有咸的大水域（Great Waters）。这实际上是指大湖区,但钱姆普林则以为大水域是太平洋。于是,他回到法国著书立说,鼓吹那里适合殖民,经加拿大的内河水系可以进入太平洋,应该在新发现的去中国的通路上建立殖民地。

1604年,钱姆普林领导了德蒙茨出资发起的胡格诺派探险队,想开辟一块宗教宽容、民主自治、辛勤工作的殖民地。他们抵达了新斯科舍,探察了芬迪湾,选中了圣十字架岛作为移民点。但在冬天里,一半的移民（约40人）死于坏血病和严寒。1605年春夏,从法国来的增援船队和补给品才解救了移民们。于是法国人把移民点迁至芬迪湾新斯科舍半岛海岸的皇家港——波特·罗雅尔（今安纳波利斯）。在皇家港殖民期间,钱姆普林倡导通过种植、捕鱼和狩猎使移民自给。但到1613年,从詹姆士敦开出的英国舰队拆除了法国移民点,把法国人赶走。

1604—1607年间,钱姆普林还多次乘船考察了北美海岸,绘制了从新斯科舍到今美国罗得岛州马撒葡萄园岛的比较详细和准确的地图。[50]

1607年,德·蒙茨从法国国王那里取得了北美毛皮贸易的垄断权,并承担了建立永久性殖民地的义务。德·蒙茨派钱姆普林带队前往。1608年春天钱姆普林率32人航行到圣劳伦斯河,7月份建起了魁北克城。这里恰好是宽阔的河口与湍急的干流的分界处。但经过第一个冬天,这里就死得只剩下9人。春夏,从法国来的补给船又给移民们解了困,这成了早期殖民加拿大的惯例。

1609年夏天,钱姆普林开始探察北美腹地,同时参与盟友阿尔贡金人对易洛魁人的军事行动。他率领好几名法国人和几十名印第安人,乘一艘大的船溯圣劳伦斯河而上,然后又沿该河南部的一条支流黎世留河逆水而上,这样就发现了该河中游的尚普兰湖(以他的名字钱姆普林命名,但英语有点变音)。[51]他考察了全湖,绘制了这一带的地图,并附上详细的说明。[52]在湖南岸他们与易洛魁人交战,打败了对方。这一小仗奠定了法国统治法属美洲的基础,也开始了法国人与易洛魁人的世仇和敌对。有些法国史家甚至认为这导致了后来法属加拿大的丧失。[53]此后他们回到圣劳伦斯河,又前进到蒙特利尔,因秋凉而返回魁北克。

以后几年钱姆普林致力于魁北克一带的法国殖民地移民点的建设和发展。1612年他被任命为新法兰西的司令(Commandant)。1613年他又探察了渥太华河,前进到今天的彭布罗克,[54]即从河口上溯了整整200英里,探察了这段未被考察过的河段。

1615年,钱姆普林进行了他一生中最重大、最著名和最有成果的探险。这一次他只带上两三个法国人和十来个印第安人,乘小船溯圣劳伦斯河、渥太华河而上。他们越过了上次探险所到达的最远点。在很多河段他们不得不从岸上把船抬过去或拖过去。这样在彭布罗克以西200多公里的上游,经渥太华河的上游马太华河,向西经过一段河网地带,钱姆普林发现了不小的尼皮辛湖。[55]接着他们顺源于该湖注入休伦湖的法兰西河而下,发现了五大连湖中间的休伦湖。在休伦湖乔治亚湾,钱姆普林失望地发现湾里的水是淡的,这说明它不是大南海——太平洋。于是他称其为淡水洋。[56]休伦湖地区的印第安人请钱姆普林帮他们打击易洛魁人。于是,大队的印第安人(好几百)和钱姆普林乘独木战舟,向东南渡过了乔治亚湾、穿过休伦湖和安大略湖之间的陆地,经过锡姆科湖、特棱特河,到达安大略湖。他们向东南渡过了安大略湖。[57]在这里钱姆普林确认圣劳伦斯河是从安大略湖的东北角流出。[58]他们深入到今纽约州的锡拉丘兹、奥内达湖一带。[59]在这里，他们在攻打易洛魁人寨子时被击败，钱姆普林腿上也受了伤。休伦人撤回了休伦湖，钱姆普林探险小队则走原路绕回，直到第二年春天才回到魁北克。此后，钱姆普林不再亲自探险，放弃了寻找陆上西北通道的希望，转而大力经营殖民地。

钱姆普林1615年探险的地理发现成就是巨大的。他发现了休伦湖和安大略湖，开始了对五大湖地区的发现进程；发现了尼皮辛湖、锡姆科湖、奥内达湖等小湖；探察了渥太华河中下游、发现了一些小河。再加上他以前对黎世留河的考察和尚普兰湖的发现，对芬迪湾、新斯科舍、直到今美国罗得岛州马撒葡萄园岛的考察，可以说五大湖以东，圣劳伦斯湾、萨古恩来河以南、马撒葡萄园岛以北的北美地区（包括阿卡迪亚，即新斯科舍及迤西）的北美地区都被发现了，它的大致情况都被认识和了解了。但钱姆普林为了移民和殖民曾屡次参与印第安人各部之间的部落战争，支持一方，打击另一方，造成人员伤亡，应该受到批判和遣责。

钱姆普林探险队和殖民移民群中，有个叫爱丁·布留列（Etienne Brûle）的法国青年。1608年他16岁时便随同钱姆普林来到新法兰西。于1610年起便留居在印第安部落中，并学会了易洛魁语、阿尔贡金语等印第安语言。他是第一个北美型的"林中奔跑人"（coureurs de bois），即集猎人兼毛皮商、翻译、农牧民、探险家和旅行家于一身的人。他很可能在1610—1611年便首先发现了休伦湖，[60]因为他当时在那一带与印第安人生活在一起。布留列参加了钱姆普林1615—1616年的探险发现。他们到达锡姆科湖以后，布留列带12个休伦湖人告别了钱姆普林和大队分头探险。他先南下，到达了多伦多的安大略湖，[61]所以他有可能比钱姆普林先发现安大略湖,因为后者东向到安大略湖的路要远些难些。他往南渡过了安大略湖的西端,穿过尼亚加拉瀑布以西的地峡,航入了伊利湖。[62]这样就发现了五大湖中的第三个湖——伊利湖。他向东渡过了伊利湖北端,向东穿越了300多公里的陆地,发现和到达萨斯奎汉纳河上游。他们乘船顺流而下,航行了好几百公里,先向西南再转东南又转西南又再转东南,最后驶入了切萨皮克湾,[63]还探察了特拉华半岛。[64]这样,法属加拿大和英属弗吉尼亚便终于建立了陆上的联系,布留列也成了首次穿越宾夕法尼亚的欧洲人。

1617年春,布留列小探险队北返。途中他们被易洛魁人打散。布留列辗转流落于易洛魁人和休伦湖人之中,1619年才回到魁北克。

1621年,钱姆普林又派布留列等探察休伦湖一带。他们在那里发现了休伦湖的北方湖峡、马尼图林岛和其他湖岛,发现了源于苏必利尔湖注入休伦湖的圣玛丽河。[65]布留列一行在那一带盘桓了好几年,到1628年才到达西经90度30分,北纬48度的苏必利尔湖西岸。布留列成了第一个向西深入北美腹地这么远的欧洲人,并发现了五大连湖中最大的苏必利尔湖——世界上最大的淡水湖。[66]布留列还考察了它的东岸、北岸和西岸。由于这些林中奔跑人文化不高,没有把这一重大的发现写成详细的报告,画出准确的地图,以致一些人把发现苏必利尔湖归功于后来的耶稣会士。[67]其实布留列对它的基本正确的定性和简明的描述还是有的。他称其为休伦湖"上游的湖"(superieur,音译苏必利尔)。他写道:"在淡水海(休伦湖)的旁边有一个非常辽阔的大湖。它的水注入一个大瀑布(苏圣玛丽)。……上述大湖和淡水海一起延伸……,考虑到已得知的里格数,长达400里格(约1800公里)。"[68]从休伦湖的东南角到苏必利尔湖西角,湖岸总长的确如此,可见布留列作出了正确的描述。布留列后来于1633年死于休伦湖印第安人之中。

1627年,钱姆普林当上新法兰西总督。1632年,他在魁北克和蒙特利尔之间圣劳伦斯河河畔建立了三河城(其他两条河汇入圣劳伦斯河之处)。[69] 1634年,钱姆普林又派另一个林中奔跑人让·尼科列特去探寻印第安人所说的"西部海"。尼科列特率几个休伦湖人先到达布留列发现的圣玛丽河河口,然后朝西南行走,穿过马基纳克湖峡,这样便发现了五大湖中的最后一个密歇根湖。[70] 尼科列特沿湖北岸、西岸探察,发现了湖内的格林湾、注入湾内的福克斯河。[71] 尼科列特溯河而上到了温尼巴戈湖并继续逆水而上到了福克斯河上游。他从当地印第安人那里打听到离河不远处的西部有一条"大水",他便继续向西前进,发现了威斯康星河。他又顺河探察,于是发现了印第安人所说的大水密西西比河。[72] 尼科列特没有继续探察,而是回到魁北克去报信,说他发现了一条可以自由通航,流程不长,能迅速进入大南海—太平洋的大河,这条河向南奔流。1638年他回到魁北克。

在钱姆普林的领导下,魁北克一带的殖民地靠毛皮贸易、试验性农业和渔猎而巩固和发展起来。1628年,魁北克遭到英国海盗围攻,坚守到第二年夏天弹尽粮绝后才投降。钱姆普林成为战俘被押往英国。1632年英法议和,魁北克归还给法国。钱姆普林回到魁北克复职。1635年钱姆普林去世。钱姆普林是一个集探险家、地图家、毛皮商、殖民者、宗教家于一身的人。他引进了耶稣会士和革新了的圣芳济各会士,在新法兰西和休伦尼亚(休伦湖地区)传教。他后来被加拿大的英、法两族人都视作自己国家的奠基者。

二、发现大湖区的特点

法国传教士布雷别夫于1640年到达了伊利湖,因而曾有人把发现五大湖中的伊利湖归功于他。[73]但我们在前面讲过布留列早在1615年便最先发现了伊利湖。《美国百科全书》80年代版布雷别夫条(Brebeuf)也没说他发现了伊利湖或别的地区,所以最多能说他完成了对伊利湖的发现。1648年,耶稣会士拉格诺(Рагено)发现了伊利湖与安大略湖之间的尼亚加拉大瀑布,首次报道了它的"可怕的高度"。[74]1641—1642年,耶稣会传教士弱格(Жог)在苏圣玛丽一带(休伦湖与苏必利尔湖之间的河道),搜集到关于生活在西部的印第安西乌人的珍贵资料,以及经过苏必利尔湖、上溯横穿西乌人地区的密苏里河,去他们那里的通路的情况。[75]

就这样,巨大的五大连湖和周围地区被发现了。到现在(17世纪上半叶末),北美大陆北到福克斯湾、哈得孙湾,南至密歇根湖南部、伊利湖南部,西迄密西西比河,东濒大西洋海岸的广袤地区,都被初步的探察了、界定了。法属美洲—新法兰西的轮廓呈现出来。

法国人对五大湖区、北美腹地的发现在探险史上有三个特点:

1. 上述发现主要是通过陆上跋涉、陆地探险完成的。虽说有时也乘船,但乘船的时间和路段不很多,特别是与跨洋渡海的操舟不同,不乘船也行,内河、(淡水)湖泊航行与海洋航行也大不相同。正是基于大量的这类情况,所以我们不把航海家、探险家、地理发现家三者等同起来,不把航海探险作为地理发现的惟一途径(当然是首要的途径),不用开辟新航路来取代地理大发现。

2. 法国人对大湖区、北美腹地的发现是以在北美的移民点、殖民地为依托、为基地的。这样他们就能深入北美腹地,做长时间、长距离的陆上探险考察。这就与以前以西欧为依托、为基地的、不越冬或只在北美临时越一个冬天的探险大不相同。后者因先要跨洋越海，其探险和发现便只能限于沿海地区。似乎可以说，正是在初步发现的基础上建立移民点殖民地，又以它们为依托深入发现，再建立新的定居点，再辗转前进。这样，陌生的新大陆的内部情况就逐步被了解了。

3. 在探寻五大湖和北美腹地的进程中，出现了兼通西欧文化和印第安文化的林中奔跑人。他们是集两种文化传统于一身的西欧人，是两种文化接触、碰撞、交流的产物和中介。由于他们有文化上的优势，也由于已到了温带地区，他们便可以在野外、在人烟稀少区，在印第安人中呆上几年，完成遥远的、长途跋涉的内陆探险、发现和旅行。

17世纪下半叶，北美出现了许多著名的林中奔跑人。他们成了法国人英国人探察了解整个北美腹地广大地区的急先锋。基督教各教派的传教士们在印第安人的协助下完成了对大湖区的发现，并（在欧洲人中）最先在湖畔定居下来。踏着林中奔跑人的足迹，这些传教士也成了探察北美腹地的前驱。他们在17世纪下半叶深入到密西西比河流域。而法国毛皮商人在收购毛皮的过程中善于找到最遥远的印第安人的部落和村庄，也是探察北美腹地的尖兵。所以，林中奔跑人、传教士和毛皮商成为17世纪下半叶北美腹地探险考察的三种主要人员。他们往往接踵而至，有时也结伴而行，或身兼三职。这些人和先前的航海家探险家一起，造就了法国在北美的殖民地新法兰西（狭义仅指加拿大），并与英国的北美殖民地新英格兰竞争和争夺。

注释：

1 《弗莱彻日记》，引自马吉多维奇父子：《地理发现史纲》第 2 卷，莫斯科 1983 年版，第 316 页。

2,3 《弗莱彻日记》，引自《地理发现史纲》，第 2 卷，第 316—317 页。

4 马吉多维奇：《世界探险史》，世界知识出版社 1988 年版，第 462 页。

5 《文艺复兴时期的远行和地理发现》，第 232 页。

6 《地理发现史纲》，第 2 卷，第 205 页。

7 《世界探险史》，第 463 页。

8 《地理发现史纲》，第 2 卷，第 318 页。

9,10 《弗莱彻日记》，引自《地理发现史纲》，第 318—319 页。新阿尔彼荣英语为 New Albion。Albion 在拉丁文中意思是"白色的"，在诗歌中指英格兰。

11 《世界探险史》，第 466 页。

12 莫里逊：《欧洲人对美洲的发现，在南方的航行》，纽约 1974 年版，第 678 页。

13 《弗·德雷克》，载《不列颠百科全书》，第 5 卷，第 979 页。

14 高作钢：《德雷克》，载《外国历史名人传·古代部分》下册，第 141 页。

15 戴维斯：《西班牙的黄金世纪》(R. Trevor Davies: The Golden Century of Spain 1501—1621)，伦敦 1954 年版，第 217 页。

16 《文艺复兴时期的远行和地理发现》，第 217 页。

17 吉莱斯皮：《地理发现史》，纽约 1933 年版，第 80 页。

18 《世界探险史》，第 472 页。

19 《地理发现史纲》，第 2 卷，第 321 页。

20 瑞安：《马丁·弗罗比歇》，载《美国百科全书》，第 12 卷，1980 年版，第 104 页。

21 《世界探险史》，第 473 页。

22 《地理发现史纲》，第 2 卷，第 322 页。

23 《世界探险史》，第 474 页。

24 《地理发现史纲》，第 2 卷，第 323 页。

25 《约翰·戴维斯》(John Davis)，载《不列颠百科全书》，"百科简编"，，第3卷，第403页。

26，27　《地理发现史纲》，第2卷，第324—325页。

28　《地理发现史》，第81页。

29　《地理发现史纲》，第2卷，第325页。

30　《不列颠百科全书》，"百科简编"，第3卷，第402页。

31　巴克利：《伟大的地理发现时代》，伦敦1956年版，第137页。我们今天知道，地球表面的冷暖主要由太阳的高度角决定，即太阳是直射斜射还是近乎横射，直射最热。山高寒冷是因对流层大气所吸收的地面长波辐射能减少。

32　《地理发现史纲》，第2卷，第326页。

33　《不列颠百科全书》，"详解"，第8卷，第1130页。

34　《世界探险史》，第481页。

35　《地理发现史纲》，第2卷，第329页。

36　见《地理发现史》，第88页。

37　《地理发现史纲》，第2卷，第329页。

38　《世界探险史》，第483页。

39　《地理发现史纲》，第2卷，第330页。

40　《地理发现史纲》，第2卷，第329—331页。

41　《世界探险史》，第485页。大陆冰盖（或冰川）的边缘部分自陆地向海洋伸展，一部分漂浮在海上的冰体称陆缘冰（或冰架）。冰架（陆缘冰）断裂崩解后入海形成冰山。

42　《美国百科全书》，第3卷，第48页。

43　《世界探险史》，第485页。

44　《地理发现史纲》，第2卷，第333页。原文为Лерец，它既可译为胡椒，又可译成辣椒。胡椒原产热带亚洲，辣椒原产热带美洲。但17世纪上半叶辣椒种植已传到亚洲。鉴于胡椒贵重得多，欧洲人又不喜辣味，故应是要福克斯提供胡椒。

45　《美国百科全书》，第11卷，第678页。

46，47　《地理发现史纲》，第2卷，第333页；331页文与图。

48　卡斯韦尔：《亨利·哈得孙》，载《不列颠百科全书》"详解"第14卷，第1131页。

49　雷宗友：《海洋探险》，上海教育出版社1979年版，第221页地图；

《泰晤士世界地图集》,伦敦1985年版,第97图。

50　《美国百科全书》,第6卷,第264页。

51　《文艺复兴时期的远行和地理发现》,第294页。

52,53　《地理发现史纲》,第2卷,第344页。

54　《文艺复兴时期的远行和地理发现》,第294页。

55　《文艺复兴时期的远行和地理发现》,第295页。

56,57　《伟大的地理发现时代》,第159页;156页地图。

58　《地理发现史纲》,第2卷,第345页。

59　《文艺复兴时期的远行和地理发现》,第295页。

60　《地理发现史纲》,第2卷,第345页。林中奔跑人一般没有资金购买探险通用的物品和必需的装备,只得向商人租借、借贷,在返回后不久还债。林中奔跑人沿河和沿湖的探险通常持续两三周。他们得绕过不通航的地段,抬着独木舟,有时行进很长的距离。因此他们尽量少带食品以减小负荷,结果常常挨饿。

61,62,63　《文艺复兴时期的远行和地理发现》,第295页。

64,65,66　《地理发现史纲》,第2卷,第345—346页。

67　《世界探险史》,第505页。

68　《地理发现史纲》,第2卷,第346页。

69　《美国百科全书》,第6卷,第265页。

70,71　《世界探险史》,第505页。

72　《地理发现史纲》,第2卷,第346页。

73,74,75　《地理发现史纲》,第2卷,第347—348页。

第十一章 俄罗斯在北亚、北冰洋的地理大发现

第一节 俄罗斯地理大发现辨析

一、俄罗斯的地理发现能否成立

西方是不承认俄罗斯的地理大发现的。在众多世界通史著作和地理大发现总括性的专史著作中,均不提16—17世纪的俄罗斯地理发现,而只提扩张。在少数包括从古代至现代的地理发现航海探险通史著作中,如斯蒂芬森的《伟大的冒险与探索》,吉莱斯皮的《地理发现史》等,则只承认18—19世纪俄国人在太平洋北冰洋的探险和参与了对南极洲的发现,如白令、别林斯高晋、拉札列夫等的发现。至于国别扩张史一类专著,如已译成中文的伦森编的《俄国向东方的扩张》,戈德尔的《俄国在太平洋的扩张》等,它们均从书名上便阉割了俄罗斯的地理大发现。这种情况是西欧中心论在地理大发现史方面的表现。日本学术界通常把地理大发现时代称为大航海时代。日本学者也基本不提16—17世纪的俄罗斯的探险、航海、地理发现。[1]但他们一般又承认15世纪末时北亚—西伯利亚(广义)属于原始的未开化的蛮荒的无文明无国家的地区,与南北美洲、澳洲、南部非洲类似。因此有时也略带提一提17世纪上半叶俄国人在北亚、北冰洋的探险、航海。[2]这与俄罗

斯地理大发现的地位和日本学者对西方地理大发现的介绍有些不协调。

中国学术界也只认可西方的地理大发现,而不承认俄罗斯的地理大发现。在各种世界通史教材中,在各种通俗读物中,也都只字不提16—17世纪俄罗斯的探险、航海与地理发现。在各种各样的沙俄侵华史类著作中,也把俄国合并北亚视为侵华的背景、前奏、序幕,而回避其中蕴涵的探险、地理发现、冰海内河航行等成分。我们并不否认俄国人扩张、征服、入侵、吞并北亚的行径。但我们也应该看到,先得有发现才可能有扩张和吞并。这同如何看待西方对西南非洲、东南非洲、南北美洲、澳洲大陆、大洋洲各岛的发现与扩张一样。这便又回到了我们在概论中所讨论的基本指导理论问题,什么是地理发现。

在地理大发现(15—17世纪)以前,在俄国人到来以前,全世界的文明人类都不知道(从东到西)外兴安岭以北,蒙古高原以北,巴拉巴草原伊希姆草原图尔盖洼地以北为何地,那里有什么样的大河大湖大山,陆地怎样延展;更不知道北亚以北是北冰洋,北亚以东是太平洋,北亚与北冰洋的大陆海岸线怎样,北亚的最东部与太平洋的鄂霍次克海白令海的大陆海岸线如何。最靠近北亚的文明民族蒙古人、中国人、中亚人、朝鲜人、日本人都没有一幅描绘出了北亚、北冰洋、北太平洋的地图,也拿不出一篇介绍性的文字。所以,俄国人在16—17世纪对北亚、北冰洋、北太平洋一部的地理大发现是客观存在,完全成立的。俄罗斯的地理大发现是整个地理大发现有机构成的、不可分离的重要组成部分。而俄国人在18—19世纪在北冰洋、北太平洋、阿拉斯加和南极洲的探险与各国在此期间的探险一样,均不再属于15—17世纪的地理大发现这个特定的历史范畴。其理由我们在本书概论中已做了论述。

二、元朝的疆域和明代的地理知识

用缩微的图画、几何线形把所到达的某个地域比较正确地绘下来,是完成对某个地域地理发现的最后最高的标志。中国现存的宋代的《华夷图》(1137年成图)只绘及朝鲜越南相邻中国的部分,其他周边国家只是在图的四周用文字排列写上。《华夷图》向北只画出了黄河长城。[3]宋以后重要的大范围地图,如元代朱思本的《舆地图》,明中叶罗洪先的《广舆图》,明末陈祖绶的《皇明职方地图》等,也都是中国(中原)地图,至多旁及朝鲜、朔漠(蒙古)、安南(越南北部)、西域(新疆)等部分周边国家和地区。朱思本的《舆地图》已亡佚,但它被罗洪先的《广舆图》继承。《广舆图》范围最大。其中向北延伸最远的《朔漠图》只画及今蒙古国北部,《西域图》只画及今新疆北部,《华夷总图》只画及五国城、泰宁路(东北)、和宁路(和林)(北)、哈密、火州、土鲁番(西北)一带,即只达到今哈尔滨、哈尔和林、哈密、土鲁番一带,还远未达到北纬50度。[4]

史学界有一种看法,认为蒙元的疆域、版图、势力范围向北达到了北冰洋海岸。[5]这种观点没有根据。前已论及,宋、元、明的舆地图籍并没有画出北亚、北冰洋。我们再看看文献记载。元代科学家郭守敬主持了全国性的较大规模的日影观测科学实验,以编制授时历。元官修《经世大典》载:"于是测影之所东及(高)句丽,西至滇池,南逾朱崖,北尽铁勒,凡二十有七。是亦古所未备者也。"[6]《元史》对铁勒的地理位置记得很清楚:"铁勒,北极出地五十五度,夏至晷影长五尺一分,昼七十刻,夜三十刻。"[7]27个测影所中最靠北的实际上是北海测影所。其地理位置是:"北海,北极出地六十五度,夏至晷影长六尺七寸八分,昼八十二刻,夜一十八刻。"[8]我们知道,北半球任何地区的北极星高度角与该地的地理纬度同值。鉴于中国古代一圆周为365度(因一年有365天),所以北海测影所的位置在北纬64度左右,铁勒测影所的位置在北纬54度左右。而北海(贝加尔湖)方向上的北冰洋海岸在北纬77度的泰梅尔半岛北岸。

《经世大典》对元朝的疆域有这样的记载:"至四海之混一,若夫北庭回纥之部,白霄高丽之族,吐蕃河西之疆,天竺大理之境,蜂屯蚁聚,俯伏内向,何可胜数。"[9]元人所说的元朝疆土的四至是北至回纥,东至高丽(朝鲜),西至吐蕃(西藏),南至大理(云南)。北庭回纥的"北庭"是指唐武则天时设立的北庭大都护府。回纥(鹘)在漠北时分布在贝加尔湖以南,势力只达到北纬51度。[10]《元史》所述的蒙元的疆域地盘是:"北逾阴山,西极流沙,东尽辽左,南越海表。"[11]宋元时代的阴山,非内蒙古河套地区的阴山,而指新疆天山山脉的东段,它东西走向,横亘在北纬43度线上。[12]"北逾阴山"当然不是"北止于阴山",不过也不会超出很远。所以,蒙元的疆域势力向北达到北纬五十多度的贝加尔湖地区一线是比较属实可信的。现代外国学者画出的蒙古帝国地图一般也作如是观。如汤因比等《历史研究》第11卷《历史地图集与地名录》中的两幅蒙古帝国图,苏联科学院《世界通史》第三卷中的蒙古帝国图,《泰晤士世界历史地图集》中的蒙古帝国图,《钱伯斯世界历史地图》中的元朝图,日本人安部健雄的《蒙古帝国图》,[13]等等。南充师范学院编绘的《中国古代历史地图集》和台湾出版的《中国历史地图集》也基本上如此。[14]

明代中国(明朝)、蒙古(瓦剌、鞑靼)、满洲(女真—满族的后金)的疆域、版图、势力向北达到了贝加尔湖北岸以北,外兴安岭,大约在北纬57度、58度一线。[15]明代中国、蒙古、女真的地理知识向北也只认识到了解到这一带。前述罗洪先的《广舆图》、陈祖绶的《皇明职方地图》可作佐证。晚明士人也承认,"是又极论于六合之外,非是图(指《广舆图》,也泛指地图)所能悉也,呜呼"[16]。

综上所述,北亚的大部分在地理大发现以前是文明人类未达的不毛之地。我们之所以讨论元代的疆域范围和明代的地理知识问题,是想从一个侧面论证俄罗斯于16—17世纪在北亚北冰洋的地理大发现成立。倘若蒙元的势力真的向北达到了北冰洋海岸,明人的地理知识水平也达到了北冰洋海岸,俄罗斯地理大发现的成就及其意义就要大打折扣了;俄国在合并北亚的过程中,侵略、扩张的成分就大大加重了;而探险和发现的因素则大大削弱了。不过事情并不是那样。

第二节 俄国的统一和早期的开拓

一、俄罗斯统一国家的形成和东进的原因

在参与并完成了地理大发现的六个主要国家中(西、葡、荷、俄、英、法),俄罗斯是比较独特的一个。当时的俄罗斯,在地理上它是惟一的东欧国家,惟一的濒临北冰洋的国家,也是惟一的靠近并接壤于亚洲的国家;宗教上它是惟一的东正教国家;民族上是惟一的斯拉夫人斯拉夫语国家;社会制度和经济形态上是封建制度封建关系最强固最稳定的国家;在发现的方式和途径上它是惟一的以陆地探险内河探航为第一位、冰海航行为第二位的国家。因此考察研究俄罗斯地理大发现的历史同样比较重要,舍此便不能

完全把握、认识、揭示地理大发现的普遍规律、基本性质及其重大意义。

俄罗斯的首都莫斯科首次被编年史提及是在1147年,原属罗斯托夫(弗拉季米尔)公国,13世纪上半叶发展为莫斯科公国。14世纪末,统治俄罗斯的蒙古鞑靼金帐汗遭帖木儿帝国打击而衰落下去。15世纪以来,金帐汗陆续分裂为几个汗国。1480年,莫斯科公国为首推翻了金帐汗(钦察汗)的主要继承者吉什特钦察汗(大帐汗)的异族统治,结束了俄罗斯各国臣服、隶属的地位,赢得了民族独立。还在独立以前,俄罗斯各国各地的重新统一就在进行。恢复独立后莫斯科公国加快了统一全国的步伐。在瓦西里三世在位时期(1505—1533),莫斯科完成了统一(以1521年合并梁赞公国为最后标志)。与此同时和稍后,北欧一部和伏尔加河流域的一些少数民族也加入了俄国,俄罗斯开始向中央集权的统一的多民族国家发展。到16世纪30年代,俄罗斯的疆域已北至白海和巴伦支海,南达切尔尼戈夫和梁赞地区,西到芬兰湾、斯摩棱斯克等地,东抵乌拉尔山脉北部和下哥罗德地区。全国共有约280万平方公里的土地和600万人口。[17]这些土地一般都被认为是历史上基辅罗斯的故土或主要是俄罗斯人居住的地区。[18]随着民族独立和国家统一,新的民族俄罗斯族也得以形成(类似于尼德兰北部摆脱西班牙的异族统治后形成了新的荷兰民族)。

统一后的俄罗斯在生产关系上强化封建农奴制,在政治体制上加强王权。1547年莫斯科大公伊凡四世加冕称俄罗斯沙皇,莫斯科公国发展为沙皇俄国。沙皇俄国大举扩张,向西、向南、向东推进。俄国的东进便带有地理发现的性质,因为乌拉尔山脉、乌拉尔河上游以东便是北亚,而北亚的大部分地区渺无人迹,也无人知晓。

俄国向东扩张,发现北亚、北冰洋海岸的动因在于,获得和开发北亚的各种财富,包括毛皮、海象牙、金银矿藏和其他矿藏、鱼类、海兽等,其中珍贵毛皮是最主要的追求物;取得北亚辽阔的土地,满足王朝扩张版图的欲望、沙皇的雄心和民族优越感(1453年拜占庭灭亡后,俄罗斯朝野就一直认为,沙皇(Царь)是凯撒(Цезарь)的传人,莫斯科是第三个罗马,俄罗斯是拜占庭的继承者);许多哥萨克、商人、小贵族、军人、渔猎手渴望发现、获得新土地,在新土地上安家落户发财致富;俄国当局想制服北亚新土地上各土著部族人民,扩大税民数量,增加剥削对象;俄国人也向往文明强盛的中国,想从海上和陆地开辟去中国的就近道路,建立与中国的联系。初期的向东挺进还有夺取金帐汗的遗产,消灭鞑靼的残余势力,寻求安全环境和图强争雄的因素。总之,俄国是举国一致,热衷于向东方推进,进行地理发现和扩张。

二、最初的开拓与在巴伦支海、喀拉海、鄂毕湾的航行

还在15世纪70年代,卡马河流域的彼尔姆地区已并入俄国。1483年,莫斯科军官费多尔·库尔布斯基·乔尔内和伊凡·萨尔德克·特拉维以彼尔姆为前进基地,对西西伯利亚进行了首次远征。从这时起,俄罗斯人对亚洲北部的重要的探险和地理发现都是有案可稽的。远征队于1483年5月从彼尔姆地区的乌斯丘格(Устюг)出发,向东越过中部乌拉尔山脉,然后沿塔夫达河而下,经过后来的秋明附近,先后到达了托博尔河、额尔齐斯河、鄂毕河(托河注入额河,额河又注入鄂河)。他们绕了一个环状大圈于10月回到乌斯丘格。这次远征行程共2500公里。[19]远征队沿途多次打败土著人军队,抓了不少俘虏,缴获许多财物,使尤格拉地区的一些沃古尔人部落、汉提人部落归顺莫斯科。就地理考察而言,这是俄国人第一次到达了解托博尔河、额尔齐斯河和鄂毕河。就俄鞑(鞑)关系来说,这是俄军首次进入失必儿(Sibir)—西伯利亚(Siberia)汗国的势力范围(西伯利亚汗国是失必儿汗国的音转),并对其予以打击。

1499年,为了使下鄂毕河地区并入莫斯科,并使这一地区的居民加入俄国国籍,伊凡三世装备了以当时著名的军事贵族谢明·库尔布斯基、布拉日尼克、加夫里洛夫和彼得·乌萨德为首的远征探险部队。乌萨德在指挥此次行动前四年还成功地从冻海(北冰洋)航行到了挪威。远征始于1499年终于1501年。春季,俄国部队从莫斯科以北偏东约400公里处的沃洛格达出发,像通常那样向西北行进。借助于俄国北部的河流网络、白海、连水旱路,远征军乘船到达了伯朝拉河。俄国人在它的河口上建造了据点,即后来的普斯托热尔斯克(Пустозерск,北纬68度附近)。[20] 11月21日,他们踏上最遥远的道路,奔向当时称为"石带"的乌拉尔山脉。远征探险部队驾乘狗拉鹿拉雪橇和滑雪前进,两周后到达了乌拉尔山。在此部队兵分两路,一队由库尔布斯基、乌萨德率领越过山口峡谷奔向尤格拉。俄国人于是知道了乌拉尔山脉从里海延伸到冻海,"山脉走向是从海到海",知道了乌拉尔山脉的最高峰。

翻越了乌拉尔山,从出发起行进了4650俄里后(1俄里等于1.06公里),莫斯科部队开进了别列佐夫(鄂毕河下游河汊西岸)。见俄国人来了,奥布多尔人(Обдорские)和尤戈尔人部落领袖同意成为莫斯科臣民。自然远征和探险也伴随着暴力和冲突。在远征途中,俄国人就曾在乌拉尔山区打死过几十个萨莫耶德人。由布拉日尼克、加夫里洛夫率领的另一队人马在里亚平河地区占领了30多个村镇,俘虏了上千人。里亚平河(Ляпин)在乌拉尔以东,鄂毕河以西,注入索斯瓦河,再注入鄂毕河。尤格拉地区臣服俄国后,1500年秋季,俄国远征探险部队开始班师,1501年复活节(4月)将领们回到莫斯科汇报。

这次远征和探险在政治上使鄂毕河下游地区完全彻底并入了俄国,萨莫耶德人等当地原始部族加入了俄籍。俄国的版图越过了乌拉尔山脉,开始向北亚延展。在地理上这次探险发现了乌拉尔山脉的南北走向,发现了乌拉尔山的最高峰北乌拉尔的人民峰(1895米),发现了北亚西部即西西伯利亚的第一大河鄂毕河下游及其流域地区,并与1483年的远征一起,完成了对鄂毕河下游的发现。从此石山在俄国地图上被标定为子午线山脉。[21]从此关于鄂毕河及其支流地区的民族学和地理学知识便在俄罗斯传播开来。

为了寻找猎捕海兽、海象牙,罗斯白海沿岸的居民从12世纪起就远离大陆海岸进入深海,并越来越往北航进。他们驾乘着能够在冻海航行的所谓早春海船(Ранщина)。这种船有三桅,载重量为80—100吨,船身呈椭圆(卵)形,在冰海航行时能减小受冰块挤压的危险。在15世纪的最后25年,罗斯人驾乘着早春海船,在北极星下即在北方,碰到了格鲁曼特(Грумант)之地,并宣布它属于莫斯科公国。这一地理发现的情况在纽伦堡地图学家闵采尔1493年致葡萄牙国王若奥二世的信中得到证实。闵采尔写道,不久前他得知俄国人发现了一个大岛。[22]现已弄清楚,他所说的大岛是斯匹次卑尔根岛。苏联史学家别洛夫在丹麦王室档案里发现了16世纪头25年的文件——赫利斯提安(Христиан)二世的特使告知丹麦国王,俄国航海者到了格陵兰迪亚(Гренладиа),他们在那里建造了常备性的居住点。[23]该地即俄人所称的格鲁曼特,亦即斯匹次卑尔根。可以相信,在15世纪末俄国人已经常驶往斯匹次卑尔根岛猎捕海兽。他们很可能已从北方绕过了它并已查明,格鲁曼特之地由三个岛组成:大别鲁(西斯匹次卑尔根岛)、北方地(东北地岛)和小别鲁(埃季岛)。

1495年,莫斯科军事贵族利亚蓬和乌萨德指挥了向西北的海上远征。舰船队从北德维纳河启航,经过阿基亚海,绕过了摩尔曼斯克角(今北角)。从挪威返航途中,舰船队在科拉半岛东北海岸停靠,使当地原始居民拉普兰人加入了俄籍。

1496年,格里哥利·伊斯托马受伊凡三世派遣出使丹麦。他们乘船从北德维纳河出发,绕过整个斯堪的纳维亚半岛,先后到达了挪威中部的特隆赫姆和丹麦首都哥本哈根。伊斯托马沿途还做了许多地理考察工作。[24]伊斯托马的航行与此前乌萨德去挪威的航行一起,基本上确立了俄国与北欧国家间经过巴伦支海域的海上联系,为后来英(西欧)俄新航路的开辟奠定了一定的基础。

不迟于15世纪末,俄罗斯白海、伯朝拉海沿岸的渔猎人在寻找珍贵毛皮和海象栖息地的过程中发现了瓦伊加奇岛,并穿过尤戈尔海峡或喀拉海峡进入喀拉海。他们在海上向东航行到亚马尔半岛。[25]在半岛西部低洼的海岸人们找到了许多海象栖息地。渔猎人们在拜达拉茨卡湾航入穆特内河,驶到上游。经过短途(半俄里)的连水旱路(分水岭),他们把他们的罗迪亚船(Лодья)拖到了汇入鄂毕湾的绿河上游。那种船系平底有甲板的单桅帆船。渔猎手们沿绿河向下游航行,进入了鄂毕湾和塔兹河河口。从北德维纳河河口到塔兹河河口一般要行驶四五个星期,而从伯朝拉河河口,即从普斯托热尔斯克启航一般用不了三个星期。俄罗斯渔猎人在塔兹河上建了几个采购站,与当地原始的萨莫耶德人、艾涅茨人进行以物易物的不通话的交换。塔兹河的下游是孟加席(Мангазея)的中心地区,孟加席一名源自艾涅茨人莫尔科塞部落。[26]俄罗斯的毛皮商人和渔猎手对孟加席地区十分向往,如同16世纪的西班牙征服者向往黄金国一样。就这样,喀拉海沿岸、鄂毕湾一带便被俄国人发现了。亚洲北部的大陆海岸线开始从西边一点一点地被文明民族所认知。

除了通过最北部的广阔海洋的航线外,从伯朝拉河出发俄国人还开拓了几条通向孟加席的陆路。但这些陆路路程很长,行走时也十分困难。

三、东北新航路的设想和早期的实践

在俄国人发现并到达亚洲北部海岸西端后,率先产生并提出了开辟去东方的东北新航路的设想。这位设计者便是底米特里·格拉西莫夫。格氏1463年出生在诺夫哥罗德地区,少年时代在立窝尼亚学会了拉丁语和德语。他曾于1491年前往罗马,带回并翻译了一些德文和拉丁文书,其中包括地理书。16世纪初格拉西莫夫在莫斯科大公宫廷中当外语秘书。1524年,教皇克力门特七世遣使莫斯科。次年,瓦西里三世派格拉西莫夫回访罗马。在此期间,地理大发现已达到高潮,大发现的各种消息已传遍欧洲地中海沿岸。格拉西莫夫当是在新的地理知识的启发下,结合俄国的地理情况,形成了开辟去中国、东方的东北新航路的设想。格拉西莫夫在罗马结识了著述家帕威尔·伊奥维(Иовий),向他讲述了从俄国北部向东航行到中国去的崭新设想。他说:"我很清楚地知道,汇集了许多河流的北德维纳河急速流向北方。北方的海如此广阔深远,据(我)非常可信的推测,以致靠着右边的海岸(指地图

的右边,即东方),可以由此航行到中国地区,只要途中不碰到无论怎样的任何大陆。"[27] 为了说明自己的设想,格拉西莫夫还向伊奥维展示了一幅他画的俄国北部简略地图。[28] 这大概是关于北欧、北亚、北冰洋的最老的地区地图(因此前已有世界地图,它们基于推测也涉及到上述地区)。伊奥维当年就编写出版了一本拉丁文小册子《莫斯科大公国之书》。书中介绍了莫斯科、罗马通使设立使馆的原因,并披露格氏东北新航路的设想。伊奥维的这本小册子很受欢迎,在16世纪多次再版重印并被译成各种文字。[29]

阿格列日改绘图中所体现的格拉西莫夫地图(局部)

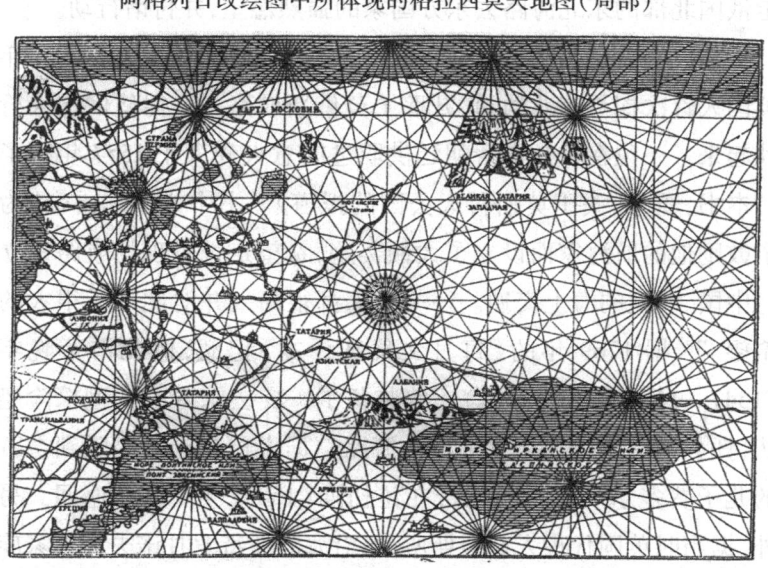

图 11-1

资料来源:取自《北方航路的发现与开拓史》第1卷第42页。图中绘出了注入里海的伏尔加河,注入黑海的第涅伯河与多瑙河,注入白海的北德维纳河。图中有许多珀托兰方向线和纬线,但无经线。该图北部中部地名对照:Азиатская 亚细亚的;карта Московии 莫斯科公国地图;Татария 鞑靼;Великая татария западная 西大鞑靼;Ногайские татары 诺盖鞑靼;Албания 奥尔班利亚。

格拉西莫夫的地图则通过当时意大利地图家和雕刻师巴蒂斯塔·阿格列日的改作品而流传开来(见图 11-1)。而格氏本人的地图到 19 世纪末时才在一家意大利档案馆中被发现,但遗憾的是那幅地图的东西伯利亚和中国部分没找到(即一幅大地图缺了一部分)。[30]

格拉西莫夫的设想经伊奥维传开后广为人知,很受欢迎。英国人、荷兰人、俄国人认为自己没有分享到多少甚至没有得到与中国、印度、美洲通航通商的利益,遂在格拉西莫夫的影响下产生了走俄国北部的东北海路去东方国家的强烈愿望,并付诸行动。

格氏的设想提出后,俄国一直有人议论它的可行性。1553 年英国人首次探寻东北通道,开辟了英俄新航路。这促使俄国人行动起来。一位在伊凡雷帝朝廷供职过的意大利人于 1557 年写了一本书,题为《关于莫斯科大公国的报道》。书中说伊凡雷帝"为了鼓励他的航海家而设立了大额奖金,希望走被发现的航路建立与中国、印度的海上交通。……大家都很高兴并对此寄予很大的希望。"[31] 据 1769 年的《每月文集和译本》记载,伊凡雷帝晚年(1547—1584 年在位称帝)还曾装备了一支去东方的大型探险船队,任务是往东寻找去太平洋的海路。据说这支探险船队到雷帝的儿子费多尔·伊凡诺维奇在位初期(1584—1598)才返回。另外,据当时英国代理人詹金斯所说,沿海的斯特罗甘诺夫商人家族同样在设想溯鄂毕河而上探险去中国。尽管这样,俄国此时对北亚和北冰洋的地理发现还是停滞不前。苏联史家总结这一现象的社会经济原因是,国内的商品货币关系还缺乏发展,全俄市场还没有形成,俄国还没有被纳入世界市场。

1553 年,英国航海家钱瑟勒等开辟成功英俄新航路(详见本书第八章第二、三节)。由于缺乏出海口和立窝尼亚战争,当时的俄国不能通过波罗的海同西欧各国贸易。在这种形势下俄罗斯利用白海巴伦支海新航路同英国联系便有重大的意义。英国人把呢绒、服装(服饰品)、武器、硫黄、硝石、铅运到俄国,俄罗斯人则把亚麻、大麻、动物油、皮毛卖给英国人。荷兰人也很快加入进来,双方交易的货物除上述物品以外,俄国还输出蜂蜡、皮革、焦油、草木灰、绳索,输入金属、金属制品、军用装备、酒、打字纸、贵金属(金银货币)。西欧俄国直通新航线的确立对俄国日后的地理发现有一定的推动作用。因为俄人在北亚北冰洋取得的珍贵毛皮、海象牙、动物油(海豹油、鲸油)可以由此直接输往西欧,而不必经北欧、中东欧、土耳其中介。从最先进的西欧国家输入的最先进的武器和据此而仿制的西式武器也增强了俄国向东扩张的力量。

第三节 叶尔马克及其后继者征服失必儿(西伯利亚)汗国

一、北亚地理概况和失必儿汗国的兴起

本书所说的北亚,指前苏联的西伯利亚(广义),今俄罗斯的亚洲部分。它西起乌拉尔山脉、乌拉尔河上游,东到太平洋海岸,北濒北冰洋,南邻哈萨克、蒙古、中国、朝鲜,总面积约1200万平方公里。为了论述方便,笔者综合自然地理和人文地理情况,把广袤的北亚分为四部分,即西西伯利亚平原(乌拉尔与叶尼塞河之间),中西伯利亚高原(叶尼塞河与勒拿河之间),东西伯利亚山地和远东。远东西从石勒喀河和额尔古纳河的汇合处起,北沿斯塔诺夫山脉外兴安岭东向到鄂霍次克海,南抵黑龙江。15世纪末至

17世纪末,北亚极其地广人稀,甚至渺无人烟。据《苏联大百科全书》(1970年版)载,18世纪伊始,在西伯利亚的东斯拉夫人已达30万,大大超过了土著居民的数量。这就是说,当地土著居民只有20多万。据《苏联史纲》(1955年版)载,17世纪时西伯利亚的少数民族约有20—22万。这两个数字很可能偏小,但也差不了太多。而且这20多万人主要居住在北亚—西伯利亚南部,即与哈萨克、蒙古、中国、朝鲜接壤的地区(因气候相对温和,自然条件相对好些)。而广袤的中部和北部900万平方公里的土地人迹罕至,只有原始部族。北亚—西伯利亚最南部靠近文明世界,当地也有文明民族居住。中亚、蒙古、中国等文明民族对它也有所了解,有稀疏的交往。所以俄国人在最南部的活动基本上属扩张性质,当然也伴随着一些探险、考察活动,有一些地理发现成果。

15世纪末叶,在托博尔河下游、伊希姆河、图拉河(Тура)、额尔齐斯河下游、奥姆河、塔拉河、鄂毕河中游一带的西西伯利亚地区兴起了失必儿汗国,又称西伯利亚汗国。它们在俄文中都是сибирь,在英文中分别为Sibir, Siberia。16世纪下半叶汗国的汗王为苦楚姆,有的俄人便称之为苦楚姆汗国。其都城为失必儿(西伯利亚),又称卡什雷克(Кашлык),今为伊斯克尔(Искер),在今托博尔斯克以东20公里处额尔齐斯河右岸。关于西伯利亚地名的起源众说纷纭,一说来自西西伯利亚的土著"沙皮雷"人的俄语变化;[32]一说失必儿(西伯利亚)汗国因其都城名而得名,整个西伯利亚又因这个汗国名而得名;[33]又说得名于俄语"北方"(Север)的转讹;又说语源为蒙语"沼泽地"(Shibir)。[34]还有的说系中国古代少数族"鲜卑"的音转。[35]笔者以为,西伯利亚得名于俄语的"北方"或蒙语的"沼泽地"相对可信。

失必儿汗国的种族、民族、部族成分很复杂。统治民族为操突厥语族语言的西伯利亚鞑靼人。被征服受统治的有汉提人(奥斯嘉克人)、曼西人(沃古尔人)和巴什基尔人等。土著部族主要从事畜牧、狩猎、捕鱼、养蜂等,仍处于原始氏族社会的解体阶段。西伯利亚鞑靼人除那些以外也从事农业、手工业,并有了金属冶炼(铜、青铜、铁)。中亚的布哈拉商人和商队则左右着汗国的外贸。16世纪以降,西伯利亚鞑靼人中间早期封建生产关系逐渐形成。全汗国约有3万税民。信仰方面伊斯兰教逐渐成为官方宗教和鞑靼人的宗教。失必儿汗国是个割据松散的早期封建国家。汗王之下有许多拥有领地的诸侯领主,他们都保持着自己的独立和自治,对汗王的依附隶属只表现于纳贡(主要是毛皮)和随从出征。各领地之间没有巩固的联系。

16世纪中叶,汗国遭到南方游牧部落国家(诺盖、乌兹别克、喀山、布哈拉)的袭击侵扰,于是汗王叶迪格尔归顺了莫斯科,称臣效忠,每年上贡1000张黑貂皮。1563年,来自中亚布哈拉的苦楚姆(Кучум)起兵,杀死了叶迪格尔,夺取了政权,当上了汗王。俄国人当时称他为失必儿苏丹。1572年苦楚姆断绝了对莫斯科的朝贡藩属封臣关系,与俄国对峙。

二、叶尔马克远征的胜败和失必儿汗国的灭亡

1581年春,来自伏尔加河流域的哥萨克叶尔马克·季莫费耶维奇一伙与卡马河流域的斯特罗甘诺夫家族马克西姆·雅科夫列维奇达成共识,签订了共同对付失必儿苏丹的协议。双方组成了一支800多人的远征队。1581年9月初,叶尔马克远征船队从奥列尔镇出发,拉开了征服失必儿的帷幕。他们先顺卡马河南下,然后沿其支流楚索瓦雅河逆水向东航进。1582年5月,远征军开始

与鞑靼军遭遇交战,占领并烧毁了失必儿西境重镇耶潘奇寨堡,即后来在此重建的图林斯克。从此,俄国部队与苦楚姆的失必儿鞑靼军进行了长达16年的反复较量。直到1598年8月才在鄂毕河中上游东部支流别尔德河河口(Бердь)附近击败最后一支300多人的失必儿鞑靼军。[36]苦楚姆逃往乌拉尔河流域的诺盖汗国,以后不知所终,可能在那里被杀,失必儿汗国最后灭亡。

在征服过程中,苦楚姆率突厥鞑靼人进行了顽强的抵抗,还取得了两次重要的胜利。一次是在1583年5月,卡拉钦领导的塔拉河地区鞑靼人抗俄武装伏击了以科尔卓为首的几十个哥萨克。[37]一次是在1584年8月5日,苦楚姆部队乘雨夜偷袭了在瓦加伊河与额尔齐斯河汇合处宿营停泊的叶尔马克远征队,全歼远征军150人,叶尔马克也掉进河里淹死。[38]尽管这样,鞑靼人的刀矛弓箭终究难抵俄罗斯人的火枪火炮,失必儿汗国本身就像斯大林所说的那类"没有自己的经济基础,而是暂时的、不巩固的军事行政的联合",再则被统治的当地原始部族对自己臣服于沙皇还是臣服于苦楚姆苏丹也无所谓,而且俄国援军又陆续开来,所以失必儿的抵抗终归失败。

征服失必儿汗国的首要人物叶尔马克被俄苏学者视为探险家、发现家和传奇英雄。笔者认为他基本上是个殖民者,同时也是个探险者和发现者。

失必儿汗国是俄国人向东扩张的过程中碰到的惟一的有国家、有民族、有文明的对手和抵抗者(蒙古人、中国人等除外)。兼并了失必儿汗国,即打开了北亚探险地理大发现的门户。17世纪时(1618—1689)西西伯利亚南部的伊希姆草原(在原失必儿汗国以南)并入俄国,俄国与中亚哈萨克地区接壤了。

1583年以降叶尔马克、布良日嘎远征探险图

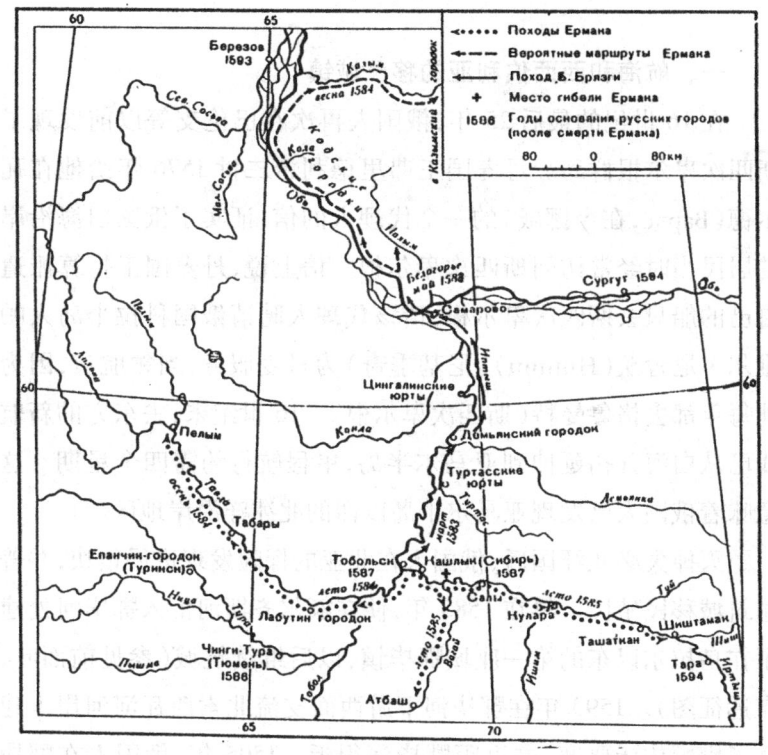

图11-2

资料来源:取自《地理发现史纲》第2卷第252页。点虚线为叶氏进兵路线;横虚线为叶氏可能的行进路线;实线为布氏远征路线;十字为叶氏死之地;年代为俄国城镇建立的时期。重要地名:Обь—鄂毕河,Иртыш—额尔齐斯河,Тобольск—托博尔斯克,Кашлык—卡什雷克,Тара—塔拉,Епанчин—耶潘奇,Тюмень—秋明。年代加季节或月份便表示进军时间:如Осень—秋,Зима—冬,Весна—春,Март—3月,Май—5月。

第四节 16世纪末17世纪初的发现和殖民

一、航海和西西伯利亚的移民城镇

在16世纪的最后25年,俄国人再次在巴伦支等以前发现了斯匹次卑尔根群岛。丹麦国王弗里德利希二世1576年给他在瓦尔德(Вардё,在今挪威)的一个代理人的信,证实了俄国白海沿岸的居民当时经常访问斯匹次卑尔根。信上说,丹麦国王打算派遣自己的船只去斯匹次卑尔根,请该代理人聘请俄国科拉半岛人帕维尔·尼舍茨(Нищиц)(尼基季奇)为丹麦服务,当领航员,因为他每年都去格鲁曼特(斯匹次卑尔根)。16世纪末,去东方的新航线已从白海开拓延伸到亚马尔半岛,单程航行约需四个星期。这意味着俄国人已发现亚马尔半岛以西的北冰洋沿岸地区。

灭掉失必儿汗国后,俄国人在北亚的探险发现进展很快,并普遍筑城移民殖民。早在1585年,便在额尔齐斯河汇入鄂毕河处建了在乌拉尔以东的第一座城鄂毕镇,以后继续筑城(参见前面叶、布远征图)。1593年在鄂毕河下游西面支流北索西瓦河河岸上建立了别廖佐沃要塞,这里距鄂毕河很近。1595年,俄国人在鄂毕河下游距入海口约100公里处修建了鄂毕多尔斯克城(即今萨列哈尔德)。[39]1600年俄国人在塔兹河中下游河岸北极圈附近建起了孟加席要塞。1609年,俄国人在叶尼塞河下游与东面的支流下通古斯卡河、与西面的支流图鲁汉河、三河汇合处建立了新孟加席—图鲁汉斯克越冬地。[40]这意味着俄国人已发现了亚洲第二、北亚第一大河叶尼塞河的下游,从而开始了发现中西伯利亚高原的进程。到孟加席地区的道路除了原有的几条陆路的延伸、横穿亚马尔半岛的海—河—陆通路的延伸外,还新开辟了绕过亚马尔半岛直航鄂毕湾和孟加席的航路,[41]这样实际上便完成了对亚马尔半岛和鄂毕湾的发现,但发现者的姓名和具体的时间不详。有名有姓绕过亚马尔半岛的航行者是舍斯坦克·伊万诺夫,时间是1612年。这年夏天他和儿子驾船从孟加席塔兹河启航,穿过了鄂毕湾,绕过了亚马尔半岛,航行到白海北德维纳河入海口的海港城市阿尔汉格尔斯克。途中他们还在伯朝拉海的科尔古耶夫岛登陆停留,收集外国航船残骸上的武器。那些外国船显然是本想去北亚的。

以上是在西西伯利亚北部和沿海地区的发现与殖民。在此期间走连水旱路时,还使用了一种雪橇船。大概是指船底安有滑板—冰刀的雪地—水上两用船。雪橇船在陆上或水上行进时均可以挂帆借风(见附图)。更多的时候则用若干圆木棒垫在平底船船

俄国人北亚探险的独特交通工具——雪橇船

图11-3

资料来源:取自奥克拉德尼科夫:《西伯利亚史》,列宁格勒1968年版,第2卷,第97页,载17世纪绘画。

底下,拖拉着通过连水旱路。

在西西伯利亚中部和南部,1593 年,俄国人在鄂毕河中游北岸建苏尔古特城。1595 年,又在鄂毕河中上游离北部支流派杜吉纳河河口不远处建那雷姆(Нарым)城。俄国人又沿鄂毕河中上游东岸的支流,经过连水旱路越过分水岭,入叶尼塞河中上游的西岸支流,来到叶尼塞河的中上游。1604 年,俄国人在鄂毕河中上游支流托木河畔离河口 65 公里处建起了托木斯克。稍后,这座城成了北亚最大的中心城市。1618 年,俄国又在托木河上游支流康多马河河口处建起了库兹涅茨克城。该城曾改名为斯大林斯克,今称新库兹涅茨克。[42]该城位置大致在北纬 53 度半,东经 87 度。这表明俄国人已基本完成对西西伯利亚的发现和兼并,已进入阿尔泰山地,逼近萨彦岭地区。1618 年,俄国人在叶尼塞河中上游与左岸一条小支流汇合处建成了叶尼塞斯克要塞。这里南距安加拉河河口 60 公里。叶尼塞斯克后来成了俄国在中西伯利亚的最重要的据点之一,同时也是俄国人向中西伯利亚高原和萨彦岭地区推进的前进基地。到 17 世纪 10 年代,俄国人已发现和占据了从鄂毕河通往叶尼塞河的主要的重要的河道航线和连水旱路,已从鄂毕河东向发现了叶尼塞河的中上游、中游和下游。从叶尼塞河出发,俄国人开始了对中西伯利亚高原的探察和发现,并开始与一个新的部族——通古斯人(埃文基人)相遇。

二、在叶尼塞河、泰梅尔半岛周围的航行

17 世纪 10 年代,俄国人发现了叶尼塞湾和叶尼塞河河口、泰梅尔半岛西部的皮亚西纳河。1601—1609 年在莫斯科侨居过的荷兰商人伊萨克·马萨于 1612 年记载了这些发现的情况。

奉西伯利亚督军(可能是托博尔斯克督军[43])之命,大概在

1604年,约有数百人组成的探险队在叶尼塞河下游东渡过河,经过平原地区,到达了泰梅尔半岛西部的皮亚西纳河。这样就开始了发现巨大的北西伯利亚低地的进程。1604年春天,一些科契船启航,沿鄂毕河顺水而下。16—17世纪,俄罗斯的科契船有大小两种。大的系航海科契船(Коч),有19米长,五六米宽,排水量90吨,上甲板上安置着两只舢板。船队的指挥官叫卢卡,西伯利亚(托博尔斯克)督军给他的任务是"仔细地考察海岸线和海岸上一切值得探察的东西"。夏天,他们驶出了鄂毕湾进入大海向东航行。他们从格丹湾旁驶过,但没发现这个海湾,因为马萨的地图没有标出格丹湾。在叶尼塞湾入口处,他们发现了两座无名岛(今奥列尼岛和西比良科夫岛)。[44]卢卡指挥科契船船队驶进了叶尼塞湾,叶尼塞河河口,又退回大海上继续东航。他们很快到达和发现了泰梅尔半岛西部的皮亚西纳河河口。[45]据马萨的记述和地图,他们还沿海岸向东北探航了一段距离。督军还派出另一支探险队走陆路去接应海上探险队。陆上探险队经过了普托拉纳高原的西北边缘山地,并在多金属共生银矿山中发现了银矿。两个探险队终于在叶尼塞河河口会师了。卢卡队长和他的一些同伴在探险中死去了,但海陆两个探险队均走原路返回。

可惜卢卡船长给托博尔斯克督军、督军给莫斯科的探险考察报告散佚了。第一份保存下来的沿叶尼塞河驶入大海,以及渡海到达驶入皮亚西纳河的俄国文献是1610年的。它是北德维纳河的商人康特拉迪·库罗奇金(Курочкин)的探险记述。

这年5月底,库罗奇金和同伴们从新孟加席—图鲁汉斯克出航,驾乘科契船沿叶尼塞河向下游航进。他们的目的是入海后向东探航。一个月后他们航行到河口。由于巨大的浮冰阻拦,他们

381

在河口停留了5个星期。到了8月初一场南风把浮冰吹到海洋里去了,渔猎手们才穿过叶尼塞湾,向东沿海岸航行。这说明寻找海兽栖息地也是探险的一个目标。两天后航船驶进了皮亚西纳河。库罗奇金的报道提到,"叶尼塞河注入冻海的一个海湾。德国人(泛指西欧人)从自己的海岸出发,乘船穿过这个冰冻的海来到阿尔汉格尔斯克的一个河口"。库罗奇金还第一个明确指出,从阿尔汉格尔斯克到叶尼塞河河口的海上航路业已开辟。[46]这些报道使俄国当局吃惊,因为当时已有人证明(可能就是库罗奇金),从阿尔汉格尔斯克"年年都有许多(俄国)工商业者带着各种德国(泛指外国、西欧)货物和粮食,乘坐单桅帆船到孟加席去"。于是,俄国政府曾于1619—1620年禁止从海上前往孟加席,违者处死,以防止外国人知道和利用从阿尔汉格尔斯克到叶尼塞河河口的航路。

库罗奇金第一个考察了叶尼塞河下游到河口的水路,弄清了叶尼塞河也流入冻海,确认了这里的冻海与阿尔汉格尔斯克以北的冻海是相通的,两地间的海上航路已被俄国人开辟和利用。

17世纪初,孟加席的俄国工商业者和渔猎手通过当地游牧土著对泰梅尔半岛北部已有所知晓,为了寻找毛皮产地、海兽栖息地和与土著交换,他们产生了绕过泰梅尔半岛的想法。在库罗奇金探险后,一些俄国极地航海家继续东进,沿着海岸航进到东经93度左右的泰梅尔半岛西北部海湾[47],为绕过泰梅尔半岛做准备。

大约在1620年,一些俄国航海家开辟了一段新的东北航路。他们从西向东航行,征服了东北航路最靠北因而是最困难的水域,绕过了半岛北部,穿越了半岛北端切柳斯金角与北地群岛之间的维利基茨基海峡。[48]值得一提的是,约四十年前,英国海盗航海家德雷克自东向西穿越了南美洲最南端的合恩角与南极洲的南设德兰群岛之间的德雷克海峡。现在,人居世界的最南最北两端都被文明人类航海绕过了。令人惋惜的是,在切柳斯金角东南约130公里的海上,船被冻住了。水手们被迫在法捷伊(法德杰亚)群岛(北纬77度)北部的一个岛上越冬。他们还在群岛对面大陆边的西姆斯湾海岸建了一座小屋。后来他们由于疾病、饥饿、寒冷而死于越冬期间。因为这里冬季平均气温为零下40度,最冷时为零下70度,海洋永冰界正好穿过维利基茨基海峡。[49]

关于这个探险队的情况没有留下文献资料。但1940—1941年间,一个苏联水文地理考察队在法德杰亚群岛的北岛上发现一只海船残骸和一些古物(其中有锅、罐等)。继而,又在西姆斯湾的海岸上发现了一所房屋的遗址,在遗址附近又找到了人和动物的骨头,写有俄文字"赐予状"的一张羊皮纸,刻着斯拉夫连写字母的一把刀柄,另外还有一些16世纪末17世纪初的俄国钱币(金属硬币)以及大批古物,其中有航海仪器、小刀、子弹、铁器、棋子等。所有这些实物都说明了它们是17世纪俄国极地航海家的遗物。从遗物的分布、数量而看,探险队由几只船组成。1945年又在这里发掘出一批古物。

历史文献中提到的最早的绕过泰梅尔半岛的极地航海探险发生在1686年。这年图鲁汉斯克市民伊凡·托尔斯托乌霍夫率3艘科契船从叶尼塞河出航想绕过半岛到勒那河去,但以后不知所终。1738年发现了托氏探险船队在叶尼塞湾右岸一个泊地竖立的纪念十字架,1740年在皮亚西纳河口以东北地区找到了托氏船队的越冬地遗址。不管怎样,17世纪末时俄国探险者已从东西两面完成了对欧亚大陆最北部泰梅米半岛的发现。因为还在17世纪40年代时航海家们又从勒那河航行到西姆斯湾,1945年在那里的发掘和发现证明了这一事实。

三、佩特林出使明朝、开辟俄华陆上通道

俄中两国的关系和交往始于17世纪初。尽管早在13—14世纪蒙古入侵征服时期,以及15—16世纪从中亚商人和西欧地理学家那里,还有15世纪的俄国旅行家尼基丁(著有《三海行纪》),特别是经过16世纪的西欧航海家发现家那里,已有关于中国的某些片断和消息传到罗斯。16世纪末17世纪初也有关于俄国的零星消息经过来华的西欧人传到中国。同为成吉思汗的子孙建立的统治俄国的蒙古钦察汗(金帐汗)与统治中国的蒙元王朝也偶有一点来往,(俄)罗斯战俘、平民也有被掳到蒙古地区的。但俄罗斯族—东斯拉夫人与中原汉族并无来往,也基本上互不知晓对方。随着俄国人对北亚的探险和地理发现,西西伯利亚的绝大部分已并入了俄国。到1619年,俄国人已推进到东经90度左右的叶尼塞河干流地区。其中,建于1618年的库兹涅茨克在鄂毕河上游地区,向南位处北纬53度半;建于1619年的叶尼塞斯克在叶尼塞河干流最偏东的地区,向东位处东经92度半。这样,西北方的俄国与东南方的蒙古、中国便日益接近起来。于是,俄国的新土地发现者们便试图探索通往蒙古和中国的陆上道路。1608年,遵照沙皇叔伊斯基的谕旨,派出了以别洛戈洛夫为首的托木斯克哥萨克,去探寻西蒙古的阿勒坦汗(汗国)。[50] 这是俄国在探寻去中国的海陆道路的大背景下迈出的具体而实际的一步。后来由于西蒙古各部间的混战,俄国使者探险者没有到达阿勒坦汗所辖的地区。不过,哥萨克们仍然带回了从叶尼塞河上游的吉尔吉斯人那里获悉的有关中国的某些消息。

1616年,俄国西西伯利亚重镇托博尔斯克(参见前面叶、布远

征图)的军政长官派出托·彼得罗夫使团—探险队去探寻西蒙古卡尔梅克部,派瓦·丘缅涅茨使团—探险队去探寻西蒙古阿勒坦汗部。[51]卡尔梅克又英译成喀尔木克,中国史籍称土尔扈特部。阿勒坦汗(Алтын-хан[царь],1567—1627)蒙语意思"黄金汗",系喀尔喀蒙古札萨克图汗部中左翼珲台吉(汗王)硕垒乌巴什。这两个使团—探险队均成功地到达了目的地,并获得了阿勒坦允许,让俄国使团—探险队过境到中国去。这两个使团—探险队就这样打通了鄂毕河上游与叶尼塞河上游的联系,进入了蒙古高原西北部的萨彦岭地区,发现了西西伯利亚平原东南部的浅丘岭地区,开辟了西西伯利亚与蒙古高原的陆上通道,并从此建立了俄国与蒙古的直接的经常的稳定的联系。俄国人此前在向东推进时,接触过并已统治了一些鞑靼人。他们实际上是操突厥语族语言的民族和部族而非蒙古人。而举世周知,操蒙古语族语言的蒙古族在中国的西北和北方,蒙古族与汉族有不解之缘;穿过蒙古地区便可到达中国本土汉族地区。这样,开辟去中国的北方陆上通道,实现俄中直接交往便快要梦想成真了。

1618年5月,以伊凡·佩特林(Петлин)为正使,安德烈·马多夫(Мадов)为副使的俄国使团考察队由托木斯克军政长官指派组成。从当时的探险活动和外交实践的习惯来看,估计有12人。他们于尼古拉祭日(5月9日)从托木斯克动身,同年9月到达北京。佩特林的《见闻记》所说的远行路线和行程日期是:由托木斯克骑行10日到达吉尔吉斯地区;由此骑行6日到达阿巴坎河;由此骑行9日到达克姆齐克河;由此骑行3日到达一个大湖(即乌布苏湖);沿从东方注入该湖的特斯河走15天,到达该河上游,遇到了阿勒坦汗。随后,在阿勒坦汗所派的毕克力图喇嘛等(估计约

12人)的陪伴下,佩特林一行继续在蒙古地区旅行考察,经过了许多诸侯王公的领地兀鲁斯和个别称汗的汗国。在蒙古地区他们最后经过了板升(Байщин)、腊宾(Лабин)两座城。板升即明时归化,[52]今日呼和浩特。腊宾城已难以考出今为何城了。从阿勒坦汗国起佩特林一行又走了40多天(扣除逗留盘桓的时间),才进入中国明朝辖境。俄国人在明朝境内先后经过的城市分别为希罗卡尔加(Широкалка)、施罗(Широ)、亚尔(Яр)、泰塔(Тайта)、白城(Белый город),据考,它们分别是张家口、宣化、怀来、南口、昌平。[53]最后便到了他们所称的大中国城——北京。

佩特林在索尔多格镇的答询说,他们(包括阿勒坦汗国的陪伴人员)一行在圣西门祭日(1618年9月1日)到达北京,被明朝官员安置在宏大的国宾馆里。他们在北京住了4天,然后踏上归程。在波克罗夫圣母祭日(1618年10月1日)过后第十天他们离开了明朝辖境,于同年三圣祭日(1619年5月16日)回到托木斯克。俄国使节还带回了一封万历皇帝致俄国沙皇的国书。书曰:"……尔等既为通商而来,则通商可也。归去后仍可再来。在此世上,尔为大国君主,朕亦为大国皇帝也。……因路途遥远,且语言不通,朕不便遣使访问贵大君主,现谨向贵大君主致意。……"[54]就这样,在17世纪10年代末,俄国第一个使团访问了中国的北京,沙皇俄国与大明帝国开始了来往。是为俄中两国外交的开端。

沙皇弗奥多罗维奇政府给佩特林的使命是探明中国、蒙古和相邻国家的情况。佩特林、马多夫等不负使命。佩特林回国后还写了一本《中国、蒙古见闻记》(Роспись китайского государства и монгольских земль)。此书译成汉文约有7000字,如果再加上他在索尔多格镇的说明和在喀山的答询,则译成汉文一共约有上万字。《见闻记》比较详细地记载了他们沿途所见所闻的蒙古、中国各方面的情况,包括政治、经济、军事、文化、宗教、社会生活、风俗习惯等。《见闻记》的地位类似于中印交往史上的《法显传—佛国记》,我们似可称其为俄国的《马可·波罗游记》,17世纪初的《三海行纪》。

佩特林出使明朝的意义在于,俄中两国开始了交往,这种交往在明末是平等友好的。佩特林和使团成为来华的第一位俄国人和第一个外交使团,从而谱写了俄中友好交往的第一页。佩特林使团还是欧洲基督教国家来华的第一个世俗使团。佩特林远行还具有地理发现方面的意义:他们穿过了大片的无人区和未开化地区,开辟了俄中两国直接联系的陆上通道,把东欧的俄国与东亚的中国联系起来,颇有凿空之绩。到17世纪下半叶初期,俄中两国逐渐接壤起来,具备了建立正式的经常的关系的各种前提。

第五节 在中西伯利亚高原、东西伯利亚山地的探险和在其沿海的航行

1619年左右在孟加席有一位绰号叫平达(Д. Пянда)的富人,聚集了一小批渔猎人,前往图鲁汉斯克收购毛皮。图鲁汉斯克位于下通古斯卡河汇入叶尼塞河之处。当地和远处的原始土著带着毛皮到图鲁汉斯克来交换。他们说下通古斯卡河以东有另一条大河。有关那条大河的各种传说使图鲁汉斯克的渔猎手和商人们既怀疑又动心,发财致富的欲望和建功立业的抱负驱使着俄国人很快前去探察。

1620年初夏,平达率领约40名渔猎手从图鲁汉斯克乘船出

发,沿下通古斯卡河东航,向上游前进。在两三个地方他们不得不登岸越过不太大的瀑布。在上游河道急转向南的地方(今纳卡诺镇),船队被土著人砍伐的树木挡住了。于是,他们越过被阻河段,开始一边向上游探察,一边收购毛皮,并在沿途建立了几个越冬地,它们被称为下平达越冬地。通古斯人有时进攻越冬地,但被俄式火枪击退。1621年夏季,探险队又乘平底船(струг)溯河而上,向南行驶。后来在上游北纬62度处建立了所说的上平达越冬地。1622年春夏河水解冻后,探险队又溯河南航了数百公里,后在北纬58度处越冬,与通古斯人(埃文基人)交换。这里已接近下通古斯卡河的河源了,南距贝加尔湖北部仅约300公里,东隔勒拿河上游仅20公里。⁵⁵

1623年春天,平达一行开拓出切楚伊斯克连水旱路,把船拖拉到了勒拿河上,然后乘平底船顺水向东北航行。这时河里还漂满流冰。渔猎手们沿途发现了许多注入勒拿河的支流,其中包括巨大的维季姆河、奥廖克马河。探险队航行到勒拿河中游的中雅库茨克低地。在这里勒拿河的流向从东北缓缓转北。人数不多的俄国人不想在新遇到的雅库特人中间过冬,于是调转船头返回,又溯流而上回到切楚伊斯克连水旱路处。平达没走原路返回,而是继续向勒拿河发源地航进,一直航行到轻型平底船能够到达的最远处,北纬54度处。这里已是河源,离贝加尔湖西岸仅140公里。探险队在此弃舟登岸,向西行走了150多公里,于秋天到达向北奔流的安加拉河上游。队员们就地建造几只西伯利亚卡尔巴斯轻型船(карбас,五角形浮运船),顺流南下,沿途发现了奥卡河等支流,并在奥卡河以下渡过了一些瀑布。安加拉河急转向西后,11月份到了,河水封冻。探险者便制作了冰雪橇,沿封冻的安加拉河道西行,于1624年年初回到了叶尼塞斯克;再沿叶尼塞河北上乘冰雪橇回到了出发地图鲁汉斯克。

平达探险队在三年半多的时间里航行探察了整条下通古斯卡河,开拓了下通古斯卡河与勒拿河之间的连水旱路,从而把叶尼塞河与勒拿河两大水系联系起来。他们航行探察了勒拿河的中游、上游、河源,接着又开拓了勒拿河上游与安加拉河上游之间的连水旱路;他们航行和乘冰雪橇滑行了安加拉河的大部分河段,并证实了安加拉河便是上通古斯卡河。总之,平达探险队共航行了7000多公里(其中有2400公里系往复航行),步行了几百公里,在河道上滑行了1700多公里,基本上完成了对中西伯利亚高原南部的发现,并开始了发现东西伯利亚山地的进程。

平达探险后,俄国人从叶尼塞河中上游、中游、下游全面东进,足迹船浪很快踏遍布满中西伯利亚高原各地。1632年,俄国人在勒拿河中游弓型河湾的西岸,即勒拿河最偏东处(东经130度)建立了雅库茨克要塞。雅库茨克要塞很快成为俄国各种各样的探险队、远征队的新的前进基地。他们由此出发向北方的冻海(北冰洋)、东方的东西伯利亚山地挺进,稍后还前往阿穆尔河(黑龙江)和温海(太平洋)探察。俄罗斯人不同的探险远征队各自为政所造成的双重捐税压迫激起了勒拿河中游地区的雅库特人起义。1634年1月,上千雅库特人围攻雅库茨克,但被要塞里200来个哥萨克和一些来此淘金的渔猎手、商人击退。

1633年夏天,来自托博尔斯克、叶尼塞斯克的上百名哥萨克、商人组成探险队,在彼菲里耶夫的率领下,从日干斯克出发。日干斯克建于1632年,在北极圈附近的勒拿河左岸。船队沿勒拿河向上游驶去,直到河口。勒拿河在近河口处分叉为扇状河网,成了河口三角洲。入海前,探险队兵分两路。列布诺夫驾船从勒拿河左边的一条河口入海,向西航行。至1634年8月,发现奥列尼奥克河河口及迤东的海湾。他们又溯河而上,在三年多的时期内向居住在沿河地区的埃文基人征收了毛皮税。彼菲里耶夫则驾船从勒拿河右边的河口入海,发现了亚纳湾和亚纳河河口。他们驶入河口逆水南航,于1635年秋到达了上游。俄国人在那里建立了魏霍(上)杨斯克,并向当地雅库特人征收了毛皮税。到1637年9月,列布诺夫分队从奥列尼奥克河经海上航行到亚纳河,与彼菲里耶夫分队汇合。1638年夏天,彼菲里耶夫回到了勒拿河,派列布诺夫继续向东探航。列布诺夫在秋天来临以前完成了对亚纳湾东部的发现,接着向东穿越了底米特里·拉普捷夫海峡,航入东西伯利亚海。他们沿海岸航进,发现了因迪吉尔卡河河口。列布诺夫率船溯河而上,向南航进了600公里,到达了一条支流的河口(Уяндина、乌杨迪纳河)。列布诺夫一行在那里建立了越冬地。他们在那一带逗留了两年多,于1641年夏才回到勒拿河。

就这样,1633—1641年的彼菲里耶夫—列布诺夫航行和探险,发现了勒拿河三角洲、奥列尼奥克河、雅纳河、因迪吉尔卡河,探察了新发现河流的下游和中游;发现了从奥列尼奥克河到因迪吉尔卡河长达2000公里的大陆海岸线(直线距离1000公里,其有一部分属于重复发现),发现了沿途的半岛、海湾和海峡,打通了从拉普捷夫海到东西伯利亚海的航线;他们完成了对北西伯利亚低地东部的发现,并开创了对东西伯利亚山地的发现进程,而且发现了科雷马低地。前已提及,40年代时已开拓出从勒拿河到泰梅尔半岛北部的航路。现在,他们又为东北新航路铺下了一段新的路段,使它延伸到东西伯利亚海的因迪吉尔卡河。同时,俄国人还开始接触了一些新遇到的原始土著部族。

1636年,叶尼塞斯克督军装备了一支哥萨克探险队,由叶·尤·布札指挥,委托他去发现勒拿河河口以东的土地,其中包括拉麻河(Лама)。[56]拉麻河一名起源于通古斯语"海洋"。17世纪上半叶俄国人推测,在勒拿河以外有一条拉麻大河,它发源于中国。1637年夏天,布札他们从雅库茨克出发,经勒拿河、奥列尼奥克湾,很快到达奥列尼奥克河。在那里布札碰到了列布诺夫探险队。布札探险队在奥列尼奥克河地区过了一冬,然后走奥列尼奥克河、海上、勒拿河回到日干斯克。第二年(1638)夏天布札开始了新的探险。这次远行的参加者德鲁干在他的呈文中讲述,"他们从雅库茨克沿勒拿河顺流而下入海,在海上(向东)航行,到达了奥莫罗伊河(Омолой)河口。而就在那一带船被冻住了,没能到达雅纳河河口"。[57]因为担心在冬季可能挨饿,布札决定走旱路继续向雅纳河推进。可能是德鲁干的讲述,他们就地"建造了一些雪橇,并乘这些雪橇启程。他们抛掉了自己的行装、渔网和货物,东奔西跑地想寻找一条雪橇可行的道路"。[58]他们从奥莫罗伊河河口出发,轻装前进,行走了8个多星期。德鲁干写道:"他们翻越了石山(库拉尔山脉),到达了雅纳河高地(雅纳河上游),沿雅纳河而上,8个星期后,进入雅库特人地区。"[59]1639年春夏,布札探险队又乘自造船顺雅纳河而下,1640年入海航行到勒拿河河口。但由于风向不对他们被迫停留在勒拿河三角洲,第二年夏天才回到雅库茨克。

不管怎样,在五六年的漫游旅行中,布札走遍了几乎全部的勒拿河流域,除了它的上游,发现奥莫罗伊河与库拉尔山脉。布达探险还首次遇到了俄国人前所未见的犹卡吉尔人(Юкагиры),[60]这个部族的人在俄国人继续向亚洲东北部推进时和探察堪察加时,都发挥了较重要的作用。

不迟于1642年,俄国人已发现奥列尼奥克河以西泰梅尔半岛以东的阿纳巴尔大河。1611年,俄国人已发现泰梅尔半岛东南根部的哈坦加河上游。到40年代,俄国人已知道哈坦加河和哈坦加湾了。这意味着俄国人探明的北亚大陆海岸线已不间隔地延伸到东西伯利亚海的因迪吉尔卡河河口。

几乎在列布诺夫发现因迪吉尔卡河与去那里的海路的同时,俄国人又开辟了去那里的陆路。1637年春天,从雅库茨克派出了以商人波斯尼克·伊凡诺夫·古巴利为首的哥萨克骑兵探险队。他们渡过了勒拿河中游东部支流阿尔丹河,进入上杨斯克山区。探险队人马平安地越过了上杨斯克山脉,逗留在杨斯克雅库特人的游牧区。雅库特人正与当地犹卡吉尔人敌对,乐意加入俄国国籍,以图哥萨克的帮助。雅库特人还告知探险队经雅纳河的支流到因迪吉尔卡河的道路(即左岸的支流→雅纳河→右岸的支流→连水旱路→左岸的支流→因迪吉尔卡河)。1637年夏天,哥萨克骑手从雅纳河中游到达了因迪吉尔卡河中游。接着在那里建立了征收毛皮税的越冬地。

当地犹卡吉尔人有一次攻击了偏袒雅库特人的俄国人。这些人以前从未见过马,在战斗中他们力图多杀死马,因为他们认为马比人危险可怕得多。这种情况与美洲印第安人类似。尚处于石器时代和原始社会的犹卡吉尔人被击败了。哥萨克人就地建造了一些小船,向因迪吉尔卡河上游航进,向犹卡吉尔人征收毛皮税。波斯尼克本人和一批人则返回了雅库茨克,带回了许多新的消息。1638年和1639年,波斯尼克两次往返于雅库茨克和因迪吉尔卡河之间,带回了许多珍贵毛皮,带来了大批增援人员和物资。

在因迪吉尔卡河留守的人员推选伊凡·叶拉斯托夫为首领。他们到1640年夏季已把自己的统治扩大到因迪吉尔卡河广大中游地区。1641年夏,他们就地造船航行到下游和因迪吉尔卡河入海口。1642年夏,他们又东向沿海岸航行发现和抵达了阿拉泽亚(Алазея)河河口。[61]叶拉斯托夫驾船溯河而上,在北纬69度处越冬。1642年夏又乘船向上游航进,深秋时节又驾鹿拉雪冰橇向上游河源前进。叶拉斯托夫考察了阿拉泽亚河的几乎全部河段(1500公里),到1643年夏天才浮河泛海把征收到的毛皮运送到勒拿河上的俄国要塞。

就这样,俄国人发现了雅纳河全段、因迪吉尔卡河中上游和阿拉泽亚河,发现了三条大河的广大流域地区和一段新的海岸线(因迪吉尔卡河口至阿拉泽亚河口),更加深入地再次航行于东西伯利亚海。在阿拉泽亚河流域,俄国人首次遇到了陌生的驾鹿的楚科奇人。他们开辟的从勒拿河到因迪吉尔卡河的陆上道路在17世纪内是连接两大水系的主要的重要的道路。这次探险和远征的运动方式除了传统的乘雪橇、步行、内河航行、航海以外,还骑马远行。在极圈内的严寒地区骑马是罕见的,因无草吃,马也易冻坏,且不能繁殖,难生存。

1641年年初,军人米哈伊尔·瓦西里耶维奇·斯塔杜欣率一小队骑兵从雅库茨克出发向东北行进。他们渡过了阿尔丹河,走陆路到达了因迪吉尔卡河的上游即奥伊米亚康地区。这里是北半球的寒极,冬季长达半年,最低气温达零下68度。他们对这个地区的雅库特人和通古斯人征收了毛皮税。斯塔杜欣在这里还碰到和汇合了一支溯河而上的俄国探险队。1642年年初,他们就地建造了一艘船。1642年春夏,探险队乘船顺流而下,驶进海洋。到了秋天,他们向东航行到阿拉泽亚河河口,又碰到和汇合了另一支俄国探险队。他们在河口越冬。1643年7月,壮大了的探险队沿海岸航行到并新发现了科雷马河河口。斯塔杜欣认为,在大陆海岸的对面,从勒拿河河口起到科雷马河河口止,有一个巨大的岛。[62]就这样,东西伯利亚海岸对面的冰海有一个巨大的岛的传说便产生,并流行了100多年。所以在地理发现的同时又不断产生新的地理之谜。实际上只是在拉普捷夫海峡以北有一个面积约3.8万平方公里的新西伯利亚群岛。18世纪时俄国人发现了它。

俄国人驶入科雷马河河口,溯河而上航行了12天,然后登岸。1643年秋天他们在中游建起了越冬营地,向当地土著征收毛皮税。1644年秋季,斯塔杜欣又回到下游,在科雷马河支流大阿纽伊河(Анюй)河口建立了越冬营地下科雷姆斯克,向犹卡吉尔人征收毛皮税。这个据点后来成为俄国人进一步推进的出发地:他们浮海沿东西伯利亚海海岸向东推进;沿科雷马河水系向南探险,直到鄂霍次克海。1645年年底斯塔杜欣回到了雅库茨克。斯塔杜欣的探险和航海发现了从阿拉泽亚河到科雷马河的500公里长的海岸线,开始了发现科雷马河流域的进程。

第六节 探索东西伯利亚、远东、鄂霍次克海

一、北冰洋河系与太平洋河系的沟通

17世纪30年代,为了寻找新土地,俄国人也从雅库茨克出发,径直向东方推进。1637年,远在鄂毕河上游的托木斯克有个叫科佩洛夫的人,他率领一支探险队横穿了大半个西伯利亚,经过雅库茨克向东挺进。科佩洛夫沿已开拓出来的河流航道沿勒拿河

航至阿尔丹河,再沿阿尔丹河朝上游航行了5个星期。科佩洛夫在阿尔丹河中游马亚河河口以上100俄里建了一个要塞住下。1639年春他派伊·尤·莫斯克维津率一支30人的小队继续探险。这支小队中有一个雅库茨克哥萨克叫涅·伊·科罗波夫,他于1646年1月提交了他们的探险报告。

莫斯克维津回头沿阿尔丹河向下游航行,8天后到达阿尔丹河东南部支流马亚河河口。他们沿马亚河向上游航行了6周,沿途经常靠拉纤、划桨、撑篙前进。之后他们换乘就地建造的两只吃水更浅的轻型平底船又走了6天。经过了尤多马河等马亚河的支流河口,哥萨克人一直航进到马亚河河源。这里距鄂霍次克海已不足200公里。哥萨克人弃舟轻装前进,向东穿过连水旱路,翻越了分水岭朱格朱尔山脉,离开了注入北冰洋的水系进入了注入太平洋的水系。他们最后在乌利亚河(Улья)重新建造了平底船,顺流航行到鄂霍次克海,[63]这时已是1639年8月了。

莫斯克维津在乌利亚河入海口建立了越冬营地,并派出两组人沿海岸进行探察。北方小组向东北一直走到注入陶伊湾(Тауй)的陶伊河为止。[64]1640年春,莫斯克维津率南方小组,乘就地建造的船,沿海岸先航行到注入乌达湾的乌达河(Уда),然后从南部绕过新发现的尚塔尔群岛,航入萨哈林湾。[65]在萨哈林湾的南部边缘,莫斯克维津望见了库页岛北端和黑龙江河口,但因人手太少和食品短缺他们没去探察而调头返航。

莫斯克维津探险队在鄂霍次克海沿岸东奔西跑了2年,1641年夏季走原路返回雅库茨克,满载而归。科罗波夫说他向国库交纳了"440张黑貂皮,每张黑貂皮约值44个卢布"。老资格的著名探险家叶·尤·布札把这批黑貂皮运到了莫斯科。

莫斯克维津的探险发现了太平洋的鄂霍次克海和沿海1700公里的海岸线,发现了马亚河、尤多马河、乌利亚河等众多河流,发现东西伯利亚山地南部和远东北部边缘,打通了注入北冰洋的勒拿河水系与太平洋水系的联系,实际上建立了北冰洋与太平洋之间的陆上联系。来自航行在大西洋、北冰洋上的俄罗斯人,现在又航行在太平洋上了。探险队还打听到许多关于阿穆尔河(黑龙江)的情况,可能这是俄国人首次听说这条远东大河。

俄国人最初把莫斯克维津新发现的海叫做拉麻海(通古斯语"海洋")。后又改称鄂霍次克海,大概是起源于海岸中部奥霍塔河河口的鄂霍次克要塞(建于1649年)。[66]这个港口成为18世纪海上探险的重要基地。

1649年,一支由军人、手工业者组成的部队从科雷马河地区往东南开到其支流,大、小阿纽依河(Анюй)上游,向未臣服的尤卡吉尔人强征毛皮税。注入北冰洋的两阿纽依河河源离注入太平洋的阿纳德尔河河源只隔着几十公里的分水岭阿纳德尔高地。俄国人从被俘的土著人那里打听到不远处有一条流向东南入海的大河。于是,1649年7月,从下科雷姆斯克派出了一支约40人的探险远征队,去寻找新土地和向沙皇交税的人们,谢明·莫托拉任头领。莫托拉探险队当年冬天在阿纽依河上游越冬,1650年3月初才驾乘鹿拉雪橇开拔,4月中旬到达阿纳德尔河。

功成名就的老资格探险家米·瓦·斯塔杜欣不甘寂寞,也率一支探险队跟踪前进,来到阿纳德尔河地区。当地尤卡吉尔人已向先期到达这里的迭日涅夫(杰日尼奥夫)探险队缴纳了毛皮税。斯塔杜欣再次向他们征税,并严厉镇压了他们对双重捐税压迫的反抗。杰日尼奥夫事实上已先成为那里的发号施令者,自然不愿权力旁落。斯塔杜欣功名利欲熏心,竟抢走了杰日尼奥夫、莫托拉已得到的许多黑貂皮,随后继续探险。大概在 1652 年初,斯塔杜欣探险队滑雪和乘鹿拉雪橇,沿阿纳德尔河的一条支流向西南前进。经过不长的连水旱路,他们发现和到达了注入鄂霍次克海最北端的品仁纳河,并遇到了新的部族科里亚克人。他们顺河到达品仁纳湾,然后向西南前进到达了吉日加河海湾[67](1651 年春季已有哥萨克到过这里)。在吉日加河河口,斯塔杜欣建造缝制了一些大兽皮艇(类似西藏、黄河上游的羊皮筏)。他们于 1653 年夏季沿海岸向西南航行,夏末到达陶伊河海湾。[68]这样他就发现了鄂霍次克海最北部西岸上千公里的海岸线。探险队于 9 月在河口建起了要塞并进行狩猎。他们在此度过了将近 4 年,并向土著居民征收毛皮税。直到 1657 年夏天,斯塔杜欣才继续向西南航行,到达了奥霍塔河河口的俄国要塞鄂霍次克。[69]他们在这一带又盘桓了近 2 年。1659 年夏天,斯塔杜欣才走最近的道路——经奥伊米亚康和阿尔丹河回到了雅库次克。[70]他这次探险长达 10 年,行程 1 万公里以上。斯塔杜欣给国库带回大量貂皮,还绘制了一幅反映他的探险远征路线和所经过所发现地区的地图。可惜这幅地图没有保存下来。

为奖掖斯塔杜欣对遥远地区的探察、发现和取得许多珍贵毛皮,沙皇阿历克赛·米哈伊尔提升他为哥萨克阿塔曼(Атаман)。斯塔杜欣由于领导了两次重大探险,发现了大片地区而成为 16—17 世纪俄罗斯地理发现中最重要的人物之一,同时也是对土著居民比较残暴的征服者之一。从莫斯克维津经若干人到斯塔杜欣,俄国人发现了鄂霍次克海的几乎全部西海岸。但这个海域的东海岸还不被他们知晓,虽然他们已从尤卡吉尔人和科里亚克人那里听说了堪察加半岛和堪察加人。

二、探察、染指、入侵远东—黑龙江地区

大概在 30 年代,俄国人已从居住在勒拿河支流维季姆河、奥廖克马河的埃文基人、游牧的达斡尔人那里得知,东南方有一条流向东方的大河。达斡尔人当时基本上还处于氏族社会阶段。第一个进入达斡尔人地区的俄国人叫阿维尔基耶夫,他大概在 17 世纪 30 年代末到达了石勒喀河与额尔古纳河的汇合处。[71] 两河汇合后便称黑龙江(阿穆尔河)。此后关于达斡尔地区的财富的传说便越来越多,说那个地区富藏银矿铜矿和铅矿。最后,雅库茨克于 1643 年 6 月派出了一支 130 多人的探险远征队,由秘书官瓦·丹·波雅尔科夫指挥。远行的目的是征收毛皮税,寻找仍未纳税的人,发现、开采和冶炼银、铜、铅矿。探险远征队除了带足武器弹药给养辎重外,还带了一些铜锅、铜盆、呢绒、玻璃珠等货物,想适时用于交换和馈赠。

军事探险队乘 6 只平底船先顺勒拿河而下,接着逆其大支流阿尔丹河向东向南航进,再逆其支流乌丘尔河(Учур)南航,最后溯其支流戈纳姆河南航。在戈纳姆河航行时,队员们经常得把船拖上岸,绕过瀑布,再放入上游的河道。有时又得把木板垫在浅湍的石头河床上,使船滑过去。深秋时节,河水封冻了。波雅尔科夫留一部分人在戈纳姆河(Гонам)越冬,自己率 90 人轻装滑雪乘雪橇,向南走了近百公里的连水旱路,翻越了作为分水岭的斯塔诺夫山脉(外兴安岭),从注入北冰洋的勒拿河水系来到注入太平洋的阿穆尔河(黑龙江)水系,到达结雅河上游的一条小支流乌姆列康河(Умлекан)。波雅尔科夫在河口附近筑要塞越冬。

这一带已是达斡尔人的定居农耕区。苏联史家也承认,当地达斡尔人当时已用毛皮从中国交换丝绸、棉布、铁器和其他用具,

并向满族人进贡纳税,上缴毛皮。波雅尔科夫强迫达斡尔人向俄国沙皇纳税,供给俄人粮食,并曾为此抓了一些显贵人物作为人质。于是双方处于敌对状态。在1643—1644年的冬季里,哥萨克人极度缺粮,有40人先后饿死。他们不得不吃树皮草根,吃野兽牲畜尸体,后来吃前来围攻要塞而被打死的达斡尔人尸体。

1644年5月下旬,戈纳姆河的后续部队才用船运来了粮食。部队汇合后已不到百人。波雅尔科夫在春季里已造了一些船。汇合后探险队便乘船顺结雅河而南下,驶入了阿穆尔河—黑龙江。他们顺流东航,沿途经过了布列亚河(北)、松花江(南)、乌苏里江(南)等大支流的河口。探险队经常上岸侦察、探察,曾有一支20多人的小队在松花江河口一带被当地久契尔人(Дючер、女真人)消灭。[72]从松花江河口起,黑龙江的流向从东南转为东北,进入了下游。下游地区居住的是更为落后的原始部族,不过也已受到中国文化的影响,苏联史家对此也认同。1644年9月下旬,波雅尔科夫终于航行到阿穆尔河河口。

探险队在河口住下过冬。哥萨克对当地吉里亚克人征收了毛皮税,也用携带的货物向土著购买交换鱼类和木柴。冬春时节,俄国人再次挨饿,又被迫吃草根树皮兽尸,又有人死去。1645年的晚春,坚冰融化了。探险队从河口驶入大海。河口一带的大陆海岸离萨哈林(库页)岛仅隔着20公里宽的鞑靼海峡。所以俄国人在海岸上就望见了萨哈林岛的西海岸,并从吉里亚克人那里得知,岛上住着多毛的阿伊努人。[73]探险队沿大陆海岸向北、向西、向北航行,最后于9月驶到乌利亚河河口。在此哥萨克们遇到了早已熟悉的埃文基人,并向他们课了毛皮税。探险队在此度过了第三个冬天。1546年早春,探险队留下20人驻守,大队乘雪橇沿乌利

399

亚河往上游进发。他们越过了乌利亚河与马亚河之间不高的分水岭，进入了勒拿河流域。他们在马亚河上游造了一艘大船，然后沿马亚河、阿尔丹河、勒拿河顺流航行回到了雅库茨克，时为6月中旬。这时只剩下30多人了(有20人留在乌利亚河,80人死去)。

这次探险共持续3年,行程约8000公里。从注入北冰洋的勒拿河水系到注入太平洋的阿穆尔河(黑龙江)水系他们开拓出一条崭新的道路,发现了勒拿河上游的乌丘尔河、戈纳姆河。波雅尔科夫是自结雅河河口航行至阿穆尔河河口的第一人,并收集到许多关于萨哈林(库页)岛的资料。他们是沿鄂霍次克海西南海岸航行的较早的俄国人。波雅尔科夫搜集了阿穆尔河流域各民族的情报,并向雅库茨克督军提出了征服阿穆尔河地区的建议。所以波雅尔科夫又是入侵和征服我国黑龙江北岸地区的始作俑者。

波雅尔科夫探险发现的消息传遍了东西伯利亚,激起俄国人到黑龙江流域冒险淘金的热劲。1649年夏至1653年夏,富农、商人、盐场主哈巴罗夫在雅库茨克督军的支持下,率200多人南下闯入黑龙江中上游,进行侵略扩张和探险考察。他们一伙在黑龙江江北流域抢劫粮食牲畜,侮辱妇女,强征毛皮税,强迫当地已臣属清朝的达斡尔人等归顺沙皇加入俄籍。他们曾于1651年夏攻占达斡尔人堡寨古伊古达尔,打死千余抵抗者。1652年4月,在黑龙江下游宏加力河(Хунгари)河口附近的阿枪人(中方称赫哲人)大村庄阿枪斯克(中方称乌札拉村),俄人据此与前来反击的清军激战。清军虽10倍于敌,也有火枪火炮。但由于片面强调抓活的而遭俄国火器大量杀伤败北。[74]这是俄中(清朝)军队的首次交战。从此,俄国人的势力扩张到黑龙江北岸。1654年在石勒喀河中游建尼布楚(卫)。1665年在黑龙江最靠北的河段一带建阿尔巴津

（雅克萨）。[75]直到雅克萨战役（1687年）和《尼布楚条约》（1689年）才把俄国人赶出黑龙江以北，外兴安岭以南。

从探险和考察的角度看，哈巴罗夫远征军开拓出从奥廖克敏斯克（1635年建于勒拿河中游约北纬60度半东经120度半处）南下到黑龙江的新通道；从黑龙江最靠北的乌尔卡河（Урка）河口航行到乌苏里江河口以下200公里处吉里亚克人地区。其中从乌尔卡河口到结雅河口的600公里属于首次航行，结雅河口以下已由波里雅科夫航行过了。

第七节 迭日涅夫、波波夫从北冰洋到太平洋的航行与发现

谢·伊·迭日涅夫（С. И. Дежнёв，杰日尼奥夫）大概在1605年出生于北德维纳河支流上的大乌斯秋克。他30岁上下到西伯利亚的哥萨克部队任职，先后在托博尔斯克、叶尼塞斯克、雅库茨克、下科雷姆斯克等地待过，多次参加过在东西伯利亚山地的探险和远行。他曾两次结婚，夫人都是雅库特人，所以他可能会说雅库特语。

1646年夏季，以伊格纳基耶夫为首的一批渔猎手从科雷马河河口的下科雷姆斯克出海东航去寻找曾听说的不远处的盛产黑貂的大河。他们沿海岸航行了2天，到了查翁湾，发现了入口处的艾翁岛。在这个海湾他们遇到了一些楚科奇人，双方进行了不通话的实物交换。楚科奇人还处于石器骨器时代。伊格纳基耶夫把已知的北亚海岸线又向东推进了约10个经度。他带回到下科雷姆斯克的消息令人兴奋。

下科雷姆斯克有一个大乌斯秋克富商的代理人菲多特·阿列

克谢耶夫·波波夫(Ф.А.Попов),很有冰海航行的经验。1647年他着手组建渔猎探险队,以寻找盛产黑貂和海兽的阿纳德尔河。从1647年起人们便把所听说的那条河如此称呼。探险队有60多人,4条船,并邀请勇敢而又有探险经验的迭日涅夫参加。迭日涅夫作为税吏也想去寻找缴纳毛皮税的新的税区和税民。不过1647年夏季的航海探险因浮冰和恶劣气候而空手返回。但他们毫不气馁,准备再干。哥萨克安基杜诺夫也加入进来。

1648年6月下旬,7艘单桅帆船从科雷马河口驶进大海,向东航行。全队共90人,迭日涅夫、波波夫、安基杜诺夫分乘各船。在楚科奇海,船队两次遇到风暴,损失了两批4艘船。前两艘船触冰毁坏,水手们有的被淹死,有的上岸后被土著打死或饿死。后两艘船在楚科奇角失踪不归,可能被风暴推到美洲西北端海岸。因为1937年在阿拉斯加南部的基奈半岛发现了300余年前的俄国建筑房屋遗迹;[76]18世纪时当地的爱斯基摩人和印第安人也传说,一些大胡子蓝眼睛的人到他们这个地区居住过。苏联学者推测的航线是:那两艘船也穿过了白令海峡,向西南进入阿纳德尔湾,然后向东南航行,绕过了阿拉斯加半岛,最后北上,到达了基奈半岛。[77]

8月他们到达白令海峡地区,在这里又损失了安基杜诺夫的船,所幸海员们获救。9月,剩下的迭日涅夫他们的两艘船沿海岸由东转南航行,绕过了亚洲的最东端,后来以他的名字命名的迭日涅夫角(169°45′W,66°06′N),首次从北冰洋驶入了太平洋。迭日涅夫的报告说:"这个海角凸出于海面上很远,海角上居住着和蔼的楚科奇人。海角对面的岛屿上居住着被称为长长牙的人(爱斯基摩人)。……我们——谢明依卡(迭日涅夫)和同伴们认识了这个大海角,因为就在这个海角附近,军职人员翁库迪诺夫(安基杜诺夫)的航船碰坏了。我们——谢明依卡和同伴们把遇难的人救到我们的船上"。[78]在另一份报告中迭日涅夫进一步说明,"从科雷马河航海前往阿纳德尔河的途中,有一个海角(迭日涅夫角)伸入海面很远。……楚科奇人的房屋是用鲸骨搭建的。……海角急转向南,(海岸线)折向阿纳德尔河。从海角到阿纳德尔河驾帆船只需要三昼夜"[79]。中国南宋赵汝适也有类似记载。《诸番志》卷上《志国·中理国》(东非索马里一带)载:"每岁常有大鱼死,漂近岸。身长十余丈,径高二丈余。……民之贫者取其肋骨作屋桁,脊骨作门扇,截其骨节为臼。"这里所说的大鱼也应是鲸鱼。

楚科奇人的冬季住所和用鲸鱼骨架搭建的塔楼

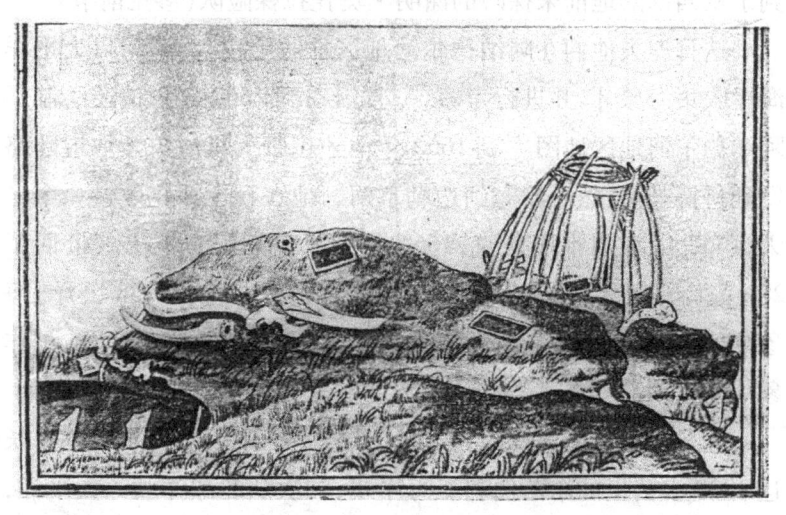

图 11-3

资料来源:18世纪的俄国人图画,取自《北方航路的发现与开拓史》第1卷,第435页。塔楼一说用作帐篷,即外面罩上兽皮便成了居住的帐篷。住所可见是地穴式的。

10月1日,波波夫与迭日涅夫走散,从此再无波氏的音讯。

此后风浪把迭日涅夫推到阿纳德尔河以南很远,他们漂到了楚科奇半岛南部以西南900公里、北纬60度一带的奥柳托尔斯基角。[80] 迭日涅夫一船25人(包括救上船的人)在此登岸,沿海岸继而翻山往东北行走,10星期后才发现和到达了阿纳德尔河河口。探险队在河口地区挖地穴度过了1648—1649年的严冬。春夏时节,只剩下12个人,其余的走散或饿累病而死。春天里,他们建造了一只内河船。解冻后,他们溯阿纳德尔河而上航行了500公里,一直到了有安纳乌人(尤卡吉尔语支的)的地区,并对他们征收了毛皮税。他们在这里度过了1649—1650年的冬天,春天到来后他们遇到了从西部陆地前来探险的谢明·莫托拉探险队(参见前节)。

迭日涅夫他们在阿纳德尔河地区征收毛皮税,到河口太平洋海岸收集海象牙,并进行考察,一直活动到1660年。他还绘制了阿纳德尔河地区地图。[81] 到1660年他才携带大批海象牙取道陆路回到科雷马河,然后渡海到达勒拿河。他在日干斯克度过一个冬天,1662年来到雅库茨克,1664年到了莫斯科。他一共带回了289普特海象牙,按雅库茨克当时的价格每普特(16.38公斤)海象牙值60个银卢布。海象亦称海马,其两颗长牙宛如象牙,可作象牙的代用品。

迭日涅夫的航海探险,发现了从查翁湾到奥柳托尔斯基角长达2000多公里的东西伯利亚海岸线,首次从北冰洋驶入太平洋,绕过了亚洲最东端的迭日涅夫角,发现和穿越了把美亚两洲分开把北冰洋和太平洋沟通的白令海峡,从而最终证明了美洲是不与亚洲相连的新大陆,证实了欧洲对所谓阿尼安海峡的猜测,初步实现了格拉西莫夫的设想,为东北新航路的开辟奠定了最重要的一块基石。迭日涅夫还发现了楚科奇半岛、阿纳德尔河及其流域,首次翻越了科里亚克山脉。令人遗憾的是,由于种种原因,这个重要的海峡并没有被称作迭日涅夫海峡,而是被称作白令海峡。如同美洲并未被称作哥伦比亚洲,而是称为阿美利加洲一样。也如同好在阿美利哥与哥伦布同为意大利同胞一样,白令也算是归化了俄国的丹麦裔航海家,与迭日涅夫同为俄罗斯同胞,从而使这份遗憾有所释怀和弥补。

1648年10月1日菲多特·波波夫与谢明·迭日涅夫失散后,被风暴、海浪、洋流推得向西南漂得远得多。他们最后可能在堪察加半岛东海岸某地靠岸。波波夫他们驾船驶进了堪察加河,在一条小支流菲多特申诺河河口越冬。当地土著以最先来到这里的俄国人首领的本名菲多特(Федот)来称呼这条河的(Федотовщино)。次年春天,他们乘船顺河驶入大海,沿海岸南下,绕过半岛最南端的洛帕特卡角,进入鄂霍次克海,再沿半岛西海岸北上,航行到北纬58度左右的季吉尔河(Тигиль)河口。在此他们度过了1649—1650年的第二个冬天。此后,波波夫一船17人的命运便不太清楚了。迭日涅夫的报告说:"我——谢明依卡在俄历7162年(1654年)沿海岸出行。我在科里亚克人中间说服了一个名叫菲多特·阿列克谢耶娃的雅库特女人。她说,菲多特和军职人员格拉西姆(安基杜诺夫)因患坏血病而死,其他的同伴被(土著)打死,剩下的一些小人物乘只能坐一个人的小木舟逃散,不知去向。"[82]1728—1729年在堪察加河的小支流菲多特申诺河河岸发现了两个俄式越冬地遗址,收集到的当地土著的口语资料也说,那是在过去的年代由雅库茨克乘船渡海来的人留下的。

菲多特·阿列克谢耶夫·波波夫是此次探险和航行的主要发起者、组织者,也是主要的指挥者之一。他与迭日涅夫共同完成了从北冰洋到太平洋的航行、探险和地理发现。此外,他们还单独发现了巨大的堪察加半岛,发现了半岛中南部两侧2000公里的海岸线,发现了堪察加河,并首次航行于鄂霍次克海东部。只因为他未凯旋归来带回消息而屈居第二。

总之,迭日涅夫—波波夫1648年开始的这次探险航海发现是16—17世纪俄罗斯地理大发现中最重要最伟大的事件,也是15—17世纪的地理大发现中重要的伟大的事件之一。

第八节 在北亚、北冰洋探险发现和扩张的基本终结

一、在南边的扩张、北边的航海和西伯利亚地图

早在17世纪20年代初,陆地内河探险家平达就曾两次跋涉航行到勒拿河河源,到达了贝加尔湖周围地区(参见本章第五节)。贝加尔湖北半部周围是埃文基人(通古斯人)出没的地区,南半部周围是蒙古人各部游牧的地区。此后俄国人迅速向中西伯利亚高原和蒙古高原结合部的贝加尔湖周围地区扩张。1642年,俄国人在勒拿河河畔东距贝加尔湖140公里处建立上勒拿斯克;1646年,在贝加尔湖北部以北偏东150公里处上安加拉河河畔建立上安加尔斯克;1647年,在色楞格河源、贝加尔湖以东100公里处建立乌丁斯克;1648年,在巴尔古津河河源,贝加尔湖以东25公里处建立巴尔古津;1652年,在东距贝加尔湖西南岸50公里处安加拉河河畔建立伊尔库次克城,它很快成为中西伯利亚南部和贝加尔湖地区的重镇,与蒙古、中国打交道的门户,伊尔库次克县的县城(18世纪初它升格为北亚三个省之一伊尔库次克省省城)。1666年在色楞

格河上游,贝加尔湖南部南偏东100公里处建立色楞格斯克。[83]

俄国人除了在贝加尔湖周围、黑龙江—远东地区渗透扩张以外,也在北亚、北冰洋广大地区继续探险、考察。欧俄北部的沿海居民在巴伦支以前、早在15世纪末便到达了新地岛,1651—1652年,以涅普柳耶夫为首的俄国探险者为寻找银矿又航达新地岛。由于俄国人在新地岛的不断探察开发,面积达8.3万平方公里无常住土著居民的新地岛在16—17世纪逐步并入俄国。1667—1668年,工场主塔拉斯·斯塔杜欣从科雷马河出海东航到达迭日涅夫角。他们在那里登岸,走陆路到达阿纳德尔湾、阿纳德尔河,接着到达注入鄂霍次克海北端的品仁纳河。1686—1687年,托尔斯托乌霍夫率三条科契船从叶尼塞河出海东航,沿泰梅尔半岛西海岸航进,想绕过半岛到达勒拿河河口。但不幸的是,这一次也与1620年的那次航行一样,在绕过半岛最北端以后,船队大概在法德杰亚岛(Фаддея)遇难覆没了。

俄国人在北亚探险、扩张、移民的同时,还进行广泛的考察,撰写各种探险考察报告,绘制各种北亚地图,逐渐完成了对北亚的发现,把北亚彻底纳入了俄国版图。第一幅著名的北亚地图是托博尔斯克督军彼得·戈杜诺夫奉沙皇之命在1667年绘制的《西伯利亚地图》。在这幅地图上,阿尔汉格尔斯克以北,勒拿河、堪察加河以东清晰地画出了统一的水域。在图的右下角标绘出了中华帝国,并用内外两道城墙表示了它的长城和北京城。去中国的东北海上通道的思想在戈杜诺夫地图的两幅抄本上反映得更清楚,它们由1673年到过莫斯科的瑞典人鲍姆克维斯特抄绘。[84] 1672年,戈杜诺夫的西伯利亚地图由波里亚科夫修订和增补了说明。说明直率地肯定了绕过亚洲最东端的可能性,并指明了迭日涅夫等的功绩。他写道:"迭日涅夫关于绕过楚科奇半岛的敷衍了事的呈文奠下了俄罗斯制图学这些非常珍贵的信息的基础。"戈杜诺夫地图还反映了俄国人对堪察加河、堪察加半岛的初步认识和发现。图上标绘出了堪察加河,并且堪察加河在勒拿河与阿穆尔河(黑龙江)之间注入东西伯利亚东方的大海。从勒拿河河口到堪察加河河口再到阿穆尔河河口都是完全畅通的。该图1672年第二版波里亚科夫的说明谈道:"石头的台柱从海中伸出在堪察加河河口的对面,高不可测,谁也没去过。"波里亚科夫既说出了河的名字,还提到了山的高度(高不可测,实高1233米),它在堪察加河河口对面耸立。这座山系指堪察加河河口对面的小半岛。[85]

《西伯利亚地图》在表现方法上也有创新和特点。图中毛毛虫似的图形表示山脉。其中左下角伏尔加河下游以西的那条毛毛虫表示伏尔加河沿岸高地;伯朝拉河和鄂毕河之间从北到南延伸很长的那条毛毛虫表示乌拉尔山脉;叶尼塞河河源贝加尔湖阿穆尔河河源以南、中国西北的丫形毛毛虫大概表示东萨彦岭和雅布洛夫山脉,但下面那条尾巴无从考证。图中虚线表示连水旱路。

当然这幅地图还没有脱离某些传统的窠臼。原图的坐向是下部为北方。北部的北冰洋海岸、东部的太平洋海岸基本平直,且成直角,全图呈四方形。众多的半岛、海湾、海峡、岛群没有表现出来,南部更是被想当然地画成平直的海岸线濒临着海洋。图上也无经纬网。

1684年,又有一幅《西伯利亚全图》由佚名制图家绘成。该图于1696年被地图学家列梅佐夫收入他编辑的《西伯利亚地图集》中。它的形制、方位、风貌与戈杜诺夫类似,但在各方面都有了新的进步和改善,特别是画出了楚科奇半岛和堪察加半岛。[86]

戈杜诺夫 1667 年西伯利亚地图

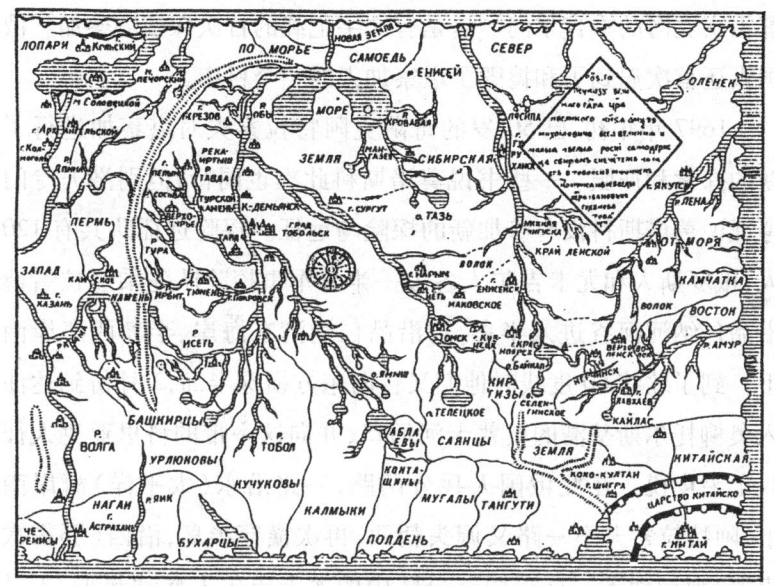

图 11-4

资料来源：取自《地理发现史纲》第 2 卷，第 297 页。

二、完成对堪察加半岛的发现与合并

17 世纪中叶，俄国人在下科雷姆斯克和阿纳德尔河站稳脚跟后，不仅对当地的尤卡吉尔人和楚科奇人征收毛皮税，还多次远征品仁纳湾北岸和科里亚克山脉（区）的科里亚克人。俄国人从科里亚克人那里探听到南方堪察加河、堪察加半岛的许多情况，包括菲多特·波波夫一行最先去过堪察加。

1696 年，阿纳德尔斯克（建于 1649 年）督军派哥萨克莫诺斯科率十几人的军事探险队去南方寻找未缴税的科里亚克人，征收毛皮税。他们先到达堪察加北部注入太平洋奥柳托尔斯基湾的奥

409

普卡河,在那里建了一个越冬地,后来到达了半岛中部西海岸注入鄂霍次克海的季吉尔河。这是有文字记载的首次探察堪察加。俄国人还首次遇到了和捣毁了堪察加人的一个村庄。

1697年年初,已50岁的哥萨克阿特拉索夫对堪察加进行了新的探索和征服。一些书说莫诺斯科此次也同行,但别洛夫专门考证说莫诺斯科没有参加新的探险与远征。探险远征队共有120人,俄罗斯人和尤卡吉尔人各占一半。军事探险队先乘鹿拉雪橇沿品仁纳河河谷进入半岛,再沿品仁纳湾东海岸、半岛西海岸南下。到了北纬60度线时他们又转向东方横穿半岛,2月份到达注入奥柳托尔斯基湾的奥普卡河河口,并向这一带的科里亚克人征收了毛皮税。在此俄国人兵分两路,一路沿东(太平洋)海岸南下,阿特拉索夫率一路又调头朝西,再次横穿半岛,沿西(鄂霍次克海)海岸南下。这时西路分队中的尤卡吉尔人暴动起来,于是两个分队很快会师,俄国人迅速把暴动镇压下去。探险远征队沿西海岸前进到季吉尔河,又转东向上游进发,越过了分水岭后,进入了堪察加河河谷,其时为7月份。俄国人在河岸上竖起十字架以示纪念和占据。[87]探险远征队在这里第一次见到了堪察加人。阿特拉索夫报道说,堪察加人穿兽皮,冬季住地穴,夏季住高出地面三俄丈(每丈2.134米)的小屋,煮鱼时将烧红的石头放进木容器里(与美洲最原始的火地人如出一辙)。他们弓箭的弓是松树枝作的,弓弦是鲸须,箭矢是用石头兽骨磨制的。俄国人又回到西海岸,沿西海岸继续南下,到达北纬52度处的一条小河河口,进入了千岛群岛民族阿伊努人地区。他们推进到离半岛南端仅100公里的地方,并望见了南方千岛群岛的北部占守岛(日称,俄称舒姆舒岛，Шумшу）。[88]远征探险队几乎踏遍了堪察加半岛的各个地区，对遇到的堪察加人、科里亚克人、阿伊努人强征毛皮税，对不臣服的部落村落予以军事镇压，杀人放火。

俄国人还在半岛南部遇到一个乘船遇难的日本人，从这个人和后来其他乘船遇难的日本人那里他们产生一种日本很富的印象。[89]阿特拉索夫的报告也谈到了千岛人同日本的交往。[90]这是俄国人与日本人的第一次接触，也是俄国文献关于日本的第一次报道。开辟去中国、日本等东方国家的新通道的设想基本就要实现了。于是寻找珍贵毛皮和金银的欲望便成为俄国探险家南渡太平洋、开辟去日本的新航路的动力。后来白令探险队的分遣队寻找这个岛国和探索前去的航路终于获得成功（1739年）。

俄国探险远征队的粮食、弹药所剩无几了。于是阿特拉索夫率队回到了阿纳德尔斯克，时为1699年7月，然后又前往雅库茨克。阿特拉索夫从阿纳德尔斯克出发对堪察加的探险、发现、远征持续了两年多（包括往返时间），往返行程约1.1万公里。阿特拉索夫留下十几个人驻守在上堪察加河收税区。俄国人从此未离开过半岛，1699年他们在堪察加河上游建立了上堪察加斯克据点。所以阿特拉索夫的探险和远征完成了对堪察加半岛的发现，建立了半岛与东西伯利亚和俄国的紧密联系，并把它并入了俄国。阿特拉索夫还写出了详细的精彩的探险考察远征报告，它是研究堪察加半岛各部族的珍贵的历史资料。

17世纪末，俄国人对北亚、北冰洋的探险、发现、征服基本完成。18世纪时俄国人同西欧人一样，仍然在进行着航海探险、地理发现与征服，但它已不属于15—17世纪的地理大发现这个历史范畴了。

第九节 俄罗斯地理大发现的成就及其意义

经过约两个世纪的努力,俄国人发现了几乎整个北亚,包括西西伯利亚、中西伯利亚、东西伯利亚和远东,发现了几乎整个北冰洋—北亚大陆海岸线,太平洋—远东大陆海岸线。它们包括喀拉海海岸、拉普捷夫海海岸、东西伯利亚海海岸、楚科奇海海岸、白令海海岸、鄂霍次克海海岸。俄国人发现了无数的半岛、海岛、海湾和海峡,包括重要的泰梅尔半岛、楚科奇半岛、堪察加半岛;包括重要的鄂毕湾、哈坦加湾、卡拉金湾、舍列霍夫湾;包括重要的维利基茨基海峡、德朗海峡、白令海峡。俄国船只几乎航遍了欧俄部分的北冰洋沿海,北亚部分的北冰洋沿海,东西伯利亚和远东部分的太平洋沿海。俄国人实际上已基本开辟了从欧洲北部,经漫长的北冰洋—北亚沿海,穿过白令海峡到太平洋、到中国的欧亚东北新航路(黑龙江河口、鞑靼海峡已在中国的势力范围和文化圈内了)。当然,在这条新航路上航行的船还只是分别行驶了其中的一段,还没有一艘船驶完全程。[91]尽管如此,但太平洋与北冰洋已经沟通,欧洲最大的国家俄国和亚洲最大的国家中国实际上已从海上联系起来。俄国人还开拓了若干走内河航道、连水旱路、翻山越岭到蒙古、中国的陆上通道,从而把俄国和中国在陆地上联系起来。俄国人还发现了北亚无数的河流、湖泊、沼泽、山脉,包括重要的鄂毕河、叶尼塞河、勒拿河、科雷马河。俄国人还证实了亚洲以北是北冰洋,北冰洋与太平洋相通,猜测中的阿尼安海峡(Анианский)的确存在,[92]亚洲和美洲在此隔开,各自是独立的大陆。所以,俄罗斯的地理大发现成就非常重大,并不逊于荷兰、英国、法国。

当然,在发现北亚的过程中,也伴随着殖民扩张。不过,比起西方在美洲、黑非洲的所作所为,俄国在北亚的做法是相对收敛、稍为温和。再说偌大的北亚当时一共才二十几万人,死在哥萨克(Казак)枪口下、被折磨死的北亚人充其量有几万。这个数字与死在西班牙征服者(Conquistador)炮口下、被折磨死的印第安人相比只占几百分之一。土著人的死亡比例也比印第安人小得很多。因此可以说俄罗斯的地理大发现是代价小牺牲少(指土著人民)的地理大发现。

俄罗斯地理大发现的艰难程度也不亚于西方。英、法对加拿大的发现主要是在北纬50—70度的温带、寒温带和寒带进行的,俄国对北亚的发现主要是在北纬55—73度的寒温带、寒带进行的,比西方更接近于极地。在寒温带和寒带探险,环境恶劣。天寒地冻、海域漂浮浮冰或封冻。北半球的寒极即在东西伯利亚的亚纳河(Яна)上游支流的维尔霍杨斯克(Верхоянск)和因迪吉尔卡河河源的奥伊米亚康(Оймякон),气温为零下68度。北亚濒临的北冰洋各海和白令海北部,封冻结冰期长达近三个季度。江河也要冻结半年以上,给养非常困难。陆地探险也容易患最不好对付的坏血病。在征服失必儿汗国时,就发生了东进史上首次有案有稽的坏血病肆虐,许多人死去。西方在探索西北航路和东北航路时,哈得孙、巴芬、巴伦支等人最北航行到北纬80度处;而俄国人也航行到北纬80度处(他们早在15世纪末便发现了斯匹次卑尔根群岛)。但西方在地理大发现时代(15世纪中叶至17世纪末)并未打通西北航路(而只前进到福克斯湾和巴芬湾),而俄国则基本上打通了东北航路。西方在大发现时代只发现了北极圈内不到100万平方公里的土地(加拿大东北部的极北部和格陵兰中部),而俄国则发现了北极圈内的几乎全部北亚约300多万平方公里的土地。所以发现北亚也是文明人类认识自然征服自然的一个胜利。

俄罗斯的地理大发现也有自己的特点。一、紧靠本土,这多少方便了探险和发现,殖民和扩张。二、水陆并进,全面进行。俄国人既沿北冰洋—北亚海岸向东探航,不断发现新的海岸线、海域,拓展东北航路;又沿江河顺水、逆水探航,不断发现新的河流、支流、流域地区;还热衷于开辟连水旱路,水陆连运,把不同的江河、水系、流域连接起来;同时也善于翻山越岭、长途跋涉,走陆路进行探险。所以北亚基本上是被同步发现的,即在发现了它的北冰洋海岸、太平洋海岸的同时,也发现了它的广大内陆地区。三、探险、发现全在寒温带、寒带进行,环境恶劣。四、探险和发现与移民和殖民紧密相连。俄国人到了一个新地,往往便在那里建越冬营地、要塞。接着在此移民定居,再以此为前进基地进一步探险、发现、扩张。从而在两个世纪内就完成了对偌大的北亚(1200多万平方公里)的地理发现并把它并入俄国。五、俄国地理发现的主力是哥萨克。哥萨克是一个特殊的社会阶层。他们本是为逃避农奴主剥削、逃避国家赋税、逃避债务、逃避刑狱而跑到人稀地区和无人地区的东斯拉夫人农民或游民,后成为拥有一定的自治权力、军事武装、可减免税役,并有一些官衔、俸禄、土地的特殊阶层。他们是俄国反击土耳其、鞑靼诸汗国的生力军,同时也是俄国地理发现的主力。

俄国在发现北亚的同时,也把它占为已有。这是一个有朝气的人口增长的国家合并邻近几乎是空地的过程,俄国从此占有了几乎是渺无人迹的广袤土地。俄国发现、合并北亚具有比较重大而深远的意义。

在经济上,俄国从北亚—西伯利亚取得了大量毛皮。因而在同西欧和中亚各国的贸易中,用毛皮赚取了可观的外汇。据统计,在16、17世纪,北亚毛皮的出口收入约占整个俄国外汇收入的1/3,每年北亚上交沙皇国库的毛皮价值占年度预算的1/4,1680年从西伯利亚取得的毛皮收入占全俄预算的12%。此外,俄国还取得了大量可代替象牙的海象牙、海兽油、各种丰富的矿藏和森林,等等。

俄国合并北亚,对全俄统一市场的形成以及18世纪俄国资本主义萌芽起了一定的积极作用。北亚并入俄国,为日后开发、建设北亚奠定了基础,并有利于东、西文明、欧亚文明在东北亚形成新的交汇部(中国、日本与俄国在东北亚汇合)。它还有利于今日亚太经济圈的形成。俄国人、东斯拉夫人在合并北亚的同时,也不自觉地把某些先进的生产力和文明因素带入北亚的落后民族。正如恩格斯曾指出的:"俄国和东方相比确实是进步的。俄国的统治……对于黑海、里海和中亚细亚,对于巴什基里亚人和鞑靼人,都是有文明作用的。"[93]

俄罗斯合并北亚具有一定的进步性和积极意义,因为现代多民族的统一国家俄国和现代俄罗斯的疆域就是在16—17世纪那个俄罗斯地理大发现的时代形成的。作为世界上领土最大的国家,它对现代史产生了重大的影响。

在适当肯定俄罗斯的东进、发现与合并北亚的同时,我们应该看到,俄国的地理发现与扩张,与西欧相比有自己的特点。主要在于北亚与当时的俄国本土接壤,北亚后来与欧俄一体化了,俄罗斯化了。但就扩张和殖民而言,又基本是一样的。列宁指出,"16—18世纪欧洲国家为争夺殖民地而斗争过",并强调,"沙俄征服西伯利亚等地和 16—18 世纪西欧国家争夺殖民地是同一性质的。"[94]

注释:

1 生田滋等:《大航海时代》,福武书店 1983 年版。

2 饭塚浩二等:《大航海时代——概说、年表、索引》,岩波书店 1979 年版。

3 《华夷图》,载王庸:《中国地图史纲》,三联书店 1958 年版。

4 罗洪先:《广舆图》卷二《朔漠图》、《西域图》、《华夷总图》。

5 谭其骧主编:《简明中国历史地图集》,中国地图出版社 1991 年版,《元时期全图》(一)(二);郭沫若主编:《中国史稿地图集》下册,中国地图出版社 1990 年版,《元代形势图》,等等。

6 《经世大典序录·礼典》,载[元]苏天爵编:《元文类》卷 41 面 4。

7,8 均引自《元史·天文志·四海测验》。

9 《经世大典序录·君事》,载《元文类》卷 40 面 3。

10 谭其骧主编:《简明中国历史地图集》,《唐时期全图》(一)(二)(三)。

11 《元史·地理志·序》。

12 谭其骧主编:《简明中国历史地图集》。

13 《蒙古帝国图》,载《世界大百科事典》,平凡社 1983 年版,第 30 卷,第 189—191 页。

14 台湾中国文化大学 1970 年版,《蒙古四大汗国图》。上述各图基本上可分元朝北疆到达北纬 60 度一线和北纬 56 度一线两类画法。

15 谭其骧:《简明中国历史地图集》《明时期全图》(一)(二);南充师范学院:《中国古代历史地图集》《明代图》,四川人民出版社 1981 年版。

16 《广舆图》卷二《万历海虞钱岱识》。

17 《苏联百科手册·历史》,人民出版社 1988 年版,第 107 页。

18 爱伦·F. 丘:《俄国历史地图解说》,商务印书馆 1980 年版,第 16 页。

19 马吉多维奇父子:《地理发现史纲》,莫斯科 1982 年版,第 1 卷,第 221 页。

20 别洛夫:《北方航路的发现与开拓史》,第 1 卷,莫斯科 1956 年版,第

36页。

21,22　马氏父子:《地理发现史纲》,第1卷,第223—224页。

23　别洛夫:《北方航路发现与开拓史》,第1卷,第66—70页。

24　贝尔格:《俄国地理发现史纲》(Л. С. Берг:《Очерки по Истории Русских Географических Открытий》),莫斯科1949年版,第58—59页。

25　马吉多维奇:《世界探险史》,第110页。

26　马吉多维奇父子:《地理发现史纲》,第1卷,第226页。

27　贝尔格:《俄国地理发现史纲》,第12—13页。

28　《北方航路的发现与开拓史》,第1卷,第41页。

29　贝尔格:《俄国地理发现史纲》,第12页。

30　《北方航路的发现与开拓史》,第1卷,第41页。

31　贝尔格:《俄国地理发现史纲》,第15页。

32　米哈伊洛夫:《西伯利亚》,商务印书馆1958年版,第1页。

33　中国社科院近代史所:《沙俄侵华史》,人民出版社1978年版,第1卷,第79—80页。

34　邵献图等:《外国地名词源词典》,上海辞书出版社1983年版,第140页。

35　徐景学:《俄国征服西伯利亚纪略》,黑龙江人民出版社1984年版,第2页。

36　瓦西里耶夫:《外贝加尔的哥萨克》,商务印书馆1977年版,第1卷,第29页。

37　马吉多维奇:《世界探险史》,第384页。

38　《外贝加尔的哥萨克》,第1卷,第25页。

39　《外国地名语源词典》,第372页。

40　马吉多维奇:《世界探险史》,第397页。

41　马氏父子:《地理发现史纲》,第2卷,第258页。

42　《外国地名语源词典》,第445页。

43　因为从16世纪末叶起,托博尔斯克督军就成为辖区督军,西伯利亚的头等大督军。参《俄国征服西伯利亚纪略》,第215—216页。

44,45　马氏父子:《地理发现史纲》,第2卷,第265—266页。

46　《北方航路的发现与开拓史》,第1卷,第129页。

47　马氏父子:《地理发现史纲》,第2卷,第267页。

48　马吉多维奇:《世界探险史》,第 404 页。

49　《最新世界地图集·北冰洋图》,中国地图出版社 1990 年版。

50　沙斯京娜:《十七世纪的俄蒙通使关系》(Н. П. Шастина:《Русско-могольские Посольские Отношения XVII века》),莫斯科 1958 年版,第 22 页。托木斯克于 1604 年建于鄂毕河上游支流托木河河畔。

51　苏联科学院远东研究所等:《十七世纪的俄中关系·资料与文件》(1608—1683)(《Русско-Китайские отношение в XVII веке, материалы и документы, 1608—1683》),莫斯科 1969 年版,第 1 卷,"前言"第 7 页。

52　巴德利:《俄国·蒙古·中国》,第 1 卷,(John F. Baddeley: Russia, Mongolia, China, MacMillan & Company, Ltd),第 ccxxiii(223)页;第 2 卷,第 165 页。伦敦 1919 年版。

53　苏联科学院等:《资料与文件》,第 1 卷,注释,第 531 页。

54　卡缅斯基编:《俄中两国外交文献汇编》(1619—1792),商务印书馆 1982 年版,第 20—21 页。

55　苏联内务部测量和制图总局编:《苏联地图》,(《Атлас СССР》),莫斯科 1956 年版,第 58—59 页。

56　《北方航路的发现与开拓史》,第 1 卷,第 150 页。

57　《北方航路的发现与开拓史》,第 1 卷,第 151 页。

58　马氏父子:《地理发现史纲》,第 2 卷,第 277 页。

59　《北方航路的发现与开拓史》,第 1 卷,第 151 页。

60　马氏父子:《地理发现史纲》,第 2 卷,第 277 页。

61,62　马吉多维奇:《世界探险史》,第 419 页。

63,64　马吉多维奇:《世界探险史》,第 421—422 页。

65　《地理发现史纲》,第 2 卷,第 285 页。

66　《世界探险史》,第 422 页。

67,68　《地理发现史纲》,第 2 卷,第 289 页。

69　别洛夫:《北方航路的发现与开拓史》,第 1 卷,第 177 页。

70　《地理发现史纲》,第 2 卷,第 290 页。

71　《地理发现史纲》,第 2 卷,第 297 页。

72　《外贝加尔的哥萨克》,第 88 页。我所说的满族指已封建化的居民,女真族则指该族尚保留部落制的居民。

73　《世界探险史》,第 441 页。

74　徐景学:《俄国征服西伯利亚纪略》,黑龙江人民出版社1984年版,第152页。
75　苏联科学院:《世界通史》第5卷,三联书店1963年版,上册第197页。
76　贝尔格:《俄国地理发现史纲》,莫斯科1949年版,第103页。
77　苏联科学院:《世界通史》,第4卷,上册第114页。
78,79《俄国地理发现史纲》,第103—104页;第100—101页。
80　《地理发现史纲》,第2卷,293页。
81　《俄国地理发现史纲》,第109页。
82　贝尔格《俄罗斯地理发现史》,莫斯科1962年版,第71页。
83　苏联科学院:《世界通史》,第5卷,上册第196页。
84　见《北方航路的发现与开拓史》,第1卷,第223页。
85　《苏联地图》,第64—65页。
86　巴德利:《俄国·蒙古·中国》,伦敦1919年版,所附封袋中收有1684年的西伯利亚全图。
87　《俄国征服西伯利亚纪略》,第192页。
88　《俄罗斯地理发现史》,第106页。
89　乔治·伦森编:《俄国向东方扩张》,商务印书馆1978年版,第73页。
90　《俄国征服西伯利亚纪略》,第193页。
91　在当时的技术条件下,由于封冻和永冰层的阻拦,还无法安全绕过北达北纬77度的泰梅尔半岛,还只得走半岛南部的连水旱路。直到1878—1879年,始有瑞典裔俄国籍极地航海家诺尔顿希尔德驾维嘎号船探航,在楚科奇半岛过冬后,终于驶完了东北新航路的全程。见《北方航路的发现与开拓史》,第1卷,第9页。
92　16—17世纪欧洲盛传有一条阿尼安海峡,它隔开东北亚和西北美,连接北冰洋和太平洋。1562年,意大利制图家嘎斯陶尔蒂(Гастальди)在他的两个半球的世界地图中首次画出了阿尼安海峡,并为它定名如斯。此后,札尔特里奥(Зальтерио)、墨卡托、奥尔特里亚(Ортелия)的世界地图(1566、1569、1570)都画出了该海峡并称其为阿尼安(Anian)海峡。见《俄罗斯地理发现史》第68—69页。
93　《马克思思格斯全集》,第27卷,第285页。
94　《列宁全集》,第26卷,第146页。

第十二章　地理大发现的重大作用和影响

第一节　促进了欧洲经济和资本主义发展

我们在"地理大发现的基础和背景"这一章中指出,地理大发现与资本主义、资产阶级并无世人常以为的那种必然的联系,资本主义萌芽也不是地理大发现最根本、最重要的决定性因素。不过地理大发现的确是大大促进了欧洲资本主义的发展,加速了封建制度的瓦解和封建主阶级的没落。

地理大发现对欧洲的经济生活产生了巨大的影响。首先是引起了"商业革命",表现为世界市场的形成和扩大,流通的商品种类和数量大大增多,商路及贸易中心的转移变化,商业经营方式的改变和商业、实业组织的发展。

地理大发现开始后,欧洲商人的贸易范围空前扩大。如同《共产党宣言》所说:"美洲的发现,绕过非洲的航行,给新兴的资产阶级开辟了新的活动场所。东印度和中国的市场,美洲的殖民化,对殖民地的贸易、交换手段和一般商品的增加,使商业、航海业和工业空前高涨,因而使正在崩溃的封建社会内部的革命因素迅速发展。"[1]

随着世界市场的初步形成,世界贸易的发展,新的商品开始在欧洲市场上出现。美洲的烟草、可可,中国的茶叶、瓷器,印度的蔗糖、香水,北亚和北美的毛皮,都成了国际贸易的重要商品。咖啡、大米、香料、布匹等的交易量也大增。欧洲人还取得了许多新的渔场、林场。由地理大发现带来的舶来品还使一些新的工业行业蓬勃发展。例如烟草的加工和烟斗的制造,甘蔗熬糖,生产从中国传入的贴墙纸等。廉价金银的大量流入使欧洲人把至少 1/5 的金银(1500—1700 年)用于装饰,生产金银质的花边、布料、刺绣品、首饰,金银加工业也得到发展。我们再以香料为例,以前意大利威尼斯商人从地中海亚洲沿岸收购的香料,每年不过 2100 吨。在直通印度的新航路开辟之后,每年运往里斯本的香料就骤增到 7000 吨。到 1503 年,里斯本的胡椒价格已降到威尼斯的 1/5。欧洲的各种商品,主要是手工业或工业产品也大量倾销到东方沿海国家、东非、美洲,流入北亚。世界上各个遥远地区之间和各个民族之间从而开始、扩大和加强了经济联系。

  新航路的开辟,世界各地区的沟通,使欧洲的重要商路和贸易中心从地中海区域转移到大西洋沿岸。意大利各城市的商业地位渐被葡萄牙的里斯本、西班牙的加的斯和塞维利亚、尼德兰的安特卫普、后来荷兰的阿姆斯特丹、英国的伦敦和利物浦、法国的波尔多和南特所排挤。尼德兰的安特卫普 16 世纪 20—70 年代成了世界贸易的中心和欧洲商品的集散地。这里的港口商船云集。葡萄牙人从印度、东南亚运回的香料,都由里斯本集中到安特卫普,再推销到欧洲各地。英国大部分的出口呢绒,德国的金属制品和纺织品,德法两国的酒类,西班牙的羊毛,意大利从地中海东岸收购来的香料,波罗的海地区的小麦,都运到这里来成交。每年输入安特卫普的商品总值达 1600 万金克朗。欧洲各地的商人都在安特卫普设有办事处,进行各种批发贸易和商业金融活动。安特卫普还是欧洲的一个金融中心,市内银行林立,欧洲各国政府往往派出代表到这里来借贷。

商场如同战场,市场价格很不稳定,往往随欧洲、殖民地和东方的政治形势而变化,随海洋上的气候、海盗袭击、商业公司的活动以及许多难以预料的事变而发生巨大的波动。因此投机商大为活跃,往往先据货样订立合同,然后不待货品运到,就伺机买空卖空。或突然致富,或顷刻破产。商业形同赌博,逐渐改变了经营方式。西欧各国为了确立本国商人集团在殖民地和东方贸易中的垄断地位,先后建立各种垄断的贸易公司。马克思指出:"殖民制度大大促进了贸易和航运的发展。'垄断公司'(路德语)是资本积聚的强有力的手段。"[2]对殖民地和东方贸易的垄断权成为公司源源不断的财源。股份公司在新的经济形势刺激下也开始出现或加快了发展。交易所投机生意也应运而生了。为了开展贸易和金融业务,1531年在安特卫普建成了一座专用的大厦——交易所。它的三角楣上题写着:"供各民族和操各种语言的商人们使用。"[3]债券、期票等则在交易所作为有价证券流通起来。

因地理大发现而产生的近代殖民体系使欧洲资产阶级、一部分封建贵族手中积累了组织大规模生产所需要的资金。17世纪美洲生产的金银是欧洲产量的5倍。当然,从西、葡入口的金银许多又辗转流入了荷、英、法、德等较先进的国家。这样,西欧国家就可能大规模地修路、开运河、疏河道、改善港口码头、建仓库栈房,建设发展经济所必需的基础设施。近代殖民体系的初建还为西欧国家的产品创造了销售市场、原料产地。于是,殖民体系就成了所谓原始积累过程的杠杆之一。随着近代殖民体系的建立,世界市场开始形成。世界市场成了资本主义关系在西欧产生和发展的强大推动力。马克思写道:"殖民地为迅速产生的工场手工业保证了销售市场,保证了通过对市场的垄断而加速的积累。在欧洲以外直接靠掠夺、奴役和杀人越货而夺得的财宝,源源流入宗主国,在这里转化为资本。"[4]

地理大发现带来的另一经济后果便是西欧的"价格革命"。西欧人先在非洲接着在美洲抢劫和使用奴隶劳动采到了大量成本低廉的金银,它们不断流入西欧。仅在 16 世纪内,欧洲的黄金拥有量从大约 55 万公斤陡增到 119 万公斤,白银从约 700 万公斤猛涨到 2140 万公斤。16 世纪中叶在殖民地采掘的金银比欧洲在征服美洲前的采掘量多 4 倍。欧洲各国流通的贵金属硬币重量在 16 世纪增加了 3 倍。西欧后来还在日本换得了大量金银。从 1546—1645 年的一个世纪中,欧洲换得的日本金银总价值为 8000 万英镑(sterling),相当于同时期从美洲获得的总价值为 29000 万英镑金银的 27.5%。[5] 廉价金银的大量流入,使贵金属货币贬值,购买力下降,物价上涨,发生"革命"。16 世纪以前,西欧的物价在数百年内一直是比较稳定的。只有当战争、歉收、瘟疫时才发生暂时波动。但从 16 世纪 30 年代起,物价却一直快速上涨。西班牙占有的殖民地最多,掠夺到的金银也最多。1500—1650 年间,从美洲合法运抵西班牙经过抽税的就有 18.1 万公斤黄金,1.6 万吨白银而且还有许多的金银是通过走私、海盗、直接贸易流入西班牙。据估计,16 世纪的走私量约为合法进口量的 10%,但 17 世纪时金银的走私量大大增加(W. D. Phillips, Jr., & C. R. Phillips: The Worlds of Christopher Columbus, Cambridge, 1992, p. 269)。从美洲正式流入的贵金属就使欧洲的全部黄金储备每年递增 5%。[6] 因而西班牙的物价也就上涨得最早最快。西欧最初是农产品价格上涨,接着手工业品、工业品也不断涨价。到16世纪末,西班牙的物价平均上涨了4倍多,谷价涨了5倍;法国、英国和德国等国其物价则平均上涨了两倍到两倍半。英国的小麦1500年每夸特售价为6—8先令,到1591年,平均价格已涨到每夸特约20先令。出租土地的租金和土地售价也相应上涨。1500年时年租金为4英镑的农田,到1576年时上涨到50英镑。[7]

价格革命对西欧转型时期的经济生活和社会各阶级、各阶层的地位影响很大。城乡雇佣工人、工薪阶层的实际工资下降了。名义工资的提高远远赶不上物价的上涨。在英国,(16世纪)商品价格平均提高了155%,而工资只提高了30%;在法国,商品价格提高了120%,而工资只提高了24%。[8]价格革命使西欧城乡雇佣工人、半雇佣的劳动者生活非常困苦。而新兴资产阶级从剥削廉价劳动力和高价出售产品中牟取厚利。按资本主义方式经营农场、牧场的新贵族,出售很大一部分农产品的富农,也从粮价上涨中获得好处。短期出租土地的地主,按习惯缴纳固定货币地租的长期租地农牧业家和佃农也得到一些利益。但是按传统方式收取定额货币地租的那一部分封建主,却因物价上涨货币贬值而减少了实际收入,财力和地位更趋于没落。所以"价格革命"是资本原始积累的因素之一。它沉重地打击了封建主,加重了对劳动者的剥削,加强了资产阶级的地位。马克思在谈到价格革命时说:"交换手段扩大的结果一方面是工资和地租跌价,另一方面是工业利润增多……换句话说,土地所有者阶级和劳动者阶级、即封建主和人民衰落了,资本家阶级、资产阶级则相应地上升了。"[9]

地理大发现直接促成了近代殖民制度的萌发和建立。葡、西、英、荷、法等国在地理大发现中,对非、美、亚人民进行了野蛮的殖民侵略、掠夺和屠杀。各洲各民族的历史发展受到严重的阻滞或影响。各国人民相继沦入殖民地、半殖民地的苦难深渊,开始了反殖反帝的长期的英勇悲壮的斗争。马克思指出:"美洲金银产地的发现,土著居民被剿灭,被奴役和被埋葬于矿坑,对东印度开始进行的征服和掠夺,非洲变成商业性地猎获黑人的场所,这一切标志着资本主义生产时代的曙光。"[10]与殖民掠夺紧密联系的奴隶贸易,也是西欧资本原始积累的重要来源,它很能说明资本家是怎样血腥起家的。特别是英国,在它资本主义发展的初期阶段,很多资本都是用亿万黑人的血泪和白骨换来的。所以马克思揭露道:"资本来到世间,从头到脚每个毛孔都滴着血和肮脏的东西。"[11]

总之,地理大发现促进了欧洲经济的发展、西欧封建制度的解体和资产阶级的成长。在资本主义发展和社会发展的道路上,西欧国家从此(16世纪下半叶)超越了亚洲、非洲、美洲、澳洲,走在了最前列。

第二节 世界从分散孤立到集中统一

地理大发现以前,各大陆、各地区、各国家、各民族处于闭塞的状态。欧、亚、非旧大陆内部是相对的闭塞,南非、北亚与旧大陆的文明地区没有什么交往和联系。旧大陆与新大陆——南北美洲、澳洲—大洋洲完全隔离。以往分散、孤立、闭塞的世界因地理大发现及其带来的海道大通而开始结成一个密不可分的整体。于是"历史也就在愈来愈大的程度上成为全世界的历史"[12]。全人类也就开始了密切的联系和频繁的交往。

在地理大发现及随之而来的海道大通以前,人类交往受各种条件和因素的限制,呈现十分明显的闭塞性。其表现为:一,交往的范围是区域性的和地方性的有限交往。间接性和间歇性构成远距离交往的基本形式和主要特征。就连世界上最为发达的两大文明——欧洲文明和亚洲文明——之间的交往,无论是走陆上的还是海上的丝绸之路、香料之路,都是分段分地区接力式的。路途漫长而曲折的间接交往,又往往因有关国家的治乱兴衰与国际关系的变幻而时续时断。间接性和间歇性妨碍了交往的扩大与深入。所以,地理大发现以前的世界是"划分为地区的世界"。[13]各地区各民族主要是分散的发展,其隔离重于沟通。二,交往的内容是部分而非全面。交往范围与方式的有限性决定了交往层面的浅显。从微观来看,古代和中世纪时期交流的物产、生产技艺等并不算少,所具有的影响也不可等闲。但从宏观来看,全面交流是没有出现过的。而且局部的文明交流,其传播递进的速度大多十分缓慢、辐射的强度也自然受到影响。例如,中国造纸术的西传始于751年的中国阿拉伯怛逻斯战役。此后经历500余年才从中亚西亚传至意大利的那不勒斯(1276年),1494年传至英国,1576年传至莫斯科,1586年传至荷兰,辗转至挪威的时间,已迟至17世纪晚期了(1690年)。[14]传播速度的缓慢本身就反映了交往程度的不发达。三,交往的主渠道是陆路而非海道。在地理大发现以前,大海对于人类交往来说是天堑而非通途。依靠骆驼、马驴、非机动车辆,徒步的陆上交往,是沟通有联系的各地区的主要途径。海上交往虽然有一些,而且在一些地区还比较发达,如地中海地区、从黑海到波罗的海的欧洲沿岸、阿拉伯海、南海等,但基本上都属近海近岸航行。15世纪开始的郑和下西洋,则属近岸远洋航行。即便是亚欧间的跨海远航,也同陆上交通相仿,大多为若干民族的分段式接续转运。例如中国人、马来人、印度人、波斯人、阿拉伯人和意大利人对东西方商品的长途贩运和水陆连运。至于美洲的太平洋沿岸和大西洋沿岸,澳洲—大洋洲沿海、南非海面和北亚冰海,最多只有土著居民的独木舟和各种筏子在航行。概括说来,海上交往只是陆上交往的补充,不仅其地位不如陆上,而且连航行路线都表现出对陆地的依附性。

15世纪中后叶至17世纪末的地理大发现及其随之而带来的海道大通,从根本上打破了以往的闭塞性,使多年来分散发展的地区史逐步转变为整体发展的世界史,并赋予人类交往以崭新的内容和特征。首先,交往的范围空前扩大,间接间歇的交往转变为直接频繁的交往。各大洲传统的地区性海上贸易演变为面向世界市场的全球贸易。沟通西欧与美洲和西非的大西洋航线,沟通美洲与亚洲的太平洋航线,绕道非洲南部的印度洋航线,以及美澳、亚澳、非澳航线,西欧与北俄之间的航线,穿过德雷克海峡的航线和穿过白令海峡的航线,等等,将世界各大洲各地区联系在一起。长期以来地区隔离的状况归于结束,文明舞台限于亚欧北非的格局迅速告终,文明人类的活动和足迹很快遍于有人类生存活动的所有地区。

其次,海道大通使局部的文明交往转变为全面交往,交流的内容与数量急剧增加。在物质交流方面,旧大陆的家畜、家禽、谷物、菜果进入了美洲、澳洲,美洲的农作物也广泛移植于旧大陆和澳洲。非洲的咖啡、美洲的可可、中国的茶叶由此成为"世界饮料",印度、南洋的香料亦普及为大众调料。按美国史家斯塔夫里亚诺斯的生动说法,大发现、大航海、大探险时代全面交往的结果之一,是国际劳动分工首次大规模地在人类历史上形成,世界由此逐步变成"一个经济单位";"美洲和东欧（包括西伯利亚）生产原料,非洲提供人力,亚洲提供一系列奢侈品,西欧则指导这些全球性运作并日益集中于工业产出"[15]。海道大通所促成的全面交往除了物质文明以外,还有思想、制度、观念、宗教、文艺、科学等精神文明。因此,新的世界交往的广度和深度是以往的交往所无法比拟的。

再次,新型交往的主渠道是海路,陆路为主的交往从此让位于海路为主的交往。大通的海道主要不再是那些依附于大陆和群岛的近海、浅海海道,而是环绕世界各大洲的海道。以后为了达其通畅,必要时连陆地也得为此让路。19世纪下半叶苏伊士运河与20世纪初巴拿马运河的先后凿通开航,以及19世纪末德国基尔运河的开通,实际上是转型时期海道大通的历史延续。随着造船术、航海术、装卸术的进步,长距离、大载重、连续运行的海上运输越益显示出它的优越性。这种优势地位即使是火车发明后也没有动摇。

地理大发现开启的海道大通、世界相连（联）促成了人类交往的巨大变化,其历史意义深刻而久远。马克思和恩格斯说:"美洲和东印度航路的发现扩大了交往,从而使工场手工业和整个生产的发展有了巨大的高涨。从那里输入的新产品,特别是投入流通的大量金银（它们根本改变了阶级之间的相互关系,沉重地打击了封建土地所有制和劳动者）,冒险的远征,殖民地的开拓,首先是当时市场已经可能扩大为而且规模愈来愈大地扩大为世界市场,——所有这一切产生了历史发展的一个新阶段。"[16]

第三节 农作物的传播和农业发展

地理大发现对人类社会和世界历史产生了重大的作用和深远

的影响,农作物的广泛传播及由此引起的农业发展和膳食嗜好、烹饪革命便是其中的一个方面。在新发现的地区,包括南北美洲、澳洲—大洋洲、北亚和南非,当地人民都为全人类奉献了自己驯化的、培育的或当地特产的许多农作物和其他植物品种。其中尤以美洲印第安人的贡献最大,成就最突出。据统计,美洲印第安人驯化、培育、栽培的和美洲特产的作物有60多种,其中影响很大、流传很广的有十几种。

一、粮食作物(玉米、马铃薯、甘薯)

1. 玉米　　玉米学名叫玉蜀黍,也叫包谷等,是当今世界仅次于小麦,大米(稻)的居第三位的粮食作物。玉米已有好几千年的栽培史,是印第安人的传统作物和主食。至少在7000年前玉米便已在墨西哥中部高原谷地得到驯化和种植,秘鲁发现有4000多年前贮藏玉米的仓库。印第安人还把玉米和人一起奉为生命的代表,雕刻在玛雅人的纪念碑和墨西哥恰帕斯州帕伦克的金字塔上。玉米还被写入歌颂谷物守护女神西朗热的诗歌中。[17]如果把旧大陆的五大文明古国的生存基础概括为小麦文化(埃及、巴比伦、希腊)和大米文化(印度、中国),中美洲便可称为玉米文化。

哥伦布等人首次远航到达美洲后就"发现"了玉米。他在10月16日的日记中就首次提到并称之为玉米:"这个岛(斐迪南岛—长岛)遍地葱绿,……他们全年都耕种和收获印第安玉米以及其他东西"。他在11月5日又写道:"在那里(此时他们在古巴)有一片土地,种植着一种植物,结的果实有点像小麦,人们称之为玉米(maize, Indian corn)"。这种从未见过的奇特作物引起了船员们的极大兴趣。试着品尝后,哥伦布一行对它的味道大加赞赏,因为不论是煮食还是烤食,都非常香甜可口。船队返航时,他们带回了玉米。[18]在送给西班牙国王王后的礼物中便有一包金黄的玉米粒。最初，西班牙君主对这些种子不太重视，但没过几年，玉米不但在西班牙开始种植，而且还传至地中海沿岸。1530年，研究西印度的编年史家冈·费·德·奥维多（Oviedo）已在西班牙的私人庄园、马德里的修道院、古城阿维拉见到生长良好的玉米。但此时还主要是供奉于庭院之中的珍稀植物。16世纪中叶，玉米在南欧各国已成为主要的粮食作物之一。17世纪时，玉米在伊比利亚半岛推广开来，成为仅次于小麦的粮食作物，并传入各欧洲国家。

16世纪中叶，游弋在非洲西海岸的葡萄牙奴隶贩子把玉米带到了西非。1561年的葡萄牙资料已提到莫诺莫塔帕（Monomotapa）的玉米了，[19]以后迅速传到中非热带雨林地区。据17世纪的荷兰人所见，玉米在黄金海岸（加纳）已经大量种植。与此同时，刚果、安哥拉以及非洲一些内地也种上了玉米。

1601年西班牙人将玉米引入马里亚纳群岛。17世纪末探险家威廉·丹皮尔发现玉米已是帝汶岛居民的大宗食品了。可见这时玉米在南洋已开始普及。

16世纪中叶玉米传入了亚洲，旋即传入中国。传入的渠道还比较多。一是从西亚中亚沿着陆上丝绸之路传入陕甘，二是由葡萄牙人把玉米带往印度，然后经过印支、缅甸等国传入云南，后推广及川黔；三是葡人越印度洋，中国南海，把玉米传入东南沿海的闽浙粤。这三条途径传入玉米的时间先后差距不大，都在16世纪中叶。1560年中国有了对玉米的最早记载："番麦，一名西天麦，苗叶如蜀秫而肥短，末有穗，如稻而非实。实如塔，如桐子大，生节间，花垂红绒，在塔末，长五六寸。三月种，八月收。"[20]李时珍则指出："玉蜀黍，种出西土，种者亦罕。"[21]因而徐光启《农政全书》谈它只有寥寥几笔。

玉米对土壤气候水肥的适应性强,要求低,生长快,产量高,耗工费时少,优点突出众多,因而很快便传遍了全世界。玉米的传播和得到改良,极大地解决了各洲人民的充饥、裹腹、饱肚问题。玉米是印第安人对全人类的最大贡献。摩尔根曾说它"对人类生命有伟大的影响"。

2. 马铃薯　　马铃薯又名土豆、洋芋或山药蛋,是非常重要的粮食、蔬菜、饲料多用途型作物。在美洲已有几千年的栽培食用史。哥伦布首航美洲时,他手下的一名制图员在一个印第安小村落发现了一种奇怪的"块菌"。这种块菌便是土豆。最初土豆的美味没有被人们认识,它只是作为一种廉价的食物装上航船以备返航所需。就这样,土豆漂洋过海到了欧洲。也许是由于外观欠佳,土豆曾被误认为含有大量毒素。1619年,法国勃艮第地区还正式宣布,该区内禁食土豆。对土豆的偏见在欧洲持续了两个世纪才逐渐改变。在此以前,土豆主要是种在花园里观赏或为植物学家收藏研究。大量食用马铃薯的较早记录是在1576年,这年塞维利亚的医院定期购买马铃薯给病人吃。16世纪下半叶马铃薯传入英国,德雷克、豪金斯、雷利等著名海盗是最早把马铃薯引入不列颠的人。1586年雷利(Walter Raleigh)把马铃薯带回他在爱尔兰的庄园栽培。1641年英国入侵者在爱尔兰杀人放火捣毁庄稼,大多数农作物颗粒无收,惟有土豆在地下安然渡过了战火和严冬,使爱尔兰人得以渡荒抗灾。爱尔兰成了大吃土豆的第一个欧洲国家。

马铃薯由于具有对土壤要求低、产量高、营养好、耗工少、储存时间长、加工食用方便等优点,于16世纪末传入亚洲、南非、北美、中国,并进而传遍了全世界。据西方史料记载,16、17世纪之交马铃薯被荷兰人传入日本,17世纪中叶又引入台湾。乾隆年续修的《台湾府志》称其为"荷兰豆"(《物产·五谷》),今天我国各地均有栽培。闽、广一带仍称其为荷兰薯、爪哇薯。

3. 甘薯 甘薯通称红薯、白薯、番薯,又叫地瓜、红苕等。是既可生吃又可熟食的粮食,还可以制糖和制酒精。在美洲也有数千年的种植食用史。哥伦布首次航行时就结识了它。他在12月13日的日记中写道:海地岛某村的印第安人"每个人都把自己的面包拿出来,让(西班牙)人吃。这是一种像大胡萝卜似的甜薯做的。他们在所有这片土地上栽种的都是这种甜薯,是他们赖以生存的主要食物。这种块根做的面包可以用水煮也可用火烤熟,味道像栗子。"[22]哥伦布还记下了当时甘薯的栽培法已与今日一样,主要为插条:"他们种的是一种芋头(Ajes)。插下枝条,在根上就长出像胡萝卜似的薯块,然后把它轧碎,揉合成饼块;以后再换个地方种同一枝条,又会生出四个薯块。"[23]返航时哥氏带回了甘薯呈献给女王。西班牙水手16世纪上半叶把甘薯带到马尼拉和摩鹿加,再由此传到亚洲各国。

甘薯在亚洲、中国的传播更为迅速,普及更为全面。早在万历四年(1576年)的《云南通志》,就有临安、姚安、景东、顺宁四府种植甘薯的记载了。这也使人联想到它可能是由印度、缅甸从陆路传入中国的。万历八年(1580年),广东凤冈人陈益乘船到安南(越南),当地首领用一种名叫白薯的土产招待他,味道甘美。陈"觊其种,贿于酋奴,获之"。由于来自番邦,故名之为"番薯"[24]。与此大致同时,福建长乐人陈振龙也把西班牙人从美洲跨太平洋传入菲律宾(吕宋)的甘薯引入福建。1594年福建发生饥荒,巡抚金学曾便大力推广种植甘薯。甘薯的传入还得到学者们的赏识。

何乔远在1600年前后著的《闽书》中曾讲到,由于甘薯的广泛种植,在泉州其"斤不值一钱,二斤而可饱矣"。于是耄耋童孺行道粥乞之人皆可以食。[25]著名农学家徐光启称赞甘薯有"十三胜",其中包括"风雨不能侵损"、"凶岁不能灾"、"虫蝗无奈何"、"生熟皆可食"等优点。[26]今天,中国的甘薯产量已居世界之首。

玉米、土豆、甘薯三大粮食作物的广泛传播和全面普及极大地增加了粮食产量,养活了越来越多的人口。这几种作物后来也用作饲料(包括果实和茎蔓叶),这就促进了畜牧业的发展,从而生产了更多的肉蛋奶,改善了人们的生活,增强了人们的体质。

二、经济作物(烟草、橡胶、棉花)

1. 烟草　　烟草是今日世界最重要的嗜好类经济作物。烟草在美洲已有2000年栽培、加工、吸食的历史。建于公元432年的墨西哥恰帕斯州帕伦克的一座神殿,上面的一帧浮雕便表现了玛雅人祭司在举行典礼时以管吸烟的情状。这是人类利用烟草的最早物证。在美国的亚利桑那州北部曾发现公元650年时穴居的印第安人遗留下的烟草、烟斗和吸剩的烟丝。加勒比海地区的印第安人将吸烟管称作淡巴菰(tobago,一说将烟卷儿称作此),[27]这便是欧洲语言"烟草"的词源(英 tobacco、俄 табак、西 tabaco、法 tabac)。

哥伦布首次登上美洲的土地时,巴哈马群岛的印第安人便送给西班牙人"一些被岛民视为大有用处的枯黄叶子"作为礼物。在古巴岛,哥伦布的一个随员去探路时发现,"许多人进出自己的村庄,有男有女,每人手里拿着一根烧着的木炭棒和一些草叶子,吸取他们喜欢的青烟"[28]。探险队返航时便带回了一些烟草和几个可能有抽烟嗜好的印第安人。1519年西班牙人役使印第安人在墨西哥尤卡坦半岛种植烟草,1520年烟草种子带到了西班牙,

1531年西班牙人役使印第安人在海地种烟。1558年有个葡人把烟草带入葡萄牙。同年法国驻葡公使丁·尼科特把得到的烟草种子呈献法国王后,以后逐渐传遍各国。1586年法国植物学家为纪念尼科特把烟草定名为 Nicotiana。1828年发现烟草含有植物碱即烟碱,于是作为美名的尼科特又成了恶名尼古丁——烟碱(Nicotine)的词源了。烟草最初传入中国的地方和时间,史籍中不乏记载。16世纪60年代西班牙占领菲律宾,此前葡萄牙已侵入南洋群岛,烟草便在这些地区传开,并经此传入中国。明末姚旅在其1611年成书的《露书》中说:"吕宋国出一草,曰淡巴菰。……有人携漳州种之,今反多于吕宋,载入其国售之。"[29]这是有关中国引种烟草的最有影响的早期记载。明末名医张介宾亦云:"此物自古未闻也,近自我明万历时始出于闽广之间,自后吴楚间皆植之矣。"[30]烟草传入中国后很快成了与酒茶同等的嗜好物和待客品,并名列榜首。烟瘾、酒嗜、茶趣成了社交生活和个人嗜好的重要内容。

烟草传播和抽烟流行开后,对此一直存在争议。编年史家奥维多(V. G. F. Oviedo)在1535年的《西印度通史》中就认为吸烟是一种"邪恶习惯"。反吸烟最早发生在英国。詹姆士一世曾课以重税,土耳其、俄国也曾重惩吸烟。日本在1615年下令禁烟,焚毁烟叶,拔去田里的烟株。17世纪上半叶,印度莫卧儿帝国也曾禁烟,违者割唇。中国明代崇祯年间也曾禁烟,违者劓鼻。皇太极也曾禁止过百姓吸烟。但烟草以其独特的不可替代的魅力仍迅速在全世界蔓延开来,抽烟也很快合法化。

2. 橡胶　　橡胶树原产于南美洲亚马逊河流域热带雨林。当地人民早已认识到橡胶有弹性和防水功能。墨西哥发掘出的古物表明,公元500年时玛雅人就在装有类似篮球筐的环状物的游戏场上玩橡胶球了。南美洲的印第安人还将碗状的东西浸入胶浆制成不漏水的容器。哥伦布二航美洲时发现,海地印第安儿童玩有弹性的橡胶球。征服者科尔特斯也曾见过橡胶球用于蒙提祖马的宫廷游戏中,且注意到阿兹特克妇女咀嚼橡胶(是一种习惯性动作)。1615年,一名西班牙探险者记述了印第安人怎样在树子的切口上收集奶汁,怎样将胶汁涂抹在斗篷上,怎样涂抹泥塑的模子并让它晾干而获得粗糙的雨靴、瓶子。1736年,法国探险者德·拉·孔达米纳记述了南美的印第安奥马瓜人用橡胶做水靴、弹球和水管,他们称之为caoutchouc。该词遂成为除英语之外主要欧洲语言橡胶一词的词源(法caoutchouc,西caucho,俄каучук)。

据说1496年哥伦布第二次从新世界探险回美洲时,就从海地带回一些用橡胶制成的玩具弹球。1736年法国人孔达米纳第一次将橡胶的生胶带往欧洲。1770年,曾发现氧气的英国化学家普里斯特利发现小块橡胶可用来擦去铅笔的字迹,所以其英文名rubber也有摩擦工具之义。1839年美国人古德伊尔发明硫化橡胶法。1876年,英国人威克姆(H. Wickham)在巴西塔帕若斯河左岸采集了高产的三叶胶树种子7万粒运回英国,种植在伦敦附近的植物园中。成苗2000多株,第二年运到锡兰种植。一些小树两年后又被移植到马来西亚、印尼、新加坡。这些树成了东南亚橡胶树的直接先祖。1888年英国人J. B.邓洛普发明了汽胎,1895年开始生产汽车。此后橡胶在工业上的需要量剧增,从而促进了对橡胶树的大规模引种驯化培育改良。中国试种橡胶树始于20世纪初。1904年云南率先从新加坡引种胶苗8000株试种成功。中国现为世界第五大产胶国。

现在橡胶主要用于制造轮胎、软管、雨具、电线电缆、绝缘制品、手套、避孕套、体育用品、玩具等,用途非常广泛。橡胶和橡胶树成了重要的工业原料和经济作物。

3. 棉花　　棉花是最重要的纺织原料,是解决人们御寒遮羞衣着问题的最重要的作物。棉花既原产于旧大陆,又起源于美洲新大陆,均已有5000多年的栽培利用史。哥伦布首次美洲探险时,就看到了印第安人的棉田、棉花、棉织品。地理大发现及海道大通后,旧大陆的亚洲棉、草棉与美洲的陆地棉、海岛棉互相杂交、复壮、改良,大大提高了产量和质量,以及对环境的适应性和抗病虫害的能力。例如,海岛棉原产于南美洲安第斯山脉,传入埃及后驯化为一个新的类型即埃及棉。埃及棉的纤维细长,品质优良,在尼罗河流域广泛种植。埃及遂发展成为世界长绒棉的主要生产国。前苏联等国种植的一些海岛棉品种也多是利用埃及棉杂交育成的。

烟草、橡胶、棉花三大经济作物的传播、交流和普及不仅在于它们为人们提供了崭新的吸、用、穿的物品,还在于由此形成了庞大的经济部门,创出了巨大的物质财富;形成了烟农、胶农、烟草工人、橡胶工人、烟草商、橡胶商等新的从业群体;形成了烟草、橡胶种植园、农场和烟草、橡胶作坊、工厂,以及香烟、胶制品商店、栈房等新的经济实体。从而为人们提供了许许多多的就业机会和工作岗位。

三、干果作物(花生、葵花、可可、咖啡)

1. 花生　　花生又称落花生、长生果等,是优良的油料、副食和糖果作物。它在南美洲也有2000多年的栽培利用史。欧洲文献中最早的花生记载见于西班牙著名史家奥维多于1526年在托莱多出版的《西印度博物志》(La natural historia de las Indies)。16世纪伊始发现南美,此后不久花生便相继传入非洲、欧洲和亚洲。

16世纪60年代,在葡属西非塞内加尔已有了花生种植。中国也可能是花生的起源地之一。元代贾作明的《饮食须知·果类卷》就曾提到"落花生,……形如香芋,……诡名长生果"等。据考证,花生也是传入中国最早的美洲食品,约于1516年就由葡萄牙人带入中国。16世纪30年代,花生在距今上海不远的一些地方栽培,引起一些士大夫学者的注意。到17世纪末,花生已在长江下游和东南沿海诸省广为种植。因为花生是在地下结果实,中国文献最初把花生归入芋类,称之为"香芋"。[31]清代赵学敏的《本草纲目拾遗》(1765年成书)才首次记载了"花生油"这个名称:"落花生,一名长生果。……出外国,昔年无之。……康熙初年,僧应元往扶桑觅种寄回,亦可压油。"[32]这里所说的由应元从日本引进的花生可能与明末传入的在品种上有不同。今天,中国的花生产量已居世界之冠。

2. 葵花　　葵花亦称向日葵、朝阳花,种子称葵花子,是优良的油料作物和独具魅力的零食作物。向日葵原产于北美洲,为印第安人所驯化。约5000年前,今美国的亚利桑那州和新墨西哥州就已有了人工栽培。1510年由西班牙探险者引入欧洲,种植在马德里植物园,作为花卉观赏。17世纪中开始食用种子和用它喂鸟。1716年英国人布尼安(A. Bunyan)首次从种子中提取油脂成功,获得专利。[33]16、17世纪之交向日葵传入我国。明代王象晋1621年成书的《群芳谱》记载了"大菊"、"西番菊"、"西番葵"、"迎阳花",它们便指这种作物。[34]明末文震亨1639年的《长物志》(《花木卷》)才首次使用"向日葵"这个名称。今天我国已是向日葵的主要生产国和消费国之一。

3. 可可　　可可起源于美洲热带地区,已有上千年的栽培利用史。玛雅人、阿兹特克人除了食用之外，还把可可豆作为充当一般等价物的交换媒介。哥伦布第四次美洲探险时（1502—1504），曾在洪都拉斯海域碰到一只载有20多个玛雅人的独木舟。哥伦布发现他们对船上一堆可可豆特别珍惜。如果谁丢落了几颗，他会立刻小心翼翼地捡起来（像拾钱币一样）。可可豆是制作可可脂和巧克力（朱古力）的原料。西班牙征服者科尔特斯在墨西哥见到了这种备受欢迎的饮料，称作巧克力（chocolate），是由碾碎成粉的可可豆和香料配制而成。可可豆随后传入西班牙，再传入法国。后由枢机主教、首相黎世留（1624—1642年执政）推荐给法王路易十三的王后玛丽亚·特雷莎，得到她的喜爱。可可遂在法国传开，并传到欧亚非各国。阿兹特克王蒙提祖马的臣民饮用的巧克力是苦味的。西班牙人在这种饮料中加入了糖并对饮料配方保密了约100年。1700年左右，英国人进一步改进了配方，加进了牛奶。此后，又有人加进了果仁。现在，巧克力系列糖果糕点饮料已风靡全世界。我国广东、海南、台湾、福建等沿海热带地区也栽种可可。可可晚至1922年才被引种至台湾，1954年引种至海南。

4. 咖啡　　咖啡也是因地理大发现才传播开来的重要作物，并成为中国、欧洲、印度等文明圈的新食品。咖啡现在已成为全世界人民广泛喜爱的三大饮料之一（咖啡、茶叶、可可）。

咖啡树起源于东非埃塞俄比亚，后传至南阿拉伯。传说9世纪中叶时，阿拉伯牧人卡尔迪（Kaldi）见他的羊吃了一株野生果树上亮红的果实异常欢跃，便也试着品尝此果实，仍有同样感觉，于是发现了咖啡。公元900年左右阿拉伯医学家拉热斯（Rhazes）首次在文献中记载了咖啡。虽然伊斯兰教的正统派因认为咖啡醉人而加以禁食，但种植食用咖啡仍在阿拉伯世界传播流行。不过这时还是作为食物和药物使用。13世纪时,阿拉伯人将咖啡豆焙制成饮料,并出口赢利。地理大发现开始后,咖啡饮料的制作法1554年由阿拉伯传到土耳其,1615年由土耳其传到意大利,1644年由意大利传到法国,接着便传到各欧洲国家。17世纪50年代伦敦出现首家咖啡屋,17世纪80年代在北美的波士顿、纽约、费城也出现了咖啡屋。但阿拉伯人长期垄断和封锁咖啡树的种植,不准将咖啡种子或树苗带离阿拉伯。17世纪中叶荷兰人首先搞到了咖啡树苗。他们将其种在荷兰的植物园里。咖啡树由此传入欧洲各国。荷兰人又于1658年将咖啡树移植于锡兰,1696年移植于爪哇,以后逐渐在南亚、东南亚普及。1723年,在加勒比海马提尼克岛服役的法国军官德·克利尤(de Clieu)把从巴黎的植物园弄到的咖啡树移植在马提尼克岛。此后这批树的后代逐渐遍布西印度群岛,甚至到了南美洲。以后咖啡树遍布于全世界热带和亚热带地区。咖啡树于1884年被引种到台湾,1908年引入海南,以后相继引种到云南、广西、福建等地。今天,咖啡厅(馆、屋、店)已遍布于全世界的大街、宾馆。

花生、葵花、可可、咖啡的传播和普及为人们提供了新的优质植物油,可口的零食和风味独持的饮料,改善了人们的饮食生活。前两种食品尤受到东方人的欢迎,后两种果实更得到西方人的喜爱。

四、蔬菜作物(番茄、辣椒)

1. 番茄　番茄又称西红柿,从名字上看便知是从外国传入的(番、西)。番茄起源于美洲近赤道地区。墨西哥印第安人已食用和栽培。它经过长期驯化才可以食用。番茄比较独特,它既可生吃又可熟食,既可作蔬菜又可当水果。番茄约于16世纪20年

439

代传入西班牙、葡萄牙,50年代传入意大利,70年代传入英国和中欧各国。在意大利,番茄最初被叫作金苹果,因为当时的番茄多是橙黄色的(金苹果 pomi d'oro)。在相当长的一段时期里,欧洲人认为番茄可能有毒,甚至含有类似东方春药中的催欲素,所以法国曾把它叫作爱欲苹果(Loving apple)。[35]16—17世纪,番茄只被当作观赏植物、药品,出现在花园、植物园和大草本植物的标本集中。据那段时期番茄多是黄色和人们对它的误解可知,番茄还没有形成固定的栽培品种。经过欧洲农艺家们的进一步改良培育,番茄才逐渐变得红润多汁,香甜,富含维生素C,成了"西红柿"。欧洲最早的食用记录见于1608年西班牙塞维利亚的医院购买食品的账单中,18世纪后期才开始作番茄的菜果用栽培。番茄于17世纪中叶传入菲律宾,以后传到其他亚洲国家。中国种植的西红柿可能于明代万历年间从欧洲传入。1621年成书的《群芳谱》记载:"番柿一名六月柿,茎似蒿,高四五尺,叶似花,花似榴,一枝结五实或三四实。……草本也,来自西番,故名。"[36]西红柿现在成了全世界最常见的蔬菜之一,我国的番茄播种面积居世界第二位。

2. 辣椒　　辣椒又叫番椒、大椒、辣子、海椒等,是很常见的蔬菜和调味品。辣椒原产中南美洲热带地区,已有上千年的栽培利用史,是印第安人的家常菜肴。哥伦布第一次航渡美洲就曾记下:"还有一种红辣椒,比胡椒好,产量很大,在伊斯帕尼奥拉(海地)岛每年所产可装满50大船。他们不管吃什么都要放它,否则便吃不下去。据说它还有益于健康。"辣椒于15世纪末传到欧洲,16世纪末传入日本。可能在明代万历年间辣椒传入中国。传入的途径一是经陆上丝绸之路,然后在甘、陕等地栽培;二是经海路,然后在两广栽培,再传入云南。中国关于辣椒的记载始见于明代高濂撰《遵生八笺》(1591年成书),中有"番椒丛生,白花,果俨似秃头笔,味辣,色红,甚可观"等语。[37]清初陈淏子所著的《花镜》(1688年成书)对辣椒记述详实:"番椒……丛生白花,深秋结子,俨如秃笔头倒垂,初绿后朱红,悬挂可观,其味最辣。人多采用,研极细,冬月以代胡椒。"[38]上述原始文献说明,辣椒刚引进时主要供观赏用,后来又由花作蔬,继而由菜兼当调料。

世界上也许在中国辣椒是最普及最受青睐的。辣椒不仅是中国人的日常菜蔬,更重要的是它影响了中国人的口味,享有"一辣胜佳肴"的美誉。辣椒的传入和采用还与中国地方菜系的形成有一定的关系。清末形成了四大菜系,其中川菜的一大特点便是善用辣椒。所以辣椒与中国烹饪术结下了不解之缘,起着调味、增香、添色的独特作用。

总之,番茄、辣椒的传播和普及丰富了人们的菜肴,促进了烹调术的发展。

此外,原产于新大陆后传遍全世界的比较重要比较常见的农作物还有许多,如美洲的粮食类作物木薯,蔬菜类作物南瓜、西葫芦、菜豆(四季豆),水果类菠萝、鳄梨,重要的药材金鸡纳树(详见下文),还有古柯和豆薯。古柯是提取可卡因的原料。可卡因是重要的药物,也是今天很泛滥的毒品。豆薯便是人们常吃的既可作水果,又可作菜的地瓜;起源于大洋洲巴布亚新几内亚的芋头、薯蓣,等等。

在新大陆的农作物向全世界传播的同时,旧大陆的农作物也大举向新大陆传播。1493年哥伦布二航美洲时,17艘船上的1500多移民便带着各种农作物的种子和藤苗到西印度去栽种。

旧大陆的农作物传入各新大陆和南非北亚同样具有重大的作用和影响。由于人们熟悉这些农作物,便不一一论述了。

总之,地理大发现促成了作物大传播,农业大发展,生活大改善。

第四节 世界人种分布的演变和新民族的形成

一、人口大迁移与种族新分布

地理大发现还导致了人口大迁移、大流动、种族大灭绝、大融合,最后造成了世界人种分布的重大变化和许多新民族的形成。

有关人种问题。人种亦称种族,是具有共同起源,并在体质形态上具有共同遗传特征(如肤色、发色、发形、眼色、血型、五官、像貌等)的人群。学界对人种的看法比较一致,但对当今世界上有哪些主要人种则分歧很大。一派认为现今人类分为黄(蒙古、亚美)种人,白(欧罗巴、高加索)种人和黑种人(尼格罗人—澳大利亚人),共三大人种。(见《现代汉语词典》,《辞海》1980年版缩印本)。一派则认为全人类分为白、黄、黑、棕四大人种。其内部又有两种意见。一种认为黑人指尼格罗—赤道人,棕人指澳大利亚人和新几内亚岛的美拉尼西亚—巴布亚人。[39]另一种意见认为棕种人包括澳大利亚人和印度(南亚)人,新几内亚的土著则属黑人—尼格罗人。[40]笔者认为,判断鉴别人种的主要标准是外表,而不是内在生理学上的差异,如血型、遗传病等。因此全人类可分为四大人种,既黄(蒙古、亚美)、白(欧罗巴、高加索)、黑(尼格罗—澳大利亚)、棕(南亚—埃塞俄比亚)四大人种。

在地理大发现完成以前,白种人主要居住在欧洲,黄种人主要居住在亚洲和美洲,黑种人主要居住在撒哈拉以南的非洲和澳洲,棕种人主要居住在南亚、埃塞俄比亚和苏丹一部。在它们之间也居住着一些过渡型、中介型的人种,如在欧亚非之间的中亚、西亚、北非,居住着介于白黄之间的中亚人、伊朗人、阿拉伯人等;在东南亚的南部有介于黄黑之间或黄棕之间的人,姑且称为南洋人;在西北非沿海、东非沿海也有一些混血人种居住,如类似于棕种人的阿、黑混血人。

有关民族问题。斯大林曾指出:"民族是人们在历史上形成的一个有共同语言,共同地域,共同经济生活以及表现在共同文化之上的有共同心理素质的稳定的共同体。"[41]在地理大发现以前,各类族体都在各自的传统地域内,即从氏族、部落、部落联盟、部族发展到民族。就民族历史过程的发展程度而论,当时中、日、印、阿、伊等民族并不亚于欧洲各族。而美洲(玛雅人除外)、大洋洲、北亚、南非则尚未形成阶级社会、文明国家和前资本主义时代的民族形态——部族。

地理大发现导致了人口大迁移,人种分布大变化,种族大灭绝,大融合,最后便实现了民族大形成。15世纪末到17世纪,伊比利亚白人大举移民中南美洲、加勒比海。1492—1493年哥伦布首次美洲探险时便留下30多个志愿者殖民海地岛,次年第二次远航时又带去了1500移民。到1574年,西班牙人已占领美洲大陆近1/3的土地,建立起两百多个城镇和移民区,移民总数达15万。[42]15世纪中叶起,葡萄牙人便开始在非洲西海岸及其岛屿殖民、定居。16世纪初又开始移入葡属巴西。30年代起开始大举移入。到1574年,巴西的葡人约有1.7万,到1590年,巴西的欧洲白人已有三四万。[43]

在伊比利亚人移入美洲之际,印第安人便开始了锐减和被灭绝的过程。美洲史上对印第安人的大规模摧残主要有两次,一次是西葡殖民者占领西印度、中南美大陆的初期,一次是18—19世纪美国西进运动时期。1493年哥伦布二航美洲时便开始了对印第安人的征服、杀戮和奴役。在殖民者屠杀、奴役、造成的饥馑、传入的疾病瘟疫的打击下,印第安人人口锐减,部分地区一段时期内还出现了种族灭绝的惨剧。灭绝和基本灭绝的地区有:海地、古巴、巴哈马群岛、巴拉圭、阿根廷、乌拉圭等。美洲原有两三千万印第安人,16—17世纪时锐减了约90%。经历了"西进运动"的浩劫后,美国的印第安人到19世纪末仅剩20万人。[44]

在印第安人锐减的同时,欧洲人又大肆猎捕黑人,运入美洲供奴役。早在1441年,葡萄牙冒险家在西非海岸布朗角劫持了十几名黑人,运回本国供驱使,是为近代黑奴贸易的滥觞。1502年,西班牙人将第一批黑奴(由葡人掠自西非)从葡萄牙运到圣多明各岛,是为向美洲新世界贩卖黑奴的嚆矢。1518年起开始了非洲与美洲之间的直接奴隶贸易。欧洲猎奴者、奴隶贩子等对黑人非常残暴恶毒。据许多学者估计,每贩运5个黑奴,只有一个能活着到达进入美洲。[45]其余的死于途中。死因有殴打、折磨、疾病、饥饿等。其中,横渡大洋途中(多数横渡大西洋,少数在东非猎捕的还要先航行于印度洋)的死亡率一般统计为15%。从17世纪中叶到18世纪下半叶,奴隶成了黑非洲向外输出的"单一作物"。从16世纪伊始到19世纪后期,被运入美洲的黑奴,其最大统计估算值为2500万人。[46]按4/5的总死亡率,则非洲损失了约1亿人口。加上15世纪下半叶损失的一些人口,16—19世纪少数被贩往亚洲的人口,个别被贩往欧洲的人口,在4个多世纪的黑奴贸易中,非洲一共损失了 1 亿多人口。也有人说总损失为 2 亿多人口。[47]

从非常运来的大量黑奴改变了加勒比海地区的人口构成,居民出现了尼格罗化的现象。海地、牙买加、巴哈马等逐渐变为以黑人为主的地区、国家和民族。美洲许多地区都发生了"人口置换"的悲剧,印第安人被驱逐甚至被消灭,白人志愿进占,黑人被强迫输入。

二、民族大融合与形成新民族

在大移民、大杀戮、大贩奴的同时,也开始了大融合。殖民强盗们强奸印第安妇女和黑人妇女,以及欧印、白黑、印黑人之间通婚,产生了许多混血儿。混血儿与三大人种通婚或互相通婚,出现了一代一代的新的混血人。这些混血人构成今中南美洲(拉丁美洲)各民族的主体。

16—17 世纪,英国人、法国人、荷兰人又大量移民北美,以后欧洲白人继续移入,最后形成了今天美利坚人、加拿大人的主体。北美的白人与中南美的伊比利亚白人不尽一致,与印第安人、黑人混血的情况要少一些,程度要低一些。17—18 世纪时,荷兰人、英国人又大举移入南非,后来形成了布尔人,今天南非的阿非利堪人(白人)。17—18 世纪,东斯拉夫人大举移民北亚,使北亚成了以白人为主的地区。18—19 世纪,英国人、爱尔兰人大举移入澳大利亚、新西兰。1788 年 1 月,首批英国移民(流放犯和官兵家属)近 1100 人抵达澳大利亚今悉尼附近。[48]最后使澳大利亚、新西兰成为以白人为主的国家。这样,在美洲、澳洲、北亚,原来的土著人族体让位于新的族体,南非则改变了原来的人种和民族构成。

新兴族体的民族进程打破了传统的民族形成模式。它不是从血缘关系到地缘关系,按氏族—部落—部落联盟—部族—民族—

复合民族的单线而顺向发展,而是在资本主义发展和扩张的时代,复线横向形成。它一出现便已是现代民族。但它们又不是由前资本主义部族发展成现代民族,而是来自不同民族进程阶段的居民,共同在一个新的历史条件下、地理环境内,内向高层次靠拢和聚合,形成了新的有着四个共同的近代民族。当然这是以千百万印第安人、黑人的牺牲为代价的,其形成过程伴随着滔天的殖民罪恶。

新兴族体是由各种原生族体成分在新的地域内和时代背景下逐渐聚合而成,这是各种文化取良去莠、选择汇合的过程。因此,这种族体具有很大的包容性,较少排他性。因而新兴民族具有较旺盛的生命力。

发轫于地理大发现时代,迁延久远的大移民,包括志愿移民和强迫移民,深刻地改变了美洲、澳洲、北亚、南非的人种、民族结构,同时也影响了整个世界,客观上推进了全世界的物质和人文大交流,导致了新的民族和文化融合。所以,地理大发现引起了世界各大人种、各民族在全球的重新分布,打破了民族形成过程的传统模式,涌现出一批颇具生命力的新兴民族,从而使世界更加多姿多彩。

第五节 疾病传播与医学发展

地理大发现引起了人口大流动,大移民触发了疾病大传播、大流行,最后促进了医学大发展。

一、梅毒的传播与防治

梅毒是一种最为常见危害性很大的性病,由苍内密螺旋体引起。地理大发现以前,旧大陆基本上没有梅毒病,它主要在新大陆流行。欧洲此前没有存在梅毒病的证据,而梅毒在美洲印第安人中以地方病的形式存在的证据是不少的。15世纪末以前美洲印第安人的遗骨中发现有密螺旋体的证据。故广泛流传的梅毒源自新大陆和印第安人。

哥伦布首航美洲返回后的1494年,欧洲文献才有确定可靠的梅毒记载。梅毒首先在法国远征那不勒斯后回国的士兵中传染流行。印第安人的保护者拉斯·卡萨斯主教在1530年写的《为历史辩护》一书中明确指出,梅毒是从哥伦布首航带回巴塞罗那的几个印第安人身上传播开的。因为主教多次询问过伊斯帕尼奥拉岛(海地)上的土著,知道这种病存在于新大陆由来已久。而且它传布得非常普遍,加之中美洲暖和,以致印第安人似乎并不觉得特别痛苦。但是欧洲人很快发现这种病比较可怕,它常使患者残废和丧生。美国著名航海史家莫里逊认为拉斯·卡萨斯的论断是对的,尼尼雅号的船员首航美洲归来时没有染上梅毒,因为直到他们上岸那一刻大家都很健康,都能工作。倘若他们(在海地)已染上梅毒,一般不能忍受两个月之久的困难航行而不带任何病象。关于平塔号的情况,西班牙医师鲁伊·迪亚士(Ruy Diaz)于1539年在塞维利亚出版的论疾病的著作中写道,除了在巴塞罗那发现了梅毒病以外,他还记得有个"帕洛斯的舵手名叫平松的患过梅毒,他本人(在1493年)替这个平松治过病"。可要注意平塔号上叫平松的有三人之多。船长马丁·阿隆索·平松远航归来后不久便死去了。当然其中某一个平松染上梅毒是可能的,因为梅毒在海地岛上感染得普遍。不过鲁伊·迪亚士也承认,梅毒是从巴塞罗那传开的。哥伦布带回巴塞罗那的几个印第安人很快受到当地某些妇女的亲密接待,因而她们染上了梅毒。这些妇女又把病毒传给了法国查理八世(1483—1498年在位)军队中的西班牙志愿军,或者因她们随军出征而使梅毒传播得更远。[49]由此看来,梅毒由美洲传入欧洲的说法,可以成立。

梅毒首先传入西班牙后,迅速在欧洲传播开来。怎样传开的看法不尽一致,但大同小异。1494年秋冬,法兰西军、西班牙军激烈争夺那不勒斯。西军中有若干曾随哥伦布远航过的士兵。据说他们在西印度群岛得了一种怪病。[50]患病西军把梅毒传给了那不勒斯妇女。那不勒斯于1495年2月被法军攻占后,当地妇女又将这种病传给了法军。半年多以后,法军因患此病者众而撤守回国。于是三年内,梅毒就在法兰西、德意志、瑞士、荷兰、匈牙利和俄罗斯爆发。探险家、殖民者、十字军等又把这种病一路带往印度、中国、日本、北非。到1520年,欧洲人普遍相信梅毒源自美洲。[51]

梅毒这种新病传入比较发达的文明地区(西班牙殖民者、移民在西印度也有感染此病的),于是促使人们研究它,认识它,并战胜它。意大利费拉拉医师朗尼哥(Lonigo)于1497年在威尼斯出版了他的小册子《论所谓法国病之流行》,这是最早论述梅毒病的医著。其中讲了梅毒的临床症状,梅毒患者的尸体解剖。[52]愈创树(Guaiacum)是地理大发现时代前半期的"神药",由于它对梅毒有点疗效而很快风靡全欧。愈创树产自美洲,和梅毒来源地相同。这正应了一句流行的希伯来箴言:神在任何疾病的发源地,必定会提供这种病的治疗方法。愈创木用于煎熬汤药内服和外部擦洗。西班牙从1508年起便从美洲输入愈创树脂。德国著名骑士改革家封·胡登曾在1517年推荐用愈创树脂治这种病。到1540年,法国的帕雷已研究了梅毒的遗传性。[53]此外,16世纪欧洲也用镰形胶树(Lignum Vitae,愈创木属)治疗。而这些偏方都是从印第安人处学来的。16世纪20年代起欧洲发展起水银疗法,即用滚烫的水银膏涂抹脓疱,并把病人送进一个特制的煤火炉中熏蒸。病人在熏蒸中不断敷于新毛巾。这种火炉是密闭的,以免患部接触新鲜空气。一些体质差的病人因此而死于窒息或心脏衰竭。到40年代又开始了内服汞。

梅毒流行后,人们很快(1500年后)注意到它的性接触传染性,于是把它称为"爱疫"(Disease of love),如同今天我们曾把获得性免疫缺陷综合症称为"爱之病"(Aids)一样。又曾把它称作"大痘"(Grand pox)。最多的命名法为国家(民族)、地区加病(疮),以表明哪里是梅毒病的罪魁。欧洲人互相埋怨,于是有那不勒斯病、法国病、高卢病、西班牙疮、波兰疮、日耳曼疮、土耳其疮等叫法。1530年,意大利威罗那的医师法拉卡斯托留斯出版了一册医学诗,题为《西菲勒斯或高卢病》(Syphilis sive Morbus Gallicus)。诗中咏叹道:希腊神话中的牧羊英雄,底比斯王后尼俄伯的儿子西菲勒斯因触怒了太阳神阿波罗而受到惩罚,成了最早感染梅毒的人。这册诗消弭了欧洲国家间的争吵,此后,梅毒一名渐渐统一为西菲勒斯(Syphilis)。

梅毒的流行还影响了社会生活。中世纪欧洲的浴室业比较发达,1489年德国南部小城乌尔姆就有168家。梅毒传开后,澡堂业严重衰落,官方也出面强令一些带有妓院色彩的澡堂关闭。[54]

达·伽马船队在1498年把这一传染病传到南亚,不久又传到东亚,早在1512年日本就有两例梅毒病爆发,那里把它叫作Nambanniassa,即葡萄牙病。

16世纪以前,中国没有梅毒,还是净土。大约16世纪伊始,梅毒传入我国广东。明中叶俞弁(长洲人)的《续医说》记载："弘治末年(最后一年为1505年),民间患恶疮,自广东人始,吴人不识,呼为广疮;又以其形似,呼之杨梅疮。"[55]传说当时的最高统治者正德帝(明武宗,1506—1521年在位)就染上了此病(清同治帝载淳确系患此病而死,蒋介石也患过此病)。可见该病在16—20世纪上半叶非常流行。梅毒病在明代出版的许多医书中都有记载,而在汪机的《外科理例》,陈司成的《霉疮秘录》中论治颇详。汪陈二氏堪称当时医治梅毒的专家。而《外科理例》(撰于1531年)对梅毒病的论治尤有独到之处,所应用的方剂分内服、外用及善后三类,所主张的辩证施治方法,为后人治疗梅毒打下了良好的基础。汪机并报告了此病可由男女同床或同厕传染。[56]大医药学家李时珍对梅毒也有研究,他说："近时弘治、正德间,因杨梅疮盛行,率用轻粉药取效。……近有好淫之人,多病杨梅毒疮。药用轻粉,愈而复发。……杨梅疮古方不载,亦无病者。近时起于岭南,传及四方。……男女淫猥,……遂致互相传染,自南而北,遍及海宇,然皆淫邪之人病之。"[57]作为医药学家,李时珍也搜集、整理、研制、设计了不少治疗梅毒的方剂,载入他的不朽巨著《本草纲目》中。共中已有了治疗该病的主药汞剂、砷剂等;有了内服、外熏法。

陈司成则是明后叶集梅毒病防治医学之大成者。他16、17世纪之交在闽粤行医、正值梅毒流行。民间叫"广疮"、"广东疮"、"杨梅疮"。司成目睹梅毒患者的种种痛苦和梅毒对人们的严重威胁(包括残废和死亡),乃潜心钻研,写成《霉疮秘录》(他称之为霉疮)这本梅毒病专著,后于1632年刊行问世。他也指出："霉疮一症,古未言及,究其根源,始于午会之末,起自岭南之地。致使蔓延通国,流祸甚广。"[58]陈司成主张采用汞剂和砷剂来治疗。书中还有关于生生乳、金顶砒(砷)、汞(水银)剂制作方法和应用方法的记述。他还指出此病伴有遗传性,并报告了各期梅毒的病例和先天梅毒。[59]《霉疮秘录》是我国第一部有关梅毒的医学专著,在治疗上重视主药砷剂(砒霜)。该书曾流行于日本,深受日本人重视。

二、金鸡纳与疟疾相克

在比较常见危害性较大的传染病中,美洲只向全世界输出了梅毒,却被传入了许多重要的疾病。此外,它还向全人类贡献了治疟特效药金鸡纳霜。

疟疾是一种常见的危害性较大的急性传染病。病原体是疟原虫,传染媒介是疟蚊属蚊子(按蚊)。疟疾是人类最早知道的传染病之一。公元前5世纪希腊的希波克拉底已注意到疟疾有不同的热型,并知有日发疟、间日疟和三日疟。[60]其他古代学者则怀疑它是沼泽地瘴气引起的间歇性发烧。罗马时代的学者认识到排干积水有时能控制间歇热。印度古籍《妙闻集》(susruta,5世纪前成书)则已提到了蚊子与疟疾的关系。中世纪的意大利人们却把该病归咎于有害的空气。在地理大发现以前,对疟疾的治疗没有很好的办法和药物。

地理大发现以前,美洲有无疟疾很难确定。欧美新航路开辟后,一般认为疟疾很快随冒险家们传入新大陆。疟疾的危害迫使印第安人摸索防治的办法,寻找治疗的药物。勤劳、智慧的印第安人终于在南美安第斯山区发现一类树(今叫金鸡纳属树),用它的树皮熬药汤内服或磨成药粉内服能非常有效地退烧抗病杀疟(19世纪时才查证出了罪魁疟原虫)。秘鲁印第安人还把它炮制成成药"秘鲁膏"。[61]据说秘鲁的西班牙总督的夫人金琼(Chinchon)女伯爵1630年在利马逗留时染上了疟疾。她的保健医生卡尼萨雷

病床一景　　　　　　　　　　汞中毒状

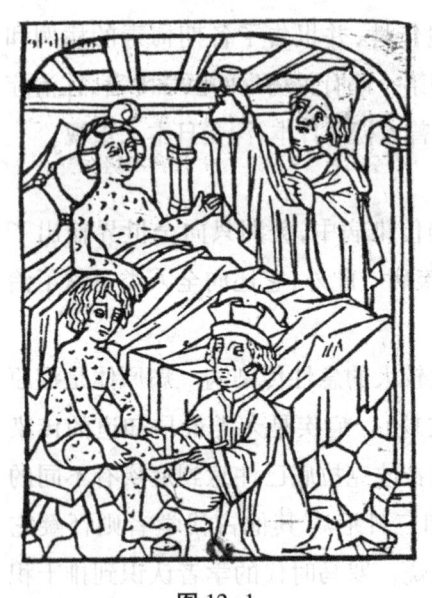

图 12-1　　　　　　　　　　图 12-2

资料来源：原载 1497 年朗尼哥之《论所谓法国病之流行》，均取自《图说医学史》第 178、181 页。原载 16 世纪的欧洲医书。

斯用秘鲁土著进献的"热病树皮"才治愈了她。于是女伯爵把这种药物传入欧洲。该药后来由大植物学家林耐（1717—1783）正式命名为金鸡纳（cinchona），以纪念女伯爵。尽管一些学者对这种说法提出了质疑，但在美洲的欧洲人确于 17 世纪 30 年代知道了并应用了此药。40 年代初它传入欧洲。秘鲁异教徒发现的热病树皮对治疗疟疾有惊人的奇效，致使欧洲的体液派医师自愧弗如，感到无用武之地。这个学派以前一直认为，只有排除不健康的致病的体液才能治愈疟疾，为此必须让病人呕吐、排尿或出汗。

耶稣会士竭力把秘鲁的树皮传往世界各地。在疟疾多发的国家，他们获得了成功。所以该药物在17世纪有秘鲁树皮、热病树皮、耶稣会树皮、金鸡纳树皮等多种称呼。但在新教国家却因推广者是耶稣会士而一度遭到抵制。英国资产阶级革命领袖克伦威尔染上疟疾后，因拒绝服用"耶稣会树皮"而在1658年死于偏见。欧洲的医师们在引进的同时也对金鸡纳疗法进一步改善，以增强疗效，减少副作用，即金鸡纳反应。英国的塔尔博尔在1672年出版了一本医著《发烧学》(Pyretologia)。他在书中提倡服用以金鸡纳树皮为主药的复方合剂，但秘而不宣他的配方。直到他在1681年去世后不久，他的药方才公诸于众。原来是金鸡纳树皮粉、玫瑰叶、水、柠檬汁与欧芹（Persil）汁的混合物。金鸡纳树的大量药用导致野生金鸡纳森林萎缩乃至被破坏。于是欧洲人于19世纪中叶开始在印度、锡兰、爪哇人工种植并获得成功。他们还从40多种金鸡纳属树中选育出四种有商用价值的树种。[62]

在中国，甲骨文、金文中尚无"疟"字。篆文作牅（瘧）。《说文》释为"热寒休作，从疒，从虐，虐亦声"。"虐"的释义为"残（暴）也"。[63]这说明战国以来人们对此病已有所察觉；汉人已认识到疟疾间歇性、周期性发热发烧，发冷寒战、打摆子的症状。战国末年《黄帝内经》中的《疟论篇》和《刺疟论》已有疟疾病因、病机、症状、针灸治法的记载。汉代《金匮要略》对疟疾的因、证、脉、治做了较为全面的论述。隋代《诸病源候论》指出瘴疟多发于岭南山瘴之地，由瘴毒引起。明代张景岳明确了疟疾病是感受疟邪所致。所以中医认为疟疾是因感受疟邪、瘴毒而引起，但一些诱发因素也可引发疟疾病。由此看来，中医所说的疟疾与西医所说的由按蚊传播、由疟原虫作祟的疟疾不完全是一回事，颇有区别。尽管西医的疟疾也属中医疟疾的辨治范围。金鸡纳传入欧洲后，对疟疾的治疗才有了质变、飞跃。该药便很快由传教士传入中国。1693年5月康熙帝患疟疾,久治不愈。传教士洪若翰、刘应献上从西南亚寄来的金鸡纳药一磅,传教士张诚、白晋又献其他西药,很快治好了康熙的病。康熙大喜,随即重赏这批传教士,并赐皇城西安门广厦一所——救世堂(即北堂),以鼓励西洋医学在中国传播。治疟特效药金鸡纳从此传入中国。康熙时举人、赐进士出身的诗人查慎行(1650—1727)首先记载说:"西洋有一种树皮,名金鸡勒,以治疟疾,一服即愈,用药只在对症也。"[64]查慎行只不过把产自中国以东大洋外美洲的金鸡纳(因由西洋人传入而)说成是产自西洋罢了。乾隆时的大医药学家赵学敏在他的《本草纲目拾遗》中记入了欧洲人带来的金鸡纳、洋虫、鼻冲水(氨水)、镪水(硝酸)等。[65]这表明金鸡纳正式载入了中国的"药典"——《本草》系列医著。金鸡纳后在中国又叫规那(quina),茅盾的著作中始有金鸡纳霜一词。前已提说,19世纪中叶起,欧人在东南亚、南亚人工种植金鸡纳树,此树便经东南亚传入中国。台湾省首先在1906年开始试种,1933年引种于广东、云南等地。现台湾、广东、广西、云南、海南均有栽种。神奇的"秘鲁树皮"解除了千百万人罹疟时的痛苦和死神的威胁。

三、天花肆虐与种痘

天花是一种由天花病毒引起的急性传染病,死亡率高。罹病而大难不死者也往往在面部等处留下痘疤,俗称麻子。但天花的传染性不算很强,病人恢复后也有终生的免疫力。

埃及法老拉美西斯五世(公元前1160—前1156年在位)的木乃伊面部即有痘疤。古代印度的梵文典籍已提到天花。古印度人以为该病系女痘神所致,所以她的名字希塔拉(Sitala)成为病名。

在较晚的印度文献中对痘疮的形态记载得很清楚,其治法还包括一系列的宗教仪式。公元251—266年,罗马爆发了持续15年的瘟疫,可能是天花。公元312年又发生了一次严重的天花流行。9—10世纪,波斯裔阿拉伯医学家、巴格达的拉热斯(Rhazes,865—925)把天花与麻疹及其他斑疹症区别开来。他著述颇丰,在医学方面最为重要的是一部《瘟疫之书》(Liber de Pestilentia)。此书大概是世界上第一部传染病专著。书中描述了天花与麻疹的不同症状和辨别诊断的办法。

天花是由西班牙征服者传入新大陆的。1519年,臭名昭著的科尔特斯率军800从古巴出发,远征阿兹特克"帝国",士兵史家伯纳尔·迪亚士随同出征。1520年,西班牙古巴总督维拉斯奎斯派军1500讨伐科尔特斯,罪名是擅自出征,非法拉走部队。[66]科尔特斯却击败并收编了讨伐军。讨伐军中有一个非洲黑人士兵染上天花,浑身痘疮。此人把天花病从欧洲传入美洲。天花首先出现在申泼拉镇(今墨西哥哈拉帕城以东的沿海镇子,семполла),接着迅速蔓延到阿兹特克(墨西哥)全境,很快又传到了哥伦比亚、厄瓜多尔、秘鲁。[67]因美洲此前没有这种病,印第安人不懂此病的防治,便一再用水洗,结果加速了天花的蔓延,引起更大量的死亡。天花流行引起大量减员还是1520—1521年特诺奇特蒂兰(墨西哥城)反西大起义失败的重要原因之一(连首义之"王"奎特拉瓦克也罹病去世)。

天花在美洲蔓延、肆虐,极其可怕。美国学者认为据统计短时期内即造成(美洲)半数以上的人口死亡,是印第安人的第一杀手。或许这是西方学者为征服者、殖民者的罪行开脱,病死的人数和比例被有所夸大。但天花造成大量印第安人死亡则是肯定的。

随后数世纪,天花病又造成数百万北美印第安人死亡,某些部落如曼丹人(Mandans)、密苏里河上游河谷的阿西尼鲍恩人(Assiniboins)等部落濒于灭绝。当然,早期的欧洲人移民、殖民者也受到严重威胁。所以印第安人、欧洲人都积极寻找探索防治办法。美洲有一种瓶子草(又称猪笼草,Pitcher plant),它引起了印第安人和欧洲移民的注意。瓶子草于17世纪40年代初被引入西欧。人们认为它的根须有药性,对治疗天花有效。纽芬兰的印第安人也用它医治天花。该方法从17世纪至19世纪在美、欧试行,不过收效甚微。18世纪初,欧洲小半数的人脸上留有不忍猝睹的麻子。

天花从古代到近代都不易治疗,它的防治办法主要是严厉隔离、检疫和种痘预防,而人工接种则是中国的一大发明。早在晋代葛洪的《肘后方》中已有天花病的记载,称为"天行发斑疮"、"虏疮"。"世人云:以建武中(317年)于南阳击虏所得,及呼为虏疮。"[68]唐代医书中多有关于天花的论治。宋代称之为天行痘疮。至于说宋真宗时便已发明了种痘术则系明清间人捏造。[69]到明代16世纪中叶以前,中国已发明了人痘接种术。明代周晖说:"陈评事生一子,颇钟爱。……其受用过分,未几种痘夭。"[70]明代程从周《程氏医案》卷二也有"一儿布痘,痂中生蛆"的记载。这些文献说明最初的种痘术还不成熟,副作用大,弄不好也会死人。到16世纪中后叶(明隆庆年间,1567—1572),人痘接种术已有所改进并广泛推行。清初俞茂鲲说:"闻种痘法起于明隆庆年间宁国府太平县(今安徽黄山宁国县、太平县),姓氏失考。得之异人丹传之家,由此蔓延天下。至今种花者,宁国人居多。……近来种花一道,无论乡村城市,多处盛行。"[71]清初张琰《种痘新书·自序》也称:"余祖承久吾先生之教,种痘箕裘,已经数代。"人痘接种即用天花患者的痘痂研粉为痘苗,吹入健康小儿鼻中,使其感染。接种后的小儿症状相对轻微,反应过后可产生对天花的免疫力。人痘接种具有开创性的意义,揭开了免疫学和预防医学的新篇章。

接种法对预防抑制天花行之有效,很快外传。在西方,1688年中俄尼布楚条约订立,俄国便派留学生到中国学习种痘术。种痘随后又经俄国传入与它毗邻的土耳其和北欧。18世纪,英国驻土耳其公使的妻子蒙太古夫人(Montagu)在土耳其观察学习到种痘术。她于1721年开始在英国做广泛的介绍和推广。种痘术遂很快传遍欧洲各国。但遗憾的是,被接种的天花病并不总是温和的、慢性的、安全的。它经常发作得太猛,也有不低的死亡率和破相率。而且被接种者在痊愈前还会传染健康人,成为传染源。所以在欧洲,被接种的富人往往住进天花专科医院,以防家属感染。因此人们努力改进接种,寻找新的痘苗。18世纪末英国医生琴纳受中国人痘术启发,发明了牛痘接种术。由于牛痘比起人痘具有安全、副作用小、产生抗体快、免疫时期长、抗天花感染力强,受痘者不传染人等优点,便很快取代了盛行200多年的人痘。琴纳(Jenner)的同胞皮尔逊(Alexander Pearson)曾于1805年由吕宋至广东、澳门行医传术,南海人邱熺(浩川)在澳门学得此法,后返乡传授,并著《引痘略》一书予以总结和推广。牛痘术从此传入中国。中国人痘术的西传和西方牛痘术的东渐,谱写了中西医学交流,互为基础,彼此促进,共同提高的一段佳话。

四、坏血病与营养学

我们前面论述的那些常见的危害性大的疾病,都是因地理大发现而传遍全世界的,也是直接间接因地理大发现促进了医药的交流医学的发展,从而得到防治、控制甚至消灭的。下面我们要论述的一种常见的可怕的疾病,则是直接由大发现、大航海、大探险引起,并最后被人们认识,控制的疾病——这便是令当年的探险家们谈虎色变的坏血病。

坏血病(scurvy)又称维生素C缺乏症(V.C defenciency),病因是长期吃不到新鲜食物,特别是蔬菜水果。症状为全身软弱无力,肌肉和关节疼痛、僵直,齿龈肿胀、出血,黏膜、皮肤及身体其他部位渗血,严重者可导致死亡。

历史上有案可稽的坏血病首次大发淫威是在1498年达·伽马开辟欧、亚新航路的途中。这次远航虽然基本上是沿岸远洋航行,但也在东非北部与印度西海岸之间两次横渡了印度洋的西北一部。去的时候比较顺利,不到一个月就从东北非的马林迪斜渡了大洋靠上了西南印度的马拉巴尔海岸。1498年10月初,达·伽马船队离开印度安吉迪夫岛重渡印度洋。由于不顺风、逆风和无风,又没有了阿拉伯领航员伊本·马季德的帮助(他已离去),船队在印度洋上走走停停,或驶大Z字形航线前进,拖了约3个月。1月2日看见陆地,1月9日才进泊马林迪。在航行过程中,160名船员竟有约100人患坏血病死去。一位参与远航的水手记载了他们受坏血病折磨的恐怖情景:"我们逗留在海上,总共用了3个月差3天,因为常常碰到无风和逆风。我们大家生着重病,牙床肿得很厉害,以致全部牙齿被包住,因而不能吃东西;脚也浮肿起来,身上又出现了大脓疮。这些脓疮使健壮的男人即使没有别的病,也变得虚弱,以致死去。因此,在这段时期死亡者有30多人(另有30多人早已死去)。最后,每只船上只剩七八人还能工作,但都已很虚弱。"[72]从此,坏血病这个魔影随时随地笼罩着远航者,成为悬在人们头上的达摩克利斯剑。第奥古·迪亚士首航马达加斯加时,达·伽马二航印度时,特别是在麦哲伦环球航行时,坏血病都大发淫威,夺取了许多探险者的生命。在西欧探索去亚洲的东北航路和西北航路的过程中,也有许多探险家航海家死于坏血病。老卡博特在二航北美的探险期间病逝也可能与此有关。在探索西北航路时,坏血病首次大量致死人命的病例发生在1536年卡提耶尔探索圣劳伦斯河并越冬期间。在探索东北航路的过程中,著名的极地冰海航海探险家巴伦支也在1597年在北极新地岛患坏血病去世。可以说,坏血病是地理大发现时期探险家们的头号杀手。

现代医学表明,人每天摄入的维C少于10毫克,一个半月以上便会患坏血病,两个半月以上便可能死亡。所以维生素C又叫抗坏血酸。而当时没有罐头,也没有冷藏设备,携带的蔬菜水果会很快枯萎腐烂。海员的食物往往是干粮、盐渍的食品和粮食。在跨洋或环球远航时,只要一个半月以上不靠岸,不能补充新鲜的水果和蔬菜,就不可避免地会发生坏血病。在极地冰海寒带航行探险考察环境更恶劣,到处都是冰天雪地,上得岸来也难以找到可食用的蔬菜、水果和野生植物。虽然因天冷使携带的食品可保鲜得久一些,但环境和任务又迫使探险家们一般只能在仲春启航,夏天到达,夏、秋考察,秋末因封冻而上岸越冬,来年春末解冻后返航。所以有许多探险者在探索北方新航路时都在越冬时患坏血病死去。

在坏血病的严重威胁下,人们积极寻找防治办法。航海探险的新秀荷兰人在16世纪下半叶发现,在海员的膳食中添加柑橘属（citrus）果品比较重要。[73] 16世纪末,伦贝图斯·多多内乌斯尝试着用旱金莲属植物治疗坏血病,并把番茄用于各种药物包括抗坏血病药物。[74] 在世界各地的探险者也向当地土著学习防治坏血病的办法。例如1536年卡提耶尔探险队在圣劳伦斯河越冬时就曾向当地土著换取草药冬青树树叶煎汤喝治疗坏血病(evergreens)。[75]不过这些做法都是治标不治本,虽有些疗效,但不能从根本上解除威胁。因为只要有新鲜的蔬菜水果吃,才不会患病。于是欧洲的殖民强国在世界各地建了一些据点、基地、补给站,让海员能就近入港休息,并能吃上新鲜蔬菜水果。1652年荷兰东印度公司在南非好望角便建立了海角之村,17世纪末发展成海角之城,英语叫作海角之镇(Cape Town,即今天的开普敦)。[76]目的便是为水手们提供休养之处,让他们从疾病中康复,在他们进入印度洋驶向东方之前向航船补给供应新鲜蔬菜。

防治坏血病的重大突破发生在18世纪中叶。1747年,英国苏格兰裔海军外科医生林德(Lind)随军舰沙利斯布瑞号远航,350名水兵中有80人患坏血病倒下。林德经过仔细观察研究,终于发现坏血病系由缺乏某些食物所致。他在舰上进行了医学实验和临床试验,发现利用橘子、橙子、柠檬和脱水的干肉煮肉汤能有效地治疗坏血病。1754年,他发表题为《论坏血病》的论文,阐述他的发现和研究结果。[77]林德的重大发现被其他人的观察实验所证实,从而创建了营养缺乏症的新概念和开始了对这类新确认的疾病的研究,坏血病也因此成了人类最早发现的营养性疾病。林德还发明了一种储存、保鲜果汁的办法,从而能在远航途中有效地预防坏血病。

著名的航海家探险家发现家库克(Cook)在探察澳大利亚和新西兰时应用了这一新的知识和方法。库克在1768—1771年的环球航行期间,曾于1770年10月至1770年12月在印尼爪哇巴塔维亚(雅加达)停留。在爪哇逗留期间和以后的航程中,虽仍有约30人死于在陆地上染上的热病(Fever)和痢疾及其他疾病,但在历时两年十个月的环球航行和考察中,无人死于坏血病。库克的防治办法是保持海员寝室的通风和个人清洁,特别是坚持合理的食谱和饮食,包括食水芹(cress,又称水田芥、独行菜)、泡菜、橙子汁和洋葱等。他在预防坏血病方面的成功使自己的名字库克Cook成为航海者的绰号,他也因此获得最高奖赏科普利勋章。

继林德、库克以后,英国苏格兰裔人特罗脱也提出了切实可行的抗坏血病的方法,并著有《坏血病的观察》一书,于1786年出版。[78]1795年,英国医学界和军界敦促英国海军部规定,所有的皇家海军舰队都必须在舰上装载酸橙汁(lime)。这种做法使得人们常以Limery来称呼英国海员。长期严重威胁远洋水手的坏血病一下便消失了。1854年通过了英国商船法,该法对英国商船也作了类似的强制性的规定。另外,19世纪伊始,在食品储藏保鲜方面,法国人阿佩尔特(Appert)发明了食品罐装,即把食品排气(成真空)、密封、杀菌、冷却。于是可以把水果、蔬菜、果汁制成罐头,长期储存。但阿佩尔特是用瓶子和罐子作罐头。1810年,英国人开始用马口铁作罐头并申请了专利。[79]这样携带更方便,保鲜期更长。

就这样,从15世纪末至18世纪末,肆虐了近3个世纪的航海病坏血病终于被人们认识、控制和战胜了。20世纪发现了维生素(维他命),合成了维生素各字母的系列药。1928年首次分离出维生素C,1932年维C被证明为抗坏血病因子。坏血病的阴霾被彻底驱散。

总之,地理大发现使世界联成了整体,使原限于一洲一地的传染病传遍了世界;同时也使各种有效的天然药物和有用的医学知识传入世界各地,从而促进了医学的交流和发展。

第六节　在自然地理学方面的意义

一、自然地理学的重大突破和制图学的发展

第一阶段的地理大发现(15世纪中后叶至16世纪初中叶)在自然地理学方面具有重大意义。除了证实大地的形状、大小、海陆分布、对蹠、时差等问题外,还有一些重大的突破。

1. 破除了迷信,解放了思想　　在地理大发现的前一阶段,航海家和探险家们既要与大自然作殊死的斗争,又要与宗教迷信、错误观念等人文樊篱作勇敢的决裂。正如美国史家彭罗斯所说,在地理大发现的前期,探险家们面临的最大障碍与其说是风浪,不如说是迷信。当时尽管地球学说及相关的地理观念已逐渐复苏并流传,但迷信的传说,错误的地理观念仍十分盛行,束缚着多数人的思想。人们仍然心有疑惑,大地看起来是平的,谁能肯定大地是球形的?绕过非洲可以去印度、中国吗?渡过大西洋可以去东方吗?迷信仍在多数人头脑中作祟:远方的海怪非常大,会把船咬沉;灼热地带的海水烫得像开水,风浪一起就会把人烫死;远方的磁山会把船上的铁钉吸走,使船舶散架沉没;赤道地区的烈日暴晒和高温会点燃焚毁木船;欧洲白人到了赤道附近的灼热地带会变成黑人,永远不会复原,等等。当时的远航者也常受到警告,说他们的远航计划是疯狂的。因为大地是平的,世界洋环绕着大地,并在天涯海角跌入深渊形成巨大的瀑布。要是船舶航行到大洋的边缘,它将跌入巨大的深渊并被打沉。守旧者对远航也持异议:"退一万步说,就算我们承认大地呈球形。但如果船从球顶出发并到了球中部以下的底半球时,它又怎么能返回呢?水往低处流,船随

水流走,若能返回,一路上不是要爬水山吗"?[80]这些迷信使得要找远航的投资者和参加者十分困难。

这类迷信和错误观念不仅在社会上很盛行,而且对参加各次重要远航的人也有影响。他们中的许多人对地球学说仍半信半疑。1488年葡萄牙的迪亚士在绕过非洲南端的远航时,1492年意大利的哥伦布在首次横渡大西洋时,1498年葡萄牙的达·伽马在开辟去印度的航路的探险中,1519—1521年西班牙的麦哲伦在环航地球时,因感到探航前途渺茫,茫茫大海不知何处是尽头,再加上其他原因,都发生过部分海员鼓噪返航,甚至以造反要挟的事情。由于领头者强烈的发财致富的欲望,以及对地球学说的坚定信念和高超的航海技术才使这些重大远航仍基本获得成功。而他们的远航一次次取得成功,就一次次解放了人们的思想,也就一次次沉重打击了各种谬说和迷信。

2. 充实和初步完善了地图册和地球仪　　地理大发现为制

马丁·倍海姆1492年所制地球仪

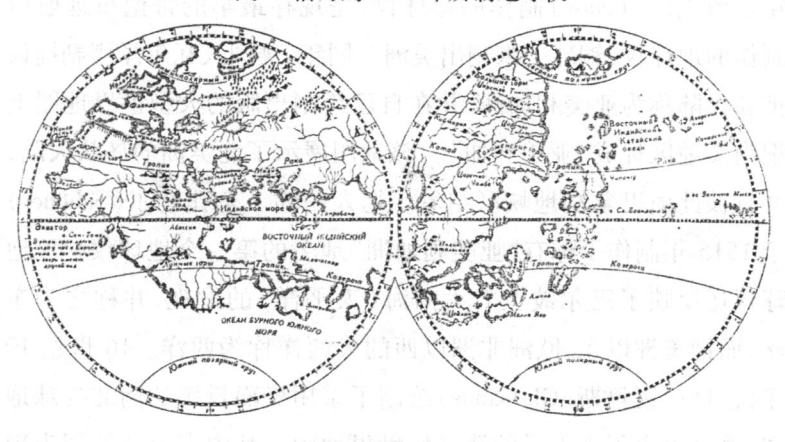

图 12-3

资料来源:取自马吉多维奇《地理发现史纲》,莫斯科1949年版,第1卷,第109页。

图学家提供的资料和数据,被迅速吸收和反映在地图册和地球仪上,文明人类所知的地球表面不断扩大。迪亚士在非洲西南海岸和好望角一带的航行和发现,由德国的马提路斯(Martellus)在1490年前后绘制的世界地图表示出来,[81]尽管这幅图上的西非海岸过于向东南倾斜,非洲伸入南半球太远。德国的马丁·倍海姆在哥伦布远航前夕制作了欧洲中世纪以来的第一个地球仪(见图),直径为半米。它也是现存最古老的地球仪。倍海姆很可能是根据马提路斯的世界地图制作的。倍海姆本人也多次随葡萄牙船队沿西非海岸探航,自称最远到达过刚果。倍海姆制作地球仪的主要目的是要向纽伦堡的金融界宣传葡萄牙人已取得的成就和绕过非洲到印度去的远航计划,以便说服银行家们向葡萄牙人的探航贷款,并保证其投资必定赢利。1500年德·拉·科萨绘制的世界地图是现存最早的反映了哥伦布、达·伽马地理发现成果的地图。德拉·科萨也多次参与了哥伦布、亚美利哥的远航。1507年李劳克斯(Lenox)制作的地球仪,是现存最早的哥伦布远航后制作的地球仪,铜球上镌刻出美洲。同年,德国人瓦尔泽缪勒提议把新大陆称为亚美利加洲,并在自己绘制出版的大型世界地图上把南美地区标成"亚美利加"。[82]该地图展示了北美洲的岛状大陆,并且彼此由巴拿马地峡联结着。德人约翰·舍孔勒尔(Schöner)于1515年制作了标有"亚美利加洲"地名的第一个地球仪。该地球仪还反映了巴尔波亚对大南海(太平洋)的发现,并称之为东洋,而把美洲以东、欧洲非洲以西的大西洋称为西洋。16世纪10年代,格拉锐鲁斯(Glareanus)绘制了采用极面投影的南北半球地图,这是绘出了太平洋的第一幅世界地图。其中南半球地图表现的大洋在观念上有重大进展。图上南美洲和马来半岛之间的海洋非常开阔,并与大西洋和印度洋相连。西人托尔棱罗(de Torreno)根据麦哲伦环航探险队幸存者提供的资料,在 1522 年绘制的地图上首次标绘出菲律宾,正确地绘出了从欧洲到中国的大陆海岸线。葡萄牙人利贝罗(Ribeiro)于 16 世纪 20 年代绘制了旧式航海图珀托兰地图。图上东西两个半球的大陆轮廓都绘得非常准确,南美大陆呈三角形。这幅地图与两个世纪后的地图相差无几。当然东北亚和西北美的太平洋海岸还没画好,澳洲还没画出来。1531 年奥·费内(Finé)绘制的地图把太平洋水域标明"为麦哲伦海",北美依然如哥伦布等人设想的那样被画成亚洲的延伸部分。1538 年,荷兰著名地图学家墨卡托自己重新设计的著名的墨卡托双重心脏形地图出版了。图上北美首次被画成一块大陆,与亚洲的东端隔海峡(猜测中的阿尼安海峡,即后来的白令海峡)相望。"北美洲"和"南美洲"这两个地名也首次使用。[83]至此,地理大发现第一阶段的主要成果基本上在地图册和地球仪上得到体现和反映。

3. 推进了制作术和投影法　　把探险发现成果反映在地球仪上,不存在什么变形的问题,按比例缩小就是了。当时一般是镌刻在或描绘在地球仪上。最早提议把新大陆称为美洲的瓦尔泽缪勒做了先绘制瓣状分带图,再拼装成地球仪上的地图的尝试。[84]这便涉及到分瓣、断裂、投影、拼合等问题,因而在制作技术上和计算几何画法上都是一个突破。地理大发现时期的地图分手工描绘(在羊皮上或纸上)和印刷(木刻套印和镌刻铜版印刷)两大类。印刷地图精致准确得多。至迟从贝海姆地球仪起,欧洲的世界地图和地球仪一般都标出了赤道、回归线、极圈、经纬度。纬度以赤道为零度,没有异议。但经度的计算则比较紊乱。托勒密把本初子午线摆在加那利群岛附近,16、17 世纪之交的英国地图家约翰·

墨卡托1538年镌刻印制的双重心脏形世界地图—南半球图

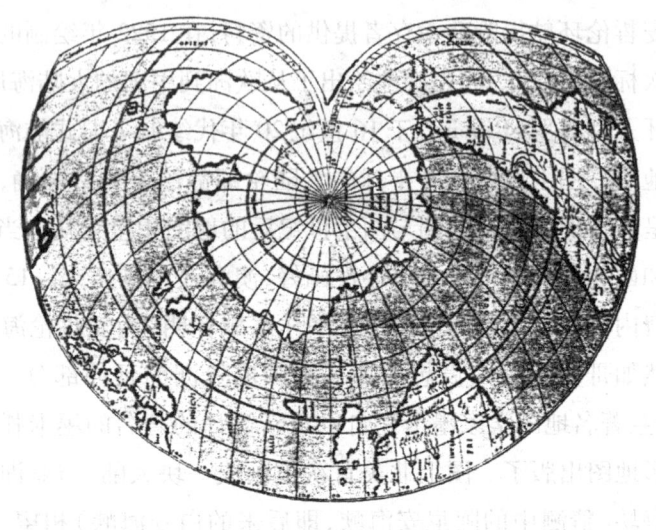

图12-4

资料来源：取自斯克尔顿：《探险家的地图》，伦敦1958年版，第192页。

斯皮德把它选在亚速尔群岛，西班牙以西、葡分界的教皇子午线为本初，法国黎世留定加那利的费罗岛为零经度，1676年英国开始以伦敦为本初子午线，最初定点在圣·保罗大教堂，1794年后定点在格林尼治天文台。[85]

地理大发现时代制图术上的最大进步莫过于创拟了各种地图投影。我们知道，地球表面为不可展的曲面，它不可能无重叠、无裂缝、无变形地展为平面。地图投影法就是按照一定的数学法则，将地球表面的经纬网、几何图像相应地转绘到平面上的方法，以使歪曲、失真、差异减小到最低程度。欧洲古代的自然地理学、数理科学、制图学就比较发达（见本书第二章第三节），二世纪推罗的马林便发明了圆柱投影，托勒密创造了圆锥投影。文艺复兴以来，古代的自然地理学、制图学、投影法也复活了,并与迅猛前进中的自然地理学、天文学、数学、光学、印刷术相结合而快速发展。

16 世纪 10 年代格拉锐鲁斯发明了极面投影(polar projection),用于绘制南北半球地图。在投影法中这实际上是方位投影中的"正方位"或"极地方位"投影。其经线呈相交于切点的一束直线,纬线呈以切点为圆心的同心圆,各种变形随远离切点而增大。方位投影适合于绘制南、北半球或两极附近的地图,特别适用于轮廓呈圆形的地区。在 16 世纪的珀托兰航海地图中,较受欢迎的是等距圆柱投影(cylindrical equidistant projection)。该投影又称"方格投影",其变形由赤道向高纬增大,用于低纬度地区效果较好。由于 16 世纪时地理发现的主要成果都在南北回归线内,故此投影很流行。最早反映地理大发现成果的印刷地图是 1506 年孔塔利尼(Contarini)的世界地图,铜版镌刻印制。那是两幅心脏形的半球地图,于是孔塔利尼发明了双重心形投影(double cordiform projection)。这便发展了伪圆锥投影,特别是创拟了崭新的断裂图法(以前只可能有两幅圆形半球图,甚至没有)。断裂图法减小了地图上的失真、歪曲。当然,断裂线应选择在不重要的地区,例如以大陆为主的地图可选在大洋中央,以减小两个相邻地区联系不紧密的副作用。1507 年,约翰·鲁伊奇在他绘制的铜版世界地图上创拟了双重圆锥投影(double coniform projection, Ruysch)。双重圆锥投影是多圆锥投影中最简单的一种。多圆锥投影的经纬线系弯曲的曲线,具有良好的球形感,所以常用于编制世界地图。多圆锥投影的另一重要用途在于可将广大地区分割成若干小部分,画成分瓣地图,再制成地球仪。奥隆斯·费内(Oronce Finé)1531—1532 年绘制出版的世界地图也是两幅双重心脏形地图。1538年,印行了大地图学家墨卡托的双重心脏形世界地图(见前图)。1544年,著名航海探险家小卡博特用铜版镌刻印行了他的椭圆形(elliptical map,或称剧场形 theatrum)世界地图。[86]这实际上是采用了一种新的投影法,它较适合于画世界政区图。1569年,墨卡托出版创拟了墨卡托投影的大型世界地图。该图用铜版镂刻印制,大小为78×53(英寸)。

墨卡托投影即等角正轴圆柱投影。该法假想圆柱面与地球相切于赤道,按等角条件将经纬网投影到圆柱面上,再将圆柱面展开为平面而成。其特点在于:1. 经纬线都是直线,纬线离赤道越远越放长。放长的倍数可由三角函数表查出。2. 纬线都是东西向,经线都是南北向,都是平行线。3. 该投影没有角度变形,所以等角航线(或称斜航线)表现为直线。等角航线是地球表面与经线相交成相同角度的曲线。地球表面除经线和纬线以外的等角航线都是以极点为渐近点的螺旋曲线。4. 该投影法是正形正向非等积非等距图法,其高纬度面积误差较大,不适合作教学挂图。5. 等角航线在墨卡托地图上表现为直线,因此海员就可以在图上用尺子将起点和终点连成一直线。沿着这条线航行便可以到达目的地。此外,距离和纬度也可以在图上准确地标绘出。当然,两点间的最短距离不是等角航线,而是大圆弧(又称大圆航线或正航线)。但就整个实际航程而言,是接近于大圆航线的(见图12-5)。

墨卡托投影法和地图问世后,他本人没有为之阐述和论证,故很少有人理解和使用。[87]直到1599年英国数理科学家爱德华·赖特在他的论著中精心作出了墨卡托投影法的解析理论和数学法则,墨氏投影及其地图才被广泛接受和流行。墨卡托、墨氏投影、墨氏地图集(Atlas)是地图学、制图术和投影法历史上的一块里程碑。

1599年赖特对墨卡托投影所做的阐释

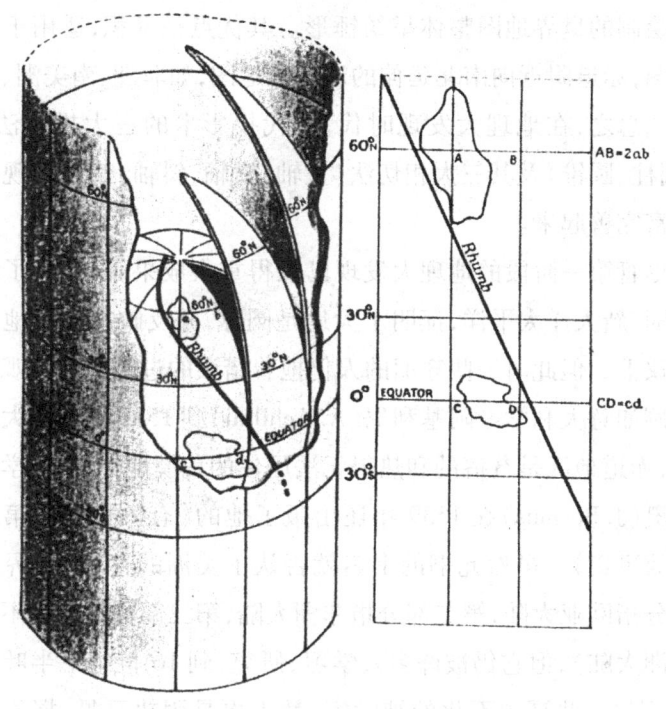

图 12-5

资料来源:取自辛格尔顿编《文艺复兴时期的艺术、科学和史学》第230页,巴尔的摩1970年版。图中清晰可见:1. 地球(仪)上的螺旋形(S形)恒向线(Rhumb)在墨卡托地图上表现为直线;2. 赤道(Equator)上的大岛在地图上没有变形,等积;但北纬60度上的大岛则被拉长了,面积增大了两三倍;3. 经查,地球上并无此两大岛,系假设的。

它标志着地图学从中世纪到近代的转折,投影法从欧几里得几何到解析几何的转折,制图术从年青到成熟的转折。墨氏投影至今仍广泛用于编制航海图、航空图和赤道地区地图。

墨卡托以后,欧洲的地图学家、数学家又创拟出各种各样的投影法,以满足不同地区不同用途的地图需要。例如1650年法国人桑逊(Sanson)创拟的桑逊投影(一种等积伪圆柱投影)。[88]用这种投影绘制的世界地图整体呈纺锤形。其优点是等积,适用于绘制天文图,赤道附近向南北延伸的地区的地图,如非洲、南美洲、南洋地图。总之,在地理大发现时代,现代投影术的三大投影法(方位、圆柱、圆锥)及其三大相切法(正轴、横轴、斜轴)都已出现并逐步丰富完善起来。

尽管第一阶段的地理大发现已取得重大成果,已证明了新大陆美洲、新大洋太平洋,证明了大地是圆球,并反映在各种地图和地球仪上。但此时一些守旧的人仍抱着错误的过时的地理观念不放。例如意大利学者阿基利尼(A. Achilini)到1512年还在大学中讲授,赤道地区是贫瘠的和热得无法居住的荒漠地带;法国学者博埃米奥(J. Boemus)在1539年还出版了他的《有关世界的第三部分的故事集》。虽然此书的书名就否认了美洲的存在(世界的第一部分指欧亚大陆,第二部分指非洲大陆,第三部分指他拒不承认的美洲大陆),但它仍被许多人学习、研究,到16世纪下半叶还在再版。[89]另一些冥顽不化的神学家、教士更是固执己见,据不承认地球呈球形这个真理。直到神父、牧师、传教士自己也出发到了居于地球正反对方面的对蹠地,在对蹠人中间传布"福音"后,才不得不承认地球学说。[90]从此,"地球"这个词有了确凿无疑的意义。

第一阶段的地理大发现完成后不久,西方传教士利玛窦、罗雅谷、汤若望、南怀仁等相继来华,传入了西方的宇宙观念、地球学说和地理知识。于是,中国知识界开始知道有五大洲、四大洋;[91]并接受了利玛窦创译的"地球"、"南北极"、"极圈"、"赤道"、"回归线"等体现地球观念的专业词汇;[92]逐渐放弃了"盖天说"、"浑天说"、"宣夜说"等旧观念。到了清初,地球及相关学说在中国学术界已得到普遍承认和基本确立。与此同时,各种地图、制图术、投影法也随教士们传入。例如利玛窦的《万国坤舆全图》,艾儒略的《万国全图》。新式制图术还被用于绘制中国、亚洲地图。康熙时由传教士白晋等人负技术总责,勘测绘制了《皇舆全览图》。乾隆时又派人勘测绘制了亚洲地图《乾隆内府皇舆全图》。乾隆图采用了梯形投影(trapezoidal projection,一种多面体任意投影),比例尺约为1∶1 400 000,堪称当时最完善的亚洲全图。

总之,麦哲伦环航是自然地理学方面把古代中世纪和近代分开的里程碑,墨卡托投影标志着地图学从中世纪到近代的转折。

二、第二阶段的发现对地理知识的极大丰富

第二阶段的地理大发现(16世纪中叶到17世纪末)在丰富地理知识方面具有重要意义。

在这一阶段文明人类新认识的陆地又扩大了约一倍。在地图上又新增加了约一倍的大陆、大岛海岸线的明细图。据调查统计,人居世界的大陆海岸线总长约24.6万公里,[93]岛屿海岸线长度则没有统计也无法统计。各个历史时期、阶段所发现的大陆、大岛海岸线长度也还有待于研究,但又增长了一倍是有把握的。(即第一阶段时新发现认识的陆地和海岸线比以前增长了一倍,第二阶段时新发现认识的陆地和海岸线总量不亚于第一阶段的总量,即在此基础上又增长了一倍。)这个时期的探险、发现开创和推进了远洋航行中的极地冰海航行的新阶段,开辟了北方新航路的约一半的新航线(指绕过北欧、北亚的大西洋、太平洋新航路和绕过北美的欧、亚新航路)。而在极地冰海的航行探险(必然)发现了一些极地特有的自然地理现象,如大陆冰川、极光、极昼和极夜等。人们在这一阶段中基本上发现了澳洲、北冰洋、北亚,大体上完成

了对美洲的发现,开辟了陆地上和海上的许多新通道,把许多地区联系起来。

德国史家维尔内·斯泰因研究统计估算出欧洲知识界对地球表面了解情况的世纪进度表,其中:[94]

1400 年为 11.2%(21% 的陆地,7% 的水域)

1500 年为 22%(25% 的陆地,20.9% 的水域)

1600 年为 49%(40% 的陆地,52.5% 的水域)

1700 年为 60.7%(50.6% 的陆地,64.7% 的水域)

1800 年为 82.6%(60% 的陆地,92.1% 的水域)

从上表可以看出:

一、地球表面总面积共约 51 000 万平方公里,其中 71% 为水域,29% 为陆地。上表中括弧前的分数指欧洲知识界了解的地表面积占地球总面积的百分比,括弧中的分数分别指已了解的陆地和水域占地球表面陆地和水域总面积的百分比。举例计算一下:1400 年欧洲知识界已了解的地表总面积为 51 000 万平方公里 × 11.2% = 5712 万平方公里。其中已了解的陆地为 51 000 万平方公里 × 29% × 21% = 3106 万平方公里,已了解的水域为 51 000 万平方公里 × 71% × 7% = 2535 万平方公里。自然,因为百分比的精确度不同,小数点后保留的位数不同,上述数字只是基本吻合。

二、1400 年时(即 14、15 世纪之交),欧洲知识界所了解的地球表面并不比亚洲、非洲(北非、东北非)知识界所了解的地球表面大,但到 1500 年时,欧洲人已开始了地理大发现,已开始了发现美洲的进程,已完成了对非洲南部(海岸线)的发现,已开辟了欧美新航路和欧亚新航路。从此欧洲知识界所了解的地球表面,欧洲知识界的地理知识和地理学水平实际上已代表了全人类的最大地理知识量和最高地理学水平了。

三、到1700年时(即17、18世纪之交),文明人类已了解了地球表面的60.7%,陆地的50.6%,水域的64.7%。到1800年时,文明人类所了解的地球表面已达到了82.6%,陆地的60%,水域的92.1%。就所了解的地球表面积而言,1800年比1700年增长了22个百分点,这样似乎地理大发现的下限也可定在18世纪末。但仔细分析一下便可看出,新认识的人类赖以生存的陆地则只增长了不到10个百分点(60-50.6=9.4),且多是冰天雪地的极地。而新了解的水域则增长了27个多百分点(92.1-64.7=27.4),它们也主要是人类很少去的北冰洋、南冰洋水域,封冻水域。再考虑到水域和陆地分别占地球表面的71%和29%,所以17世纪末叶以后新认识的陆地实际上是很少的(因为一个水域百分点的面积相当于一个陆地百分点面积的约3.4倍),而且主要是不毛之地。因此应该说地理大发现结束于17世纪末叶。

从以上的地理知识世纪进度表和我们的分析中,可以看出地理大发现在人类最基本的自然地理学知识认识进程中的地位和作用。

第七节 地理大发现与天文大发现

一、南天天体的发现

1. 概述 地理大发现时代也是天文学大发现的时代。中外许多史书都要论述那个时代天文学的历史进程。它们一般都包括哥白尼的《天体运行论》和日心地动说;布鲁诺(1548—1600)的宇宙观和对日心说的宣传;第谷·布拉赫(1546—1601)的天文观测仪器和恒星表;开普勒的《新天文学》(1609)、《宇宙的和谐》

(1619)和行星运动三大定律;伽里略的望远镜,天体发现和《关于托勒密和哥白尼两大宇宙体系的对话》(1632);牛顿的《自然哲学的数学原理》(1687)和万有引力定律;惠更生(1629—1695)的新式望远镜、钟摆、天体发现和光的波动说;等等。但是有关地理大发现与天文学大发展的关系,地理大发现对天文大发现的促进作用等却几乎无人论及。这无疑是个很大的缺陷。我们暂先不谈地理大发现如何解放了天文学家的思想,如何启发和激励了天文学家去钻研;不去评说人们如何把麦哲伦与哥白尼相提并论,说麦哲伦发现了地球,哥白尼发现了太阳系;不去考证人们如何把伽里略誉为"天空中的哥伦布"。我们这里只讨论地理大发现如何直接导致了天体大发现。可以说,地理大发现使得探险家、天文学家新发现了将近一半的天体,文明人类新认识的恒星和其他天体增加了将近一倍。

在各种天体中(恒星、行星、卫星、彗星、流星、星云),恒星是最重要最巨大的天体。在满天繁星中(肉眼能见的约6000颗),除了太阳系的几个行星、卫星、彗星,都是恒星。恒星连同它所属的行星、卫星构成恒星行星卫星系统。例如我们所在的太阳系,它由太阳和水、金、地、火、木、土、天、海、冥九大行星及其卫星和哈雷彗星所组成。大量的恒星又组成星系,如太阳系所在的银河系(约有一两千亿颗恒星)。天文学上为了认识研究方便,把一定空域内按一定形状分布的恒星群划分为星座。星座即天球的一块区域,每个恒星都属于一定的星座。现今国际通用的星座共有88座,它们的界线大致是平行于和垂直于天赤道的弧线。我国古代把星空分为三垣二十八宿。下面以星座为例探讨地理大发现如何带来了天体大发现。

在地理大发现以前,文明人类基本上居住在活动在地球的北半部。大的文明区都在北半球,如欧洲基督教文明区,阿拉伯—伊斯兰教文明区,波斯—中亚—伊斯兰教文明区,南亚—印度教文明区,中国—儒教文明区,日本—神道教文明区,以及附属于中国文明的蒙古文明、朝鲜文明、越南文明,附属于印度文明的印度支那—中南半岛文明等。只有印度尼西亚文明区和莫桑比克以北的东非城邦文明区在赤道上和赤道偏南。但这两个地区的文明发轫得晚,文明水平又相对低,对构成人类文明主流的欧洲、中国、印度、阿拉伯等没有什么影响,没注入什么新鲜的水源。就人类文明的主要地区欧亚大陆和北非而言,到公元2世纪时,埃及希腊裔大天文学家托勒密便总结了到那时为止的天文学成就,编制出了当时较完备的星表,列出了 48 个星座。它们至今仍被认可和沿用。[95]居住在地球北纬地区的古代中世纪的文明人不能看到南天,因此南天的恒星、星座不为人知,也没有南天的星图、星表。当然,这只是一般性地讲。这是因为地球斜着身子绕太阳公转,倾斜度约为 23.5 度。为了说明问题下面引进几个新概念。地球赤道平面无限扩大同天球相交而成的大圆称天赤道。地球绕太阳公转的轨道面叫黄道面。黄道面无限扩大与天球相交的大圆叫黄道。天球是以无穷大为半径的假想球体,通常以地心为球心。地球赤道面与黄道面(或者天赤道与黄道)的交角叫黄赤交角,其度数约为 23.5 度(即通俗说的地球斜着约 23.5 度的身子公转)。由此产生了地球上的季节变化、昼夜长短变化和五个气候带。星座按其在天球上的位置一般分为拱极星座、黄道星座、赤道带星座、北天星座、南天星座共 5 个天球带星座。是故,黄道(带)上的 12 个星座(即黄道十二宫)地球北纬地区的人是随时能见的。天赤道(带)

上的10个星座的大部分,在地球北部有的季节里也可看见。再加上一个星座的分布范围是较为宽广的,一些南天的星座,它的一部分在有的季节里也可能显露在北天。所以托勒密的星座已有少量是南天星座。[96]而北天的星座也有少数因识别、定位、分野、命名、公认等原因,还没最后确定下来。

2. 南天天体的发现　　15世纪中后叶葡萄牙人跨过了赤道,向南纬地区挺进。南天的恒星和星座逐渐进入人们的视野。1474年,戈姆斯派出的一支探险队航进到南纬2度,成为第一支越过赤道进入南半球的欧洲船队。1482年和1485年,第奥古·考两次探航,分别前进到南纬13度和南纬22度。1487年迪亚士绕过非洲南端进入印度洋,因而至少已推进到南纬35度。1520年,麦哲伦穿过美洲大陆南端的麦哲伦海峡,进入太平洋,推进到南纬52度。1578年,德雷克驶过美洲与南极洲之间的德雷克海峡,推进到南纬57度。……就这样,在航海家、探险家、天文学家、地理学家的共同努力下,南天的恒星逐渐被人们发现和认识,并绘制在星图上。下面是航海家探险家们所记的对南天天体初步发现的情景。

美洲的被命名者亚美利哥·维斯普奇1500年致信佛罗伦萨僭主罗伦佐·美第奇,报告他1499—1500年的美洲探险。他吐露:"我很想成为证实另一半球的极地星辰之人。因此我好几晚没睡,冥思苦想着围绕南极诸星的运行,为的是要把哪颗星运行得最慢、最靠近南极记录下来。"[97]1502年维斯普奇又致信美第奇报告他刚完成的美洲探险(1501—1502)。他说:"我们在南半球航行了9个月又27天(从约8月1日至次年5月27日),从未看到北极星,甚至大熊座、小熊座也没看到。但是在它们的对面有许多明亮而又美丽的星座展现在我眼前,这些星座在北半球是看不到的。我在那里注意到了行星运行的惊人规律及其亮度,测量了环行的直径,并用几何图形绘出它们相对的位置。"[98]麦哲伦船队在横渡太平洋时发现了两个星系即大小麦哲伦云和南十字座。皮加费塔记载道:"南极不像北极那样星光灿烂,但这里看得见两块由小的模糊的星辰组成的星群,就像两块不大的云彩,而且彼此距离较近。在这些由小星辰组成的星群中有两个星团显得非常巨大和非常明亮,但它俩移动得很缓慢。""当我们到达太平洋中心时,我们在西方发现5颗很亮的星辰,呈十字架状。"[99]一般认为他们发现的是南十字座。

新发现的星辰天体很快被天文学家们测定、归类、命名、制表、绘在星图上。据说著名天文学家第谷确定分野命名了后发座(北,12时40分,25°)。德国天文学家约翰·巴耶尔(J. Bayer)创立了根据亮度把恒星分类的体系。他于1603年出版了反映天文大发现的第一幅星图(见图12-6),增添命名了12个南天新星座。[100]它们是印第安座,其分带和中心坐标为:(南,21时20分,-57°),天燕座(南,16时,-75°),飞鱼座(南,7时50分,-70°),剑鱼座(南,5时10分,-63°),杜鹃座(南,0时,-66°),南三角座(南,15时50分,-65°),蝘蜓座(南,10时40分,-79°),水蛇座(南,2时,-72°),凤凰座(南,0时40分,-48°),孔雀座(南,19时30分,-66°),天鹤座(南,22时20分,-47°)和苍蝇座(南,12时20分,-70°)。[101]波兰天文学家海威留斯(J. Hevelius,1611—1687)绘制了月球地图集,编纂了当时最全面的有1564颗恒星的星志。他去世三年后,出版了他生前绘制的星图,图中首次表现了10个新星座。[102]它们是:[鹿豹座(北,6时,70°),猎犬座(北,13时,41°),狐狸座(北,20时10分,24°)],蝎虎座(北,22时20分,

477

45°),小狮座(北,10时20分,34°),天猫座(北,8时,47°),麒麟座(赤,7时,-2°),六分仪座(赤,10时10分,-2°),苍蝇座(南,12时20分,-70°),盾牌座(南,18时40分,-10°),天鸽座(南,5时50分,-35°),南冕座(南,18时30分,-41°)。[103]这样,巴耶尔和海维留斯新发现确认命名的新星座一共达到22个。[104]而海维留斯还确定总结了几个北天的星座。最后完成天文大发现、星座大发现的是法国天文学家德·拉开尔勒(de Lacaille)。1750年拉开尔勒率一支考察观测队到好望角开展工作。他在那里呆了两年多,确定了约一万颗恒星的位置,其中许多恒星人们至今仍沿用他的恒星志的编号。他绘制了南天球可见的全部星座的天体图集,发现并命名了其中的14个星座。它们是:唧筒座(南,10时10分,-34°),雕具座(南,4时40分,-37°),圆规座(南,14时50分,-64°),南十字座(南,12时20分,-60°),天炉座(南,3时,-32°),时钟座(南,3时10分,-53°),山案座(南,5时30分,-77°),显微镜座(南,20时50分,-36°),矩尺座(南,16时,-50°),南极座(南,拱极星座),绘架座(南,5时30分,-53°),网罟座(南,3时50分,-61°),玉夫座(南,0时20分,-33°),望远镜座(南,19时10分,-50°)。[105]拉开尔勒发现、确认、定位、命名的星座全是在地球北部无法观测到的。

　　至此,对全天球星空中星座、恒星的发现、归类、分野、命名、绘制等工作基本上结束,地理大发现导致的天文大发现基本完成。此后,又增添了四个星座,那是把原有的巨大的星座分开划小而成。现在把托勒密的南船座分为船底、船尾、船帆、罗盘四个星座;又因为原来的巨蛇座占有两块彼此不相连接的天区,于是把它分为巨蛇座和蛇夫座两个星座。有趣的是这样一来蛇夫座仍在巨蛇的腰部,而两端的蛇头蛇尾构成巨蛇座。[106]

分析总结一下新发现确定分野的星座的名称,可以看出它们具有的时代特征和文化烙印。在这三四十个新星座中,有的用航海仪器和设备命名,显示出大航海时代的特征。例如六分仪座,唧筒座(即手动水泵、抽水机),罗盘座、时钟座、望远镜座。有的星座名属于仪器量具等,如圆规座、显微镜座、矩尺座、绘架座,体现出中世纪晚期近代初期第一次科学革命的理性色彩。[107] 还有一个欧洲人新发现的种族——民族名印第安座。新星座的多数仍是用传统的命名法以动物命名,其中一些是欧洲人新发现、或听说的动物。这其中有三种中国文化推崇的动物或被中国人译成有中国风味的动物,即天鹤座(Crane),麒麟座(Unicorn,直译为独角兽),凤凰座(Phoenix,直译为长生不死鸟)。而古代星座中传统的神话命名法则摈弃不用,如古代的仙女座、宝瓶座、仙后座、半人马座、仙王座、武仙座、英仙座、人马座等。这些都体现了历史的发展和社会的进步,也反映了欧人丰富的想像力。

总之,地理大发现直接导致了天文大发现,其内容是非常丰富深刻的,很值得研究。另外,地理大发现还促进了对经纬度的测定,对日月食和其他天体交食的观测、对地球自转、日差、日期变更的发现等——这些都属天文学或与天文学有关。这里就不一一去论述了。

图12-6为巴耶尔1600年绘制的南天星图,是他1603年出版的《恒星志》(Uranometria)的第49图。图中左上是天鹤座(拉Grus,英Crane);印第安座(Indus,Indian),它被画成一位一只手抱着三支标枪,另一只手握着一支标枪的印第安人;上面是孔雀座(Pavo,Peacock);天燕座(Apus,Bird of Paradise),按字面意思和星

巴耶尔南天星图

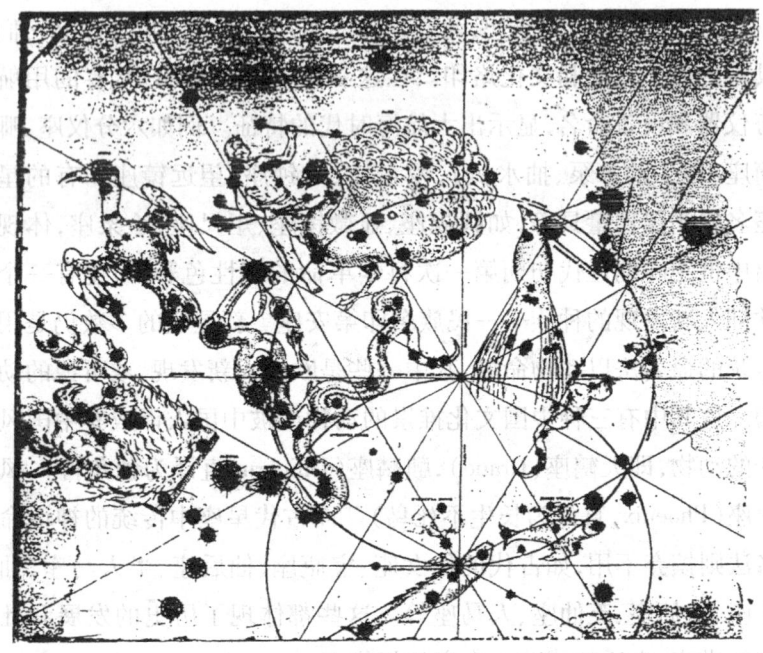

图 12-6

资料来源：取自 J. Kistemaker, Sun Xiaochun: The Discovery of the Southern Sky, 载《自然科学史研究》第 16 卷, 1997 年第 2 期。

图上的图画，应译成极乐鸟座或凤鸟座；右上是南三角座（Triangulum Australe, Southern Tiangle）；右中是苍蝇座（Musca, Fly）；蝘蜓座（Chamaeleon, Chameleon），蝘蜓即中国古书上的壁虎，俗称四脚蛇。按字面和图画，应译成书名避役，通名变色晰蜴或变色龙。当然壁虎也属晰蜴目；右下是飞鱼座（Volan, Flying Fish），它正在振鳍飞翔；下面是剑鱼座（Dorodo, Sword Fish）；左外是凤凰座（Phoenix, Phoenix），按字面和图画应译成不死鸟。埃及神话说它每 500

年自行焚死,然后在灰烬中再生。图中它正在火中自焚;左内是水蛇座(Hydrus, Water Snake);左中是杜鹃座(Tucana, Toucan),见图方知它是杜鹃鸟而非杜鹃花。按字面和图画,应译成书名鹈鹕,通名巨嘴鸟。上述十二星座皆是北半球居民以前不知道的南天星座。这十二星座的命名除了南三角座是依其形状外,皆是动物和人物。其中印第安座是以欧洲人新发现的种族—民族命名;天燕—极乐鸟座和杜鹃鸟—鹈鹕座是以欧洲人新发现的鸟禽命名。极乐鸟原产大洋洲新几内亚岛,巴布亚新几内亚的国徽和国旗以此鸟作主要图案。鹈鹕原产美洲热带地区。图中的两个交叉的圆圈,上面一个可能表示天球赤道,下面一个可能表示黄道。

二、南天天文知识的传播

第一阶段的地理大发现完成后,海道大通,耶稣会传教士乘船附舶来到中国。他们在传教布道的同时,也把各种新的科技知识、学术文化传入中国,其中也包括新的天文知识和南天天体、星座。万历时,根据元朝郭守敬《授时历》而来的明朝《大统历》已使用了200多年,差错渐频。于是徐光启发起修历,引进西方天文知识,改善中国天文学体系。这次修历的成就在各方面都是重大的:编成了鸿篇巨制的《崇祯历书》(共46种137卷),绘成了几幅星图,制成了一份中国当时最大型最准确的星历。《崇祯历书》中有一份《新增诸星表》(制于1628年,刊于1631年),它载有148颗新增加的在中国见不着的南天恒星。这是中国历史上第一份南天星历。新增的南天恒星按中国传统的星官组织形式被分野为23个南天星官,它们的星官名源于当时已有的西方星座名。下面列出其中与今名出入大的当时的名称及其与西名的渊源关系。半人马→马腹、马尾(前面是今天通用名,后面是明末的星官名,并列者是被分野为两三个的星官名）；凤凰→火鸟（此名更贴近原意）；杜鹃→鸟喙；天燕→异雀；印第安→波斯（皆异国人也）；苍蝇→蜂（此两昆虫分属双翅目、膜翅目，外形大小均接近）；蝘蜓→小斗（即小蝌蚪）；南船→南船、海石、海山；大、小麦哲伦云→夹白、附白；剑鱼→金鱼；水蛇→蛇首、蛇腹、蛇尾。[108]中国历书把巨大的南船座分小是合理的，现代也把它细分为船底、船尾、罗盘、船帆四座。

修历主要由徐光启主持，1633年徐逝世，继由李天经主持，于1634年全部完成。由于明朝已濒于灭亡，《崇祯历书》未能用来编历。清军入关进京后，德人汤若望（Adam Schall）把《崇祯历书》删改压缩，进呈给清朝。[109]清朝把据此编出的日用历书称为《时宪历》，于1649年颁行，一直施行到1731年。[110]

据各方面的分析、研究可以判断，《崇祯历书》中的南天星表和巴耶尔星图有明显的传承渊源关系。耶稣会传教士们在编纂《崇祯历书》的工作中起了重要作用。还可以肯定那些南天天体知识由汤若望传入并做了进一步的改善工作。清初天文学家梅文鼐便说："西儒星学远有端绪。据历书所译，周赧王丙寅，古地末一测；汉永和戊寅，多禄末（即托勒密）一测；明嘉靖乙酉，尼古老（即尼科罗·哥白尼）一测；万历乙酉，第谷一测；崇祯戊辰，汤若望一测。"[111]梅文鼐还说："南极诸星为古所未及者，则并据汤若望历书及仪象志为考证。"[112]清初著名天文学家，文鼐之兄梅文鼎还较细致地记述了当时南天天体的发现过程和传入经过。"据西书言，彼地天文家原载可见之星分为四十八像（即48星座）。后自弘治十年（1497）丁巳，有精于天文吴默哥[113]者行至极南，见有无名多星。复有西士安德肋[114]者亦见诸星之旁尚有白气二块，如天汉者（指大小麦哲伦星云）。嗣于万历十八年（1590）庚寅，有西士胡本笃始测定南极各星经纬度数,新增一十二像。万历四十八年(1620)庚申,汤罗两公(即汤若望、罗雅谷)航海过赤道南三月有奇,见南极已高30余度。将前星一一对测,经纬皆符。"[115]此外,《中西经星同异考》还列出了南天十二像以外新发现传入的一些南天天体,计有平衡、近黄极六、客星(万历癸酉始见)。

中西学者不仅引入传进了新发现的南天天体的知识,而且对它们的分野、辨认、命名等做了一些工作,并编成歌诀以便记忆和掌握。歌曰:

南极诸星中未志,壁奎之下鸟喙是。

鸟喙朗朗七星明,其上便是鹤十二。

……(以下省略八联十六句)

此星原非见界星,利氏(玛窦)西来始能述。

《经天该》中亦未言,今据历书为补足。[116]

西方天文新知识南天天体知识传入中国后,又接力式地经中国传入朝鲜、日本、越南(也同时直接从西方传入日本)。

总之,地理大发现直接导致了天文大发现,而天体大发现、天文大发展的新知识又很快传遍了全世界。

第八节 对社会科学的影响

地理大发现不仅刺激了自然科学的进步,也大大促进了社会人文科学的发展。而这方面的意义最不为人们所注意。各色人种、有独特文化的地区、处于不同社会发展阶段的部族和民族的被发现,大大促进了文化人类学、民族学、宗教学、语言文字学的丰富和发展。历史学更是获得空前的繁荣。各种身份的欧洲人写下了自己亲历的各种航海记、探险记、旅行记、考察记；著述家们为探险家、殖民者写传记和殖民史；史学家们也热衷于写新发现之地或新到之地的地区史、民族史、文化史、地理志。例如：西班牙的拉斯·卡萨斯（卒于1566年），著有西印度诸史，葡萄牙的得·巴洛斯（卒于1570年），著有《（南）亚细亚》等。出版家们还收集整理出版了地理大发现的大型资料丛书。最著名的有威尼斯人拉穆学（G. B. Ramusio）于1550—1556年出版的三大卷《航海纪行丛书》；英国人哈克留特（R. Hakluyt）于1548—1600年出版了三大卷的《航海录》（如今这套丛书已出至好几百种）；德国人西奥多·德·布赖（Theodore de Bry）于1590—1634年出版了25卷《大、小航海记》。从此地理大发现和航海征服殖民史还成为世界历史学方面一个有生气的分支，并长盛不衰。

地理大发现引起了商业革命、价格革命、贸易发展，而商贸大发展又刺激了经济学各分支如统计学、会计学、金融学、货币学、有价证券学的发展，并最终促成了经济学中重商理论和学派的形成。地理大发现和随之而来的天文大发现、博物大发现和人类大发现还加速了经院哲学退出历史舞台，推进了新的基于自然法则的宇宙观、机械唯物论哲学和理性主义的形成和发展。对世界各地处于各个社会发展阶段的人类社会的观察研究，还促成产生了新的政治理论学说。莫尔·康帕内拉创立了空想社会主义，一些神父在新大陆进行了"理想福音社会"的试验。霍布斯、洛克、格老秀斯、普芬道夫[117]、博丹以及其他政治哲学家，从非常复杂丰富的人类社会模式中吸取了灵感和资料，提出了新的政治理论。世界殖民帝国的形成、在全世界争夺势力范围和殖民利益还促进了国际关系学、国际法学科的形成和成长。

地理大发现对宗教也有较大的影响。它动摇了对上帝和老天的虔诚信仰，导致了怀疑主义。地理大发现为自然神论铺平了道路。通过拓展人的观念、分散人们对狭隘的教派争论的注意，为受迫害的持不同信仰教见者提供新的家园，地理大发现便推动了宗教宽容。更为重要的是，地理大发现导致了世界范围内传播基督教运动的开始，使基督教成为了世界最大宗教。

地理大发现最令人感兴趣的影响之一是欧洲文学创作的兴盛。除了那些带有文学色彩的航海记、探险记、旅行记等外，欧洲涌现出许多直接以航海探险、殖民征服为素材的文学作品。著名的有卡蒙斯(Camoins)赞美达·伽马的史诗《卢西亚德》(Lusiad)；[118]西班牙剧作家德·维加的歌颂哥伦布的剧本《新世界的发现》；英国诗人斯宾塞颂扬海上事业的支持者伊丽莎白女王一世的诗歌。而弥尔顿的《失乐园》、莎士比亚的《威尼斯商人》则反映了大航海、大发现时代的社会生活。对航海探险的好奇心和猎奇感还激发了虚构传奇故事的创作。这方面最早的和最好的作品之一便是拉伯雷的长篇小说《庞大固埃之父、大卡冈都亚的难以估量的生平》(今译《巨人传》)。经典的作品便是笛福的《鲁滨孙漂流记》和斯威夫特的《格里弗游记》。

地理大发现给欧洲人的日常生活也带来一些变化。金银珠宝首饰不再特别昂贵，小康之家也买得起用得上；美洲、亚洲的香水也普遍使用起来。东方价廉物美的棉织品大量进口和普及，使得欧洲人逐渐养成了穿内衣内裤和揩手绢的习惯；上层社会的宅第铺上挂上了来自波斯、印度的地毯挂毯；用上了来自中国的墙纸、瓷器。东方的轿子也于17世纪初从中国传入，并在上流社会使用。它最后得到改造，被装上了轮子，用马牵引，演变成两轮或四轮轻便马车。欧洲人的餐桌也大大丰富了。欧洲以前不产糖,甜食主要来自蜂蜜。地理大发现后,西印度、南美、东方和欧洲产的蔗糖非常普及。来自阿拉伯的咖啡(树)、中国的茶叶、墨西哥的可可(巧克力)极大地丰富了欧洲人的日常饮料。东方香料、美洲调料的大量进口则有助于欧洲烹饪术的进步和菜系的形成。

结 束 语

14—16世纪,在欧洲人面前突然展现出一个古代的希腊、罗马、拜占庭世界,这是时代岁月上的重大发现,也就是在思想文化史上有重大意义的文艺复兴运动。恩格斯指出:"拜占庭灭亡时抢救出来的手抄本,罗马废墟中发掘出来的古代雕像,在惊讶的西方面前展示了一个新世界——希腊的古代;在它的光辉面前,中世纪的幽灵消逝了。"[119] 15—17世纪,在欧洲人面前又突然展现出一个美洲、大洋洲、南部非洲和北部亚洲世界,这是空间地域上的重大发现,也就是在经济、科学、社会史上有重大意义的地理大发现。恩格斯概括道:"世界一下子大了差不多10倍;现在展现在西欧人眼前的已不是一个半球的四分之一,而是整个地球了。他们赶紧去占据其余的七个四分之一。中世纪思想方式的千年藩篱,同旧日的狭隘的故乡藩篱一起崩溃了。"[120] 15—17世纪,在欧洲人面前还突然展现出一个世俗的心灵的世界,这是精神上信仰上的重大发现,也就是在民族政治史上有重大意义的宗教改革运动。马克思恩格斯对宗教改革的一大旗手评说道:"路德战胜了信神的奴役制,……他破除了对权威的信仰,……他把僧侣变成了俗人,……他把人从外在宗教解放出来,……他把肉体从锁链中解放出来。"[121]文艺复兴、宗教改革和地理大发现这三大运动把欧洲送入了近代;而先进入近代的欧洲又把全世界强制拉入了近代。黑格尔把文艺复兴和地理大发现誉为近代"黎明的曙光",把宗教改革颂为"跟着那(种)黎明的曙光升起来的光照万物的太阳"(《历史哲学》,王造时译,上海书店出版社1999年版,第423—424页)就欧洲而言,文艺复兴和宗教改革在近代化方面的作用较大;就世界而言,地理大发现在近代化方面的作用则最大。

总之,地理大发现是中世纪晚期近代初期全世界范围内最重大的历史事件和过程,具有最重大、最深远、最广泛的意义和影响。

注释:

1 《马克思恩格斯选集》,第1卷,第252页。

2 《马克思恩格斯选集》,第2卷,第258页。

3 苏联科学院:《世界通史》,第4卷,上册第125页,三联书店1962年版。

4 《马克思恩格斯选集》,第2卷,第258页。

5 德尔·马尔:《钱币与文明》(A. Del Mar: Money and Civilization, London),伦敦1886年版,第178页。

6 奇波拉:《丰塔那欧洲经济史》(C. M. Cipolla: The Fontana Economic History of Europe),纽约1977年版,第2卷,第52页。

7 《地理发现史》,第65页。这里所说的出租土地的租金与农民向地主交的地租有所不同。前者指土地所有者(包括地主、房地产主、农牧场主、富农、自耕农等)出租土地收取的租金,后者指依附农民向封建主缴纳的封建地租。

8 《世界通史·中古部分》,第354页。这里所说的涨幅与前面提到的虽不尽吻合,但所阐述的工资远远跟不上物价的结论则是一致的。

9 《马克思恩格斯全集》,第4卷,第166页。

10,11 《马克思恩格斯选集》,第 2 卷,第 255、265 页。

12 《马克思恩格斯选集》,第 1 卷,第 51 页。

13 巴勒克拉夫:《世界史便览》,三联书店 1983 年版,第 199 页。

14 这里的传至是指该地有了造纸作坊、工厂,能够造纸,而非此时才知道纸和用纸。传播速度缓慢的这个事例还从一个侧面显示,一些欧人提出的指南针系中西先后各自独立发明之说也并非没有一点道理。

15 斯塔夫里亚诺斯:《1500 年以来的世界,全球史》(Stavrianos: *The World Since 1500, A Global History*),伦敦 1971 年版,第 1 卷,第 169 页。

16 《马克思恩格斯选集》,第 1 卷,第 63 页。

17 阿雷尼戈斯:《在欧洲的美洲,新世界历史的背面》(G. Areiniegos: *America in Europe, A History of the New World in Reverse*),纽约 1975 年版,第 266 页。

18 吴存浩:《中国农业史》,警官教育出版社 1996 年版,第 982 页。

19 莫诺莫塔帕指赞比西河流域、今赞比亚西部、津巴布韦北部、卡伦加人的国家。

20 赵时春:《平凉府志》,平凉府指甘肃一带,今有平凉市(县)。卷 4《平凉县·物产》。

21 李时珍:《本草纲目·谷部·蜀黍》又云:"苗心别出一苞,如棕鱼形,苞上出白须垂垂。久则苞拆子出,颗颗攒簇。"

22,23 《哥伦布首航美洲》,商务印书馆 1994 年版,第 65—68 页。

24 《宣统东莞县志》卷 13《物产》,台北 1968 年影印本。

25 何乔远:《闽书·南产志·番薯》。

26 徐光启《农政全书·树艺门·蓏部》还云:"近年有人在海外得此种。海外人亦禁,不令出境。此人取薯藤,绞入汲水绳中,遂得渡海。因此分种移植,略通闽广之境也"。

27 《美国百科全书》烟草条(tobacco)说加勒比人把吸烟管称作淡巴菰,《不列颠百科全书》烟草生产条(Tobacco Production)说加勒比人把吸烟管和烟卷儿都称作淡巴菰。

28 马达里亚加:《哥伦布评传》,中国社会科学出版社 1991 年版,第 298 页。

29 姚旅:《露书》卷十《错篇》。

30 张介宾:《景岳全书》卷四十八《本草正·上·烟》。

31　黄省曾:《种芋法一、之名》(1530),王世懋《学圃杂谈》(1550),参见王毓瑚《我国自古以来的重要农作物》,载《农业考古》1982年第1期。

32　赵学敏:《本草纲目拾遗·果部·落花生》。

33　《中国大百科全书·农业卷·向日葵》,第1330—1332页。

34　王象晋:《群芳谱·花谱》。

35　均见《美国百科全书》,1980年版,第26卷,第832—833页。

36　王象晋:《群芳谱·果谱》。

37　高濂:《遵生八笺》,载《四库全书·子部》。

38　陈淏子:《花镜·花草类考·番椒》,农业出版社1962年版。

39　《最新世界地图集》,中国地图出版社1990年版,第13图《世界人种》。

40　《泰晤士世界历史地图集》,三联书店1982年版,第154页《世界人种分布图》。

41　《斯大林选集》,上卷第64页。

42　李春辉:《拉丁美洲史稿》,上册第491页,商务印书馆1983年版。

43　苏联科学院历史所等:《巴西史纲》,上册第36页,辽宁人民出版社1975年版。

44　乌尔拉尼斯主编:《世界各国人口手册》,第37页,四川人民出版社1982年版。

45　吴秉真:《罪恶的黑奴贩卖》,第28页,商务印书馆1990年版。

46　柯廷:《大西洋奴隶贸易:统计数字》(Philip D. Curtin:The Atlantic Slave Trade, A Census),威斯康星州麦迪逊城1969年版,第4—13页。

47　《罪恶的黑奴贩卖》,第1页。

48　张天:《澳洲史》,社会科学文献出版社1996年版,第67页。

49　萨·伊·莫里逊:《航海家哥伦布》,湖南人民出版社1983年版,第99页。

50　贝特曼:《图说医学史》(Otto L. Bettmann:A Pictorial History of Medicine),伦敦1956年版,第178页。

51　萨·伊·莫里逊:《海洋元帅哥伦布传》,纽约1962年,上卷第346页。

52　卡斯提格里奥尼:《医学史》(Arturo Castiglioni:A History of Medicine),纽约1947年版,第1卷,第374页。

53　亚·沃尔夫:《十六、十七世纪科学、技术和哲学史》,商务印书馆1991年版,下册第509页。

54　维尔纳·施泰因:《人类文明编年纪事·经济和生活分册》,中国对外翻译出版公司1992年版,第45、54页。

55　转引自俞慎初:《中国医学简史》,福建科技出版社1983年版,第274页。也有人认为梅毒在13世纪便传入广东了。见贾得道:《中国医学史略》,山西人民出版社1979年版,第207页。

56　参见汪机:《外科理例》卷7《杨梅疮131》。

57　《本草纲目·草部·土茯苓》。

58　陈司成:《霉疮秘录·总说》。

59　马堪温:《明清时期的医学》,载《中国医学百科全书·医学史卷》第14—19页,上海科技出版社1992年版。

60　卡斯提格里奥尼:《医学史》,第164页。

61　《十六、十七世纪的科学、技术和哲学史》,下册第506页。

62　四种树为:金鸡纳树、鸡纳树、正鸡纳树、黄金鸡纳树。

63　许慎:《说文解字·广部》;《疒部》。

64　查慎行:《人海记》,昭代丛书壬集卷19。

65　《本草纲目拾遗·木部·金鸡勒》:"……治疟。澳番相传,不论何疟,用金鸡勒……一服即愈。解酒,煎汤下咽即醒,亦澳番传。"

66　伯纳尔·迪亚士·德尔·卡斯蒂略:《征服新西班牙信史》,商务印书馆1991年版,上册第258页。卡斯蒂略是始终参加了征服墨西哥的科尔特斯军的士兵编年史家。

67　普勒斯考特:《墨西哥征服史》(W. H. Prescott: History of Conquest of Mexico, edited by J. F. Kirk),伦敦1901年版,第2卷第265页,420页注19。

68　王焘:《外台秘要》卷3《天行发斑疮》引晋葛洪《肘后方》。

69　翦伯赞主编:《中国史纲要》修订本,人民出版社1995年版,下册第159页。

70　周晖:《琐事剩录》卷2,[明]郭钰辑。

71　俞茂鲲:《痘科金镜赋集解》卷2《种痘说》。

72　《达·伽马远航(1497—1499)的佚名笔记》,第68条,郭守田编:《世界通史资料选辑·中古部分》,商务印书馆1981年版,第310页。

73　《不列颠百科全书》"百科详解",第11卷,第831页。

74　亚·沃尔夫:《十六、十七世纪科学、技术和哲学史》,下册第505页,商务印书馆1991年版。

75　《伟大的地理发现时代》第132页。冬青树(Gaultheria procumbens)产于加拿大,冬青(Ilexpurea)则产于我国南方。

76　邵献图等:《外国地名语源词典》,第32页,上海辞书出版社1983年版。

77　贝特曼:《图说医学史》,第357—358页,伦敦1956年版。

78　张慰丰:《预防医学的形成》,《中国医学百科全书·医学史》第254页,上海科技出版社1992年版。

79　《美国百科全书》,1980年版,11卷525—527页。

80　沃尔科夫:《大地和星空》(A. Volkov: Earth and Sky),莫斯科1980年版,第14、15页。

81　《文艺复兴时期的远行和地理发现》,第302页。

82　史蒂文森:《已复制成幻灯片的地图》,纽约1913年版,第40页。

83　《文艺复兴时期的远行和地理发现》,第322页。

84　柯瑙:《绘制成地图的世界》,伦敦1930年版第48页。《文艺复兴时期的远行和地理发现》,第318页。

85　《绘制成地图的世界》,第80—81页。

86　《文艺复兴时期的远行和地理发现》,第314—322页。

87　《文艺复兴时期的艺术、科学和史学》,第229—230页。

88　张力果等:《地图学》,高等教育出版社1991年版,第49页。

89　蒙提耶尔:《近代的诞生》(Edgar Montiel: The Birth of the Modern Age, The Unesco Courier),载联合国教科文组织《信使》月刊1992年5期。

90　杨真:《基督教史纲》上册,三联书店1979年版,第386—388页。

91　《明史·外国七·意大利亚传》:利玛窦"言天下有五大洲。第一曰亚细亚洲,……第二曰欧罗巴洲,……第三曰利未亚洲(即利比亚,泛指非洲),……第四曰亚墨利加洲,……分为南北二洲。最后得墨瓦腊尼加洲(即拉丁文Terra Australis的音译,意为南大陆,后指澳洲)为第五"。利玛窦又"自称大西洋人。……礼部言:《会典》只有西洋琐里国无大西洋,其真伪不可知"。

92　利玛窦、金尼阁:《利玛窦中国札记》下册,中华书局1983年版,第348—349页;卢志良:《中国地图学史》,测绘出版社1984年版,第176页。

93 亚洲大陆海岸线 6.99 万公里,欧洲 3.79 万,非洲 3.05 万,澳洲 1.9 万,北美洲 6 万,南美洲 2.87 万。南极洲无居民不计入。参见《最新世界地图集·文字说明》,中国地图出版社 1990 版。

94 维尔纳·斯泰因:《人类文明编年纪事·科学技术分册》,中国对外翻译出版公司 1992 年版,第 63—64 页。

95 《科技百科全书》《天文学》,科学出版社 1981 年版,第 292 页。

96 参见《科技百科全书·天文学卷》,第 293 页所列传统的星座表;南京大学天文系编《天文学词典》6—16 页所列各星座的分带,科学出版社 1989 年版。

97,98 转引自布尔斯廷:《发现者,人类探索世界和自我的历史》,上海译文出版社 1995 年版,第 359、364 页。

99 《皮加费塔日记》,载斯蒂芬森编:《从古至今的伟大冒险和探索,探险家们的自述》,伦敦 1949 年版,第 131 页。

100 《不列颠百科全书》,"简编"1974 年 15 版 1 卷 890 页。

101 具体有哪些星座据《天文爱好者》1982 年 3 期 22—24 页和巴耶尔星图,星座的分带和坐标值据《天文学词典》6—16 页的数据匹配,下同。其中南指南天,某时某分指赤经,正负多少度指赤纬,这是星座中心位置的天文坐标,以下类推。

102 《不列颠百科全书》,"简编"英文版 5 卷 23 页,海威留斯条(Hevelius. J.)说他首次表现了几座,《天文爱好者》所载的文章说是 12 座,《科技百科全书·天文学》卷星座条说是 9 座。

103 据《天文爱好者》1982 年 3 期有关文章所列星座。

104 据《天文爱好者》的文章和《天文学》卷的星座条列出的新星座表略有出入,因而只能尽量调整到一致吻合。

105 据《天文爱好者》中的文章和《天文学》卷的星座条。

106 《最新世界地图集·星图》。另外,撰写本节中新星座发现史的内容时,还参阅了《不列颠百科全书》"详解"第 2 卷,第 223—232 页。

107 一般认为从哥白尼到开普勒为第一次科学革命,牛顿则完成了第二次科学革命。

108 据《崇祯历书·新增诸星表》,载《古今图书集成·乾象典·星辰部》。

109,110 《中国天文学史》,科学出版社 1981 年版,第 225、255 页。

1731年以后又颁行使用戴进贤等撰修的历书,亦称《时宪历》。

111 梅文鼎:《中西经星同异考·发凡》,载《四库全书·子部·天文算法类》。

112 梅文鼎:《中西经星同异考·提要》。

113 吴默哥大概就是阿美利哥·维斯普奇。他自己说他曾于1497—1498年在墨西哥湾一带探险。见《不列颠百科全书》详解第9卷第97—98页;又见飯塚浩二等:《大航海时代概说、年表、索引》,岩波书店1979年发行,第266页。

114 安德肋大概就是(Andreas Corsali)意大利航海家科尔萨利,他于1515—1517年航行至东印度群岛和中国。他绘制的草图表现了南十字座、麦哲伦云等。见《南天星空的发现》(The Discovery of the Southern Sky),《自然科学史研究》1997年2期135页。

115 梅文鼎:《历算全书·揆日候星纪要》,载《四库全书·子部·天文算法类》。

116 《中西经星同异考》卷下。《经天该》为利玛窦所撰之书。

117 普芬道夫(S. Pufendorf,1632—1649)是德国法学家,以研究自然法学和国际法著名。他主张是非以理智为准则,反对神权说;承认国家主权至高无上,但不承认其对人民生活与行动有绝对支配的权力;力图调和德意志各邦专制政治与个人自由的精神。

118 卡蒙斯(Camoins,1524—1580)是葡萄牙著名诗人、作家,他为葡萄牙文学和语言奠定了基础。他去过印度、澳门、莫桑比克。他的长篇史诗《卢齐塔尼亚人之歌》(Lusiad)共10章1102节,描写讴歌达·伽马船队远航印度。他的史诗和抒情诗对葡语文学影响深远,对西方文学也影响广泛。参见《简明不列颠百科全书》中文版,第4卷,第548页。

119 《马克思恩格斯选集》,第3卷,第445页。

120 《马克思恩格斯选集》,第4卷,第77页。地理大发现以前,文明人类主要居住在地球北半球的东半球,故只有地球的四分之一。欧洲人只熟悉欧洲地中海近东世界,中国人只了解东亚东南亚世界,故只占地球的八分之一。再除去北亚北冰洋,所以恩格斯说世界一下子大了10倍。

121 《马克思恩格斯选集》,第1卷,第9页。

附录：主要参考文献和书目

1. 《马克思恩格斯选集》，人民出版社20世纪70年代版。
2. 《列宁选集》，人民出版社20世纪70年代版。
3. 《斯大林选集》，人民出版社1979年版。
4. 《毛泽东选集》，人民出版社20世纪60—70年代版。
5. 苏联科学院：《世界通史》第三卷、第四卷、第五卷，三联书店20世纪60年代版。
6. 吴于廑等主编：《世界史古代史编》下卷，《世界史近代史编》上卷，高等教育出版社20世纪90年代版。
7. 郭守田主编：《世界通史资料选辑中古部分》，商务印书馆1981年版。
8. 齐思和等选译：《中世纪晚期的西欧》（资料集），商务印书馆1962年版。
9. 《中国大百科全书》，中国大百科全书出版社20世纪80—90年代版。
10. 《简明不列颠百科全书》，中国大百科全书出版社20世纪80年代版。
11. 《最新世界地图集》，中国地图出版社1990年版。
12. 《泰晤士世界历史地图集》，三联书店1982年版。
13. 杨文衡主编：《世界地理学史》，吉林教育出版社1994年版。
14. 丁登山主编：《自然地理学基础》，高等教育出版社1987年版。
15. 波德纳尔斯基编：《古代的地理学》，商务印书馆1986年版。
16. 张力果等：《地图学》，高等教育出版社1990年第二版。
17. 林先盛等编：《简明地理手册》，广西人民出版社1984年版。
18. 戚国淦等主编：《外国历史大事集·古代部分》第二分册，重庆出版社1986年版。
19. 戚国淦等主编：《外国历史名人传·古代部分》下册，中国社会科学出版社1983年版。
20. 翦伯赞主编：《中国史纲要》（修订本），人民出版社1995年第二版。

21 傅衣凌主编:《中国通史参考资料古代部分》第七册,明,中华书局 1988 年版。
22 郑天挺主编:《中国通史参考资料古代部分》第八册,清(1840 年前),中华书局 1966 年版。
23 冯承钧译,沙海昂注:《马可·波罗行纪》,商务印书馆 1935 年版。
24 山东大学历史系:《郑和下西洋》,人民交通出版社 1985 年版。
25 詹姆斯:《地理学思想史》,商务印书馆 1982 年版。
26 中国地名委员会编:《外国地名译名手册》,商务印书馆 1983 年版。
27 邵献图等编:《外国地名语源词典》,上海辞书出版社 1983 年版。
28 黄邦和等主编:《通向现代世界的 500 年》,北京大学出版社 1994 年版。
29 马吉多维奇:《世界探险史》,世界知识出版社 1988 年版。
30 布尔斯廷:《发现者,人类探索世界和自我的历史》,上海译文出版社 1995 年版。
31 汉布尔:《探险者——航海的人们》,海洋出版社 1985 年版。
32 雷宗友编:《海洋探险》,上海教育出版社 1979 年版。
33 苏联科学院民族学研究所:《美洲印第安人》,三联书店 1960 年版。
34 严中平:《老殖民主义史话选》,北京人民出版社 1984 年版。
35 沃尔夫:《十六、十七世纪科学、技术和哲学史》(上、下册),商务印书馆 1991 年版。
36 萨拉依瓦:《葡萄牙简史》,中国展望出版社 1988 年版。
37 耿淡如等编译:《世界中世纪史原始资料选辑》,天津人民出版社 1959 年版。
38 莫里逊:《航海家哥伦布》,湖南人民出版社 1983 年版。
39 马达里亚加:《哥伦布评传》,中国社会科学出版社 1991 年版。
40 朗格:《哥伦布传》,新华出版社 1986 年版。
41 孙家堃译:《哥伦布航海日记》,上海外语教育出版社 1987 年版。
42 张至善编译:《哥伦布首航美洲——历史文献与现代研究》,商务印书馆 1994 年版,辽海出版社 1998 年版。
43 茨威格:《麦哲伦的功绩》,海洋出版社 1983 年版;湖南人民出版社 1982 年版。
44 中山大学东南亚历史研究室:《菲律宾史稿》,商务印书馆 1977 年版。
45 张天:《澳洲史》,社会科学文献出版社 1996 年版。

46 谭其骧主编:《简明中国历史地图集》,中国地图出版社1991年版。
47 明,罗洪先:《广舆图》两卷,四川省图书馆藏。
48 爱伦:《俄国历史地图解说》,商务印书馆1980年版。
49 李明滨等主编:《苏联概况》,外语教学与研究出版社1986年版。
50 徐景学:《俄国征服西伯利亚纪略》,黑龙江人民出版社1984年版。
51 瓦西里耶夫:《外贝加尔的哥萨克》,商务印书馆1977年版。
52 伦森编:《俄国向东方扩张》(资料集),商务印书馆1978年版。
53 俞慎初:《中国医学简史》,福建科技出版社1983年版。
54 卡斯蒂略:《征服新西班牙信史》(上、下册),商务印书馆1991年版。
55 拉斯·卡萨斯:《西印度毁灭述略》,商务印书馆1988年版。
56 李春辉:《拉丁美洲史稿》上册,商务印书馆1983年版。
57 罗荣渠:《美洲史论》,中国社会科学出版社1997年版。
58 Boies Penrose: Travel and Discovery in the Renaissance, 1420—1620, New York 1975.
59 J. E. Gillespie: A History of Geographical Discovery, 1400—1800, New York 1933.
60 J. H. Parry: The Age of Reconnaissance, Cleveland and New York, 1963.
61 Isabel Barclay: The Great Age of Discovery, London, 1956.
62 E. Prestage: The Portuguese Pioneers, London, 1933.
63 V. Stefansson: Great Adventures and Explorations from the Earliest Time to the Present, as Told by the Explorers Themselves, London, 1949.
64 I. J. Curnow: The World Mapped, London, 1930.
65 E. L. Stevenson: Maps Reproduced as Glass Transparencies, New York, 1913.
66 Leonard Outhwaite: Unrolling the Map, the Story of Exploration, New York, 1935.
67 Charles David Ley edited: Portuguese Voyage, 1480—1521 (collection of materials and journals), London, 1947.
68 R. A. Skelton: Explorer's Maps, Chapters in the Cartographic Record of Geographical Discovery, London, 1958.
69 John R. Hale: Age of Exploration, New York, 1967.
70 J. O. Thomson: History of Ancient Geography, Cambridge, 1948.
71 Encyclopedia Britannica, 1970s.

72 Encyclopedia Americana, 1980s.
73 The Cambridge Economic History of Europe, Vol. IV, 1980, Edited by E. E. Rich.
74 Donald F. Lach: Asia in the Making of Europe, Vol, I, The Century of Discovery, Chicago, 1965.
75 Alan Edwin Day: Discovery & Exploration, a reference handbook, New York, 1980.
76 Louise Levathes: Treasure Fleet of the Dragon Throne 1405—1433, When China Ruled the Seas, New York, 1994.
77 The New Cambridge Modern History, Cambridge, 1975, Vol I.
78 S. E. Morison: The European Discovery of America, the Northern Voyages, New York, 1971, 500—1600.
79 S. E. Morison: The European Discovery of America, the Southern Voyages, New York, 1974, 1492—1616.
80 Singleton edited: Art, Science and History in the Renaissance, Baltimore, 1970.
81 Bailey W. Diffie: Prelude to Empire: Portuguese Overseas before Henry the Navigator, Nebraska, 1960.
82 (15th century) Alvaro Velho: A Journal of the First Voyage of Vasco Da Gama, 1497—1499, London, reprinted 1963.
83 Jayne, Kingsley G: Vasco da Gama and His Successors, 1460—1580, London, 1910.
84 The Times Atlas of the World, London, 1985, Comprehensive edition.
85 G. Granzotto: Christopher Columbus, Norman, 1987.
86 S. E. Morrison: Admiral of the Ocean Sea, A Life of Christopher Columbus, New York, 1962.
87 W. D. Phillips Jr. & C. R. Phillips: The Worlds of Christopher Columbus, Cambridge. 1992.
88 F. H. H. Guillemard: The Life of Ferdinand Magellan and the First Circumnavigation of the Globe, 1480—1521, New York, reprinted 1971.
89 Charles. M. Parr: Ferdinand Magellan, Circumnavigator, New York, 1964.
90 (16th century) Pigafetta's Journal, Magellan's Voyage around the World, edited by Robertson, James A. Cleveland, 1906.

91 C. M. H. Clark: A History of Australia, Melbourne, Vol. I, 1981.
92 C. M. H. Clark edited: Sources of Australian History, Melbourne, 1977.
93 W. P. Reeves: New Zealand, London, 1914.
94 A. E. W. Mason: The Life of Francis Drake, London, 1941.
95 John F. Baddeley: Russia, Mongolia, China, 1602—1676, collection of manucripts, London, 1919.
96 A. W. Crosby Jr. : The Columbian Exchange, Connecticut, 1975.
97 A. Castiglioni: A History of Medicine, New York, 1947, Vol. , 1—2.
98 Otto L. Bettmann: A Pictorial History of Medicine, London, 1956.
99 Philip D. Curtin: The Atlantic Slave Trade, A Census, Wisconsin, Madison, 1969.
100 Christopher Lloyd: Atlas of Maritime History, New York, 1975.
101 L. S. Stavrianos: The World Since 1500, A Global History, London, 1971.
102 L. S. Stavrianos: The World to 1500, A Global History, London, 1988.
103 E. H. Blair & J. A. Robertson edited: The Philippine Islands, 1493—1898, Vol. 1–2, Cleveland, 1903, collection of materials.
104 Muzaffar Alam and Sanjar Subrahanyan: Indo-Persian Travels in the Age of Discoveries, 1400—1800, Cambridge University Press, 2007.
105 Paul Maurice Clogan ed. : Renaissance and Discovery, Medievalia et Humanistica, Lanham. MD: Rowman & Little field Publisers, Inc. , 1993.
106 И. П. Магидович, В. И. Магидович: 《Очерки по Истории ГеограФических Открытий》, Москва, 1980—е годы, Том 1—3.
107 《Больщая Советская Энциклопедия》, 1950—е годы, 1970—е годы.
108 М. И. Белов: 《История Открытия и Освоения Северного Морсково Пути》, Том. 1, Москва, 1956.
109 Л. С. Берг: 《История Русских ГеограФических Открытий》, Москва, 1962.
110 Л. С. Берг: 《Очеркц по Истории Русских ГеограФических Открытий》, Москва, 1949.
111 Главное управление геодезии и картограФии МВД СССР: 《Атлас СССР》, Москва, 1956.
112 Н. И. Скаткин: 《История Древней ГеограФии》, Москва, 1953.

113 《Советская Историческая Энциклопедия》,Москва,1960—е годы.

114 《Краткая ГеограФическая Энциклопедия》,Москва,1960—е годы.

115 Академия Наук СССР:《Всемирная История》,Том 3—5,Москва,1950—е годы.

116 В. А. Дементьев, О. Н. Адрюшенко:《История ГеограФии》,Часть Перная,Минск,1962.

117 Я. Ф. Антошко, А. И. Соловьёв:《История ГеограФического Изучения Земли》,МГУ,1962.

118 生田滋、高橋均、増田義郎:《大航海時代》,福武書店,昭和58年版。

119 《小学館百科》,別巻一2,《海洋大地圖》,1980年版。

120 《世界大百科事典》,平凡社,1981年版。

121 飯塚浩二、井沢実、泉靖一、岩生成一:《大航海時代・概説、年表、索引》,岩波書店,1979年発行。

122 青木康征　編訳:《コロンブス,新大陸発見の虚と実》,平凡社,1978年版。

123 相賀徹夫:《探訪大航海時代の日本,受容と屈折》,小学館,1979年版。

124 藤川正信　訳:《ヘンリー航海王》,学習研究社,1972年版。

125 原田節子　訳:《コロンブス航海記》,講談社,昭和46年。

修订版后记

我的世界史专著《地理大发现研究，15—17世纪》即将由原出版社、老牌的名牌出版社商务印书馆修订再版重印。因为原书没有后记，只有个序言。序言中属于后记性质的文字只有不到一页，几百字；更因为近二十年过去了，又发生了许多值得写的事情，所以，在原来序言的基础上（尽量避免重复）写篇后记是非常必要的。

一

本书原为国家社科基金1993年度青年项目，经费仅为7000元。经过好几年的艰苦努力（包括立项前的预备研究），完成了近50万字的书稿。1997年结题。1998年联系到商务印书馆，当时交的是纸质手写稿。在商务印书馆领导、著作室主任常绍民先生、责任编辑李杏贵女士的大力支持下，本书于2002年出版。由于种种原因，出版时间相对于交稿时间晚了一点，篇幅字数也不可避免地压缩到近40万字。尽管如此，我还是由衷感谢商务印书馆、感谢常先生和李女士。因为当时（世纪之交）出版社正在转型之中，社科学术书籍的出版也在急剧变化之中。当时大部分社科学术出版物都要收金额不菲的出版费了。商务印书馆不仅没有收我的任何出版费，还给了我一万多元的稿费和20本样书。所以，我对商务不唯利唯钱而唯学术唯文化唯历史一直心存感念和敬重。

这本书出版后,在社科界学术界读书界的反响和口碑一直很好。2004年,我在比较高端的《史学理论研究》(第2期第152—157页)发表题为《〈地理大发现研究〉自评与杂谈》的书评。该书评分"地位和价值"、"优点与特点"、"缺点与遗憾"、"设想和展望"四个部分进行论述和评议。在学界,出版后获得长篇肯定性书评的学术专著不少,但在这样比较高端的学刊上发表作者写的评自己专著的书评,至少我在此之前没有见过。欢迎更加知情者教正。图书出版后向我索书买书的学者不少,我一般便按来信给他们免费寄去。因此,当时商务给的书和我买的书共计100本,没过多久就给光了。于是又在商务买了50本,过了一段时间也给光了。该书获得四川省第十一次社会科学优秀科研成果三等奖(2005年颁奖)。暨南大学历史学院世界史专业的陈奕平教授主动与我联系,希望我授权他以我的专著为基础制作"地理大发现"课件,并给我一些稿费。我慨然应允。2012年,上海社会科学院出版社的知名学者张广勇编审主动与我联系,希望我把这本书拿到他们社重新出版,书名改成《地理大发现史》,不收出版费还要给稿费,并且答应把当初被删掉的近10万字恢复起来。我对张先生和他们社的好意表示心领和感谢,对他们器重本书表示赞赏。但我表示,当初商务没收我的出版费还给了稿费,商务对我有知遇之恩。现在拿到别的出版社重出,即便补上当初被删的近10万字,即便改个书名,但主体部分主要内容仍是当初的那本书。这样做似乎对不起商务。而且,这样出书表面上看我似乎多了一本专著,但实际上只是原来那本专著的增订本,学术意义也不大。所以我就婉言推辞了上海社会科学院出版社的邀请。又到了2019年,北京后浪出版集团的马国维先生主动与我联系,并在到成都出差公干期间来川大拜访我,一再邀请我把这本书拿到他们那里重出,改个书名,把被删掉的近10万字补上,不收出版费,还要给我稿费。我的态度与上次对待上海社会科学院出版社的邀请一样,婉言推辞。同时因为事情又过了七年,所以我补充说明,即便要改头换面地拿到你们那里重出,也要事先征得商务印书馆的允许和授权。否则就对不起商务,心里会很愧疚。于是,我与商务印书馆的杜廷广先生联系,很快就联系上了,并谈妥了。即在商务修订再版重印。当年删了的就删了吧,只是稍微增补修改订正一点就行了。还要得一笔新的稿费。所以,看来自己的淡泊钱财、讲诚信守规矩最后还是得到了较好结果,只不过久了点,离初版已经快二十年了。在这期间,因为新冠疫情,又耽搁了不少时日。在此,也要衷心感谢责编杜先生的精心编辑加工。因为当初就交的是书面稿,没有电子稿;这次也是重新录入排印,杜先生为此费心费力费神不少。

二

接下来谈谈本书2002年出版前后学术界在地理大发现、世界大航海方面的研究动态和发展情况。世界上的学术语言文化圈至少有几十个,甚至有几百个。尽管我懂一些英、俄、日、拉丁语,可以写写这些语言文化圈的有关研究动态,不过由于篇幅有限,也由于"后记"的属性使然,那样的研究动态述评不太适合在这里写。所以这里就简单谈谈几十年来中国史学界汉语文化圈的有关研究动态,而且限于篇幅只涉及专著、专题论文集、介于专著和知识读物之间的著作,不涉及论文(包括期刊论文、集刊论文、论文集论文、学位论文、报纸论文等),也不涉及中文译著,以便节省篇幅和读者时间。

几十年来,中国史学界在地理大发现、世界大航海方面出版的专著(专题论文集)有这么一些。第一本是严中平先生的《老殖民主义史话选》(北京出版社 1984 年版,44 万字)。此书虽题为"史话",但力求语语有据,所以又非通常所说的那种意义上的史话。诚如该书提要所言:"在世界历史的研究和教学上,是一部很有参考价值的著作。"全书分三编十四章(三编为:西班牙美洲殖民帝国;西班牙菲律宾殖民帝国;葡萄牙东方殖民帝国)。该书着力于揭露 15-17 世纪西、葡老殖民主义者的强盗行径,批判其滔天罪恶,而绝口不谈与之孪生和交织的航海探险、地理发现、科学考察,等等。第二本是会议专题论文集《通向现代世界的 500 年》(黄邦和、萨那、林被甸主编,北京大学出版社 1994 年版,37 万字)。该论文集收论文(译文)28 篇,分为"哥伦布及其划时代的航行"、"东西两半球汇合的世界影响"、"新世界与中国"三个部分。第三本是李隆庆先生的《哥伦布全传》(中国青年出版社 1998 年版,55 万字)。全书分八篇六十三章(八篇为:远航史前 40 年;意外发现新大陆;荒岛难圆黄金梦;兄弟沦为阶下囚;老来犹困牙买加;别时尚念封地愁;是非功过任评说;伟业勋绩壮千秋)。刘明翰先生在《世界历史》2000 年第 1 期写有该书的书评(共 3 页),有兴趣者可以查阅。我基本赞同刘先生的评价,并简单谈谈我的一点评议。哥伦布无疑是地理大发现中的头号风云人物。五百年来各国的各语种的关于他的传记、专著、辞典、原始资料集已有五百多种。译成中文的已有七八种(其中以西班牙马达里亚加和美国莫里逊的传记最为重要,部头也最大)。哥伦布自己记述其首航美洲的《哥伦布航海日记》也已有了四个中译本。中国学者在哥伦布研究中能够做得好、达到世界一流水平、独树一帜的工作便在于评价其人其事其时代和中国对他的吸引。1979年和1992年前后,中国出现了两次评价哥氏的高潮,涌现了二十多篇论文。该说的可说的已说得差不多了。张至善先生对哥氏与中国的关系也已考证得差不多了。在这种情况下推出一本50多万字的全传,其意义和价值自然也有,不过毕竟有限。另外《哥伦布全传》长达55万字,却只有120个注。以学术专著的视角观之,也不太正规。该书书末的参考文献,外语书也只有几本俄语书;此外,书中的脚注,仅两次引用过同一本西班牙语书。第四本便是王加丰先生的《扩张体制与世界市场的开辟》(北京大学出版社1999年版,22万字)。该书分四部十二章(四部为:一、序论:地理大发现的研究概况与本书的论题;二、扩张体制的形成;三、扩张体制形成的基础;四、扩张体制的扩张——世界市场的初步建立)。该书重在论述中世纪晚期、近代初期西欧(方)的扩张,揭橥世界现代化进程初期即地理大发现时代,以西方为霸主的世界经济政治新秩序、新体制、新市场的形成。所以该书虽有一个副标题"地理大发现新论",但书中直接论述地理大发现的篇章只有四章:第一章、现代历史学中的"地理大发现";第二章、500年来地理大发现研究概况;第六章、地理大发现是资本主义与封建主义的联合扩张;第九章、从哥伦布西航看双重扩张背景。全书只论述了哥伦布一人,而且也仅是论他首次远航之前的活动。是故该书不是主要正面论述地理大发现,而是附带侧面论述了一下地理大发现。

以上是我的《地理大发现研究》出版之前的情况。

我的书是全方位系统深入正面论述地理大发现,故比他们的书晚出一点并不影响多少拙著的地位和价值。不过,在本书之前毕竟有了国人的上述三本专著,还有一本专题论文集,故本书的少数章节,其中部分内容,便和已有的著述难免近似。鲁迅在谈到他的《中国小说史略》与日本盐谷温的《支那文学概论讲话》的关系时曾说:"自然,大致是不能不同的。例如他说汉后有唐,唐后有宋,我也这样说,因为都以中国史实为'蓝本'。我无法'捏造得新奇'"(《不是信》,1926,载《新编鲁迅杂文集》上,黑龙江人民出版社1995年版)。拙著中的少数篇章内容与此前已有的著述近似,也因为都以地理大发现的史实为蓝本,难以甚至无法新奇。总体而论,这本书在出版之时是当时中国学术界在地理大发现、世界大航海方面最好、最全面、最领先、最权威的史学专著。

三

现在本书出版已近二十年了,它是否仍保持它在初版时的学术地位呢?答案是肯定的,所以才需要修订再版重印。因此,我们需要简单述评一下这近二十年来的有关专著的出版情况。

拙著出版后出版的第一本是姜守明主编、高芳英副主编的《世界地理大发现》(山东画报出版社2004年版,28万字,250幅图)。该书有当页脚下注共145个。以学术专著的标准来衡量其注释偏少。而且注释中大多是说明性解释性注释。在少部分出处性注释中,也多是中文本专著或者中译文专著。只有很少量的外语专著,且都限于英语,没有第二外语、第三外语文献等。所以该书是介于知识读物和学术专著之间的著作。主编者在前言中也坦承,"本书是一本具有学术文化价值的科学普及著作"(第6页)。

该书由47篇中等篇幅的文章组成,第1篇为"第一个航海民族腓尼基人的探险、发现与殖民活动",第23篇为"以亚美利哥的名字为新大陆命名",第24篇为"西班牙殖民者对智利和亚马孙河的探险与发现",最后一篇第47篇为"征服自然与挑战自己:人类北极探险400年"……由上可知,这是一本讲述从古至今的世界上航海探险地理发现的著作,而非专门论述地理大发现、世界大航海的学术专著。自然,该书对15世纪以前和18世纪以降的航海探险地理发现的论述还是有一定的学术价值。

第二本是姜守明、邵政达、陈正兰著的《世界尽头的发现,大航海时代的欧洲水手》(北京大学出版社2011年版,21万字,77幅插图)。这本书论述了地理大发现-世界大航海方面的历史名人14个(14—15个)。一人一章,即亨利王子、迪亚士、哥伦布、卡伯特父子(所以说是14—15个)、达·伽马、卡布拉尔、亚美利哥、麦哲伦、科尔特斯、皮萨罗、德雷克、英国海盗雷利、哈得孙、库克船长。类似于14—15个历史人物传记。全书只有7个当页脚下注释,且基本上都是说明性解释性注释。书末附有"参考书目",列出了几十本著作,其中有22本外语著作,且皆为英语书,没有二外、三外等语种的书。所以,这本书的性质同样介于专著和知识性读物之间。此书集中写航海家、探险家、殖民者的生平和主要事迹,也自有其一定的价值。

第三本是崔福元编著的《世界地名与航海探险》(海潮出版社2010年版,40万字)。该书分九个部分,即一"古代航海探险中发现和命名的地名"、二"近代葡萄牙人航海探险中发现和命名的地名"、三"地理大发现时代航海探险中发现和命名的地名(上,15世纪末至16世纪中叶)"、四"地理大发现时代航海探险中发现和命名的地名(中,16世纪下半叶至17世纪末)"、五"地理大发现时代航海探险中发现和命名的地名(下,18世纪初至18世纪末)"、六"新时期航海探险中发现和命名的地名(上,18世纪末至19世纪上半叶)"、七"新时期航海探险中发现和命名的地名(下,19世纪中叶至19世纪末)"、八"20世纪上半叶航海探险中最新发现和命名的地名"、九"与我国航海活动有关的地名"。全书没有任何注释。书末附有一份"主要参考书目",列出了17本中文书和中译本书,没有外语书。由上可知,这是一本与地理大发现、世界大航海密切有关的著作,是一本介于专著、知识性读物、地名辞典、工具书之间的著作。所以,也自有它的读者面、特点、用处和价值。

第四本是邵政达著《新航路的开辟》(北京师范大学出版社2018年7月版,24万字)。这本书分"古代世界的航海"、"1453年前后的世界"、"沿着非洲向前"、"横渡大西洋"、"踏波印度洋"、"航向远东"、"环航地球"、"探寻北方航路"、"新航路与海洋时代的兴起"共九章进行论述。该书共有245个当页脚下注,平均每一万字十几个。按学术专著标准来衡量之,还是很不够。书末附有"主要参考书目",列出了40多本书籍文献。其中外语书有18本,均为英语,没有二外、三外、四外等语种的书。所以,这仍然是一本介于专著和知识性读物之间的著作。书中的第一、第二、第九章不在拙著的论述范围之内,有其一定的价值和意义。

我们为什么要反复提到,有没有二外、三外、四外呢?因为地理大发现-世界大航海研究属于专门史和断代史研究,它不同于国别史研究。比如研究某个国家特别是某个大国的历史,掌握了该国的通用语言,看这些语种的图书资料文献似乎也就过得去了,甚至够了。但研究地理大发现-世界大航海不一样。按我在我的有关系列论文和这本专著中提出的理论和框架,它是由葡萄牙、西班牙、英国、法国、荷兰、俄罗斯六个欧洲国家完成的,而且意大利航海家、探险家以个人身份投身其中并大有作为,德国地理学家、地图家也积极参与其中并很有成绩。欧洲中世纪晚期还流行拉丁语。这就涉及葡、西、英、法、荷、俄、意、德、拉丁九门外语。所以,研究这个专题只懂一门外语,不管是什么语种,都是很不够的。笔者不才,懂一些英、俄、日、拉丁语,除了英语,还参考征引了一些俄语、日语文献,所以这本书才写得比较好,并且至今仍在中国领先。

地理大发现-世界大航海也是一个跨学科甚至跨文理的研究课题。在文科以外,还涉及自然地理学、地图学、天文学、航海学、造船学、气象学、医药学等自然科学学科。由于本人长期喜欢科技和逐渐积累,在文科学者中在这方面算是比较强的。在这本书中文理也结合得比较好。这也是这本书至今仍在中国学界领先的重要原因之一。

我这样简评别人的书不是贬低他人,抬高自己,而是遵循前辈钱大昕的治学宗旨:"史非一家之书,实千载之书,祛其疑乃能坚其信,指其瑕疵以见其美。拾遗规过,非为齮龁前人,实以开导后学"(《廿二史考异·序》)。他人后人视我,亦犹我视前贤同侪矣。正因为至今本书仍在中国领先,别的同选题的著作不能取代;市面上又早已售罄,所以才需要修订再版重印,以飨读者。

四

接下来该向读者交代一下我在这本书初版之后在地理大发现-

世界大航海方面还做过哪些工作,有何创获。本书是在发表了几篇论文的基础上才申报到国家社科基金青年项目的,在项目执行期间又发表了几篇论文,在项目结题后提交出版社出版期间,又发表了几篇论文。所以到本书出版之时我在这方面已发表过十几篇论文文章。本书在 2002 年初版发行后,我所做的工作取得的收获有:一、继续撰写发表论文近 20 篇①。可见,笔者一直在搞这个方向。二、写了一本知识性读物《世界大航海史话》(海洋出版社 2010 年版,14 万字)。三、出版了一本个人专题论文集《航海、航路与地理发现研究论稿》(人民出版社 2018 年版,约 50 万字)。

---

① 计有,(1)《应当怎样评价地理大发现的主要代表人物》(《睦邻友好的使者——郑和》,海潮出版社 2003 年版);(2)《郑和下西洋与西葡大航海比较研究》(澳门《中西文化研究》2004 年第 2 期);(3)《〈地理大发现研究〉自评与杂说》(《史学理论研究》2004 年第 2 期);(4)《下西洋与渡美洲的航海术比较》(《华东理工大学学报》哲社版 2004 年第 3 期);(5)《中国人为什么"缺席"了地理大发现》(《海洋世界》2005 年第 7 期);(6)《论中国人没有参与地理大发现的地理原因》(《南开学报》哲社版 2005 年第 1 期);(7)《亦论如果郑和航海到达欧洲……》(《科学中国人》2005 年第 8 期);(8)《哥伦布的机敏狡诈与逸闻趣事》(《海洋世界》2005 年第 1 期);(9)《两洲一洋地名的来历》(《海洋世界》2005 年第 6 期);(10)《哥伦布第二次远航与旧大陆生物初传美洲》(《历史研究》2005 年第 3 期);(11)《卡博拉尔远航印度意义初探》(《北方论丛》2006 年第 1 期);(12)《俄罗斯的地理发现辨正》(《重庆邮电学院学报》哲社版 2006 年第 1 期);(13)《德雷克环球航行冒险论略》(《环球人文地理》2011 年第 5 期);(14)《塔斯曼远航南太平洋论略》(《环球人文地理》2011 年第 6 期);(15)《美洲地名由来与郑和远航》(《海峡两岸郑和研究文集》,海洋出版社 2015 年版);(16)《论亚—美跨太平洋新航路的开辟》(《太平洋学报》2015 年第 10 期);(17)《俄罗斯开发北冰洋历史论略》(《西伯利亚研究》2017 年第 6 期);(18)《西、葡三分世界海上霸权论略》(《海洋文明研究》第三辑,中西书局 2018 年版);(19)《麦哲伦船队横渡太平洋的艰难航行初论》(《太平洋学报》2018 年第 2 期);(20)《"文化大革命"以后四十年中国史学界对哥伦布、麦哲伦的评价研究述评》(《海洋史研究》第十三辑,社会科学文献出版社 2019 年版);(21)《开辟欧印新航路的若干问题和历史作用》(《海交史研究》2021 年第 1 期);等等。此外,还在英语学刊发表了 3 篇英语论文。因这里集中谈汉语文化圈的动态,故不予列出。

这本专题论文集与前面提过的那本论文集的最大不同,在于这是笔者个人的专题论文集,那是集体的会议专题论文集。本论文集由"总论"、"马可·波罗"、"中西比较"、"人物研究"、"开辟新航路"、"发现新大陆"、"非西葡的其他欧洲国家的发现与航海"、"书评"、"附录"九个篇章构成,收入论文(书评)42 篇。书中,除了附录中的 4 篇与地理发现航海探险没有关系,其他 38 篇都有直接密切的关系。所以,阅读了我这本专著的读者如果还想继续深入研究下去,一方面可以看看书中众多的注释提供的线索,另一方面也可以看看这本论文集中的专题论文。我的专著和专题论文集的差别在于,专著是综合性的,面面俱到;论文集是专题研究性的,就某个具体问题来说便研究得比较深和专。自然,专著中的有些章节目是综合了一些论文,专著中的一些章节目又改写成了论文。二者相辅相成,可以功能互补。

接下来就需要向关注地理大发现-航海大探险研究的读者透露一点我接下来在这方面的学术工作计划。一、明年 2022 年是麦哲伦首次环球航行结束 500 周年纪念,我想写两三篇论文;二、翻译一些这方面的原始文献一手资料;三、如果能得到各方面的支持,可以考虑写一本"18—19 世纪的航海探险和地理发现"专著。这些想法能否实现,就取决于自己的努力和同行的支持了。

当前,国家正在大力推进一带一路的宏伟战略(即"丝绸之路经济带"和"21 世纪海上丝绸之路")。而"21 世纪海上丝绸之路"是由古代的、中世纪的、地理大发现-世界大航海时代的、近现代的海上丝绸之路发展而来的。而地理大发现-世界大航海时代对海上丝绸之路的发展推进、提升深化、成型联网发挥了最重要最关键的作用,是伟大的历史转折阶段。明代《增广贤文》有句曰

"一花独放不是春,万花齐放春满园"。建议和希望有更多的学者投入到世界航海史、探险史、地理发现史的研究中,也希望有关方面对这方面的选题予以更多的支持,期待着更好的更多的这方面的研究成果不断问世。

张箭于四川大学历史系

2021年5月